DIE KULTUR DER ABTEI PRÜM ZUR KAROLINGERZEIT

Anstreichungen E g-

335043

RHEINISCHES ARCHIV

VERÖFFENTLICHUNGEN DES INSTITUTS FÜR GESCHICHTLICHE
LANDESKUNDE DER RHEINLANDE DER UNIVERSITÄT BONN

Gegründet von H. Aubin und Th. Frings

Herausgegeben von W. Besch, H. L. Cox, G. Droege

105

Die Kultur der Abtei Prüm zur Karolingerzeit

Studien zur Heimat des althochdeutschen Georgsliedes

von

WOLFGANG HAUBRICHS

1979

LUDWIG RÖHRSCHEID VERLAG · BONN

CIP-Kurztitelaufnahme der Deutschen Bibliothek

Haubrichs, Wolfgang:
Die Kultur der Abtei Prüm zur Karolingerzeit:
Studien zur Heimat d. althochdt. Georgsliedes /
von Wolfgang Haubrichs. — Bonn: Röhrscheid,
1979.
(Rheinisches Archiv; 105)
ISBN 3-7928-0401-8

Gedruckt mit Unterstützung des Landschaftsverbandes Rheinland

ISBN 3-7928-0401-8
© 1979 by Ludwig Röhrscheid GmbH, Bonn
Alle Rechte vorbehalten
Gesamtherstellung: SDV Saarbrücker Druckerei und Verlag GmbH

VORWORT

Die nachfolgende Arbeit kann und will nicht verleugnen, daß sie in engem Zusammenhang mit zwei anderen Arbeiten des Verfassers zum ahd. 'Georgslied', zu Georgslegende und Georgskult entstanden ist, die insgesamt im April 1975 von der Philosophischen Fakultät der Universität des Saarlandes als Habilitationsschrift angenommen wurden. Ursprünglich nur zur Stützung des Nachweises der Herkunft des 'Georgsliedes' aus Prüm konzipiert, wuchsen diese Untersuchungen bald zu einer Darstellung der Verschränkungen zwischen materieller und geistiger Kultur innerhalb der Eifelabtei, sowie auch der wechselseitigen Beziehungen zwischen Kloster und laikaler Umwelt. Aus der Genese der Arbeit erklären sich zahlreiche Querverweise auf die getrennt erscheinenden Publikationen zu 'Georgslied und Georgslegende' einerseits, 'Georgslied und Georgskult' andererseits, sowie vor allem auf das in letzterer Veröffentlichung enthaltene Verzeichnis zum Kult des Heiligen (Sigle: KV).

Zu danken habe ich hier für die Freundlichkeit, mit der mir die Stadtbibliothek Trier die Einsicht in verschiedene Handschriften gestattete; zu danken habe ich ferner den Damen und Herren der Universitätsbibliothek Saarbrücken, die mich bei der Beschaffung von oft entlegener Literatur stets sachkundig berieten und hilfreich unterstützten; zu danken habe ich auch P. Godglück, U. Karrenbauer, D. Leismann, S. Memmler und M. Nikolay-Panter für ihre unermüdliche Hilfe bei der Korrektur des Manuskriptes. Ein letzter Dank gilt schließlich Herrn Professor Dr. G. Droege, der diese Arbeit in das Rheinische Archiv aufnahm.

Saarbrücken, im Januar 1978   Wolfgang Haubrichs

INHALTSVERZEICHNIS

ABKÜRZUNGSVERZEICHNIS

AA SS	Acta Sanctorum, Paris/Bruxelles, 1863 ff.
ALMA	Union académique internationale. Bulletin Du Cange. Archivum Latinitatis Medii Aevi. Paris 1924 ff.
Analecta Hymnica	Analecta Hymnica Medii Aevi, hg. v. C. BLUME u. G. M. DREVES, 55 Bde., Leipzig1886 ff.
Archiv	Archiv der Gesellschaft für Ältere Deutsche Geschichtskunde, Frankfurt/Hannover 1819 ff.
BECh	Bibliothèque de l'Ecole des Chartes. Revue d'Erudition, Paris 1839/40 ff.
BHL	Bibliotheca Hagiographica Latina, 2 Bde. Bruxelles ²1911—1949.
Bibl. Sanct.	Bibliotheca Sanctorum, 12 Bde. Rom 1961—1970.
DA	Deutsches Archiv für die Erforschung des Mittelalters, 1937 ff.
DU	Der Deutschunterricht, Beiträge zu seiner Praxis und wissenschaftlichen Grundlegung, Stuttgart 1947 ff.
EL	Ephemerides Liturgicae, Città del Vaticano 1887 ff.
FDA	Freiburger Diöcesan-Archiv. Organ des Kirchlich-historischen Vereins für Geschichte, Altertumskunde und Christliche Kunst der Erzdiözese Freiburg, 1866 ff.
KV	Kultverzeichnis zum Georgskult, in: W. HAUBRICHS, Hero Sancte Gorio (s. Literaturverzeichnis).
LThK	Lexikon für Theologie und Kirche, ¹Freiburg i. B. 1930—1938, ²1957—1968.
Mabillon AA SS OSB	J. MABILLON, Acta Sanctorum Ordinis Sancti Benedicti, 9 Bde., Paris 1668—1701, ²Venedig 1733—40 (in 6 Bdn.).
MGG	Die Musik in Geschichte und Gegenwart. Allgemeine Enzyklopädie der Musik, 15 Bde., Kassel/Basel 1949—1973.
MGH	Monumenta Germaniae Historica.
AA	Auctores antiquissimi, 1877 ff.
Cap.	Capitularia regum Francorum, 2 Bde. 1888 ff.
Confrat.	Libri confraternitatum, 1884.
Const.	Constitutiones et acta publica imperatorum et regum, 1893 ff.
DD	Diplomata, 1879 ff.
Epp.	Epistolae, 1887 ff.
LL	Leges nationum Germanicarum, 1888 ff.
Poetae	Poetae Latini medii aevi, 1880 ff.
SS	Scriptores, 30 Bde., 1826 ff.
SS rer. Mer.	Scriptores rerum Merovingicarum, 1884 ff.
MH	Martyrologium Hieronymianum, ed. I.B. de ROSSI/L. DUCHESNE, in: AA SS November II, Pars 1, Bruxelles 1894.
MIÖG	Mitteilungen des Instituts für Österreichische Geschichtsforschung, 1880 ff.
NA	Neues Archiv der Gesellschaft für Ältere Deutsche Geschichtskunde, Hannover 1876 ff.
PBB	H. PAUL und W. BRAUNE, Beiträge zur Geschichte der deutschen Sprache und Literatur.

PL	J. P. MIGNE: Patrologiae cursus completus, series Latina, 219 Bde., Paris 1844 ff.
RB	Revue Bénédictine, Maredsous 1884 ff.
RE	PAULY-WISSOWA, PAULYS Realencyclopädie der classischen Altertumswissenschaft, hg. v. G. WISSOWA, Stuttgart 1893 ff.
REGA	Reallexikon der Germanischen Altertumskunde, hg. v. J. HOOPS, 4 Bde., 1911—1919, ²Berlin/New York 1973 ff.
RH	Ulysse CHEVALIER, Repertorium Hymnologicum. Catalogue des chants, hymnes, proses, séquences, tropes en usage dans l'église latine . . . 7 Bde., Louvain 1892—Bruxelles 1920.
SMB	Studien und Mitteilungen zur Geschichte des Benediktinerordens und seiner Zweige, Salzburg 1880 ff.
TAPA	Transactions of the American Philological Association. 1869/70 ff.
UB	Urkundenbuch
Vfl.	Die deutsche Literatur des Mittelalters. Verfasserlexikon, 5 Bde., Berlin/Leipzig 1933—1955.
ZfdA	Zeitschrift für deutsches Altertum und deutsche Literatur, Berlin/Leipzig/Wiesbaden 1841 ff.
ZGORh	Zeitschrift für Geschichte des Oberrheins, Karlsruhe 1850 ff.

SIGLENVERZEICHNIS

Ann.	Annales Prumienses, ed. L. BOSCHEN, Die Annales Prumienses. Ihre nähere und ihre weitere Verwandtschaft, Düsseldorf 1972.
B	Prümer Brevier des Codex Leipzig Musikbibl. Rep. I 93 (vgl. S. 102).
C	Prümer Collectar des Codex Trier Stadtbibl. 1245 (vgl. S. 101).
CE	Capitulare Evangeliorum (mit dem Zusatz Pr wird das Sanctorale des Prümer Lektionars, Sigle E, bezeichnet).
Ca	Hymnar von Canterbury (analysiert in: Analecta Hymnica 2, durch G. M. DREVES).
E	Capitulare Evangeliorum des Prümer Lektionars in Codex Manchester Rylands Library Nr. 7 (mit E¹ sind Zusätze zum Grundstock von E benannt; vgl. S. 102 f).
G	Gallikanischer Grundstock von K¹ (vgl. S. 101).
Gall.	Georgslegende in altlateinischer Übersetzung (vgl. W. HAUBRICHS, Georgslied, Register).
H	Prümer Hymnar des Codex Trier Stadtbibl. 1245 (vgl. S. 101).
Ha	Sacramentarium Hadrianum, ed. H. LIETZMANN, Das Sacramentarium Gregorianum nach dem Aachener Urexemplar, Münster 1958.
Hu	Hymnar von Huesca (analysiert in: B. M. MORGAS, Contenido).
JG	Junggelasianisches Sakramentar.
K¹	Kalender des Cod. Madrid B. N. 3307 (vgl. S. 101).
K²	Prümer Kalendar von 1201 aus Cod. Bonn U. B. 370 (vgl. S. 103).
K³	Prümer Kalendar des 14. Jh.s in Cod. Berlin S. B. Lat. 704 (vgl. S. 103).
L¹	Litanei von Münstereifel (vgl. S. 102).
L²	Prümer Litaneien in Tr (vgl. S. 102).
M	Hymnar von Moissac (analysiert in: Analecta Hymnica 2, durch G. M. DREVES).
ML	Martyrologium Labbeanum (vgl. S. 99).
P¹⁻⁷	Patroziniennennungen Prümer Kirchen (vgl. S. 97).
Pa	Römisches Passionar des 8. Jh.s (vgl. W. HAUBRICHS, Georgslied, Register).
Ph	Phillipps-Sakramentar (vgl. S. 98 f.).
Pr	Prümer Evangeliar bzw. Lektionar (vgl. S. 102).
R¹⁻⁷	Prümer Reliquienverzeichnisse (vgl. S. 98).
RChr	Regino von Prüm, Chronicon, ed. R. RAU, Quellen, Bd. III, S. 179 ff.
RHI	Regino von Prüm, De harmonica institutione, ed. PL 132, Sp. 483—502.
RSC	Regino von Prüm, De synodalibus causis, ed. F. G. A. WASSERSCHLEBEN, Libri.
T	Martyrologium Trevirense, in: Analecta Bollandiana 2 (1883), S. 7—34.

T^1	Grundstock des Martyrologs.
T^2	Sondergut der Prümer Redaktion.
T^3	Prümer Nachträge im Martyrolog (vgl. S. 100).
To	Tonar Reginos von Prüm (vgl. S. 102).
Tr	Prümer Tropar aus Codex Paris B. N. f.l. 9448 (vgl. S. 102).
W^1	Martyrolog des Wandalbert von Prüm, ed. MG Poetae II, S. 578 ff., Grundstock des Sanctorale (vgl. S. 99).
W^2	Proprium im Sanctorale des Wandalbert-Martyrologs (vgl. S. 99).
W$^{3-4}$	Spätere Zusätze zum Wandalbert-Martyrolog (vgl. S. 99).
WG	Wandalbert von Prüm, Vita s. Goaris.
WM	Wandalbert von Prüm, Martyrologium (vgl. W^1).
X-lat.	Georgslegende des X-Typus in lateinischer Übersetzung (vgl. W. HAUBRICHS, Georgslied, Register).
Y	Georgslegende in der Version des stadtrömischen Passionars (vgl. W. HAUBRICHS, Georgslied, Register).

Verzeichnis der Karten

Quellen- und Literaturverzeichnis

W. ABEL: Geschichte der deutschen Landwirtschaft vom frühen Mittelalter bis zum 19. Jh. (= Deutsche Agrargeschichte Bd. 2), Stuttgart ²1967.

Werdendes Abendland an Rhein und Ruhr, Essen Villa Hügel, Katalog, Essen ⁴1956.

Die Abtei Prüm in der Eifel. Festschrift aus Anlaß der Fertigstellung der Abtei — Um- und Erweiterungsbauten 1912, Bonn 1912.

G. ALTHOFF: Eine Prümer Mönchsliste im ‚Liber Aureus‘, in: Frühmittelalterliche Studien 7 (1973), S. 234—65.

A. ANGENENDT: Monachi Peregrini. Studien zu Pirmin und den monastischen Vorstellungen des frühen Mittelalters (= Münstersche Mittelalter-Schriften 6), München 1972.

Art Mosan et Arts Anciens du Pays de Liège, Catalogue, Liège 1951.

M. B. ASPINWALL: Les écoles épiscopales monastiques de l'ancienne province ecclésiastique de Sens du VI⁰ au XII⁰ siècle, Thèse Paris 1904.

A. AUDA: L'école musicale liégeoise au Xe siècle. Etienne de Liège, Bruxelles 1923.

DERS.: La musique et les musiciens de l'ancien pays de Liège, Lüttich 1930.

L. AUVRAY: Deux manuscrits de Fleury-sur-Loire et de Ferrières conservés au Vatican, Annales de la Société historique et archéologique du Gâtinais 7 (1889), S. 39 ff.

M. BARTH: Handbuch der elsässischen Kirchen im Mittelalter (= Archives de l'Eglise d'Alsace, NS 11—13), Straßburg 1960—63.

DERS.: Der Kult der heiligen Genovefa von Paris im deutschen Sprachraum, FDA 84 (1964), S. 213—71.

E. BECKER: Konstantin der Große, der ‚neue Moses‘, Zeitschrift für Kirchengeschichte 31 (1910), S. 161—171.

G. BECKER: Catalogi bibliothecarum antiqui, Bonn 1885.

J. BECKER: Geschichte der Pfarreien des Dekanates Münstereifel (= Geschichte der Pfarreien der Erzdiözese Köln 34), Bonn 1900.

S. BEISSEL: Miniaturen aus Prüm, Zeitschrift für christliche Kunst 19 (Düsseldorf 1906), S. 11—22.

R. BERGMANN: Mittelfränkische Glossen. Studien zu ihrer Ermittlung und sprachgeographischen Einordnung (= Rheinisches Archiv 61), Bonn 1966.

U. BERLIERE: La Familia dans les monastères bénédictins du Moyen Age (= Académie Royale de Belgique. Classe des Lettres et des Sciences morales et politiques, Mémoires 29,2), Bruxelles 1931.

DERS.: Les processions des croix banales. Académie Royale de Belgique. Bulletin de la classe des lettres, Série 5, Bd. 8 (1922), S. 419—446.

G. BERNT: Das lateinische Epigramm im Übergang von der Spätantike zum frühen Mittelalter (= Münchener Beiträge zur Mediävistik und Renaissance-Forschung 2), München 1968.

H. BEYER, L. ELTESTER, A. GOERZ: Urkundenbuch zur Geschichte der jetzt die Preussischen Regierungsbezirke Coblenz und Trier bildenden mittelrheinischen Territorien, 3 Bde., Coblenz 1860—1874.

G. BINDING: Bericht über Ausgrabungen in niederrheinischen Kirchen, in: Rheinische Ausgrabungen 95, Düsseldorf 1971, S. 1—87.

G. Binding / E. Binding: Archäologisch-historische Untersuchungen zur Frühgeschichte Duisburgs (= Duisburger Forschungen, Beiheft 12), Duisburg 1969.

B. Bischoff: Über gefaltete Handschriften, vornehmlich hagiographischen Inhalts, in: Mittelalterliche Studien, Bd. 1, Stuttgart 1966, S. 93—100.

Ders: Lorsch im Spiegel seiner Handschriften (= Münchener Beiträge zur Mediävistik und Renaissance-Forschung, Beiheft), München 1974.

Ders.: Art. ‚Wandalbert von Prüm', Vfl. IV (1953), Sp. 830—35.

Ders.: Art. 'Wolfhard von Herrieden', Vfl. IV (1953), Sp. 1057 f.

Ders.: / J. Hofman: Libri S. Kyliani. Die Würzburger Schreibschule und die Dombibliothek im 8. und 9. Jh. (= Quellen und Forschungen zur Geschichte des Bistums und Hochstifts Würzburg 6), Würzburg 1952.

P. Blanchard: Oeuvres attribuées à Bernon de Reichenau, RB 29 (1912), S. 98—107.

Ders.: Un traité ‚De benedictionibus patriarcharum' de Paschase Radbert, RB 28 (1911), S. 425—32.

P. Bloch / H. Schnitzler: Die ottonische Kölner Malerschule, Bd. 2, Düsseldorf 1970.

C. Blume: Der Cursus S. Benedicti Nursini und die liturgischen Hymnen des 6. — 9. Jahrhunderts (= Hymnologische Beiträge 3), Leipzig 1908.

K. Böhner: Die fränkischen Altertümer des Trierer Landes, 2 Bde., Berlin 1958.

Ders.: Das Trierer Land zur Merowingerzeit nach dem Zeugnis der Bodenfunde, in: R. Laufner: Geschichte des Trierer Landes, Bd. 1 (= Schriften zur Trierischen Landeskunde und Volkskunde 10), Trier 1964, S. 303—37.

Ders.: Siedlungen des frühen Mittelalters am Nordostrand der Eifel, in: Führer zu vor- und frühgeschichtlichen Denkmälern 26, Mainz 1974, S. 111—150.

M. Bondois: La translation des saints Marcellin et Pierre (= Bibliothèque de l'Ecole des Hautes Etudes, Sciences philologiques et historiques 160), Paris 1907.

H. Borger / W. Sölter: Die Ausgrabungen in der ehemaligen Stiftskirche St. Chrysanthus und Daria zu Münstereifel in den Jahren 1963/4, in: Rheinische Ausgrabungen (= Beihefte der Bonner Jahrbücher 28), Köln/Graz 1968, S. 241—57.

W. Bornheim gen. Schilling: Rheinische Höhenburgen, Bd. 1 (= Rheinischer Verein für Denkmalpflege und Heimatschutz, Jahrbücher 1961—63), Neuss 1964.

L. Boschen: Die Annales Prumienses. Ihre nähere und ihre weitere Verwandtschaft, Düsseldorf 1972.

E. Boshof / H. Wolter: Rechtsgeschichtlich-diplomatische Studien zu frühmittelalterlichen Papsturkunden, Köln/Wien 1976.

K. Bosl: Die ‚Familia' als Grundstruktur der mittelalterlichen Gesellschaft, Zeitschrift für Bayerische Landesgeschichte 38 (1975), S. 403—424.

Ders.: Frühformen der Gesellschaft im mittelalterlichen Europa, München/Wien 1964.

Ders.: Potens und Pauper. Begriffsgeschichtliche Studien zur gesellschaftlichen Differenzierung im frühen Mittelalter und zum ‚Pauperismus' des Hochmittelalters, in: Alteuropa und die moderne Gesellschaft, Festschrift O. Brunner, Göttingen 1963, S. 60—87.

M. Bouchere: Art. ‚Hymnaires', Catholicisme 5 (1962), Sp. 1127—9.

Les Bouches-du-Rhône. Encyclopédie départementale, publiée sous la direction de P. Masson, Marseille 1920—30.

E. Bourque: Etude sur les sacramentaires romains, Bd. I: Les textes primitifs (=Studi di Antichità Cristiana 20), Rom 1949.

Ders.: Etudes sur les sacramentaires romains, Seconde partie: Les textes remaniés I: Le Gélasien du VIIIe siècle, Quebec 1952.

14

DERS.: Etude sur les sacramentaires romains, Seconde partie: Les textes remaniés II (= Studi di Antichità Cristiana 25), Rom 1958.

W. BRAMBACH: Die Musikliteratur des Mittelalters bis zur Blüthe der Reichenauer Sängerschule, Karlsruhe 1883.

J. BRASSINNE: Analecta Leodiensia, Bulletin de la Société d'Art et d'Histoire du Diocèse de Liège 16 (1907), S. 1—225.

DERS.: Les paroisses de l'ancien concile de Hozémont, Bulletin de la Société d'Art et d'Histoire du Diocèse de Liège 12 (1900), S. 241—84.

A. D. v. d. BRINCKEN: Studien zur lateinischen Weltchronistik bis in das Zeitalter Ottos von Freising, Düsseldorf 1957.

P. BRUDER: Die heiligen Märtyrer Marcellinus und Petrus. Ihr Martyrium, ihre Verehrung und ihre Reliquien, Mainz 1878.

R. BUCHNER: Das Geschichtsbewußtsein der Germanen, Mannus 29 (1937), S. 459—77.

H. BÜTTNER: Das Rhein-Maingebiet in der Merowinger- und Frühkarolingerzeit, Mitteilungsblätter des Historischen Vereins für Hessen 2 (1941/3), S. 194—200.

DERS.: Die Widonen, Saarbrücker Hefte 3 (1956), S. 33—39.

W. BULST: Hymni Latini antiquissimi LXXV. Psalmi III, Heidelberg 1956.

V. BURR: Calendarium Elvacense, Archiv für Liturgiewissenschaft 6,2 (1960), S. 372—416.

F. M. CAREY: The Scriptorium of Reims, in: Classical and Mediaeval Studies in Honor of E. K. Rand, New York 1938, S. 41—60.

M. CHAUME: Les origines du duché de Bourgogne, Dijon 1925.

J. CHOUX: Décadence et réforme monastique dans la province de Trèves 855—959, RB 70 (1960), S. 204—223.

Saint Chrodegang. Communications présentées au colloque tenu à Metz à l'occasion du douzième centenaire de sa mort, Metz 1967.

M. COENS: Recueil d'études bollandiennes (= Subsidia Hagiographica 37), Brüssel 1963.

DERS.: Saints et saintes honorés à l'abbaye de Susteren dans l'ancien diocèse de Liège, Analecta Bollandiana 80 (1962), S. 327—344.

A. CORDELIANI: Les traités de Comput du Haut Moyen Age (526—1003), ALMA 17 (1943), S. 51—72.

C. E. COUSSEMAKER: Scriptorum de musica medii aevi nova series, Bd. 2, Paris 1867.

C. DAUX: Deux livres choraux monastiques des Xe et XIe siècles, Etude historique, analytique et musicale, Paris 1899.

M. L. DAVID-DANEL: Le culte et l'iconographie des saints Côme et Damien en Lorraine, Le Pays Lorrain 48 (1967), S. 45—52.

DERS.: Les lieux de culte des saints Côme et Damien en France, in: Littérature et Réligion, Mélanges J. COPPIN, Lille 1966, S. 251—62.

DERS.: Répertoire pour la France des lieux de culte dédiés aux saints Côme et Damien, Mélanges de Science Réligieuse 24 (Lille 1967), S. 211—36; 25 (1968), S. 143—69; 26 (1969), S. 23—42. 95—111.

H. DEGERING: Das Prümer Evangeliar in Berlin, in: Festschrift A. v. HARNACK, Berlin 1921, S. 132 ff.

L. DELISLE: Les évangiles de l'abbaye de Prüm, Journal des Savants, Sept. 1902.

DERS.: Mémoire sur d'anciens sacramentaires, Mémoires de l'Institut National de France, Académie des Inscriptions et Belles-Lettres 32,1 (1886), S. 57—423.

B. DEMANDT-HAARBERG: Die politische und kirchliche Erfassung des Gebietes zwischen Rhein, Main, Mudau und Neckar im Früh- und Hochmittelalter, Diss. Marburg 1965.

G. DESDEVISES DU DEZERT: Lettres de Servat Loup, Abbé de Ferrières (= Bibliothèque de l'Ecole des Hautes Etudes 77), Paris 1888.

G. DESPY: Villes et campagnes aux IXe et Xe siècles. L'exemple du pays mosan, Revue du Nord 50 (1968), S. 145—168.

J. DIENEMANN: Der Kult des heiligen Kilian im 8. und 9. Jh. (= Quellen und Forschungen zur Geschichte des Bistums und Hochstifts Würzburg 10), Würzburg 1955.

I. DIETRICH: Die frühe kirchliche und politische Erschließung des unteren Lahngebietes im Spiegel der Konradinischen Besitzgeschichte, Archiv für mittelrheinische Kirchengeschichte 5 (1953), S. 157—94.

DERS.: Das Haus der Konradiner, Diss. (Masch.) Marburg 1952.

A. DIGOT: Inventaire du trésor de l'abbaye de Prüm (1003), Bulletin monumental 15 (1849), S. 283—300.

C. B. DODWELL / D. H. TURNER: Reichenau reconsidered. A re-assessment of the place of Reichenau in Ottonian art. (= Warburg Institute Surveys 2), London 1965.

A. DOPSCH: Die Wirtschaftsentwicklung der Karolingerzeit vornehmlich in Deutschland, 2. unveränd. Aufl. Weimar 1921/22.

R. DRINKUTH: Die drei Frauen in Deutschland in Sage, Märchen und christlichem Kult, Hessische Blätter für Volkskunde 32 (1933), S. 109— 154. 33 (1934), S. 1—77.

J. DUBOIS: Le martyrologe d'Usuard (= Subsidia Hagiographica 40), Brüssel 1965.

DERS.: Le martyrologe métrique de Wandalbert, Analecta Bollandiana 79 (1961), S. 257—93.

L. DUCHESNE: Fastes épiscopaux de l'ancienne Gaule, 3 Bde. Paris 1907—1915.

E. DÜMMLER: Piligrim von Passau und das Erzbistum Lorch, Leipzig 1854.

E. DÜSTER: Die Gründung des Kirchspiels Oberpleis durch Erzbischof Wichfried im Jahr 948, in: 1000 Jahre Oberpleis, Oberpleis 1948, S. 27—74.

J. DUFOUR: La bibliothèque et le scriptorium de Moissac, Genève/Paris 1972.

A. EBERT: Allgemeine Geschichte der Literatur des Mittelalters im Abendlande, Bd. 2, Leipzig 1880.

A. EBNER: Der Liber vitae und die Nekrologien von Remiremont in der Bibliotheca Angelica zu Rom, NA 19 (1893), S. 49—83.

G. EIS: Altdeutsche Zaubersprüche, Berlin 1964.

L. ELAUT: Kosmas en Damiaan in de Beneluxlanden, Scientiarum Historia 10 (1968), S. 13—20.

V. H. ELBERN: Die Bildende Kunst der Ottonenzeit zwischen Maas und Elbe, in: Das erste Jahrtausend, Bd. 2, Düsseldorf 1964, S. 1014 ff.

E. ENNEN: Einige Bemerkungen zur frühmittelalterlichen Geschichte Bonns, Rheinische Vierteljahrsblätter 15/16 (1950/51), S. 184—191.

DIES.: Die europäische Stadt des Mittelalters, 2. erg. und verb. Aufl. Göttingen 1975.

DIES.: Stadt und Wallfahrt in Frankreich, Belgien, den Niederlanden und Deutschland, in: Festschrift M. ZENDER, Bd. 2, Bonn 1972, S. 1057—75.

S. EPPERLEIN: Zur weltlichen und kirchlichen Armenfürsorge im karolingischen Imperium, Jahrbuch für Wirtschaftsgeschichte 1963, I, S. 41—60.

H. ERMISCH: Die Chronik des Regino bis 813, Diss. Göttingen 1871.

U. ERNST: Der Liber Evangeliorum Otfrids von Weissenburg. Literarästhetik und Verstechnik im Lichte der Tradition, Köln/Wien 1975.

E. Ewig: Das Bistum Köln im Frühmittelalter, Archiv des Historischen Vereins für den Niederrhein 155/56 (1954), S. 205—43.

Ders.: Die Kathedralpatrozinien im römischen und fränkischen Gallien, Historisches Jahrbuch 79 (1960), S. 1—61.

Ders.: Der Martinskult im Frühmittelalter, Archiv für mittelrheinische Kirchengeschichte 14 (1962).

Ders.: Saint Chrodegang et la réforme de l'Eglise franque, in: Saint-Chrodegang, Metz 1967, S. 25—53.

Ders.: Trier im Merowingerreich. Civitas, Stadt, Bistum, Trier 1954.

Ders.: Das Trierer Land im Merowinger- und Karolingerreich, in: R. Laufner, Geschichte des Trierer Landes I (= Schriftenreihe zur Trierischen Landesgeschichte und Volkskunde 10), Trier 1964, S. 222—302.

Ders.: Die ältesten Mainzer Patrozinien und die Frühgeschichte des Bistums Mainz, in: Das erste Jahrtausend, Textband 1, Düsseldorf 1962, S. 114—127.

Ders.: Der Petrus- und Apostelkult im spätrömischen und fränkischen Gallien, Zeitschrift für Kirchengeschichte 71 (1960), S. 215—251.

J. Faas: Die freikaiserliche und fürstliche Abtei Prüm, in: Abtei Prüm. Reginoschule. Zum vollendeten Wiederaufbau 1961, S. 3—48.

Ders.: Regino von Altrip. Abt von St. Salvator in Prüm und St. Martin in Trier, in: Th. Maurer/D. Kirsch (Hg): Altrip — Porträt eines Dorfes, Altrip 1970, S. 115—123.

W. Fabricius: Erläuterungen zum geschichtlichen Atlas der Rheinprovinz, Bd. V, 1/2, Bonn 1909—13.

F. Falk: Die Heiligentranslationen von Rom nach Deutschland in karolingischer Zeit, Der Katholik 69 (1889), S. 284—302.

L. Falkenstein: Der ‚Lateran‘ der karolingischen Pfalz zu Aachen, Köln/Graz 1966.

B. Fischer: Die Elfenbeintafel des Trierer Domschatzes, Kurtrierisches Jahrbuch 9 (1969), S. 5—19.

J. Fleckenstein: Fulrad von St. Denis und der fränkische Ausgriff in den süddeutschen Raum (= Forschungen zur oberrheinischen Landesgeschichte 4), Freiburg i. B. 1956, S. 9—39.

Ders.: Die Hofkapelle der deutschen Könige, 2 Bde. (= Schriften der MGH 16), Stuttgart 1959—66.

K. Flink: Geschichte der Burg, der Stadt und des Amtes Rheinbach (= Rheinisches Archiv 59), Bonn 1965.

R. Flink: Die Geschichte von Oberpleis, Siegburg 1955.

Ders.: Der dritte Patron der Oberpleiser Kirche, Heimatblätter für den Siegkreis 22 (1954), S. 41 ff.

M. Floss: Romreise des Abtes Markward von Prüm und Übertragung der Heiligen Chrysanthus und Daria nach Münstereifel im Jahre 844, Annalen des Historischen Vereins für den Niederrhein 20 (1869), S. 96—217.

M. Foerster: Zur Geschichte des Reliquienkults in Altengland, Sitzungsberichte der Bayr. Akad. d. Wiss., Phil.-hist. Kl., Jg. 1943, H. 8, München 1943.

H. Forst: Die territoriale Entwicklung des Fürstentums Prüm, Westdeutsche Zeitschrift 20 (1901), S. 251—288.

Ders.: Zur Erläuterung des Prümer Urbars vom Jahre 893, Westdeutsche Zeitschrift 23 (1904), S. 194—229.

DERS.: Erläuterungen zum Geschichtlichen Atlas der Rheinprovinz IV: Das Fürstentum Prüm (= Publikationen der Gesellschaft für Rheinische Geschichtskunde 12,4), Bonn 1903.

DERS.: Geschichte der Abtei Prüm von der Gründung im Jahre 721 bis zur Aufhebung im Jahre 1802, Bonner Jahrbücher 122 (1912), S. 98—110.

P. FOURNIER: L'oeuvre canonique de Réginon de Prüm, Bibliothèque de l'Ecole des Chartes 81 (1920), S. 5—44.

P. FOURNIER / G. LE BRAS: Histoire des collections canoniques en Occident, Bd. 1, Paris 1931.

A. FRANZ: Die kirchlichen Benediktionen des Mittelalters, 2 Bde., Freiburg i.B. 1909.

DERS.: Die Messe im deutschen Mittelalter. Beiträge zur Geschichte der Liturgie und des religiösen Volkslebens, Darmstadt 1933.

W. H. FRERE: Studies in Early Roman Liturgy I—III (= Alcuin-Club Collections 28. 30. 32), 3 Bde., Oxford/London 1930—1935.

H. v. GADOW: Die Quellen zu den Siedlungsnamen der Rheinlande vor dem Jahre 1100 (= Beiträge zur Namenforschung NF, Beihefte 3), Heidelberg 1969.

B. de GAIFFIER: Les légendiers de Spolète, Analecta Bollandiana 74 (1956), S. 313—48.

DERS.: Les SS. Castus et Aemilius. Dates de culte. Dérivés légendaires, in: DERS.: Etudes critiques d'hagiographie et d'iconologie, Bruxelles 1967, S. 378—388.

DERS.: De l'usage et de la lecture du martyrologe. Témoignages antérieurs au XIe siècle, Analecta Bollandiana 79 (1961), S. 40—59.

K. GAMBER: Codices Liturgici Antiquiores (= Spicilegii Friburgensis Subsidia 1), Fribourg 1963.

DERS.: Sakramentartypen. Versuch einer Gruppierung der Handschriften und Fragmente bis zur Jahrtausendwende (= Texte und Arbeiten II, 49/50), Beuron 1958.

W. GANZENMÜLLER: Das Naturgefühl im Mittelalter (= Beiträge zur Kulturgeschichte des Mittelalters und der Renaissance, Bd. 18), Leipzig/Berlin 1914, Nachdruck: Hildesheim 1974.

L. GAUTIER: Histoire de la poésie liturgique au Moyen Age. Les Tropes, Paris 1886.

E. GELDERBLOM: Über Beziehungen zwischen der Altmeidericher Kirche und dem hochadeligen freiweltlichen Stift Sankt-Hippolyt zu Gerresheim von 873 bis 1806, Monatshefte für rheinische Kirchengeschichte 31 (1937), S. 161—91.

H. GENSICKE: Landesgeschichte des Westerwaldes (= Veröffentlichungen der Historischen Kommission für Nassau 13), Wiesbaden 1958.

M. GERBERT: Scriptores ecclesiastici de musica sacra potissimum, Neudruck: Milano 1931.

D. GEUENICH: Die Prümer Personennamen in Überlieferungen von Sankt-Gallen, Reichenau, Remiremont und Prüm (= Beiträge zur Namenforschung NF, Beihefte 7), Heidelberg 1971.

J. v. d. GHEYN: Catalogue des manuscrits de la Bibliothèque Royale de Belgique, 13 Bde., Bruxelles 1901 ff.

A. GIEYSZTOR: The Genesis of the Crusades, Medievalia et Humanistica 5 (1948), S. 3—23; 6 (1949), S. 3—34.

K. GLÖCKNER: Lorsch und Lothringen, Robertiner und Capetinger, ZGORh 89 (1937), S. 301—54.

H. GNEUSS: Hymnar und Hymnen im englischen Mittelalter, Tübingen 1968.

A. GOLDSCHMIDT: Die deutsche Buchmalerei, Bd. 2, München/Firenze 1928.

J. E. Gugumus: Die Lorscher Kalendarien im Codex Palatinus lat. 485 und 499 der Vatikanischen Bibliothek, Jahrbuch für das Bistum Mainz 8 (1958/60), S. 286—321.

D. Guilleaume: L'archidiaconé d'Ardenne dans l'ancienne diocèse de Liège, Bulletin de la Société d'Art et d'Histoire du Diocèse de Liège 20 (1913), S. 21—597.

A. A. Häussling: Mönchskonvent und Eucharistiefeier. Eine Studie über die Messe in der abendländischen Klosterliturgie des frühen Mittelalters und zur Geschichte der Meßhäufigkeit, Münster 1972.

C. Hainer: Das epische Element bei den Geschichtsschreibern des früheren Mittelalters, Diss. Gießen 1914.

K. Hallinger : Gorze-Kluny (= Studia Anselmiana 22—25), 2 Bde., Rom 1950—51.

Ders.: Die Anfänge der Abtei Seligenstadt. Grundlagen und bestimmende Kräfte, Archiv für mittelrheinische Kirchengeschichte 19 (1967), S. 9—25.

R. Hanslik: Benedicti Regula (= Corpus Scriptorum Ecclesiasticorum Latinorum 75), Wien 1960.

J. Harttung: Über Regino von Prüm, Forschungen zur Deutschen Geschichte 18 (1878), S. 362—68.

W. Haubrichs: Georgslied und Georgslegende im frühen Mittelalter. Text als Rekonstruktion, Kronberg 1979.

Ders.: Zur Herkunft der ‚Altdeutschen (Pariser) Gespräche', ZfdA 101 (1972), S. 86—103.

Ders.: Hero Sancte Gorio. Georgslied und Georgskult im frühen Mittelalter, 2 Bde., Stuttgart c. 1979/80.

Ders.: Die Weißenburger Mönchslisten der Karolingerzeit, ZGORh 118 (1970), S. 1—42.

Ders.: Nekrologische Notizen zu Otfrid von Weissenburg. Prosopographische Studien zur Rezeption des Evangelienbuchs, Beiträge zur Älteren Deutschen Literaturgeschichte Bern c. 1979

Ders.: Ordo als Form. Strukturstudien zur Zahlenkomposition bei Otfrid von Weißenburg und in karolingischer Literatur (= Hermaea NF 27), Tübingen 1969.

Ders.: Otfrids St. Galler ‚Studienfreunde', Amsterdamer Beiträge zur Älteren Germanistik 4 (1973), S. 49—112.

Ders.: Neue Zeugnisse zur Reichenauer Kultgeschichte des neunten Jahrhunderts, ZGORh 126 (1978).

A. Hauck: Kirchengeschichte Deutschlands, Teil II, Berlin/Leipzig 1952.

K. Hauck: Von einer spätantiken Randkultur zum karolingischen Europa, in: Frühmittelalterliche Studien 1 (1967), S. 3—93.

Ders.: Erzbischof Adalbert von Magdeburg als Geschichtsschreiber. Mit der Mitteilung der mikrochemischen Analyse der hl. Lanze in Wien von H. Malissa, Festschrift W. Schlesinger, Bd. 2, 1974, S. 276—353.

A. Heintz: Der hl. Simeon von Trier. Seine Kanonisation und seine Reliquien, in: Festschrift für Alois Thomas, Archäologische, kirchen- und kunsthistorische Beiträge, Trier 1967, S. 163—173.

W. Hellinger: Die Pfarrvisitation nach Regino von Prüm, Zeitschrift der Savigny-Stiftung für Rechtsgeschichte, Kan. Abt. 79 (1962), S. 1—116; 80 (1963), S. 75—137.

S. Hellmann: Sedulius Scottus (= Quellen und Untersuchungen I, 1), München 1906.

J. Hennig: The Félire Oengusso and the Martyrologium Wandalberti, Mediaeval Studies 17 (1955), S. 219—26.

I. HERWEGEN: Die lothringischen Pfalzgrafen und die niederrheinischen Benediktinerklöster, Annalen des Historischen Vereins für den Niederrhein 89 (1910), S. 46—61.

E. HERZOG: Die ottonische Stadt, Berlin 1964.

P. HEUSGEN: Die Geschichte der Pfarreien der Dekanate Meckenheim und Rheinbach, Köln 1926.

DERS.: Das Dekanat Zülpich (= Geschichte der Pfarreien der Erzdiözese Köln, 2. Serie, Bd. 3), Siegburg 1958.

F. J. HEYEN: Reichsgut im Rheinland. Die Geschichte des königlichen Fiskus Boppard (= Rheinisches Archiv 48), Bonn 1956.

DERS.: Sankt-Goar im frühen und hohen Mittelalter, Kurtrierisches Jahrbuch 1 (1961), S. 87—106.

DERS.: Das Stift St. Paulin vor Trier (= Germania Sacra NF 6,1), Berlin 1972.

H. HINZ: Die Stellung der 'curtes' innerhalb des karolingischen Wehrbaues, Germania 45 (1967), S. 130 ff.

S. HILPISCH: Regino von Prüm, in: Festschrift zur fünfundsiebzigjährigen Jubelfeier des Staatlichen Gymnasiums Prüm, 1927, S. 66—71.

E. HLAWITSCHKA: Die Anfänge des Hauses Habsburg-Lothringen. Genealogische Untersuchungen zur Geschichte Lothringens und des Reiches im 9., 10. und 11. Jh. (= Veröffentlichungen der Kommission für Saarländische Landesgeschichte und Volksforschung 4), Saarbrücken 1969.

DERS.: Lotharingien und das Reich an der Schwelle der deutschen Geschichte (= Schriften der MGH 21), Stuttgart 1968.

DERS.: Die Vorfahren Karls des Großen, in: Karl der Große, Bd. 1, Düsseldorf 1965, S. 51—82.

H. HOLZBAUER: Mittelalterliche Heiligenverehrung. Heilige Walpurgis (= Eichstätter Studien NF 5), Kevelaer 1972.

H. G. HORN: Mütterliche Gottheiten im Rheinland, in: Führer zu vor- und frühgeschichtlichen Denkmälern 26, Mainz 1974, S. 76—92.

W. HOTZELT: Gordian und Epimachus, Römische Quartalschrift 44 (1938), S. 1—17.

DERS.: Translationen von Märtyrerreliquien aus Rom nach Bayern im 8. Jh., SMB 53 (1935), S. 286—343.

DERS.: Translationen römischer Reliquien ins Elsaß im 9. Jahrhundert, Archiv für elsässische Kirchengeschichte 16 (1943), S. 1—18.

DERS.: Translationen von Märtyrerleibern aus Rom ins westliche Frankenreich im 8. Jh., Archiv für Elsässische Kirchengeschichte 13 (1938), S. 1—52.

A. HRUBY: Zur Entstehungsgeschichte der ältesten deutschen Balladen, Kopenhagen 1949.

H. HÜSCHEN: Regino von Prüm. Historiker, Kirchenrechtler und Musiktheoretiker, in: Festschrift K. G. FELLERER, Regensburg 1962, S. 205—23.

J. A. HUISMAN: Die Pariser Gespräche, Rheinische Vierteljahrsblätter 33 (1969), S. 272—96.

H. HUSMANN: Tropen- und Sequenzenhandschriften (= Répertoire international des sources musicales B, Série méthodique 5), München/Duisburg 1964.

E. JAMMERS: Die Antiphonen der rheinischen Reimoffizien, EL 43 (1929), S. 199—219. 425—51; 44 (1930), S. 84—99. 342—68.

W. JANSSEN: Bad Münstereifel im Mittelalter, in: Führer zu vor- und frühgeschichtlichen Denkmälern 26, Mainz 1974, S. 184—193.

20

DERS.: Zur Differenzierung des früh- und hochmittelalterlichen Siedlungsbildes im Rheinland, in: Die Stadt in der europäischen Geschichte, Festschrift E. ENNEN, Bonn 1972, S. 277—325.

E. JAROSSAY: Histoire d'une abbaye à travers les siècles, Ferrières en Gâtinais 508—1790, Orléans 1901.

A. JOURDAIN / L. van STALLE: Dictionnaire encyclopédique de géographie historique du royaume de Belgique, 2 Bde., Bruxelles 1896.

K. Th. v. INAMA-STERNEGG / P. HERZSOHN: Rheinisches Landleben im 9. Jh. Wandalberts Gedicht über die 12 Monate, Westdeutsche Zeitschrift 1 (1882), S. 277—290.

F. IRSIGLER: Divites und Pauperes in der Vita Meinwerci. Untersuchungen zur wirtschaftlichen und sozialen Differenzierung der Bevölkerung Westfalens im Hochmittelalter, Vierteljahrschrift für Sozial- und Wirtschaftsgeschichte 57 (1970). S. 449—499.

W. KASPERS: Die Ortsnamen der Dürener Gegend in ihrer siedlungsgeschichtlichen Bedeutung (= Beiträge zur Geschichte des Dürener Landes 5), Düren 1949.

J. KATZFEY: Geschichte der Stadt Münstereifel und der nachbarlichen Ortschaften, 2 Bde., Köln 1854—55.

G. KENTENICH: Ein fränkischer Königshof bei Bitburg, Trierer Heimatblätter 1 (1922), S. 99 ff.

DERS.: Rheinisches Landleben im 9. Jh., Rheinische Heimatblätter 1924, S. 107—119.

DERS.: Zum Schicksal der älteren Urkunden der Abtei Prüm, Trierisches Archiv 15 (1909), S. 101 f.

KESSEL: Der Jungfernpfad zu Alfter und Umgegend, Bonner Jahrbücher 57 (1876), S. 202—06.

M. KEUFFER: Das Prümer Lektionar, Trierisches Archiv 1 (1898), S. 3—17.

M. KIEM: Das Kloster Muri im Kanton Aargau (= Quellen zur Schweizer Geschichte 3,3), Basel 1883.

G. KIESEL: Der Kult des heiligen Willibrord in der Geschichte seines Grabes und seiner Reliquien, Kurtrierisches Jahrbuch 9 (1969), S. 20—31.

J. P. KIRSCH: Le Memorie dei martiri sulla via Aurelia e Cornelia, Miscellanea F. EHRLE, Bd. 2 (= Studi e Testi 38), Roma 1924, S. 96—99.

T. KLAUSER: Das römische Capitulare Evangeliorum. Texte und Untersuchungen zu seiner ältesten Geschichte, Bd. 1: Typen (= Liturgiegeschichtliche Quellen und Untersuchungen 28), Münster i.W. 1935.

H. KNAUS: Rheinische Handschriften in Berlin, 6. Folge: Der Fonds Maugérard, Archiv für Geschichte des Buchwesens 14 (1974), Sp. 258—283.

DERS.: Rheinische Handschriften in Berlin, 1. Folge: Das Geschenk Kaiser Lothars I. für Prüm, Archiv für Geschichte des Buchwesens 8 (1967), S. 1439—1460.

H. KNOCH: Neue Beiträge der Personennamenforschung zum westfränkischen Problem, DA 29 (1973), S. 25—58.

D. A. W. KONING: Cosmas en Damianus en de Nederlanden, Scientiarum Historia 10 (1968), S. 8—12.

L. KORTH: Die Patrozinien der Kirchen und Kapellen im Erzbistum Köln. Ein Beitrag zur Geschichte des religiösen Lebens und der kirchlichen Organisation im Rheinlande, Düsseldorf 1904.

R. KOTTJE: Karl der Große und der alte Bund, Trierer Theologische Zeitschrift 76 (1967), S. 15—31.

V. KRAUSE: Die Acten der Triburer Synode 895, NA 17 (1892), S. 49—82. 281—326.

DERS.: Die Triburer Acten in der Châlons'er Handschrift, NA 18 (1893), S. 411—27.

B. KRUSCH: Über die Gesta Dagoberti, Forschungen zur deutschen Geschichte 26 (1886), S. 163—191.

F. KUNSTMANN: Hrabanus Magnentius Maurus. Eine historische Monographie, Mainz 1841.

F. KURZE: Die Annales Lobbienses, NA 37 (1912), S. 587—613.

DERS.: Handschriftliche Überlieferung und Quellen der Chronik Reginos und seines Fortsetzers, NA 15 (1890), S. 293— 330.

A. KURZEJA: Der älteste Liber Ordinarius der Trierer Domkirche (= Liturgiegeschichtliche Quellen und Forschungen 52), Münster i.W. 1970.

N. KYLL: Pflichtprozessionen und Bannfahrten im westlichen Teil des alten Erzbistums Trier (= Rheinisches Archiv 57), Bonn 1962.

DERS. / J. RÖDER: Die Fraukirch in der Pellenz im Rheinlande und die Genovefalegende, Rheinisches Jahrbuch für Volkskunde 2 (1951), S. 81—101.

C. LAMBOT: Oeuvres théologiques et grammaticales de Godescalc d'Orbais (= Spicilegium sacrum Lovaniense. Etudes et Documents 20), Louvain 1945.

K. LAMPRECHT: Deutsches Wirtschaftsleben im Mittelalter. 3 Bde., Leipzig 1885/86, Neudruck: Aalen 1960.

P. LAUER: Catalogue général des manuscrits latins, 5 Bde., Paris 1939 ff.

DERS.: Les enluminures romanes des manuscrits de la Bibliothèque Nationale, Paris 1927.

P. LEHFELDT: Bau- und Kunstdenkmäler der Rheinprovinz, Bd. 1, Regierungsbezirk Coblenz, Düsseldorf 1886.

R. LE JAN-HENNEBICQUE: ‚Pauperes et Paupertas' aux IXe et Xe siècles, Revue du Nord 50 (1968), S. 169—187.

H. LENTZ: Die Romreise des Abtes Markward von Prüm, Eifeljahrbuch 1959, S. 145—48.

L. LEVILLAIN: Etudes sur les lettres de Loup de Ferrières I—III. BECh 62 (1901), S. 445—509; 63 (1902), S. 69—118. 289—330. 537—59; 64 (1903), S. 259—83.

DERS.: Loup de Ferrières. Correspondance, 2 Bde., Paris 1927—35.

DERS.: Wandalbert de Prüm et la date de la mort d'Hilduin de Saint-Denis, BECh 108 (1949/50), S. 5—35.

W. LEVISON: A propos du calendrier de Saint Willibrord, RB 50 (1938), S. 37—41.

DERS.: Aus rheinischer und fränkischer Frühzeit, Düsseldorf 1948.

DERS.: Eine Predigt des Lupus von Ferrières, in: Aus rheinischer und fränkischer Frühzeit, Düsseldorf 1964, S. 557—566.

DERS.: Das Werden der Ursulalegende, Köln 1928.

DERS.: Zur ältesten Urkunde des Klosters Prüm, NA 43 (1922), S. 383—385.

M. LINTZEL: Zur Chronik Reginos von Prüm, DA 1 (1937), S. 499—502.

W. LIPPHARDT: Der karolingische Tonar von Metz (= Liturgiegeschichtliche Quellen und Forschungen 43), Münster 1965.

W. LOEHR: Geschichte des Kanonikerstiftes Münstereifel, Diss. Bonn 1969.

DERS.: Kanonikerstift Münstereifel (= Veröffentlichungen des Vereins der Geschichts- und Heimatfreunde des Kreises Euskirchen, Serie A, Bd. 12), Euskirchen 1969.

H. LÖWE: Geschichtsschreibung der ausgehenden Karolingerzeit, DA 23 (1967), S. 1—30.

DERS.: Regino von Prüm und das historische Weltbild der Karolingerzeit, Rheinische Vierteljahrsblätter 17 (1952), S. 151—79.

22

DERS.: Von Theoderich dem Großen zu Karl dem Großen, DA 9 (1952), S. 353—401.

D. LÜCK: Der Auelgau, die erste faßbare Gebietseinteilung an der unteren Sieg, in: Siegburger Heimatbuch I, Siegburg 1964, S. 223—285.

W. LÜHMANN: Sankt Urban. Beitrag zur Vita und Legende, zum Brauchtum und zur Ikonographie (= Quellen und Forschungen zur Geschichte des Bistums und Hochstifts Würzburg 19), Würzburg 1968.

F. LÜTGE: Geschichte der deutschen Agrarverfassung vom frühen Mittelalter bis zum 19. Jh. (= Deutsche Agrargeschichte Bd. 3), Suttgart ²1967.

G. H. C. MAASSEN: Geschichte der Pfarreien des Dekanates Bonn, 2 Bde., Köln 1894 f.

M. MANITIUS: Geschichte der lateinischen Literatur des Mittelalters, 3 Bde., München 1911—31.

DERS.: Regino und Justin, NA 25 (1900), S. 192—201.

A. MANSER: Aus dem liturgischen Leben der Reichenau, in: Die Kultur der Abtei Reichenau, Bd. 1, München 1925, S. 316—437.

A. J. MARIS: De Sint Jansbeek en de Prümer Hof en Watermolen te Arnhem, Bijdragen en Mededelingen, uitgegeven door de Vereeniging Gelre 59 (Arnhem 1960), S. 179—98.

E. MARTÈNE / U. DURAND: Thesaurus novus anecdotorum, Paris 1717.

DIES.: Voyage littéraire de deux religieux bénédictins de la congrégation de Saint Maur, Paris 1724.

MARTYROLOGIUM HIERONYMIANUM e codice Trevirensi nunc primum editum, Analecta Bollandiana 2 (1883), S. 7—34.

J. MARX: Eine alte trierische Beichtordnung, Pastor Bonus 2 (1890), S. 568—75.

Th. MAURER / D. K. IRSCH (Hg): Altrip — Porträt eines Dorfes, Speyer 1970.

G. MEISSBURGER: Grundlagen zum Verständnis der deutschen Mönchsdichtung im 11. und im 12. Jh., München 1970.

MELLEVILLE: Dictionnaire historique, généalogique et géographique du département de l'Aisne, 2 Bde., Laon/Paris 1857.

R.E. MESSENGER: Whence the Ninth-Century Hymnal? TAPA 69 (1938), S. 446—64.

H. B. MEYER: Alkuin zwischen Antike und Mittelalter. Ein Kapitel frühmittelalterlicher Frömmigkeitsgeschichte, Zeitschrift für katholische Theologie 81 (1959), S. 300—50. 405—54.

P. MIESGES: Der Trierer Festkalender (= Trierisches Archiv, Ergänzungsheft 15), Trier 1915.

H. MIKOLETZKY: Sinn und Art der Heiligung im frühen Mittelalter, MIÖG 57 (1949), S. 83—122.

Ch. MOHRMANN: A propos de deux mots controversés de la latinité chrétienne. Tropaeum — Nomen, Vigiliae Christianae 8 (1954), S. 154—173.

F. J. MONE: Lateinische Hymnen des Mittelalters, Bd. 3, Neudruck: Aalen 1964.

B. M. MORAGAS: Contenido y procedencia del himnario de Huesca, Liturgica 1 (= Scripta et Documenta 7). Montesserat 1956, S. 277—93.

H. MÜLLER: Die wallonischen Dekanate des Erzbistums Trier. Untersuchungen zur Pfarr- und Siedlungsgeschichte, Diss. Saarbrücken 1966.

I. MÜLLER: Das liturgische Kalendar von Pfäfers im 12. Jh., Zeitschrift für schweizerische Kirchengeschichte 55 (1961), S. 21—34. 91—138.

DERS.: Die karolingische Reliquien-Anschrift von Beromünster, Der Geschichtsfreund 117 (1964), S. 48—58.

H. Müller-Kehlen: Die Ardennen im Frühmittelalter. Untersuchungen zum Königsgut in einem karolingischen Kernland (= Veröffentlichungen des Max-Planck-Instituts für Geschichte 38), Göttingen 1973.

E. Müller-Mertens: Die Genesis der Feudalgesellschaft im Lichte schriftlicher Quellen. Fragen des Historikers an den Archäologen, Zeitschrift für Geschichtswissenschaft 12 (1964), S. 1384—1402.

S. Müller: Het bisdom Utrecht (= Geschiedkundige Atlas van Nederland. De Kerkelijke Indeeling I), S'Gravenhage 1921.

P. Neu: Beiträge zur Gründungsgeschichte der Abtei Prüm, Landeskundliche Vierteljahresblätter 7 (1961), S. 147—52.

C. Neuffer-Müller: Das fränkische Gräberfeld von Iversheim (Kreis Euskirchen) (= Germanische Denkmäler der Völkerwanderungszeit, Serie B: Die fränkischen Altertümer des Rheinlandes, Bd. 6), Berlin 1972.

W. Neuss: Eine karolingische Kopie antiker Sternzeichen-Bilder im Codex 3307 der Biblioteca Nacional zu Madrid, Zeitschrift des Deutschen Vereins für Kunstwissenschaft 8 (1941), S. 113—40.

Ders.: Ein Meisterwerk der karolingischen Buchkunst aus der Abtei Prüm in der Biblioteca Nacional zu Madrid, Spanische Forschungen der Görres-Gesellschaft, 1. Reihe, Bd. 8 (Münster 1940), S. 37—64.

H. Nobel: Königtum und Heiligenverehrung zur Zeit der Karolinger, 2 Bde., Diss. (Masch.) Heidelberg 1959.

U. Nonn: Zur Königserhebung Karls und Karlmanns, Rheinische Vierteljahrsblätter 39 (1975), S. 386 f.

J. Noret: La passion de Chrysanthe et Darie a-t-elle été rédigée en Grec ou en Latin? Analecta Bollandiana 90 (1972), S. 109—17.

E. Oberti: L'estetica musicale di Reginone di Prüm, Rivista di filosofia neoscolastica 52 (1960), S. 336—54.

F. W. Oediger: Die Regesten der Erzbischöfe von Köln im Mittelalter, Bd. 1, Bonn 1901.

O. G. Oexle: Arnulfverehrung im 8. und 9. Jh., in: Frühmittelalterliche Studien 1 (1967)

A. Önnerfors: Von Heiligen und Jahreszeiten. Die literarische Leistung Wandalberts von Prüm, in: Jahreschronik 1974/75 des Staatlichen Regino-Gymnasiums Prüm, Prüm 1975, S. 197—226 (korrigierte Ausgabe).

H. Omont: Testament d'Erkanfrida, veuve du comte Nithadus de Trèves (853), BECh 52 (1891), S. 573—77.

O. Oppermann: Kritische Studien zur älteren Kölner Geschichte III, Westdeutsche Zeitschrift für Geschichte und Kunst 21 (Trier 1902), S. 4—118.

P. Oster: Geschichte der Pfarreien der Dekanate Prüm-Waxweiler, Trier 1927.

Ders.: Tausend Jahre wissenschaftliches Leben im Kloster Prüm, in: Festschrift zur Fünfundsiebzigjährigen Jubelfeier des Staatlichen Gymnasiums Prüm 1927, S. 14—65.

Otfrid von Weissenburg: Liber Evangeliorum, ed. O. Erdmann, Otfrids Evangelienbuch (= Altdeutsche Textbibliothek 49), Tübingen 1962.

J. Paquay: Pouillé de l'ancien diocèse de Liège 1559—1800, Bulletin de la Société Scientifique et littéraire du Limbourg 44 (1930), S. 31—61; 46 (1932), S. 15—84. 203—54.

F. Pauly: Zur Grenzbeschreibung des von Ludwig dem Frommen an die Abtei Prüm geschenkten Fiskalwaldes bei Sankt-Goar, Archiv für mittelrheinische Kirchengeschichte 6 (1954), S. 234—38.

24

DERS.: Methoden der Pfarrgeschichtsforschung, Nassauische Annalen 75 (1964), S. 101—110.

DERS.: Die Tholeyer Prozessionsliste von 1454, Rheinische Vierteljahrsblätter 29 (1964), S. 331—36.

DERS.: Siedlung und Pfarrorganisation im alten Erzbistum Trier I: Das Landkapitel Kaimt-Zell (= Rheinisches Archiv 49), Bonn 1957.

DERS.: Siedlung und Pfarrorganisation im alten Erzbistum Trier II: Die Landkapitel Piesport, Boppard und Ochtendung (= Veröffentlichungen des Bistumsarchivs Trier 6), Trier 1961.

DERS.: Siedlung und Pfarrorganisation im alten Erzbistum Trier III: Das Landkapitel Kyllburg-Bitburg (= Veröffentlichungen des Bistumsarchivs Trier 8), Trier 1963.

DERS.: Siedlung und Pfarrorganisation im alten Erzbistum Trier IV: Das Landkapitel Wadrill (= Veröffentlichungen des Bistumsarchivs Trier 10), Trier 1965.

DERS.: Siedlung und Pfarrorganisation im alten Erzbistum Trier V: Das Landkapitel Merzig (= Veröffentlichungen des Bistumsarchivs Trier 15) Trier 1967.

DERS.: Siedlung und Pfarrorganisation im alten Erzbistum Trier VI: Das Landkapitel Perl und die rechts der Mosel gelegenen Pfarreien des Landkapitels Remich. Das Burdekanat Trier (= Veröffentlichungen des Bistumsarchivs Trier 16), Trier 1968.

DERS.: Siedlung und Pfarrorganisation im alten Bistum Trier VII: Das Landkapitel Engers und das Klein-Archidiakonat Montabaur (=Veröffentlichungen des Bistumsarchivs Trier 19), Trier 1970.

DERS.: Siedlung und Pfarrorganisation im alten Erzbistum Trier VIII: Das Landkapitel Mersch (= Veröffentlichungen des Bistumsarchivs Trier 21), Trier 1970.

DERS.: Siedlung und Pfarrorganisation im alten Erzbistum Trier IX: Die Landkapitel Remich und Luxemburg (=Veröffentlichungen des Bistumsarchivs Trier 23), Trier 1972.

J. B. PELT: Etudes sur la cathédrale de Metz I: La Liturgie, Metz 1937.

Ch. E. PERRIN: Une étape de la seigneurie: l'exploitation de la réserve à Prüm au IXe siècle, Annales d'Histoire Economique et Sociale 6 (1934).

DERS.: Le manse dans le polyptique de l'abbaye de Prüm à la fin du IXe siècle, in: Etudes Historiques à la Mémoire de N. Didier, Paris 1960, S. 245—58.

DERS.: Recherches sur la seigneurie rurale en Lorraine d'après les plus anciens censiers (IXe—XIIe siècle) (= Publications de la Faculté des Lettres de l'Université de Strasbourg 71), Paris 1935.

F. PETRI: Art. ‚Andernach‘, REGA² I (1968) 277 f.

M. PETRY: Gründung, Frühgeschichte und Verfassung, in: Die Abtei Gladbach 974—1802. Ausstellung zur Jahrtausendfeier der Gründung, Mönchengladbach 1974, S. 21—32.

DERS.: Die Gründungsgeschichte der Abtei St. Vitus zu Mönchengladbach (= Beiträge zur Geschichte von Stadt und Abtei Mönchengladbach 5), Mönchengladbach 1974.

L. PFLEGER: Der Kult der heiligen Sophia im Elsaß, Archiv für elsässische Kirchengeschichte 13 (1938), S. 53—58.

E. PODLECH: Die wichtigeren Stifter, Abteien und Klöster in der alten Erzdiözese Köln, 3 Bde., Breslau 1911—13.

W. PÖTZL: Gordianus und Epimachus. Translatio und Kult, Studien und Mitteilungen des Benediktinerordens 79 (1968), S. 359—368.

R. PRIEBSCH: Deutsche Handschriften in England I, Erlangen 1896.

F. PRINZ: Adel und Christentum im ‚Schmelztiegel' des Merowingerreiches, Blätter für Deutsche Landesgeschichte 103 (1967), S. 1—7.

DERS.: Stadtrömisch-italische Märtyrerreliquien und fränkischer Reichsadel im Maas-Moselraum, Historisches Jahrbuch 87 (1967), S. 1—25.

DERS.: Frühes Mönchtum im Frankenreich. Kultur und Gesellschaft in Gallien, in den Rheinlanden und in Bayern am Beispiel der monastischen Entwicklung (4. bis 8. Jh.), München 1965.

J. PROCHNO: Das Schreiber- und Dedikationsbild, Bd. 1, 1929.

E. de PUNIET: Le sacramentaire gélasien de la collection Phillipps, EL 43 (1929), S. 91—109. 280—303.

H. QUENTIN: Les martyrologes historiques du moyen âge, Paris ²1908.

F. J. E. RABY: A History of Christian-Latin Poetry from the Beginnings to the Close of the Middle Ages, Oxford ²1953.

R. RAU (Hrsg.): Quellen zur karolingischen Reichsgeschichte, 3 Bde., Darmstadt 1966.

A. REINERS: Die Tropen-, Prosen- und Präfations-Gesänge des feierlichen Hochamts im Mittelalter, Luxemburg 1884.

DERS.: Das Troparium von Prüm und sein Bilderschmuck. Korrespondenzblatt der Westdeutschen Zeitschrift für Geschichte und Kunst 7 (1888), S. 232—38. 374—79.

K. H. REXROTH: Der Stiftsscholaster Herward von Aschaffenburg und das Schulrecht von 976, Aschaffenburger Jahrbuch 4 (1957), S. 203—230.

Rhein und Maas. Kunst und Kultur 800—1400, Köln 1972.

G. RICHTER/A. SCHOENFELDER: Sacramentarium Fuldense saec. X (= Quellen und Abhandlungen zur Geschichte der Abtei und Diözese Fulda 9), Fulda 1912.

A. RIEGL: Die mittelalterliche Kalenderillustration, MIÖG 10 (1889), S. 1—74.

L. ROCKINGER: Quellenbeiträge zur Kenntnis des Verfahrens bei den Gottesurteilen des Eisens, Wassers, geweihten Bissens, Psalters (= Quellen und Erörterungen zur bayrischen und deutschen Geschichte 7), München 1858.

G. v. RODEN: Quellen zur älteren Geschichte von Hilden I, Niederbergische Beiträge 1, 1 (Hilden 1951), S. 11—13.

V. ROSE: Verzeichnis der lateinischen Handschriften der Königlichen Bibliothek zu Berlin, 2 Bde., 1893—1905.

R. W. ROSELLEN: Geschichte der Pfarreien des Dekanates Brühl, Köln 1887.

H. F. ROSENFELD: Der heilige Christophorus (= Acta Academiae Aboensis, Humaniora 10,3), Abo 1937.

K. v. ROZYCKI: Das Evangeliarium Prumiense, München 1904.

F. RUEHL: Die Textesquellen des Iustinus (= Jahrbücher für Classische Philologie, Suppl. 6), Leipzig 1872.

DERS.: Die Verbreitung des Iustinus im Mittelalter, Leipzig 1871.

H. M. SCHALLER: Der heilige Tag als Termin mittelalterlicher Staatsakte, DA 30 (1974), S. 1—24.

H. SCHENKL: Bibliotheca patrum latinorum Britannica, 13 Bde. (= Sitzungsberichte der Phil.-hist. Kl. d. Kaiserl. Akad. d. Wiss. in Wien 121,9. 123,5. 124,3. 126,6. 127,9. 131,10.133,7. 136,5. 137,8. 139,9. 143,8. 150,5. 157,7), Wien 1890—1908.

Th. SCHIEFFER: Die lothringische Kanzlei um 900, DA 14 (1958), S. 16—148.

DERS.: Winfried-Bonifatius und die christliche Grundlegung Europas, Freiburg i. B. 1954.

R. SCHILLING: Das Ruotpertus-Evangelistar aus Prüm, Ms. 7 der John Rylands Library in Manchester, in: Studien zur Buchmalerei und Goldschmiedekunst des Mittelalters. Festschrift K. H. Usener, Marburg 1967, S. 143 ff.

K. Schmid: Programmatisches zur Erforschung der mittelalterlichen Personen und Personengruppen, in: Frühmittelalterliche Studien 8 (1974), S. 116—130.

E. J. R. Schmidt: Kirchenbauten des frühen Mittelalters in Südwestdeutschland (= Katalog des Römisch-Germanischen Zentralmuseums 11), Mainz 1932.

H. Schrade: Malerei des Mittelalters. Gestalt, Bestimmung, Macht, Schicksal, Bd. 1: Vor- und frühromanische Malerei. Die karolingische, ottonische und frühsalische Zeit, Köln 1958.

P. E. Schramm: Die deutschen Kaiser und Könige in Bildern I. Text, 1928.

G. Schreiber: Gemeinschaften des Mittelalters, Münster 1948.

H. Schrörs: Ruotgers Lebensgeschichte des Erzbischofs Bruno von Köln (Übersetzung), Annalen des Historischen Vereins für den Niederrhein 88 (1910), S. 1—95.

I. Schroth: Die Schatzkammer des Reichenauer Münsters (= Reichenau-Bücherei 3), Konstanz 1962.

R. Schützeichel: Das Heil des Königs. Zur Interpretation volkssprachiger Dichtung der Karolingerzeit, in: Festschrift H. Eggers, Tübingen 1972, S. 369—391.

P. Schug: Geschichte der Dekanate Bassenheim, Kaisersesch, Kobern und Münstermaifeld (= Veröffentlichungen des Bistumsarchiv Trier 11), Trier 1966.

Ders.: Geschichte der zum ehemaligen kölnischen Eifeldekanat gehörenden Pfarreien der Dekanate Adenau, Daun, Gerolstein, Hillesheim und Kelberg (= Geschichte der Pfarreien der Diözese Trier 5), Trier 1956.

Ders.: Geschichte der Dekanate Mayen und Burgbrohl (= Geschichte der Pfarreien der Diözese Trier 6), Trier 1961.

P. Schulz: Die Chronik des Regino von Prüm von 813 an, Diss. Halle 1888.

Ders.: Zur Glaubwürdigkeit der Chronik des Abtes Regino von Prüm, Programm Hamburg 1897.

H. Schunk: Matronenkult und Verehrung der drei heiligen Jungfrauen im Trierer Land, Trierisches Jahrbuch (1954). S. 71—78.

E. Seckel: Zu den Acten der Triburer Synode 895, NA 18 (1893). S. 365—409.

O. Seel: M. Iuniani Iustini Epitoma Historiarum Philippicarum Pompei Trogi accedunt prologi in Pompeium Trogum, Leipzig 1935.

J. Semmler: Art. ,Prüm', LThK² 8 (1963), Sp. 948—950.

E. v. Severus: Lupus von Ferrières. Gestalt und Werk eines Vermittlers antiken Geistesgutes an das Mittelalter im 9. Jh. (= Beiträge zur Geschichte des alten Mönchtums und des Benediktinerordens 21), Münster 1940.

P. Siffrin: Der Collectar der Abtei Prüm im 9. Jh., in: Miscellanea Liturgica in honorem L. C. Mohlberg, Bd. 2, Roma 1949, S. 223—44.

Ders.: Zur Geschichte der Liturgie im Trierer Raum, in: Ekklesia, Festschrift M. Wehr, Trier 1962, S. 259—78.

J. Smits van Waesberghe: The Theory of Music from the carolingian Era up to 1400. Descriptive Catalogue of Manuscripts I, München/Duisburg 1961.

W. Sölter: Archäologische Ausgrabungen in der ehemaligen Stiftskirche St. Chrysanthus und Daria zu Münstereifel, in: Château Gaillard. Studien zur mittelalterlichen Wehrbau- und Siedlungsforschung II (= Beihefte der Bonner Jahrbücher, Bd. 27), Köln/Graz 1967, S. 87—93.

Ders.: Die Ausgrabung in der ehemaligen Stiftskirche St. Chrysanthus und Daria in Bad Münstereifel, in: Führer zu vor- und frühgeschichtlichen Denkmälern 26, Mainz 1974, S. 193—203.

F. A. Specht: Geschichte des Unterrichtswesens in Deutschland bis zur Mitte des 13. Jh.s, 1885, Neudruck: Wiesbaden 1967.

27

F. STAAB: Untersuchungen zur Gesellschaft am Mittelrhein in der Karolingerzeit, Wiesbaden 1975.

B. STÄBLEIN: Monumenta Monodica Medii Aevi I: Hymnen (I). Die mittelalterlichen Hymnenmelodien des Abendlandes, Kassel/Basel 1956.

W. v. d. STEINEN: Die Anfänge der Sequenzendichtung, Zeitschrift für Schweizerische Kirchengeschichte 40 (1946), S. 190—212. 241—68; 41 (1947), S. 19—48. 122—62.

DERS.: Notker und seine geistige Welt, 2 Bde., Bern 1948.

W. STÖRMER: Früher Adel. Studien zur politischen Führungsschicht im fränkisch-deutschen Reich vom 8.—11. Jh. (= Monographien zur Geschichte des Mittelalters 6), 2 Bde., Stuttgart 1973.

H. STRANGMEIER: Die Schutzpatrone der alten Kirche in Haan, in: DERS., Beiträge zur älteren Geschichte von Hilden und Haan (= Niederbergische Beiträge 2), Hilden 1951, S. 55—94.

K. STRECKER: Ist der Parisinus 266 der von Lothar dem Kloster Prüm geschenkte Codex? NA 44 (1922), S. 135—37.

E. de STRYCKER: Une citation de Virgile dans la Passion de Chrysanthe et Darie, Analecta Bollandiana 90 (1972), S. 336.

J. SZÖVERFFY: Die Annalen der lateinischen Hymnendichtung, 2 Bde., Berlin 1964—65.

G. TELLENBACH: Der Konvent der Reichsabtei Prüm unter Abt Ansbald (860—884/6), in: Neue Beiträge zur südwestdeutschen Landesgeschichte, Festschrift M. MILLER, Stuttgart 1963, S. 1—10.

DERS.: Über die ältesten Welfen im West- und Ostfrankenreich, Forschungen zur Oberrheinischen Landesgeschichte 4 (1957), S. 335—340.

M. THAUSING/K. FOLTZ: Das goldene Buch von Prüm mit um das Jahr 1105 gestochenen Kupferplatten, MIÖG 1 (1880), S. 95—104.

Th. A. M. THIELEN: St. Calixtus en Groenlo, Archief voor de Geschiedenis van de Katholieke Kerk in Nederland 15 (1973), S. 57—74.

H. THOMAS: Studien zur Trierer Geschichtsschreibung des 11. Jahrhunderts, insbesondere zu den Gesta Treverorum (= Rheinisches Archiv 68), Bonn 1968.

J. TORSY: Zur Entwicklung und Geschichte der kölnischen Landpfarrei, Annalen des Historischen Vereins f. d. Niederrhein 160 (1958), S. 25—49.

DERS: Patrozinienkundliche Ergebnisse im Erzbistum Köln, Archiv für mittelrheinische Kirchengeschichte 9 (1957), S. 303 f.

DERS.: Die kirchliche Erschließung der Landbezirke im Raum um Köln, in: Das erste Jahrtausend, Bd. 2, Düsseldorf 1964, S. 711—33.

DERS.: Die ältesten Kirchenpatrozinien im unteren Avelgau, Heimatblatt des Siegkreises 61 (1950), S. 1—5.

L. TRAUBE: Textgeschichte der Regula S. Benedicti, München ²1910.

M. TRESCH: La chanson populaire luxembourgeoise, Luxembourg 1929.

Trésors d'Art de la Vallée de la Meuse. Art Mosan et Arts anciens du Pays de Liège. Paris Musée des Arts Décoratifs. Catalogue, Paris 1952.

J. TRIER: Der heilige Jodocus. Sein Leben und seine Verehrung (= Germanistische Abhandlungen 56), Breslau 1924.

K. TROTTER: Beiträge zur mittelalterlichen Geschichte Innerösterreichs I: Die Grafen von Ebersberg und die Ahnen der Grafen Görz, Zeitschrift des Historischen Vereins für Steiermark 25 (1929), S. 5—17.

28

D. H. Turner: The Reichenau Sacramentaries at Zürich and Oxford, Revue Bénédictine 75 (1965), S. 240—276.

J. Vallery-Radot: L'ancienne cathédrale Saint-Maurice de Vienne, Congrès archéologique de France 110 (1952), S. 297—364.

J. Vannerus: Les biens et revenus dominaux du comté de Vianden au dix-septième siècle, Publications de la Section Historique de l'Institut Grand-Ducal de Luxembourg 62 (1928), S. 33—40.

Ders.: Les comtes de Vianden. Cahiers Luxembourgeois 8 (1931), S. 7—28.

M. Vieilliard-Troiekouroff: La chapelle du palais de Charles le Chauve à Compiègne, Cahiers archéologiques 21 (1971), S. 89—108.

K. Vielhaber: Gottschalk der Sachse (= Bonner Historische Forschungen 5), Diss. Bonn 1956.

W. Volkert/F. Zoepfl: Die Regesten der Bischöfe und des Domkapitels von Augsburg, Bd. 1, Augsburg 1964—65.

J. de Vries: La chanson de ‚Gormond et Isembart‘, Romania 80 (1959), S. 34—62.

E. Wackenroder: Die Kunstdenkmäler des Kreises Prüm (= Die Kunstdenkmäler der Rheinprovinz 12), Düsseldorf 1927.

P. Wagner: Einführung in die gregorianischen Melodien II: Neumenkunde, Leipzig ²1912.

Ders.: Ursprung und Entwicklung der liturgischen Gesangsformen bis zum Ausgang des Mittelalters, Leipzig ³1911. Neudruck: Hildesheim 1962.

F. G. A. Wasserschleben (Hrsg.): Reginonis abbatis Prumiensis libri duo de synodalibus causis et disciplinis ecclesiasticis, Leipzig 1840.

W. Wattenbach/W. Levison/H. Löwe: Deutschlands Geschichtsquellen im Mittelalter. Vorzeit und Karolinger, 5 Hefte, Weimar 1952—73.

C. Wawra: De Reginone Prumiensi, Diss. Breslau 1900.

G. Wegener: Geschichte des Stiftes Sankt-Ursula in Köln (= Veröffentlichungen des Kölnischen Geschichtsvereins 31), Köln 1971.

H. Welimer: Persönliches Memento im deutschen Mittelalter (= Monographien zur Geschichte des Mittelalters 5), Stuttgart 1973.

A. Wendehorst: Das Bistum Würzburg I (= Germania Sacra, NF I, 1), 1962.

R. Wenskus: Studien zur historisch-politischen Gedankenwelt Bruns von Querfurt, Münster/Köln 1956.

H. Werle: Münsterdreisen, Archiv für mittelrheinische Kirchengeschichte 8 (1956), S. 323—32.

K. Werner: Alcuin und sein Jahrhundert, Paderborn 1876.

K. F. Werner: Das Geburtsdatum Karls des Großen, Francia 1 (1973), S. 115—157.

Ders.: Zur Arbeitsweise des Regino von Prüm, in: Welt als Geschichte 19 (1959), S. 96—116.

C. Willems: Prüm und seine Heiligtümer, Trier 1896.

H. Willwersch: Die Grundherrschaft des Klosters Prüm, Diss. Berlin 1912.

A. Wilmart: Note sur Florus et Mannon à propos d'un travail récent, RB 38 (1926), S. 214—216.

J. Wirtz: Die Verschiebung der germ. p,t,k in den vor dem Jahre 1200 überlieferten Ortsnamen der Rheinlande (= Beiträge zur Namenforschung NF 9), Heidelberg 1972.

E. Wisplinghoff: Urkunden und Quellen zur Geschichte der Abtei Siegburg, Bd. 1, Siegburg 1964.

A. WITTMANN: Kosmas und Damian. Kultausbreitung und Volksdevotion, Berlin 1967.

H. WOHLTMANN: Die Entstehung und Entwicklung der Landeshoheit des Abtes von Prüm, Westdeutsche Zeitschrift 28 (1909), S. 369—464.

H. ZATSCHEK: Die Benutzung der Formulae Marculfi und anderer Formularsammlungen in den Privaturkunden des 8.—10. Jh.s, MIÖG 42 (1927), S. 209 ff.

M. ZENDER: Über Heiligennamen, DU 9 (1957), H. 5, S. 72—91.

DERS.: Die Matronen und ihre Nachfolgerinnen im Rheinland, Rheinische Vierteljahrsblätter 10 (1940), S. 159—68.

DERS.: Räume und Schichten mittelalterlicher Heiligenverehrung in ihrer Bedeutung für die Volkskunde. Die Heiligen des mittleren Maaslandes und der Rheinlande in Kultgeschichte und Kultverbreitung, Düsseldorf 1959.

DERS.: Die Verehrung des heiligen Dionysius von Paris in Kirche und Volk, in: Landschaft und Geschichte, Festschrift F. PETRI, Bonn 1970, S. 528—551.

G. ZILLIKEN: Der Kölner Festkalender, seine Entwicklung und seine Verwendung zur Urkundendatierung, Diss. Bonn 1910.

H. ZIMMERMANN: Der Streit um das Lütticher Bistum vom Jahre 920/21, MIÖG 65 (1957), S. 15—52.

G. ZÖLLNER: Woher stammte der heilige Rupert? MIÖG 57 (1949), S. 1—22.

Nachtrag

F. BRUNHÖLZL: Der Bildungsauftrag der Hofschule, in: Karl der Große, Bd. 2: Das geistige Leben, Düsseldorf 1965, S. 28—41.

G. FLADE: Vom Einfluß des Christentums auf die Germanen (= Forschungen zur Kirchen- und Geistesgeschichte 10), Stuttgart 1936.

DERS.: Die Erziehung des Klerus durch die Visitationen bis zum 10. Jh. (= Neue Studien zur Geschichte der Theologie und der Kirche 26/7), Berlin 1930-33.

DERS.: Germanisches Heidentum und christliches Erziehungsbemühen in karolingischer Zeit nach Regino von Prüm. Theologische Studien und Kritiken 106 (1934/5), S. 213-240.

A. HEINTZ: Die Anfänge des Landdekanats im Rahmen der kirchlichen Verfassungsgeschichte des Erzbistums Trier (= Trierer Theologische Studien 3), Trier 1951.

M. HUGLO: Les anciens tonaires latins, inventaire, analyse, étude comparative. Thèse Univ. Paris 1965.

30

1. Die politische und wirtschaftliche Bedeutung des Reichsklosters Prüm im 9. Jahrhundert

Die Abtei Prüm [1] wurde 721 im Carosgau innerhalb der Mark des Eifeldorfes Rommersheim auf Eigengut von einer aus einer fränkischen Hochadelsfamilie stammenden Dame namens Bertrada und ihrem Sohn Charibert, dem Grafen von Laon, gegründet. Bertrada war eine Tochter des Pfalzgrafen Hugbert († 697/8) und der Irmina († vor 710), die das Nonnenkloster Oeren bei Trier und (mit Hilfe des Angelsachsen Willibrord) die Abtei Echternach gründete. Sie gehörte zu den Verwandten des im späten 7. Jh. in Weißenburg engagierten *dux* Theotharius. Ihre Schwester Adela gründete das Nonnenkloster Pfalzel. Eine andere Schwester, Plektrud, war die Gemahlin des Hausmeiers Pippin des Mittleren († 714). Bertradas gleichnamige Enkelin wurde die Gemahlin Pippins des Jüngeren, der 752 zum ersten König der karolingischen Dynastie aufstieg [2].

Die Gründung einer karolingisch versippten fränkischen Hochadelsfamilie erhielt ihre Grundausstattung aus dem Hausgut dieser Familie. Auch einiger Fernbesitz wird — wie der bei Deventer und Arnheim in der Diözese Utrecht gelegene [3] — auf Schenkungen der weiträumig begüterten Stifterfamilie zurückgehen. Ein Enkel der Adela von Pfalzel namens Gregor († 776) wurde in Utrecht Abt, sein Neffe Alberich dort Bischof [4]. Früher nordfranzösischer Einfluß macht sich bemerkbar: die ,Annales Prumienses' benutzen bis 755 ein Annalenwerk aus dem flandrischen Kloster St. Amand [5]. Obwohl die Gründerfamilie in engem Kontakt zu den benediktinisch-angelsächsischen Reformkreisen um Willibrord und Bonifatius stand [6], dürften die frühesten Prümer Mön-

---

[1] Literatur über Prüm: E. WACKENRODER, Kunstdenkmäler, S. 134—173 (Lit.); F. J. FAAS, Abtei; H. FORST, Entwicklung; DERS., Fürstentum; DERS., Erläuterung; DERS., Geschichte; F. J. HEYEN, Reichsgut; G. KENTENICH, Schicksal; W. LEVISON, Urkunde; P. NEU, Beiträge; P. OSTER, Geschichte; DERS., Jahre; F. PAULY, Grenzbeschreibung; J. SEMMLER, Prüm; H. WILLWERSCH, Grundherrschaft; H. WOHLTMANN, Entstehung.

[2] E. HLAWITSCHKA, Vorfahren, passim.

[3] H. BEYER, UB Mittelrhein, Bd. I, S. 190 f.

[4] H. HLAWITSCHKA, Vorfahren, S. 81, Anm. 50.

[5] L. BOSCHEN, Annales, S. 186 ff.

[6] Irmina stiftete die Abtei Echternach, von der aus Willibrord mit Unterstützung der Pippiniden Friesland missionierte (W. LEVISON, Frühzeit, S. 304 ff.). Es wird kein Zufall sein, daß auch Prüm — wie die ,Annales Prumienses' beweisen — sein geschichtliches Bewußtsein mit dem Sieg der Franken über den Friesenherzog Ratbod beginnen ließ (vgl. u. S. 38). Adela von Pfalzel und ihr Enkel Gregor waren mit Bonifatius bekannt (Th. SCHIEFFER, Bonifatius, S. 140). Zu beachten sind die in der Familie auftauchenden römischen Heiligennamen: Gregor, nach dem großen Papst benannt, der England, woher die Reformer kamen, missionierte; Anastasia hieß die Nachfolgerin Irminas in ihrer Gründung Oeren (E. HLAWITSCHKA, Vorfahren, S. 75, Anm. 12), benannt nach einer im römischen Meßkanon gefeierten Märtyrerin. In der ebenfalls mit Prüm liierten Robertiner-Sippe kommt der Name Eufemia vor (K. GLÖCKNER, Lorsch, S. 324): die Äbtissin dieses Namens leitete ein Metzer Kloster und spielt eine Rolle in einer Heilungsgeschichte der Prümer ,Miracula S. Goaris'. Man darf die hier beobachtete Namengebung im fränkischen Hochadel der Mosellande als Ausdruck einer frühen Romverbundenheit ansehen.

che nach der Mischregel Columbans gelebt haben [7]. Die enge Bindung an die Pippiniden wird vom Patrozinium der beiden Maximinskirchen belegt, welche die Gründer auf den später Prümer Höfen Kyllburg und Rommersheim errichten ließen [8]. Noch vor 752 ließ der spätere König Pippin, der durch seine Gemahlin die Verfügung über das Kloster erlangt hatte, die Abtei durch Mönche aus St. Faron in Meaux neu besetzen [9]. Diese Maßnahme ist in die religiöse und monastische Reformpolitik des Königs einzuordnen. Die neuen Mönche — heißt es — hatten der *congregatio* der Bischöfe Romanus (744—755) und Wulfram (seit etwa 757) von Meaux angehört. Romanus hatte in Murbach der 730 eingesetzte Nachfolgeabt des Reformers Pirmin, der selbst aus Meaux stammte, geheißen, der 744 das Kloster verließ, wohl um Bischof in Meaux zu werden. Romanus und Wulfram waren Mönche in St. Faron gewesen [10]. Die neuen Mönche waren also *peregrini* im Sinne Pirmins. Man hat vermutet, daß ihnen jene ,Sandalen des Herrn', die schon in der ersten Urkunde Pippins als besonderes Heiltum des Klosters erwähnt werden, vom Klostergründer als Symbole und Garanten ihres *peregrinatio*-Bewußtseins übergeben wurden [11]. Auf Grund ihrer persönlichen Beziehungen darf man schließen, daß die neuen Mönche aus dem Westen nach Prüm gekommen waren, um dort die Bemühungen Pirmins und d. h. wohl auch die Einführung der Benediktinerregel durchzusetzen. Es ist kein Zufall, daß Pippins Urkunde von 762, welche die wirtschaftlichen Verhältnisse der Abtei stabilisierte, von zahlreichen Bischöfen unterschrieben wurde, die auch die Reformsynode von Attigny besucht und dort unter dem Vorsitz Chrodegangs von Metz eine *fraternitas,* einen klerikalen Verband und Gebetsbund im Geiste Pirmins geschlossen hatten [12].

Andererseits zeigt aber auch die Unterzeichnung der Urkunde durch das gesamte arnulfingisch-karolingische Haus, daß Prüm inzwischen zum Familienkloster der *stirps regia* geworden war. Das ursprüngliche Marienkloster ändert sein Patrozinium unter dem Einfluß Pippins. K. HAUCK [13] faßt das *offertorium* an den Salvator von 762 als Dank des Königs für den Sieg über den

---

[7] P. NEU, Beiträge, S. 148. Die ersten Mönche kamen vielleicht aus Echternach (E. EWIG, Trierer Land, S. 257). Eine solche Herkunft des originalen Prümer Konvents würde die auffällige Verehrung des heiligen Willibrord, die das 9. Jh. hindurch anhält (vgl. ANHANG, II Nr. 110), erklären.

[8] F. PAULY, Siedlung, Bd. II, S. 87 ff. 125 ff.

[9] F. PAULY, Siedlung, Bd. II, S. 143; P. NEU, Beiträge, S. 150.

[10] A. ANGENENDT, Monachi, S. 224 ff.

[11] MG DD Karol. I, S. 22, Nr. 16. Vgl. K. HAUCK, Randkultur, S. 90; A. ANGENENDT, Monachi, S. 227, Anm. 36. Auch das Prümer Martyrologium Trevirense (Anm. 371—374) kam aus Meaux, jedenfalls seine Vorlage. Seine nächsten Verwandten sind gekürzte Martyrologia Hieronymiana, die in Meaux (Ste. Croix) und Murbach entstanden.

[12] E. EWIG, Saint Chrodegang, S. 25—53. Der entscheidende Passus in der Stiftungsurkunde Pippins von 762, der die Zugehörigkeit zur *congregatio* Pirmins bezeugt, lautet: *Nos etiam ex auctoritate nostra uobis concedimus, ut de congregatione domni romani et Uulframni episcoporum, quos modo in hoc cenobium s. saluatoris congregauimus, quando abbas de hac uita migrauerit una cum consensu nostro et uestro abbatem de ipsa congregatione uobis regulariter eligere debeatis.*

[13] K. HAUCK, Randkultur, S. 88—92. Auch im Bildzyklus der Pfalz von Ingelheim werden der Friesensieg Karl Martells und der Sieg Pippins über die Aquitanier als primordiale Taten der karolingischen Reichsgründer dargestellt. Zum Friesensieg Karl Martells in der Prümer Überlieferung vgl. Anm. 6.

aquitanischen *dux* Waifer bei Bourges auf. Die Urkunde ist in hochstilisierter Rede abgefaßt. Das Diktat verfaßte der Kanzler Baudilo, dem auch die Prologe zum ‚Concilium Veronense' und der von fränkischem Nationalstolz erfüllte Prolog des Hundert-Titel-Textes der ‚Lex Salica' angehören. Wenn die Urkunde von 762 nun beginnt *notum est omnibus tam propinquis quam externis nationibus*, so drückt sich darin das Überlegenheitsgefühl des fränkischen Königs aus, der sein Hauskloster ausdrücklich allen Stämmen des Reiches widmet. Im Salvatorpatrozinium mag sich aber auch eine Anlehnung an den Weihetitel der Lateranbasilika des römischen Papstes verbergen, dessen Bündnispartner der fränkische König war. Dieses fränkische Rombewußtsein würde sich der Romverbundenheit der Angelsachsen anschließen: hatte nicht der von Gregor dem Großen nach England gesandte Augustinus in Canterbury, Willibrord in Utrecht, Bonifatius in Fulda dem Heiland eine Kirche geweiht? Prüm sollte vielleicht schon in seiner Frühzeit in die Tradition der nördlichen *novae Romae* eintreten [14].

Die Karolinger haben ihr Kloster mit einer einzigartigen Fülle von Schenkungen ausgezeichnet [15]. Im Mittelpunkt ihres Territoriums gelegen, ist es ihnen zugleich Machtbasis und religiöses, kulturelles, soziales Zentrum [16]. Das Kloster in der Eifel dient Mitgliedern der Herrscherfamilie als Erziehungsstätte, Refugium und Grabstätte. Als die Verschwörung Pippins, eines Sohnes Karls des Großen und einer Konkubine, aufgedeckt wird, läßt man ihm die Wahl, in welchem Kloster er zum Mönch geschoren werden wolle — und er wählt Prüm [17]. Als 833 Lothar, der älteste Sohn Ludwigs des Frommen, im Aufstand gegen den Vater begriffen, den Kaiser in seine Gewalt bekommt, schickt er den mißliebigen Halbbruder und Nachkömmling Karl (den Kahlen) in das Eifelkloster [18]. Der junge Königssohn wird dort erzogen; Lupus von Ferrières nennt später den westfränkischen König einen *alumnus* des Abtes Markward von Prüm [19]. Im Jahre 855 zieht sich der todkranke Kaiser Lothar selbst nach Prüm zurück, *comam capitis deposuit, habitusque sanctae conversationis suscepit* [20]. Der kaiserliche Mönch hatte schon vorher einen Teil des karolingischen Schatzes mit Reliquien, Kirchengeräten und heiligen Büchern übergeben [21]. In einer Serie von sechs Urkunden zwischen 854 und 855 dotiert er das Kloster in der

---

[14] Vgl. H. B. MEYER, Alkuin, S. 336, L. FALKENSTEIN, Lateran, S. 62 ff. Zum Salvator-Patrozinium vgl. allgemein A. OSTENDORF, Salvator-Patrozinium.

[15] Die Urkunden bei H. BEYER, UB Mittelrhein I, passim; die Proportionen im Vergleich zu anderen, von Karolingern beschenkten Klöstern zeigt die Karte bei F. PRINZ, Mönchtum, Karte Nr. VI; DERS., Schenkungen, in: Karl der Große, Bd. I, S. 488 f.

[16] Vgl. zur Bedeutung der Klosterstadt auf dem Lande in der Kultur des frühen Mittelalters A. A. HÄUSSLING, Mönchskonvent, S. 159 ff.

[17] EINHARD, Vita Karoli, c. 20, ed. R. RAU, Quellen, Bd. I, S. 193.

[18] ASTRONOMUS, Vita Hludouuici, c. 48, ed. R. RAU, Quellen, Bd. I, S. 347.

[19] M. FLOSS, Romreise, S. 102; L. LEVILLAIN, Loup, S. 68.

[20] REGINO, Chronicon, a. 855, ed. R. RAU, Quellen, Bd. III, S. 48; Annales Fuldenses, ebd. S. 48; Annales Bertiniani, ebd., Bd. II, S. 90. So wie die Gründer in der Prümer Liturgie zum 24. IX. ein Anniversarium besaßen (T³ *Obiit Pipinus*, K³ *Commemoratio Pippini imperatoris et Berthae reginae*), so auch zum 29. IX. Lothar (T³ *Obiit Lotharius imp. et monac.*, K³ *Commemoratio Lotharii imperatoris*). Vgl. P. MIESGES, Festkalender, S. 86, 88.

[21] H. BEYER, UB Mittelrhein, Bd. I, Anhang Nr. 3 (852); Th. SCHIEFFER, MG DD Lothar I., Nr. 122; K. STRECKER, Parisinus, S. 266.

Eifel, in Ripuarien und im Haspengau, befreit es schließlich von allen Steuern und Abgaben [22]. Der *venerabilis abba* Eigil wird ihm zum *familiaris* [23]. Die letzte Urkunde stellt gewissermaßen sein Seelgerät dar und enthüllt die in der Abtei als Kultstätte objektivierte Christusfrömmigkeit des Kaisers: . . .*monasterio prumiacensi. quod est dicatum in honore domni et salvatoris nostri ihesu christi ubi domno iubente corpore iacere volumus ad luminaria concinnenda vel componenda contulimus* . . . [24]. Als er am 29. September desselben Jahres (855) stirbt, wird er in der Klosterkirche begraben. 1003 wird seine Grabstätte *altare Lutharii imperatoris argenteum* genannt [25].

Lothars I. Enkel Hugo, Sohn Lothars II., wird nach seiner Auflehnung gegen Kaiser Arnulf in Prüm etwa 892 zum Mönch geschoren und — als er nach wenigen Jahren stirbt — ebenfalls im Kloster bestattet [26]. Der erschlagene Zwentibold, Sohn Arnulfs, wird im J. 900 in dem zu Prüm gehörigen Frauenkloster Süsteren begraben [27]. Er hat später — wie wohl auch Lothar I. in Prüm — einen lokal beschränkten Kult.

Auch als Prüm nach der zweimaligen Zerstörung (882 und 892) durch die Normannen immer stärker unter die Herrschaft regionaler Adelsgruppen gerät, bleibt die Reichsabtei ihrem Selbstverständnis nach doch stets Königsabtei [28]. Das bezeugen programmatisch die Abbildungen der karolingischen und ottonisch-salischen Herrscher auf dem Einband des Prümer Urkundenbuchs, des ‚Liber Aureus‘, der zu Anfang des 12. Jhs. gefertigt wurde [29].

---

[22] H. BEYER, UB Mittelrhein, Bd. I, Nr. 86 (854); 87 (854); 88 (855); 89 (855); 90 (842/55); 91 (855).

[23] H. BEYER, UB Mittelrhein, Bd. I, Nr. 87.

[24] H. BEYER, UB Mittelrhein, Bd. I, Nr. 91.

[25] H. BEYER, UB Mittelrhein, Bd. I, Nr. 3 (Anhang); vgl. dazu H. LENTZ, Romreise, S. 146 (mit Abb.).

[26] REGINO, Chronica, a. 885, ed. R. RAU, Quellen, Bd. III, S. 272.

[27] H. L. MIKOLETZKY, Sinn, S. 107.

[28] In dem zu Beginn des 12. Jh.s angelegten ‚Liber Aureus‘ (UB) ist zwischen F. 72 und 75 ein Blatt mit den Daten von Krönung und Tod der karolingischen und deutschen Könige bzw. Kaiser von Pippin bis Heinrich IV. († 1108) eingeschaltet. Dazu wurden Bildnisse der salischen Kaiser und ihrer Frauen gestellt. Die Innenseite des zusammengefalteten Blattes enthält eine Stammtafel der Karolinger von Arnulf v. Metz bis z. J. 987, eine Stammtafel des sächsischen Königshauses von Liudolf bis Heinrich II. († 1024), und eine Tafel der Verwandten der Ottonen bis König Philipp I. von Frankreich († 1108) und bis Kaiser Heinrich III. († 1056).

[29] Die kupfernen Deckel des Einbandes des ‚Liber Aureus‘ (Anm. 28, vgl. RHEIN und MAAS, S. 264) sind mit einer Darstellung der Stifter und Wohltäter des Klosters bedeckt, wie sie ihre Schenkungen dem Salvator als dem Hauptpatron der Abtei darbringen. Auf der Vorderseite des Einbandes ist Christus-Pantokrator mit der aufgeschlagenen Heiligen Schrift abgebildet. In der aufgeschlagenen Seite ist zu lesen: *Ego diligentes me diligo* (Prov. 8, 17). Über Arm und Schoß des Erlösers fällt ein Schriftband herab, auf dem die Worte *Venite benedicti patris mei* (Mt. 25, 34) stehen. Zur Rechten des Heilands ist der Klosterstifter Pippin dargestellt, der dem Salvator ein Modell der Klosterkirche darbringt, das Christus berührt. Links von ihm Karl der Große mit einem Buch; in der unteren Reihe: Ludwig der Fromme, Lothar I., Ludwig der Deutsche, Karl der Kahle. Auf der Einfassung des Bildes kann man die Worte *Haec est generatio querentium dominum, querentium faciem Dei Jacob* (Ps. 23,6) lesen. Auf der Rückseite des Einbands erscheint am oberen Rande die Hand Gottes; sie hält ein Schriftband, das die Fortsetzung von Mt. 25,34 birgt: . . .*percipite preparatum vobis regnum ab initio seculi.* Darunter sind in zwei Reihen nicht näher bezeichnete Herrscher abgebildet; oben vier *imperatores*, unten vier *reges,* die mit zum Himmel gewandtem Blick ihre Urkunden darbringen. Die Umschrift

Im Jahre 893 schloß man in Prüm unter der tatkräftigen Leitung des Abtes Regino ein Güterverzeichnis ab, das die Abgaben und Dienste, die vom verliehenen Kirchenland zu leisten waren, aufführte — eine Maßnahme, die wohl der Desorganisation, welche die Verwüstungen der Normannen für die Klosterwirtschaft zeitigten, steuern wollte [30]. Um 920 entstand unter Abt Richarius der Grundstock des ‚Liber Aureus‘, eine Sammlung von hauptsächlich Königsurkunden, die bis ins frühe 12. Jh. fortgesetzt wurde [31]. Auch Richar führt die Notwendigkeit eines ‚Codex traditionum‘ auf die durch die Verwüstungen der Normannen entstandenen Verluste zurück: *Placuit enim nobis illud interserere, ut si aliquid minus repperitur de imperialibus aedictis regalibusque preceptis vel instrumentis cartarum, per que loco supradicto a nobilium filiis res legaliter sunt collata, quod concrematione incendii facti per ineptionem paganorum seu aliqua negligentia vel nimia vetustate deperisse probatur* . . . [32].

Urbar und Urkundenbuch erlauben einen tiefen Einblick in Entstehung, Ausdehnung und Organisation des gewaltigen Besitzes, den die Abtei Prüm zu Ende des 9. Jhs. im Lande zwischen Rhein und Maas, von der Issel bis zum Neckar, im Gau von Laon, und noch ferner im Westen, in der Bretagne, verwaltete.

Seit der Gründungszeit und anwachsend im 8./9. Jh. besaß das Kloster an Prüm und Kyll große, zum Teil unerschlossene Waldgebiete, deren Zentralhöfe Rommersheim, Sarresdorf, Etteldorf (bei Kyllburg) und Mötsch (bei Bitburg) waren [33]. Wie W. JANSSEN gezeigt hat [34], lag Prüm selbst am äußersten Nordwestrand einer fränkischen Siedlungskammer in der Südeifel. Seine Rechte und Besitzungen lagen ausschließlich im fränkischen und romanischen Altsiedelland des ‚Bitburger Gutlandes‘ und des ‚Trierer Landes‘. Im Moseltal übernahm Prüm zum Teil Krondomänen wie Mehring. Das sich westlich und nördlich der Abtei bis zur Our erstreckende Waldgebiet scheint erst nach 893 erschlossen worden zu sein.

Auch in der Nordeifel hat der Abteibesitz seine Grundlage im fränkischen Altsiedelland [35]. Wie an der Mosel gelangt er teils aus der Hand Pippins wie die

---

enthält die Worte: *Hi sunt viri misericordie, quorum iusticie oblivionem non acceperunt, cum semine eorum permanent bona haereditas sancta nepotes eorum* (Eccl. 44, 10). In der wechselseitigen Bezogenheit von Stifterporträts und Bibelzitaten enthüllt der Einband des Prümer Urkundenbuches die klerikale Stifterideologie und einen Teil der ‚politischen Religiosität‘ des Mittelalters. Durch Vergabung des irdischen *bona* an den Salvator und seine Heiligen erschafft sich der Schenker einen spirituellen *thesaurus coelestis*.

[30] Vgl. K. LAMPRECHT, Wirtschaftsleben, Bd. II, S. 59 ff.; Ch. E. PERRIN, Recherches, S. 25 ff.

[31] Die letzten Urkunden stammen von 1102 bzw. c. 1103 (H. BEYER, UB Mittelrhein, Bd. I, Nr. 405. 406; M. THAUSING/K. FOLTZ, Buch, S. 95; M. WILLWERSCH, Grundherrschaft, Bd. I, S. 2—5; D. GEUENICH, Prümer Personennamen, S. 21 ff.).

[32] M. WILLWERSCH, Grundherrschaft, Bd. I, S. 4 (zitiert wird aus einer von Richar veranlaßten Urkunde Karls des Einfältigen vom J. 924).

[33] Zum Frühbesitz der Abtei vgl. E. EWIG, Trier, S. 173 f.

[34] W. JANSSEN, Siedlungsbild, S. 310—18.

[35] Zum Prümer Besitz in Ripuarien, in der Eifel und an der Ahr, im Süden und Westen von Bonn, um Zülpich und im Jülichgau zwischen Roer und Erft vgl. E. EWIG, Trier, S. 305 ff. Der Carosgau selbst — die Siedlungskammer, in der das Kloster lag — war vom Trierer Kerngebiet durch eine breite Waldzone getrennt. So kam es auf breiter Besitzbasis im südlichen Ripuarien zu einer frühen Orientierung des Klosters nach Norden. Die

wichtige *villa* Rheinbach und das *monasteriolum* Kesseling (mit Ahrweiler) an Prüm, teils wird Fiskalgut überschrieben, wie wohl in Villip, Bachem, Effelsberg, Wichterich und Iuersheim. Um 800 errichtete die Abtei in Münstereifel *(Novum Monasterium)* eine Zelle, welche die Verwaltung dieser Güter übernehmen sollte [36]. Landesausbau scheint auch hier erst im 10. Jh. eingesetzt zu haben [37].

Fiskalgut und vielleicht auch Grundbesitz der Gründerfamilie erhielt die Abtei am Niederrhein, in Duisburg, Arnheim bei Nymwegen und Voorst bei Deventer. Am Mittelrhein bildete den Ausgangspunkt Prümischer Rechte die Übertragung der *cella S. Goaris* durch Pippin im Jahre 762, der die Schenkung eines Teiles des Fiskus Boppard im J. 820 folgte [38]. Um 800 tritt die Abtei auch im westlichen Teil des Lahngebietes, dazu südlich von Limburg, als Grundherr auf. Es kann kein Zweifel sein, daß Prüm eine wichtige Funktion in Sicherung und Ausbau der fränkischen Stellung rechts des Rheines zugedacht war, deren politische und militärische Bedeutung die Sachsenkriege erwiesen hatten. Im 9. Jh. löste hier die fränkisch-moselländische Familie der Konradiner die karolingische Hausabtei ab [39].

In Rheinhessen, im Worms- und Nahegau und an der Glan (Glan-Odenbach) dürfte der Großteil des Besitzes mit der *cella* Altrip, die Pippin 762 der Abtei übertrug, erworben worden sein [40]. Ergänzungen kamen aus Fiskalgut; Zentren waren die Villikationen von Neckarau, Dienheim, Rheingönnheim, Albisheim, Ockenheim (bei Bingen), Weinsheim (bei Kreuznach).

Aus Fiskalgut stammen auch die Besitzungen in den Ardennen — die *villae* von Bastogne, Tavigny, Mabonpré, Holler — und an der Maas — die *villae* von Villance, Fumay und Awans [40a]. Ihren Ausgang nahmen sie wiederum von der Schenkung einer kleinen *cella* an der Maas (Révin) durch Pippin. 893 bieten die Besitzungen in den westlichen Ardennen und im Maasland ein ganz anderes demographisches Bild als die Güter in Rheingebiet und Eifel. Während

---

Abtei Prüm besaß „eine wahre Brückenstellung zwischen Südaustrasien und Nordaustrasien, zwischen der merowingischen Königsresidenz Metz und der karolingischen Kaiserresidenz Aachen...Sie ist damit zur karolingisch-lothringischen Abtei par excellence geworden" (E. EWIG, Trierer Land, S. 267).

[36] Nach den Ergebnissen der Ausgrabungen (H. BORGER/W. SÖLTER, Ausgrabungen, passim) muß angenommen werden, daß um 800 eine Saalkirche errichtet wurde (= St. Peter). Eine Saalkirche mit Langchor aus der Zeit der Klostergründung durch Abt Markward (nach 828) schließt sich an. Im Zusammenhang mit der Translation der römischen Märtyrer Chrysanthus und Daria wurde diese Anlage erweitert.

[37] W. JANSSEN, Siedlungsbild, S. 317 f.

[38] H. BEYER, UB Mittelrhein, Bd. I, Nr. 52; vgl. F. J. HEYEN, St. Goar; DERS., Reichsgut; F. PAULY, Grenzbeschreibung.

[39] I. DIETRICH, Haus, passim; DIES., Erschließung, passim; H. GENSICKE, Landesgeschichte, S. 87 f.

[40] H. BEYER, UB Mittelrhein, Bd. I, Nr. 16; vgl. E. EWIG, Trier, S. 299 f.; H. BÜTTNER, Rhein-Maingebiet, S. 199 f. Zu Altrip als Verwaltungs- und Wirtschaftszentrum der Abtei Prüm im Mittelrheingebiet vgl. Th. MAURER/D. K. IRSCH, Altrip, S. 85 ff.

[40a] Von diesen Orten wird Bastogne 887 auch als Markt *(mercatum)* erwähnt (G. DESPY, Villes, S. 165). Ein weiterer wichtiger Mittelpunkt war Tavigny mit seinen Dépendancen Mabonpré, Longvilly, Noville (ebd. S. 158—62); ebenso Villance mit etwa zehn Filialorten (ebd. S. 154—159). In beiden Zentren zeigen sich Ansätze zu vorindustrieller Produktion: im übervölkerten Villance gab es Leinenmanufaktur sowie Eisenverarbeitung; zum Herrenhof in Tavigny gehörten zwei Mühlen und eine Brauerei.

im Osten normalerweise auf einen *mansus* (ein Bauerngut), nur eine Familie kam, waren die Mansen im Westen übervölkert; zahlreiche Bauerngüter lagen verwüstet. Kein Zweifel, daß diese Situation eine Folge der Normannenkriege war, in die auch ein Heer ungeübter und schlecht bewaffneter einheimischer Bauern eingriff, um bald vernichtend geschlagen zu werden [41].

Den Eindruck von Adelsschenkungen machen die Güter an der mittleren Mosel oberhalb Trier zwischen Remich und Luxemburg, St. Pancre und Montigny-sur-Chiers. Im Falle der Seillegau-Güter um Faxe und Vic läßt sich die Herkunft aus Schenkungen der Nachkommen (die noch typische Leitnamen wie *Albericus* tragen) der Stiftersippe des 8. Jhs. erweisen [42].

Der Prümer Besitz war im 9. Jh. in Fronhofsverbänden *(villicationes)* organisiert, die an einen Oberhof *(curia integra)* als Verwaltungsmittelpunkt der umliegenden Güter Abgaben lieferten [43].

Einer der sechs *curiae integrae,* die Prüm in den *partibus inferioribus* (der Nordeifel) besaß, war Rheinbach [44]. Zur *curtis* gehörten dort viereinhalb Morgen Herrenland (Salland, *terra indominicata*), die vom Vorstand des Oberhofes, dem *villicus,* direkt verwaltet wurden [45]. Neunundvierzig Hufen *(,mansi')*, das sind Bauerngüter, waren zur Leihe (gegen Zins) ausgegeben [46]. In Rheinbach besaß Prüm ferner die Kirche St. Martin, an der wahrscheinlich ein Priester angestellt war. Insgesamt werden etwa 400 Menschen hier in Abhängigkeit von der Abtei gelebt haben. Alle Hufeninhaber waren zur *scara* verpflichtet, die im Frieden Botendienste für das Kloster umfaßte [47], in Kriegszeiten aber wohl auch militärischen Charakter besaß [48]. Neunzehn Manseninhaber müssen Pferde stellen — die Verpflichtungen der Reichsabtei Prüm im Kriegsfalle werden hier sichtbar. Unter den Prümer Hintersassen in Rheinbach gab es freilich große soziale Differenzierungen. Die unterste Schicht der Bauern stellen die unfreien Inhaber *(servi)* von *mansi serviles* (fünf); daneben gab es neunzehn Prekaristen, die *mansi lediles* bearbeiteten, und Zinsleute waren. Siebzehneinhalb Hufen waren an namentlich benannte Freie zu Lehen ausgegeben. Diese etwa zehn *vassi* der Abtei waren überlokal begütert; von den vierhundert Mansen, die Prüm am Nordabhang der Eifel in zweiundzwanzig Orten besaß, hatten sie hundert zu Lehen. Es ist merkwürdig, daß diese Mansen-Kon-

---

[41] Ch. E. PERRIN, Manse, S. 258.

[42] H. BEYER, UB Mittelrhein, Bd. I, S. 165. Auch der Name des in dieser *actio antiqua* zusammen mit Albericus schenkenden und wohl auch mit ihm verwandten Gerbertus klingt an den Namen des Bertrada-Sohnes Charibert an.

[43] Vgl. zur Organisation des Prümer Grundbesitzes K. LAMPRECHT, Wirtschaftsleben, Bd. II, S. 125 ff. Zur Organisation einer agrarischen Grundherrschaft, der *villicatio* vgl. K. LAMPRECHT, Wirtschaftsleben, Bd. I, 2, S. 667 ff.; A. DOPSCH, Wirtschaftsentwicklung, Bd. I, S. 181 ff.; F. LÜTGE, Geschichte, S. 45 ff.

[44] K. FLINK, Geschichte, S. 55 ff. Vgl. zur Organisation der Höfe in Mehring an der Mosel K. BÖHNER, Trierer Land, S. 326 f.

[45] Zu den Wirtschaftsbeamten der geistlichen Grundherrschaften vgl. A. DOPSCH, Wirtschaftsentwicklung, Bd. I, S. 254 ff.; F. LÜTGE, Geschichte, S. 47. Die Verwalter der Oberhöfe hießen *villici,* die der Unterhöfe *maiores.* Zur karolingischen *curtis* vgl. H. HINZ, Stellung, S. 130 ff.

[46] K. FLINK, Geschichte, S. 47 ff. Zur Hufenverfassung vgl. allgemein K. LAMPRECHT, Wirtschaftsleben, Bd. I, 1, S. 331 ff.; A. DOPSCH, Wirtschaftsentwicklung, Bd. I, S. 302 ff.

[47] K. FLINK, Geschichte, S. 50.

[48] K. FLINK, Geschichte, S. 50.

zentration in den Händen weniger ‚mittelständischer' Grundbesitzer nur am militärisch durch die Normannen am stärksten bedrohten Nordrande der Eifel vorkommt. Mit Recht vermutet K. FLINK: „Aus ihnen könnten sich durchaus die vierzig Panzerreiter rekrutiert haben, die der Abt von Prüm zum Aufgebot des Reiches zu stellen hatte" [49].

Schon als Prüm um 800 in die Nordeifel ausgreift, wird das neu entstandene Klösterlein Münstereifel bald, in der Zeit Ludwigs des Frommen, mit einer Burganlage versehen [50]. Wenn Prüm seine *scararii,* seine Bauernkrieger um 882 zum Schutz vor den Normannen im Norden der Abtei organisiert, eine neue Burg errichtet, die man gelegentlich mit Neuerburg/Eifel identifiziert, so kann es sicherlich auf eine ältere Gruppe von *milites ecclesiae* zurückgreifen [51].

„861 wurde Prüm, weil es von Markt und Münze zu weit entfernt sei, ein Markt *(mercatus)* und das Recht, Münze zu schlagen *(moneta)* für seinen Hof Rommersheim verliehen und der Marktzoll *(theloneus)* dem Kloster zugewiesen" [52]. „898 verleiht König Zwentibold dem Kloster Münstereifel Markt, königliche Münze und zwei Drittel Anteil am Marktzoll" [53]. „Karl der Einfältige verleiht 919 der Abtei Prüm das Recht, an beliebigen Orten der Grundherrschaft einen Markt einzurichten" [54], was wohl vor allem die Maasdomänen betraf. Es scheint, daß Prüm im 9./10. Jh. seine wirtschaftliche Stellung zwischen Maas und Rhein mittels Markt und Münze intensiv auszubauen bestrebt war. Wie andere Reichsabteien wird Prüm vielleicht über eigene Kaufleute *(negotiatores)* — solche tauchen in den hagiographischen Quellen des Klosters gelegentlich auf — verfügt haben. An der Mosel gehörten — vorwiegend romanische — Weinbauern zur *familia* des Klosters, an anderen Orten betrieben die Mönche Brauereien, Pferde-, Vieh-, Fisch- und Bienenzucht, Mühlen- und Forstwirtschaft [55].

Vor unseren Augen ersteht das Bild der Prümer Grundherrschaft als eines riesigen agrarischen Wirtschaftsbetriebes von über einhundertundzwanzig Fronhöfen [56]. Alle Einwohner der Prümer Villikationen gehörten wie die Mönche des Klosters und seiner Zellen zur *familia* des Klosters [57]. Mit annähernd zweitausend zu Lehen ausgetanen Hufen, zu denen noch das im Urbar

---

[49] K. FLINK, Geschichte, S. 55.

[50] W. JANSSEN, Bad Münstereifel, S. 184—193; vgl. zur frühen Baugeschichte des Stifts W. SÖLTER, Ausgrabungen; DERS., Ausgrabung.

[51] Zu den Prümer *scararii* vgl. mit weiterer Lit. J. M. van WINTER, Scarmannen, S. 86 ff.

[52] E. ENNEN, Stadt, S. 61.

[53] E. ENNEN, Stadt, S. 62.

[54] E. ENNEN, Stadt, S. 62.

[55] Vgl. die auf Wandalberts Monatsgedichten beruhende, anschauliche Schilderung bei G. KENTENICH, Landleben; K. Th. v. INAMA-STERNEGG/P. HERZSOHN, Landleben, S. 277—290.

[56] Die etwa 2 000 Hufen des Klosters lieferten an Abgaben 893 mindestens 2 000 dz. Getreide, 1 800 Schweine und Ferkel, 4 000 Hühner, 20 000 Eier, 250 kg Lein, vier Seidel Honig, 4 000 Eimer Wein. Dazu waren 1 500 Schillinge *(solidi)* in bar zu erbringen, wurden 70 000 Frontage und 4 000 Fronfuhren geleistet. Zusammen mit den Erträgen der Herrenhöfe und des westfränkischen Fernbesitzes mußten diese Einkünfte für den Unterhalt von etwa 150 Personen (Mönche in Prüm und den Außenklöstern, klösterliche *servi* und *pauperes*) reichen (A. ABEL, Geschichte, S. 43).

[57] U. BERLIERE, Familia, S. 3; vgl. jetzt K. BOSL, Familia.

nicht aufgeführte Lehnsgut der Vögte, das im Westen der Abtei etwa ein Drittel ihres Besitzes umfaßte, und der maasländische, franzische und bretonische Komplex kam, wird die Prümer *familia* am Ende des 9. Jhs. etwa sechzehn- bis zwanzigtausend Menschen umschlossen haben. Wie am einzelnen Orte bestanden aber auch innerhalb des Gesamtverbandes gewaltige soziale Differenzen [58]: die *familia* umfaßte die Hausdienerschaft und die *prebendarii* (,Häusler') als Hilfsarbeiter im Herrengut, die Zinsbauern und Kolonen *(censuales, mansuarii)* ebenso wie deren Hilfskräfte, landwirtschaftliche Arbeiter auf Eigenbauland, in der Regel zwei pro Mansus *(mancipia, servi)*; sie schloß ein die *haistaldi*, jüngere Feldbauern ohne eigenes Bauernhaus, wie die *feminae* und *viduae*, die, obwohl auf einem kleinen Eigengut *(propriolum)* lebend, der *potestas* der Grundherrschaft unterstanden. Besaßen die *mansuarii* einen Prekarievertrag mit der Abtei, so gab es aber auch Freie, die als Lehnsleute in wirtschaftlicher und sicherlich auch kultureller Verbindung mit der Abtei standen. Die *familia* umschloß ferner die genossenschaftlich organisierten Weinbauern an der Mosel, Handwerker, Arbeiterinnen in Frauenarbeitshäusern [59], die Kaufleute der Abtei, die auf den Fronhöfen tätigen Wirtschaftsbeamten des Klosters, die Priester der zahlreichen Eigenkirchen und schließlich die dem Hochadel entstammenden Mönche des Konvents, der zu dieser Zeit etwa neunzig bis hundert Mitglieder besaß [60], und die Kleriker der fünf abhängigen *monasteriola* Münstereifel, Kessling, St. Goar, Altrip und Révin, ebenso wie die zwölf *pauperes,* die im *hospitium* des Klosters verpflegt wurden und die Funktionen von Glöcknern und Küstern wahrnahmen [61].

Alle diese Menschen waren in mehr oder minder großer Abhängigkeit an die Abtei gebunden. Nur scheinbar im Kontrast zu dieser Beschränkung der Entfaltungsmöglichkeiten steht jedoch die in diesem Verband gegebene Chance sozialen Aufstiegs. Durch das System der Leihe von unbebautem Land mit Verpflichtung zum Ausbau (Rodung) wurde großen Teilen der unfreien Bevölkerung ein wirtschaftlicher Rückhalt vermittelt. Freie wiederum wurden vor dem zerstörenden Sog der weltlichen Grundherrschaften bewahrt [62]. Die Prekarie gab freilich auch den Großen, den *nobiles*, die Möglichkeit, Teile des Kirchengutes an sich zu bringen, während sie gleichzeitig Teile des Eigengutes an die

---

[58] Zur sozialen Schichtung auf dem Lande vgl. K. LAMPRECHT, Wirtschaftsleben, Bd. I, 2, S. 1139 ff.; Ch. E. PERRIN, Manse, S. 256 f.; A. DOPSCH, Wirtschaftsentwicklung, Bd. I, S. 49 ff.; A. ABEL, Geschichte, S. 41 ff.; K. BÖHNER, Altertümer, S. 286 ff.

[59] Vgl. A. ABEL, Geschichte, S. 43. Hochinteressant ist dabei der ursprüngliche Ortsname von Arnoldsweiler im Kr. Düren, das 922 *Ginizwilere* heißt. Das Bestimmungswort muß nach W. KASPERS (Ortsnamen Düren, S. 69 f.) von griech./lat. *gynaecea* (,Frauenwohnung') abgeleitet werden. Im karolingischen ,Capitulare de villis' ist im Kap. 49 davon die Rede, *ut genitia nostra bene sint ordinata*. Es handelt sich um Frauenhäuser im Rahmen von *fisci*, in denen Textilien hergestellt wurden. Dem schematischen Charakter der fiskalen Ortsnamen-Gebung gemäß wurde der *vilare* (Außenwerk) eines Fiskus, der das *genitium* beherbergte, *giniz-wilere* genannt. Vgl. nun zu den *gynaeceae* F. IRSIGLER, Divites, S. 482—490.

[60] Eine Übersicht über den Prümer Konvent in der zweiten Hälfte des 9. Jh.s bei G. TELLENBACH, Konvent.

[61] H. BEYER, UB Mittelrhein, Bd. I, Nr. 120; vgl. U. BERLIÈRE, Familia, S. 8. Auch in Münstereifel gab es seit dem 9. Jh. ein Hospiz (W. LÖHR, Geschichte, S. 69). Vgl. S. EPPERLEIN, Armenfürsorge, S. 56 ff.; R. LE JAN-HENNEBICQUE, Pauperes, S. 181.

[62] A. DOPSCH, Wirtschaftsentwicklung, Bd. I, S. 196.

Kirche aufließen und so ihren wirtschaftlichen Profit erweiterten. Es entstand ein System abgestufter und gegenseitiger Bindungen, das über die *familia* des Klosters hinausreichte in den regionalen und imperialen Adel der Zeit. A. DOPSCH hat die wirtschaftlichen Funktionen der großen Reichsabteien des frühen Mittelalters einmal in einem Vergleich veranschaulicht. „Die kirchlichen Grundherrschaften übten damals im Zeitalter vorwiegender Naturalwirtschaft, nach verschiedenen Richtungen hin jene wirtschaftlichen Funktionen aus, welche heute in der Zeit ausgebildeter Geldwirtschaft den großen Bankinstituten (Versicherungsgesellschaften) zukommen" [63]. Oder wie es E. MÜLLER-MERTENS formuliert: „In einem Meer von disparatem, in Streulage angefundenen, stets durch die Erbfolge neu verteilten Adelsbesitz" sind die Grundherrschaften der Kirche „Inseln sozialer und damit wohl auch kultureller Stabilität" [64].

So erweist sich die *familia* des Reichsklosters schließlich als ein Schmelztiegel alter pluralistischer sozialer Formen, der nicht nur die Sozialisierung bisher unproduktiver Bevölkerungsteile erreicht, sondern auf Grund seiner Immunität und Rechtsautarkie nach außen hin einen sozialen Organismus schafft, der Individuen sehr unterschiedlichen Standes zu einer begrenzten Interessengemeinschaft mit den Grundherren, den adligen Konventualen, zusammenschließt [65]. Ein Verband entsteht in ihr, der sich gegen äußere Gewalt mit sakraler Autorität und militärischer Macht zu behaupten weiß und somit eine Mediatisierung der öffentlichen Gewalt erreicht.

In Engerfahrten (*angaria*), in Wallfahrten und Pflichtsprozessionen geht der abhängige *homo ex familia s. Salvatoris* auch geistige und religiöse Bindungen an die Zentrale ein, in denen sich politische, wirtschaftliche und kultische Interessen untrennbar miteinander verflechten [66]. N. KYLL hat diese Eigenart im Falle der großen moselländischen Abteien St. Maximin, Echternach und Prüm erwiesen [67]:

Die Pflichtsprozession der Angehörigen der *familia* des Klosters zur Kultstätte hat zwei Wurzeln. Die eine ist die bereits spätantike *visitatio religiosa*, d. h. die Gewohnheit, „daß die Geistlichen mit den *homines nobiles* der ländlichen Seelsorgebezirke an den hohen christlichen Feiertagen zur Bischofsstadt kamen, um in gemeinsamer Feier mit ihrem Bischof das Fest zu begehen…". „Mit dem Aufkommen der ländlichen Abteien verlagert sich die *visitatio religiosa* vom einheitlichen Ziel der *ecclesia episcopalis* zu diesen Klöstern". Die zweite Wurzel ist die *oblatio* der Abhängigen an den Grundherrn, die einmal jährlich zu überbringen war. Diese Handlung galt als symbolische „Anerkennung des Untertanenverhältnisses mit Huldigung und Bestätigung der Treueverpflichtung". Ist der Grundherr — wie bei den ländlichen Abteien und Kultzentren —

---

[63] A. DOPSCH, Wirtschaftsentwicklung, Bd. I, S. 196.
[64] Vgl. E. MÜLLER-MERTENS, Genesis, S. 1398 f.
[65] Auch K. BOSL, (Frühformen, S. 203) akzentuiert den „Standesausgleich zwischen *ingenui* und *servi* im Rahmen einer klösterlichen *familia*".
[66] Über das Zusammentreffen von Markt (Messe) und Wallfahrt an bestimmten Tagen vgl. E. ENNEN, Stadt und Wallfahrt, passim. Die Wallfahrt, in der sich religiöse (Reliquienschau) und wirtschaftliche Interessen verflochten, war z. T. Keimzelle des Markttages.
[67] N. KYLL, Pflichtprozession, S. 49 f. 106 ff.

ein Heiliger, nimmt die grundherrliche *visitatio* natürlicherweise sakrale Formen an. „Die auf grundherrlicher Basis beruhende *visitatio* wird übernommen und im religiösen Bereich stärker begründet und ausgebaut. Von der grundherrlichen *visitatio* fließen ihr bereits geprägte Formen zu: der Besuch mit *oblatio* beim Grundherrn als Anerkennung und Huldigung." „Für die feierliche Überbringung der *oblatio* . . . wählte man die liturgisch-kultische Form einer Prozession, die allgemein für religiöse Gemeinschaftshandlungen außerhalb des Gotteshauses üblich und volkstümlich war". Gelegentlich nehmen nur die *maiores,* die Beamten und Bessergestellten (*mansionarii* usw.) unter den Abhängigen eines Dorfes an der Veranstaltung teil, so daß die Pflichtprozession einen exklusiven Charakter annimmt. Stets ist jedoch der Grundbesitz der Abtei die Grundlage der Prozession.

„Die Pflichtprozession hat sich nie ihres Grundcharakters einer *visitatio religiosa* entäußert. Im letzten Sinne gilt sie nicht der Domkirche oder der Abteikirche, auch nicht dem Bischof oder Abt, sondern dem Schutzheiligen des Gotteshauses, der als der eigentliche und höchste Lehnsherr betrachtet wird. Im Mittelalter ist der Zusammenhang allen Lebens mit dem Sakralen weitgehend gewahrt. Der in den Reliquien anwesende und lebend gedachte Heilige ist der eigentliche Besitzer . . . In seinem Hause, der Kirche, werden nicht nur die sakramental begründeten Handlungen des Lebens vollzogen, sondern auch alles andere. Das Fragment der Echternacher Prozessionsliste aus dem 11. Jh. betrachtet die Pflichtprozession als eine *visitatio religiosa* beim Heiligen der Abteikirche im eigentlichen Sinne des Wortes. Er übt gleichzeitig im religiösen Sinne die Schutzherrschaft über die Prozessionslandschaft aus. In diesem Gedanken beginnt die Liste: *Feria tertia in pentecosten visitabunt . . . patronum suum* (sc. St. Willibrord) *religiose isti* " [68].
Nach Prüm prozessierten nach einem spätmittelalterlichen Verzeichnis, dessen Vorlage jedoch spätestens im 12. Jh. entstand und dessen Grundlage noch bedeutend weiter zurückreicht, etwa achtundneunzig Pfarreien bzw. Dörfer aus den Diözesen Trier, Köln und Lüttich an drei Tagen (an der römischen *Litania maior,* d. i. der 25. April; *in vigilia ascensionis,* d. i. am Tag vor Himmelfahrt; schließlich am sechsten Tag nach Himmelfahrt) [69].
„Die Abteien übernehmen in den auf sie ausgerichteten Landschaftsräumen auch seelsorgerliche Aufgaben und intensivieren sie durch Gründung von Eigenkirchen. Ihre Grundlagen haben die religiösen Verpflichtungen der Abteien oft im klösterlichen Besitz. Abtei und Hinterland treten in grundherrlich-religiöse Partnerschaft und Wechselbeziehungen" [70]. Andererseits stellten „die Personen und Personengruppen", die das Kloster „mit Besitz ausstatteten, in

[68] N. KYLL, Pflichtprozession, S. 113. Zu den Springprozessionen im moselländischen Raum vgl. weiter: U. BERLIÈRE, Processions, S. 419—446; K. LAMPRECHT, Wirtschaftsleben, Bd. 2, S. 258; M. TRESCH, Chanson, S. 78 ff.
[69] N. KYLL, Pflichtprozession, S. 43—50 (Karte). Das Himmelfahrtsfest wurde mit der Bedeutung der Feier des Triumphes des *salvator mundi* auch in der Prümer Pfarrei Neunkirchen bei Remich begangen. Die Teilnahme an diesem Fest konnte als Ablösung der Prozessionspflicht nach Prüm gelten. Es wird hieraus ersichtlich, daß auch die Prümer Prozessionen im Umkreis der *ascensio* in erster Linie eine Ablösung der gallikanischen Rogationes darstellten. Vgl. F. PAULY, Siedlung, Bd. IX, S. 63.
[70] N. KYLL, Pflichtprozession, S. 112.

der Regel dem Kloster auch die Mönche" [71]. Der Konvent war also in zwiefacher Weise mit der laikalen Umwelt der Abtei verbunden.

Gegen Ende des 9. Jh.s betreute Prüm etwa hundert Kirchen — also etwa soviel, wie Orte in Pflichtprozessionen zur Mutterabtei wallfahrteten.

Im folgenden sind alle jene Kirchen samt Patrozinien aufgelistet, die entweder als Eigenkirchen direkt im Besitz des Klosters waren oder als Filialen von Prümer Eigenkirchen dem Einfluß der Abtei eventuell unterlagen. Das Alter der Kirchen ist nach verschiedenen Kriterien (Erwähnung in Urkunden, im Prümer Urbar; Patrozinien) rekonstruierbar [72];

KIRCHE		VORBESITZER	PATROZINIUM
(A) *Diözese Trier:*			
(1) Beiern (Beyren-les-Sierck)	(+)		Bartholomäus
(1a) Büdesheim (M)	+		Petrus u. Paulus
(2) Birresborn (F 1a)			Nikolaus
(3) Kopp (F 1a)	(+)		Eligius
(4) Lissingen (F 1a)			Margaretha
(5) Mürlenbach (F 1a)			Maria
(6) Oos (F 1a)	(+)		Maria
(7) Schwirzheim (F 1a)			Margaretha
(8) Eschfeld			Margaretha
(9) Fleringen (M)	(+)		Laurentius
(10) Gondelsheim (F 9)			Fides

---

[71] K. SCHMID, Programmatisches, S. 127 f.: dort auch Hinweise auf die Verhältnisse in Fulda und Lorsch; zu ähnlichen Feststellungen für Weißenburg W. HAUBRICHS, Mönchslisten, passim.

[72] Die Quellen für die Übersicht über die Prümer Eigenkirchen und die Kirchen, die unter dem Einfluß der Prümer Grundherrschaft entstanden, sind: H. BEYER, UB Mittelrhein, Bd. I, passim; W. LÖHR, Münstereifel, S. 41 f. S. 111; K. LAMPRECHT, Wirtschaftsleben, Bd. II, S. 126 ff.; J. FAAS, Abtei, S. 36—38; Bibl. Ecole des Chartes 52 (1881), S. 577; E. EWIG, Trier, S. 305 ff. und Karte 5; DERS., Bistum Köln, S. 221 f.; E. J. R. SCHMIDT, Kirchenbauten Nr. 22, 23, 30; W. FABRICIUS, Erläuterungen, passim; L. KORTH, Patrozinien, passim; J. TORSY, Ergebnisse, S. 303 f. Die Quellen für den Prümer Besitz im Gau von Laon: MG DD Karl III, Nr. 184 (Fälschung des 12. Jh.s auf das J. 884); E. EWIG, Trierer Land, S. 267; H. FORST, Erläuterung, S. 225 f.; MELLEVILLE, Dict. Aisne, passim. Das Verzeichnis gibt zuerst den Namen der Kirche; in Klammern wird hinzugesetzt, ob es sich um eine *ecclesia matrix* (M) oder eine Filiale (F) handelt. Die nächste Spalte macht Aussagen über die Gründungszeit der Kirche: + bedeutet ,vor 900 gegründet'; (+) bedeutet ,wahrscheinlich vor 900 gegründet'; ++ bedeutet ,nach 900 belegt'. Die Sigle P weist darauf hin, daß in Prümer Quellen ein Priester für den betreffenden Ort bezeugt ist. Die Sigle MK bezeichnet die 1105 genannten, aber wohl schon am Ende des 9. Jh.s an das Prümer Filialkloster gelangten acht Münstereifeler Mutterkirchen. In der nächsten Spalte wird in Klammern der Vorbesitzer des Ortes oder seiner Kirche — soweit zu ermitteln — angeführt. Die letzte Spalte gibt den Kirchenpatron an. Die Filialkirchen sind, obwohl sie z. T. nicht direkte Gründungen des Klosters sind, in die Übersicht aufgenommen worden, weil sich bei ihnen oft genug in Patrozinien und anderer Hinsicht Prümer Einflüsse feststellen lassen. Nicht aufgenommen sind die Kirchen der Meiereibezirke der Grafen von Vianden, der Prümer Vögte, die zum größten Teil aus alten Prümer Grundherrschaften herausgewachsen sind; vgl. F. PAULY, Siedlung, Bd. VIII, S. 77. Am ehesten könnten Prümer Gründungen sein: St. Peter und St. Johannes d. Täufer in Roth (ebd., S. 74) und St. Laurentius in Geichlingen, das 1096 von Gerhard von Vianden an Echternach geschenkt wurde (ebd., S. 71).

(11) Düppach	(+)		Leodegar
(12) Hambuch	+		Johannes B.
(13) Heimersheim	(+)		Mauritius
(14) Kyllburg (M)	+	(Fiskus)	Maximinus
(15) Wilsecker (F 14)	+		Nikolaus?
(16) Malbergweich (F 14)			Nikolaus
(17) Mehring (M)	+ PP	(Fiskus)	Medardus
(18) Bekond (F 17)	++		Nikolaus
(19) Föhren (F 17)			Bartholomäus
(20) Hetzerath (F 17)			Goar
(21) Ensch (F 17)	(+)		Martin
(22) Lörsch (F 17)	++		Nikolaus
(23) Longen (F 17)	(+)+		Eligius
(24) Schleich (F 17)	(+)		Johannes B.
(25) Schönecken (F 17)	(+)		Martin
(26) Schweich (F 17)	+		Martin
(27) Mettendorf I (M)	(+)+		Johannes B.
(28) Mettendorf II (F 27)			Margaretha
(29) Biersdorf (F 27)	(+)		Martin
(30) Wissmannsdorf (F 27)	(+)		Martin
(31) Moetsch (F Bitburg)			Erasmus
(32) Montigny-sur-Chiers	+		Dionysius
(33) Nastätten	(+)		Petrus u. Paulus
(34) Neuerburg			Nikolaus
(34a) Neunkirchen (Gde. Bous b. Remich)	(+)		Johannes B.
(35) Niederneisen	(+)		?
(36) Niederstedem	(+)		Jacobus
(37) Oberweis	(+)		Remigius
(38) Pronsfeld (M)	(+)		Remigius
(39) Lünebach (F 38)			Margaretha
(40) Oberhabscheid (F 38)			Nikolaus
(41) Watzerath (F 38)			Bartholomäus
(42) Prüm I (Klosterkirche)	+		Salvator
(43) Prüm II (Vedastuskapelle)	(+)+		Vedastus
(44) Prüm III (Marienkirche)	+		Maria
(45) Prüm IV (Benediktskapelle)	+		Benedikt
(46) Prüm V (Peterskirche)	(+)		Petrus
(47) Prüm VI (Agathenkapelle)	(+)		Agatha
(48) Niederprüm (F 42)	+		Gordianus u. Epimachus
(49) Rommersheim (M)	+	(Pippin)	Maximinus
(50) Gondenbrett (F 49)	(+)		Dionysius
(51) Niederhersdorf I (F 49)			Sebastian
(52) Niederhersdorf II (F 49)	(+)		Jacobus
(53) Olzheim (F 49)	(+)		Brictius
(54) Wetteldorf (F 49)	(+)		Leodegar
(55) Klein-Langenfeld (F 49)	(+)		Agatha
(56) Seffern (M)	(+)+		Laurentius
(57) Burbach (F 56)			Margaretha
(58) Heilenbach (F 56)	P		Petrus
(59) Sefferweich (F 56)	(+)		Johannes B.
(60) St. Goar	+	(Fiskus)	Goar
(61) St. Pancre (M)	+		Pancratius

(62) Ruette (F 61)	(+)		Dionysius
(63) Ville-Houdlément (F 61)	(+)		Dionysius
(64) St. Jost	(+)		Jodocus
(65) Trimport			Margaretha
(66) Wachenfort	++	(Berland v. 971)	Maria
(67) Nettersheim			Nikolaus
(68) Waxweiler (M)	++	(Ravengar v. 943)	Johannes B.
(69) Lauperath (F 68)			Fides

(B) *Diözese Köln:*

(70) Ahrweiler	(+)		Laurentius
(71) Altvolberg	P		?
(72) Bachem	+	(Gerhild v. 866)	Maria
(73) Barmen	+		Martin
(74) Bedburg	+ P		Lambert
(75) Bottenbroich			Maria
(76) Duisburg	+		Salvator
(77) Großbüllesheim	P	(Fiskus v. 856)	Michael
(78) Güsten	+ P	(Fiskus v. 871)	Justina
(79) Hergarten	+	(bis 864)	Martin
(80) Herschbach			Hippolytus
(81) *Honespolt* d.i. Mutscheid	P		Helena
(82) Houverath			Maria
(83) Hoven			Margaretha
(84) Jüchen	(+)		Jakobus
(85) Ipplendorf	(+)		Martin
(86) Kesseling	+	(Fiskus v. 762)	Petrus
(87) Kirchsahr (M)	(+) MK		Martin
(88) Effelsberg (F 87)	(+)		Stephan
(89) Holzem (F 87)			Brigida
(90) Kirspenich	(+)+ MK		Bartholomäus
(91) Linnich	P		Martin
(92) Münstereifel I (alte Kirche)	+ MK		Petrus
(93) Münstereifel II (Klosterkirche)	+		Chrysanthus u. Daria
(94) Münstereifel III (Täuferkapelle)	(+)		Johannes B.
(95) Bouderath (F 92)			Gertrud
(96) Eicherscheid (F92)			Brigida
(97) Eschweiler (F 92)			Margaretha
(98) Iversheim (F 92)	+		Laurentius
(99) Nöthen (F 92)			Willibrord
(100) Ober-Bachem	+ P	(Fiskus v. 871)	Maria
(101) Rheinbach (M)	(+) MK	(Pippin)	Martin
(102) Ipplending (F 101)			Martin
(103) Sarresdorf (M)	(+)		Maria
(104) Bewingen (F 103)	(+)		Brictius
(105) Dohm (F 103)	(+)		Remigius
(106) Rockeskyll (F 103)			Bartholomäus
(107) Schönau (M)	(+)		Goar
(108) Schönau-Malberg (F 107)	(+)		Michael
(109) Tondorf	(+)	(Fiskus vor 898)	Lambert
(110) Villip	+ P	(Hartmann v. 886)	Martin
(111) Vischel	(+)+ MK		Nikolaus ?
(112) Weingarten	(+) MK		Kreuz

44

(113) Billig (F 112)			Cyriakus
(114) Wanlo	(+)		Maria
(115) Wichterich	(+) MK		Johannes B.
(116) Wissersheim	(+) MK		Martin
(117) Würselen	+	(Fiskus v. 870)	Sebastian

(C) *Diözese Lüttich:*

(118) Altenfeld	+	(Fiskus v. 870)	?
(119) Awans (F Hollogne)	+	(Fiskus v. 855)	Agatha
(120) Loncin (F Hollogne)	(+)		Johannes B.
(121) Bastogne (M)	+ P	(Fiskus)	Petrus
(122) Arloncourt (F 121)			Martin
(123) Bizory (F 121)			Martin
(124) Bourcy (F 121)			Johannes Ev.
(125) Cobru (F 121)			Nikolaus
(126) Foy (F 121)			Barbara
(127) Harzy (F 121)	(+)		Amandus
(128) Michamps (F 121)			Hubertus
(129) Mabonpré (F 121)	+		Martin
(130) Noville (F 121)	+		Stephan
(131) Ouboury (F 121)			Petrus
(132) Recogne (F 121)			Lambert
(133) Tavigny (F 121)	+		Remigius
(134) Wardin (F 121)	+		Albinus
(135) Bleialf (M)	(+)		Maria
(136) Brandscheid (F 135)			Hubertus
(137) Elcherath (F 135)			Willibrord
(138) Groß-Langenfeld	(+)		Laurentius
(139) Linterspelt (F 135)			Maria
(140) Oberlascheid (F 135)			Gangolf
(141) Schönberg (F 135)			Georg
(142) Sellerich (F 135)			Lambert
(143) Urb (F 135)	(+)		Eligius
(144) Winterspelt (F 135)	(+)		Dionysius
(145) Winterscheid (F 135)			Maria Magd.
(146) Daleiden (M)	(+)		Matthäus ?
(147) Arzfeld (F 146)			Maria Magd.
(148) Dahnen (F 146)			Servatius
(149) Dasburg (F 146)	(+)		Agatha
(150) Preischeid (F 146)			Petrus u. Albinus
(151) Laurensberg b. Aachen	+	(Fiskus v. 870)	Laurentius
(152) Révin (M)	(+)	(Pippin v. 762)	Maria
(153) Fumay (F 152)	(+)		Georg
(154) Ste.-Marie-Chevigny	(+)+		Maria
(155) Troine	(+)		Silvester
(156) Villance (M)	+	(Fiskus v. 842)	?
(157) Transinne (F 156)	+ P		Martin
(158) Weiswampach (M)	(+)		Maria
(159) Holler (F 158)	(+)		Salvator
(160) Lieler (F 158)			Kreuz
(161) Harspelt (F 158)			Maria
(162) Lützkampen (F 158)	(+)		Martin
(163) Ouren (F 158)	(+)		Petrus

45

(164) *Skizzana* (F 158)	+	(Erkanfrida v. 853)	?
(165) Wilwerdange (F 158)			Lambert

(D) *Diözese Utrecht:*

(166) Arnhem	+	Martin
(167) *Chzimingen in Frisia*	(+)	?
(168) Voorst (b. Deventer)	+	?

(E) *Diözese Mainz:*

(169) Odenbach am Glan	+ P	?

(F) *Diözese Worms:*

(170) Albisheim	+	(Fiskus v. 835)	?
(171) Gauersheim	+	(Fiskus v. 835)	Johannes B.

(G) *Diözese Speyer:*

(172) Altrip	+	(Adelsgruppe v. 762)	Medardus
(173) Neckarau	+		Martin

(H) *Diözese Laon:*

(174) Festieux *(Tres Festucas)* (Aisne, Ct. Laon)		Petrus
(175) Grougis (Aisne, Ct. Wassigny)	(+)	Hilarius
(176) Guise (Aisne)		Petrus et Paulus
(177) Hannape (Aisne, Ct. Wassigny)	(+)	Johannes B.
(178) Hucquigny (Aisne, Ct. Guise, Gde. Flavigny-le-Grand)		?
(179) Longchamps (Aisne, Ct. Guise)	(+)	Remigius
(180) Morcourt (Aisne, Ct. Guise, Gde. Flavigny le Grand)		?
(181) Senercy (bei Séry-les-Mézières sö. Saint-Quentin, Ct. Ribémont)		?
(182) Vadencourt (Aisne, Ct. Guise)	(+)	Quintinus

Der noch wenig aufbereitete Besitz von Prüm in den Gauen Angers, Rennes und Nantes ist hier — obwohl umfangreich — nicht berücksichtigt.

Kaum ein Drittel davon waren alte Mutterkirchen (Pfarrkirchen), überwiegend waren es Kapellen auf grundherrlicher Basis. Der *presbyter* einer *basilica* hatte etwa einhundertundfünfzig bis zweihundert Gläubige und Angehörige der *familia* des Klosters zu versorgen. Über ihre Eigenkirchen wirkte so die Eifelabtei bis in die entferntesten *villae* ihrer Grundherrschaft. Zum Teil übten Mönche, „die in den Zentralhöfen Wohnungen nahmen", die Pflege der Seelsorge, zum Teil auch abhängige *clerici* [73]. Diese Seelsorge bestand nicht zuletzt darin,

---

[73] F. PAULY, Siedlung, Bd. II, S. 384. Im Prümer Urbar von 893 (H. BEYER, UB Mittelrhein, Bd. I, S. 142 ff.) werden Priester in den Orten Heilenbach nw. Bitburg (Nr. 58), Mehring (Nr. 17) 2x, Transinne (Nr. 157), *Honespolt* an der Ahr (Nr. 81), Ober-Bachem

in Form des Exportes von Heiligenkulten des Klosters [74] einen Rückkopp-
lungsprozeß in Gang zu setzen, der die Bindungen der *familia* an die zentrale
Stelle des Heils, an der die Leiber der Heiligen ruhten, noch verstärken sollte [75].
Die Gebeine der Heiligen halfen das Recht zu finden, halfen im Kriege, heil-
ten Krankheiten, verhinderten Unwetter und förderten die Fruchtbarkeit des
Landes. Um die Gräber der Heiligen ragte eine Zone des Heils [76]. Wer in sie
eintrat, konnte *sanatio* und *salvatio* erwarten. Die Miracula der Prümer Klo-
sterliteratur beschreiben diese Kontaktzone zwischen den Verwaltern des Heils,
den Mönchen, und den *homines saeculares,* die ihren Besitz bestellten. Die
‚Miracula S. Goaris' [77] nennen als Betroffene der thaumaturgischen Fähigkeiten
ihres gefeierten Heiligen nebeneinander Könige, Adlige, Freie, *ministeriales* und
servi.

Da erscheinen *Waltarius homo secundum saeculum nobilis,* sein *patruus
nomine Reginarius, homo licet nobilis,* der *comes Heriwinus,* die *abbatissa
nobilis ex urbe mediomatricorum Eufimia* aus dem Geschlecht der Robertiner,
das im Lahngau mit der Abtei kooperierte [78], *Carolus excellentissimus augustus*

---

im Bonngau (Nr. 100), Villip (Nr. 110), Altvolberg (Nr. 71), Güsten (Nr. 78), Bedburg (Nr. 74), Linnich nw. Jülich (Nr. 91), Großbüllesheim (Nr. 77), Bastogne (Nr. 121)
und Glan-Odenbach (Nr. 169) genannt. Bei Besitzvergabe als Lehen sicherte die Abtei
das Widdum des Priesters: Euerhard wird 964 Lehensträger des Klosterbesitzes in Büdesheim *excepto ecclesia* (St. Peter und Paul) *in eo constructa et beneficio uuillefridi eiusdem
ecclesie pastoris* (H. BEYER, ebd., Bd. I, Nr. 219). Andererseits konnte es auch zu Span-
nungen zwischen dem wohl meist landesfremden *presbyter* und der einheimischen Bevölkerung kommen. Um 855 wird in der Prümer *villa* Awans (Nr. 119) im Haspengau der
clericus Gozelinus ermordet (H BEYER, ebd., Bd. I, Nr. 88). Weitere Prümer Priester: Dem
dilecto nobis presbytero Helprado, der in Waldhausen (Hessen-Nassau, Kr. Weilburg) im
oberen Lahngau ansässig ist, überträgt der Prümer Abt 881 die zwei Kirchen von Nassau
und Flacht (Kr. Dietz). 880 geht die Kirche von Alvenich an den *dilectus nobis ac venerabilis levita* Rodulf (H. BEYER, UB Mittelrhein, Bd. I, Nr. 118, 119). In beiden Fällen
scheinen die genannten Kirchen allerdings aus dem Verband der Prümer Grundherrschaft
auszuscheren.
[74] Vgl. in ANHANG II die Zusammenstellung zum Kult der ‚Prümer Heiligen'.
[75] Neben den *angaria* und Pflichtprozessionen war eines der wichtigsten Bindemittel
zwischen Kloster und laikaler Umgebung die Festfeier von Heiligentagen im Kloster. Vgl.
allgemein H. M. SCHALLER, Tag. Man hat bereits beobachtet, daß der mittelalterliche
Herrscher oft die Beurkundung seiner Schenkungen an ein bestimmtes Kloster mit der
Feier des Festes des Klosterheiligen im Kloster verbindet. So urkundet Otto III. 992 „für
das Kloster St. Maximin bei Trier am Tage des hl. Maximin, 995 für das Kloster Lorsch
am Fest des hl. Nazarius" (H. M. SCHALLER, Tag, S. 12). Diese Beobachtung gilt aber
allgemein für die Urkunden der laikalen Grundbesitzer im frühen Mittelalter, wie ich
demnächst in einer Studie zur Frömmigkeitshaltung der frühmittelalterlichen Laien und
ihrer Beziehung zu klösterlichen Zentren hoffe darzulegen. Wichtig sind innerhalb der
Grundherrschaft auch die Zinstermine; in den Prümer Urkunden werden folgende Feste
bis 900 genannt: Martin (17 ×), Weihnachten (14 ×), Ostern (3 ×), Mariae Himmelfahrt (2 ×), Pfingsten (2 ×), Johannes d. Täufer (2 ×), Remigius (2 ×), Rogationes
(1 ×).
[76] So schreibt Notker Balbulus in seinem Martyrolog zum Gallusfest über die Kultstätte des Heiligen … *ubi domino virtutum eius merita declarante caeci illuminantur,
surdis auditus tribuitur, mancis operari conceditur, multi linguarum laxatione gratulan-
tur, claudis gressus diriguntur, energumeni a spiritibus nequam liberantur, clinici atque
contracti indepta gratis sanitate eriguntur, dolor dentium medicina trabis compescitur,
reliquarum etiam infirmitatum exinanitio ibidem efficitur.*
[77] MG SS, Bd. XV, S. 301—73; PL 121, Sp. 635 ff.
[78] Zu den Robertinern vgl. K GLÖCKNER, Lorsch; E. ZÖLLNER, Rupert.

und *principis coniunx Fastrada, Wido quidam de nobilibus* aus einem berühmten moselländischen Adelsgeschlecht [79], *Hadebaldus notus homo, Maximinus abbas monasterii Sancti Gereonis,* der *imperator* Ludwig der Fromme und der *clarissimus vir Gerungus olim palatii aedilis.* Daneben aber auch *Isanhardus fisci regii* (Boppard) *procurator,* der *maior regiae villae* ... *Wasalia* (Oberwesel) mit Namen Frecholf, ein *cellerarius loci nomine Horduinus, negotiatores* der Abtei und friesische Fernhändler [80], des Klosters *servi* und *ancillae,* abhängige Weinbauern und *filii ex rusticis, mulieres Scoticae nationis* (irische Wanderpilgerinnen), *Wolvo nutritus ... postea presbyter* und die vielen namenlosen kranken *mulieres, infantes, pueri* und *puellae* der *familia* des Klosters.

Es fällt auf, daß es in den Adressaten der Wunder von Heiligem zu Heiligem schichtenspezifische Frequenzunterschiede gibt. Die Sammlung der Wunder der 844 nach Münstereifel übertragenen Heiligen Chrysanthus und Daria [81] kennt unter den vierundzwanzig Adressaten nur noch eine *femina ... non ignobilis, uxor cuiusdam Waningi nomine* und einen nicht mit Namen genannten *nobilis vir amore ductus sanctorum volebat locum adire.* Das übrige Personal der Mirakel — zumeist namenlose *feminae* und *homines* — entstammt der *familia* von Münstereifel oder den Grundherrschaften benachbarter Herren. Der bodenständige, aus Reichsbesitz an Prüm gelangte mittelrheinische Heilige besaß offenbar ein höheres soziales Prestige als die aus Rom quasi als *ornatus* eines unbedeutenden Verwaltungsklosters in die Nordeifel verpflanzten Märtyrer.

Die Quellen lassen eindeutig Stufungen in der sozialen und räumlichen Geltung der Kultorte erkennen. Neben dem lokalen Zentrum einer Grundherrschaft gab es die Kultstätten regional bekannter Heiliger. An Bedeutung übertraf sie das mit einer Vielzahl von Reliquien und Patrozinien (in Prüm sind es 721 vier, 762 zehn, 1003 elf) ausgestattete Reichs- und Königskloster, das in seinen Konvent nur die *filii nobilium* aufnahm und durch dessen *schola* Adlige selbst aus weit abgelegenen Landschaften als *nutriti* gingen [82]. So sind in Prümer Quellen auch nur Angehörige des grundbesitzenden Hochadels, *comites, vassi dominici* handelnd gegenwärtig [83].

---

[79] Zu den Widonen vgl. H. Büttner, Widonen, S. 33—39.

[80] Vgl. zum Bonner Fernhändler Freosbaldus, der nach St. Goar eilt, E. Ennen, Bemerkungen, S. 187.

[81] M. Floss, Romfahrt; MG SS, Bd. XV, S. 374—76; PL 121, Sp. 673 ff.

[82] Neben Karl dem Kahlen weilte zeitweilig der spätere Erzbischof von Vienne, Ado, ein Mönch von Ferrière, in Prüm (G. Tellenbach, Konvent. S. 3). Lupus, der Abt von Ferrière, schickt 847 einen *filium Guagonis,* seinen Neffen, zu seinem Verwandten, dem Prümer Abt Markward, zusammen mit zwei *pueri nobiles, propter Germanicae linguae nanciscendam scientiam* (L. Levillain, Loup, Bd. I, S. 155, Nr. 35; Bd. II, S. 7 ff., Nr. 70).

[83] Vgl. die im ‚Liber Aureus‘ erhaltenen Privaturkunden des 8. und 9. Jh.s (H. Beyer, UB Mittelrhein I, passim). Auch die aus den Verbrüderungslisten bekannten Namen der Prümer Mönche unter Abt Eigil und Ansbald erinnern immer wieder an die großen Adelsfamilien des fränkischen Reiches, insbesondere Lotharingiens. So der Name Matfrid an die Grafen des Metz- und Moselgaus, die aber auch Ämter in Orléans an der Loire ausübten, wo ja auch Prüm interessiert war; der Name Nithard an den Trierer Grafen Nithad, der im Gau von Laon begütert war, eine Anniversarie in Prüm besitzt, und dessen Witwe Erkanfrida das Eifelkloster beschenkt; der Name Madalwin an einen Großen in der Umgebung Lothars I., der im Urbar von 893 als Schenker von Gütern im Seillegau genannt ist.

So die Brüder Eberhar *(heberarius)* und Eberhard *(hebrardus)*, denen Prüm gegen ihren mittelrheinischen Besitz (Wormsgau) Güter aus der angevinischen Grundherrschaft des Klosters vertauscht, als sie sich 835 eine neue Basis im Westen suchen — wohl im Gefolge der Robertiner [84]. Über Robert den Tapferen *(Robert le Fort)* und seine Kämpfe gegen die Normannen berichtet später Regino, der selbst aus einer Adelsfamilie des Wormsgaus stammt, mit Wärme, Ausführlichkeit und Sympathie [85]. Der aus dem Westen stammende Graf Sigardus vertauscht 826 seinen Besitz in Eifel und Ardennen an Prüm gegen Güter der Abtei im Lobdengau, die ihm als Sprungbrett für den Ausgriff in den Südosten des Reiches dienen sollen [86]. Der Abt Lupus von Ferrières berichtet dem Abt Markward von Prüm, seinem Verwandten, daß er den Grafen Nithad von Trier 846/7 in Servais (Aisne, Ct. La Fère) getroffen habe [87]. Jener Nithad schenkte Prüm die Villen von Hannapes und Hucquigny im Gau von Laon [88]. Seine Witwe Erkanfrida bedenkt Prüm 853 ausführlich in ihrem Testament, das selbst ein Zeugnis der weitreichenden Bindungen des Adels an die Kultstätten einer Landschaft ist [89]. Zwischen 861 und 884 sorgt die *amabilis atque dulcissima in christo soror* für die Einrichtung einer Memorie ihres verstorbenen Mannes, die alljährlich am 30. April mit Gebeten und kultischen Mahlzeiten der Brüder gefeiert wurde [90].

Es schenken an Prüm Leute in Königsnähe wie jener Otbert (865/71), Vasall des Grafen Matfrid, der an Prüm mit Zustimmung König Ludwigs des Jüngeren Besitz in Lehmen vergabt [91]; wie der *ostiarius* Richardus [92]; wie jener Madalwinus, der vierzehn Mansen an die Abtei in Oberweis *(Wihc)* abtrat, wahrscheinlich eine hohe Persönlichkeit, die in die Abtei eintrat und 841 von Kaiser Lothar eine Schenkung für das Kloster erbat [93]. Ein *nobilis vir* bzw. *inlustris vir* Heririch schenkt der Abtei Prüm 868/70 die *villa* Windsheim bei Kreuznach mit *Glena* (Glan-Odenbach?), Güter in Bingen und einen Anteil am Soonwald. Die Schenkung wird 870 durch seinen *nepos* und Grafen Wernhere bestätigt, wohl verwandt mit dem aus widonischem Geschlecht stammenden Stifter von Münsterdreisen (St. Saturninus von Toulouse), der eine Zeitlang den

---

[84] H. BEYER, UB Mittelrhein, Bd. I, Nr. 63; K GLÖCKNER, Lorsch, S. 326. 836 schenkt Ludwig der Fromme an Graf Rotbert Güter im Ahrgau und in Ripuarien, die später an Prüm übergehen (K. GLÖCKNER, Lorsch, S. 325 f., 353 f.).

[85] Vgl. u. S. 72 ff.

[86] H. BEYER, UB Mittelrhein, Bd. 1, Nr. 58. Zu Sigihard, dem Vorfahren der bayrischen Grafen von Ebersberg, vgl. C. TROTTER, Grafen von Ebersberg, passim.

[87] L. LEVILLAIN, Loup, Bd. I, S. 225 ff., Nr. 58.

[88] H. BEYER, UB Mittelrhein, Bd. I, Nr. 72; E. EWIG, Trierer Land, S. 267. Die Schenkung an Prüm ist nach 845 zu datieren.

[89] H. OMONT, Testament, S. 577; F. PAULY, Siedlung, Bd. VIII, S. 163 ff. Vgl. eine Karte ihrer Schenkungen an verschiedene mittelrheinische Klöster in W. HAUBRICHS, Hero Sancte Gorio, Abschnitt 4.2.2.

[90] H. BEYER, UB Mittelrhein, Bd. I, Nr. 97.

[91] H. BEYER, UB Mittelrhein, Bd. I, Nr. 104. Zur Familie des Grafen Matfrid vgl. E. HLAWITSCHKA, Lotharingien, passim. Ein *Matfridus* ist 882 auch *prepositus* des Klosters (H. BEYER, UB Mittelrhein, Bd. I, Nr. 120). Vgl. S. 50 f. .

[92] Zu seiner Familie vgl. E. HLAWITSCHKA, Anfänge, S. 40 f.

[93] Ch. E. PERRIN, Recherches, S. 65.

Dukat von Septimanien innehatte [94]. Der *vassalus regis* Heririch war anderswo 853 Erbe eines *beneficium* des *fidelissimus comes Adalardus* von Trier gewesen, eines Verwandten der Konradiner, der zu den beherrschenden Figuren der zeitgenössischen Reichspolitik gehörte [95]. Heririch war ein Sohn des Albrich und der Huna, seine Brüder hießen Heinrich, Albrich und Hunfrid, der Mönch in Prüm wurde. Der Name Albrich, der als Leitname der Familie wirkt, erinnert an die Nachkommen der Prümer Stifter, der Irmina-Sippe [96]. Die weiterbestehenden Bindungen der Nachkommen der Gründerfamilie dokumentieren auch die ins 9. Jh. reichenden Schenkungen der Albrich und Gerbert im Seillegau [97].

In Prüm starb wahrscheinlich einer der mächtigsten Männer des Jahrhunderts, Hilduin, Abt. von St. Denis, St. Germain-des-Prés und St. Médard in Soissons, Erzkaplan der Kaiser Ludwig und Lothar I., von 843 bis 850 Verwalter des Erzbistums Köln, wo ihm sein Verwandter Gunthar folgte [98]. Prümer Mönche werden Bischöfe in Lothringen und im Westfrankenreich: so der aus Ferrières nach Prüm gekommene Ado, Erzbischof von Vienne (860—75); Eigil, ebenfalls *nutritus* von Ferrières, 853 bis 860 Abt in Prüm, wird 865—870 Erzbischof von Sens und Abt von Flavigny; der erwähnte Mönch Hunfrid, Bruder des *illustris vir* Heririch, wird von Karl dem Kahlen, der einige Zeit in Prüm erzogen wurde, zum Bischof von Thérouanne (856—870) berufen; der Matfridinger Abt Richarius wird Bischof von Lüttich (922—45) und Abt von Lobbes ebenso wie sein Nachfolger im Eifelkloster, Farabert II. (+ 953) [99].

„Die Bischöfe Hunfrid und Richer mögen uns beispielhaft die Verbundenheit des Prümer Konvents mit dem lothringischen Adel aufweisen ... Wenn in den Prümer Konventslisten in St. Gallen und Reichenau ein Mönch Heiricus, in den gleichen und anderen Listen ein zweiter Hunfridus vorkommen, so ergibt sich schon aus der Namengleichheit die naheliegende Vermutung eines verwandtschaftlichen Zusammenhangs der beiden Mönche mit den Schenkern Hunfrid und Heiricus. — Richer war Abt von Prüm gewesen, bevor er 920 als Nachfolger Stephans von Karl dem Einfältigen gegen Hilduin das Bistum Lüttich erhielt. Ihm hatte 899 der berühmte Regino weichen müssen, da Richer von seinen Brüdern, den mächtigen Grafen Gerhard und Matfrid, unterstützt worden war. Wie Richer, Gerhard und Matfrid mit den älteren Grafen Matfrid von Orléans und im Moselgau und dem Grafen Adalhard in der Metzer Gegend zusammenhingen, ist strittig. Graf Matfrid hatte einen Sohn Adalbert, Graf von Metz, der 944 von einem Uodo getötet wurde. Unter den Prümer

---

[94] Vgl. H. BEYER, UB Mittelrhein, Bd. I, Nr. 108, 110; E. EWIG, Trier, S. 299; H. WERLE, Münsterdreisen, S. 323—32. Die Gründung von Münsterdreisen erfolgt um 868. Ein *werinarius* ist 882 *decanus* in Prüm und steht in der Zeugenreihe vor dem künftigen Abt Farabertus (H. BEYER, UB Mittelrhein, Bd. I, Nr. 120).

[95] H. BEYER, UB Mittelrhein, Bd. I, Nr. 85.

[96] Der Name des Bischofs von Thérouanne und seiner Mutter Huna erinnert an ein anderes, in Rätien und Alemannien tätiges Reichsadelsgeschlecht der Karolingerzeit, die Hunfridinger. Vgl. zu ihnen demnächst W. HAUBRICHS, Hero Sancte Gorio (mit Lit.).

[97] H. BEYER, UB Mittelrhein, Bd. I, S. 164 f.; Ch. PERRIN, Recherches, S. 86 ff. Vgl. o. Anm. 42.

[98] L. LEVILLAIN, Wandalbert, passim; E. EWIG, Trierer Land, S. 282.

[99] G. TELLENBACH, Konvent, S. 3; H. ZIMMERMANN, Streit, passim; E. HLAWITSCHKA, Lotharingien, S. 204 f.

Mönchen aus der Zeit Ansbalds gibt es nun aber einen Adalhard, einen Matfrid und drei Adalberte. Hier deutet sich wieder an, wie wohl die umwohnenden Adelsgeschlechter durch Generationen hindurch immer wieder Söhne in die vornehme Reichsabtei aufnehmen ließen" [100].
Aber Prüm strahlte schon seit seiner Gründung über den lothringischen Raum hinaus. Durch Schenkungen der aus Meaux gekommenen Mönche, z. B. des mütterlicherseits aus dem Anjou stammenden Abtes Asuerus [101] und des Mönches und Grundherren Aegidius (sowie dessen Sohn Botlenus) [102] besaß das Eifelkloster in den Gauen von Angers, Nantes, Rennes und Le Mans etwa vierzig *villae*, die es das 9. Jh. hindurch durchaus zu wahren verstand [103]. Noch 873—90 weilte — wohl mit Verwaltungsaufgaben betraut — der spätere Abt Regino in Angers [104]. Aus dem Anjou importierte Prüm den Kult des heiligen Albinus — andere Kultbeziehungen weisen in den Raum der Diözesen Sens und Orléans [105]. Aus dem hier — im Gâtinais — gelegenen Kloster Ferrières kamen neben Ado und Eigil auch Abt Markward (829—53), ein Verwandter des Abtes Lupus von Ferrières [106], und wohl auch der klosterliche Schriftsteller Wandalbert. Die Namen des Alten Testamentes, die Heiligennamen und romanischen Personennamen, die Mönche des Eifelklosters noch im 9. Jh. trugen [107], sprachliche Indizien dazu [108], lassen den Schluß zu, daß noch lange ein Großteil des Konvents aus der romanisch-fränkischen Hocharistokratie Westfrankens stammte [109]. Für den Verfasser der ,Translatio SS. Chrysanthi et Dariae' (bald nach 844) [110], aber auch für Regino [111] liegt Prüm in der *Gallia*. In der Frühzeit

---

[100] G. TELLENBACH, Konvent, S. 3 f. Die Anwesenheit zahlreicher Verwandter in einem Kloster führte oft genug zu Konflikten: im Stift Aschaffenburg versuchen 976 Angehörige einer Familie, die mehrere Mitglieder in dieses Stift entsandt hatten, Blutrache an einem *magister* zu nehmen, der sich ihrer Meinung nach eines Totschlages an einem klösterlichen *nutritus* aus ihrer Verwandtschaft schuldig gemacht hatte. Erzbischof Willigis von Mainz verfügte daraufhin, daß nur noch drei Kanoniker aus einer *cognatio* zu gleicher Zeit im Stift leben dürfen (K. H. REXROTH, Stiftsscholasten, S. 210 f. 215, 228). In Prüm stürzen die Matfride im J. 899 den regulär gewählten Abt Regino.
[101] H. BEYER, UB Mittelrhein, Bd. I, Nr. 34 (787); MG DD Karol. I, Nr. 180 (797).
[102] H. BEYER, UB Mittelrhein, Bd. I, Nr. 19 (765).
[103] Noch 807, als es zu umfangreichen Güterkonfiskationen in den Gauen von Angers und Rennes kommt, erhält Prüm von Karl dem Großen dort Schenkungen (MG DD Karol. I, Nr. 105). Vgl. den Vertrag mit dem Bretonenherzog Salomon: H. BEYER, UB Mittelrhein, Bd. I, Nr. 95 (860). Zu den Gütern Prüms in den Gauen von Angers, Rennes und Nantes vgl. M. WILLWERSCH, Die Grundherrschaft des Klosters Prüm, Teil III, Diss. Berlin 1912 (Kopie in der Stadtbibl. Trier).
[104] J. WERNER, Arbeitsweise, S. 96 ff.
[105] Vgl. u. S. 104 ff.
[106] W. HAUBRICHS, Herkunft, S. 101 f.
[107] Romanische Personennamen: Firmas, Navius, Eugenius; alttestamentarische Personennamen: Aaron, Adam, Habraham, Jonathan, Joseph; Heiligennamen: Briccius, Leo, Christoforus, Martinus. Vgl. G. TELLENBACH, Konvent, passim; D. GEUENICH, Prümer Personennamen, S. 79 ff. Hinweise auf weitere Mönchslisten bei E. HLAWITSCHKA, in: PBB (Tübingen) 95 (1973), S. 376—80.
[108] Vgl. W. HAUBRICHS, Georgslied.
[109] J. FAAS, Abtei, S. 16; M. WILLWERSCH, Grundherrschaft, Bd. I, S. 37 f.; E. EWIG, Trierer Lande, S. 268.
[110] M. FLOSS, Romreise, S. 172.
[111] REGINO, Chronica, a. 882, ed. R. RAU, Quellen, Bd. III, S. 262.

als Klammer der westlichen und der östlichen Reichsteile [112] des Karolingerreiches eingesetzt wie umgekehrt die westfränkischen Kirchen und Klöster (St. Martin in Tours, St. Denis) [113], gehört Prüm „zu den Reichsabteien, die noch lange nach den Teilungen mit ihren persönlichen, politischen und geistigen Beziehungen im Rahmen des alten Gesamtreichs weiterexistierten" [114] (vgl. die Karte Nr. 1) [115]. Erst im 11. Jh. verengen sich — wie der Nekrolog von 1039 bis 1110 erkennen läßt, die Beziehungen auf den Rahmen des salischen *imperium* [116].

---

[112] Mit Recht urteilt E. EWIG (Trierer Lande, S. 268): „In der gesamtfränkischen Stellung von Prüm spiegelte sich die gesamtfränkische Politik der Karolinger, die von der neustrisch-austrasischen Basis aus seit 719 ihr Großreich schufen."

[113] Zur politischen Funktion von St. Martin und St. Denis vgl. J FLECKENSTEIN, Fulrad, passim; zu Prüms westfränkischem Besitz vgl. E. EWIG, Trier, S. 283 ff.; DERS., Trierer Lande, S. 268; H. AMMANN, Städtewesen, S. 126; M. WILLWERSCH, Grundherrschaft, Bd. III.

[114] G. TELLENBACH, Konvent, S. 2. Gab es im Konvent auch einen Mönch slawischer Herkunft? 860/86 wird unter Abt Ansbald *Zogono qui vocatur Christianus* aufgeführt (D. GEUENICH, Prümer Personennamen, S. 77 f.) Wenn es sich um einen Konversen handelte, so würde auch der Beiname verständlich. Slawische Adlige kamen vor allem als Geiseln ins Frankenreich. So stellte 890 Zuendibolch, König der Mährer und Herzog der Böhmen, dem Kaiser Arnulf seinen Sohn als Geisel (R. RAU, Quellen, Bd. III, S. 288). Ein Slawe mit Namen *Zogo* ist 772/800 im Mittelrheingebiet zu fassen (F. STAAB, Untersuchungen, S. 226).

[115] Außer am Heiligen- und Reliquienkult der Abtei und der weiträumigen Besitzverteilung des Klosters lassen sich die ,auswärtigen' Beziehungen nahezu ausschließlich personalisiert fassen: Wandalberts Martyrolog wurde direkt rezipiert in Köln, St. Germaindes-Prés, Reims, auf der Reichenau. (Anm. 155). Auch der Cod. Paris B.N. f.l. 13764, der Prümer Hagiographica enthält (Anm. 134), scheint im frühen 10. Jh. nach St. Rémy in Reims gekommen zu sein; umgekehrt benutzte Regino die ,De synodalibus causis' des Hincmar von Reims, kamen gegen Ende des Jahrhunderts Timotheus- und vielleicht auch Christophorus-Reliquien aus der Metropole in die Eifelabtei (Anm. 496; vgl. S. 163). Abt Markward hatte Kontakte zu St. Riquier (Anm. 17, 178), in Corbie setzte man dem Klostermartyrolog die Nennung des Prümer Lokalheiligen Goar zu (Anm. 175). Die Vita des rheinischen Heiligen, die Wandalbert verfaßte, benutzte bald darauf, in Fulda, Abt Hraban (Anm. 178), der als Erzbischof von Mainz um 853 für Abt Eigil von Prüm einen Traktat bezüglich des Abendmahlstreites verfaßte (Anm. 171), in dem die Mönche Radbert und Ratramnus von Corbie die Hauptrollen spielten. Prüm war Durchgangsstation und Vermittlerin zwischen Westfranken und Ostfranken, insbesondere zwischen Fulda und Ferrières (vgl. S. 65 f.). Aus Fulda kamen wohl Bonifatius-Reliquien nach Prüm, andere Heiligtümer kamen aus Seligenstadt, Aachen, Kempten, St. Gallen, Soissons, Lyon und Vienne, und wohl auch aus Köln und Trier. Wandalbert von Prüm, der Westfranke aus Ferrières hielt sich in Köln auf; für sein Martyrologium benutzte er die Vorlage des Florus von Lyon (vgl. u. S. 59); wohl aus Lyon importierte die Eifelabtei Reliquien der Märtyrer Johannes und Paulus (vgl. u. S. 114). Prümer Mönche werden Kleriker in Lyon (Ado), Erzbischöfe in Vienne (Ado) und Sens (Eigil), Äbte in Flavigny in Burgund (Eigil) und Lobbes (Richarius), wohl auch in St. Hubert und Stablo (übereinstimmende Abtslisten im 9. Jh.?), Bischöfe in Thérouanne (Hunfrid) und Lüttich (Richarius, Farabert).

[116] Im 9. Jh. ist das Eifelkloster verbrüdert mit St. Faron in Meaux, Ferrière, St. Pierre-le-Vif in Sens, Reichenau, St. Gallen, Remiremont, und wohl auch mit Fulda, St. Maximin in Trier, Echternach, Stablo, St. Hubert und vielleicht auch mit Lobbes.Der Nekrolog des 11. Jh.s läßt Beziehungen zu Fulda, Corvey, St. Gallen, Werden, Bamberg, Stablo-Malmedy, Lorsch, Köln, St. Dionys in Metz, Gorze, St. Maximin in Trier, Echternach, Weißenburg und Reichenau erkennen. F. FAAS, Abtei, S. 36.

Alles dies erweist für das 9. Jh. die Stellung Prüms als eines kulturellen und kultischen Zentrums des mittelrheinischen und reichsfränkischen Adels [117], das die *parentes* durch Stiftungen ausgezeichnet hatten, und das als Gegenleistung die *memoria* der Toten und die Seelsorge der lebenden Angehörigen einer Familie übernimmt. Diese Funktion wird Prüm auch nicht verloren haben, als die großen Adelsfamilien Lothringens gegen Ende des Jahrhunderts das Kloster als Objekt ihrer Machtpolitik usurpieren, die Vögte (die späteren Grafen von Vianden) beginnen, sich verliehenes Klostergut allodial anzueigenen [118].

---

[117] E. EWIG, Civitas Mosellande, S. 132; über die „Funktion der Klöster als adlig-kultische Familienzentren" vgl. F. PRINZ, Adel und Christentum, S. 6 f.
[118] Über die Rückgewinnung von Kirchengut durch die Laien seit dem 9. Jh. vgl. A. DOPSCH, Wirtschaftsentwicklung, Bd. I, S. 285 f., speziell in Prüm F. PAULY, Siedlung, Bd. III, S. 190 f., 222. Zur Zeit des Exabtes Caesarius (1222) hatten die Vögte von Vianden die Mutterkirchen in Mettendorf (vgl. o. S. 43 ff., Nr. 27), Oberweis (Nr. 37), Daleiden (Nr. 146), Kyllburg (Nr. 14), St. Pancre (Nr. 61) und Bastogne (Nr. 121) — sicherlich zusammen mit der jeweiligen Grundherrschaft einschließlich der Filialkirchen. Vgl. zu den Grafen von Vianden, die Nachkommen der Moselgaugrafen des 10. Jh.s mit den Leitnamen Berthold und Bezelin waren, noch: J. VANNERUS, Biens, S. 33 ff.; DERS., Comtes, S. 7—28.

2. Die Kultur der Abtei Prüm zur Karolingerzeit

Die Handschriftenbestände der Königsabtei in der Eifel — durch den Normanneneinfall von 882 bereits dezimiert — sind 1511 bei einem Transport von Prüm nach Malmédy verlorengegangen. 1572 waren keine zehn Handschriften mehr im Kloster vorhanden [119].
Fast alles, was von Prümer Handschriften erhalten blieb, stammt aus Beständen, die früh in andere Orte abgewandert sind. So kommt es, daß wir zwar über die wirtschaftliche Bedeutung der Abtei durch UB und Urbar und über die Zusammensetzung des Konvents durch mehrere Mönchslisten gut unterrichtet sind, über die intellektuellen Präferenzen und Strömungen, denen der *cenobiale decus,* wie Wandalbert den Konvent nennt [120], anhing, jedoch mehr beiläufig und zufällig informiert werden.
Das geistige Leben der Abtei [121] wird im 9. Jh. von zwei Persönlichkeiten beherrscht, dem unter Abt Markward (829—53) lebenden, 813 geborenen Mönch Wandalbert und Regino, der zwischen 892 und 899 Abt seines Klosters war. Wandalbert, der wahrscheinlich aus dem Westen des Frankenreichs stammte [122], bearbeitete im Jahre 839 die aus dem 8. Jh. stammende Vita des heiligen Goar [123], dessen am Rhein gelegenes Heiligtum im Besitz der Eifelabtei

---

[119] R. BERGMANN, Glossen, S. 75, 314. Bei der Säkularisation fand der Kommissar der französischen Regierung nur noch vier bemerkenswerte Handschriften vor (P. SIFFRIN, Collectar, S. 236). Inzwischen hat freilich H. KNAUS (Geschenk, Sp. 1439 ff.; Fonds Maugérard, S. 258 ff.) nachgewiesen, daß der wenig zuverlässige Kommissar Maugérard selbst elf Codices an sich brachte. Zur Prümer Bibliothek im J. 1718 vgl. E. MARTÈNE/ U. DURAND, Voyage, S. 271 ff.
[120] WANDALBERT, Martyrologium, V. 156, MG Poetae, Bd. II, S. 582.
[121] Zum literarischen Betrieb in Prüm während des 9. Jh.s vgl. die Übersicht bei W. WATTENBACH, Deutschlands Geschichtsquellen im Mittelalter, Bd. I, Berlin [7] 1904, S. 309—14.
[122] M. MANITIUS, Geschichte, Bd. I, S. 557—60.
[123] Die ,Vita S. Goaris prior' (B. KRUSCH in: MG SS rer. Mer., Bd. IV, S. 406) wurde zur Zeit des Abtes Asuerus (762—804) von einem Prümer Mönch verfaßt, der sich durch den Gebrauch des *sermo rusticus* und romanischen Wortschatz als Galloromane zu erkennen gibt. Zu den Tendenzen der ersten Goarsvita und ihrer literarisch-publizistischen Bedeutung vgl. F. PAULY, Goar, passim. Die Rezeption der ursprünglichen Fassung (Textklasse A) spiegelt sich in sechs frühmittelalterlichen Handschriften, nämlich (1) Cod. Basel UB F. III, 15 b (Anfang 9. Jh.) aus Fulda, (2) Cod. Ehrenfels (11. Jh.), (3) Cod. Rom Vat. Pal. 846 (kurz vor 900) aus Lorsch, (4) Cod. Würzburg Mp. th. F. 34 (10. Jh.) aus Weißenburg, (5) Cod. Chartres 115 (63) aus St. Pierre in Chartres (Anfang 11. Jh.), (6) Cod. Chalons 56 (60) (11./12. Jh.); die Textklasse B, eine leichte Überarbeitung und Glättung des *sermo rusticus,* wohl zu Beginn des 9. Jh.s in Prüm hergestellt, liegt in zwei Handschriften vor, nämlich (7) Cod. Karlsruhe 136 (9. Jh.), aus der Zeit des 847 verstorbenen Bibliothekars Reginbert von der Reichenau, (8) Cod. Sangallensis 566 (10. Jh.) aus St. Gallen. Weitere Fassungen finden sich in Metz — und zwar in (9) Cod. Metz 523 (11. Jh.) und (10) Cod. Paris B.N. f.L. 5294 (11./12. Jh.) aus St. Symphorian in Metz (vgl. B. KRUSCH, ebd. 406 ff.). Die handschriftliche Überlieferung zeigt das Bemühen der Abtei Prüm, den Kult ihres Lokalheiligen in den großen ostfränkischen

war, und sammelte und edierte zugleich die *miracula* des Heiligen [124] auf Anregung seines Abtes [125].

In zwei Prologen äußerte sich Wandalbert über die Veranlassung, den Sinn und den Zweck seines hagiographischen Unternehmens. Die Heilige Schrift

Abteien Fulda, Reichenau, St. Gallen, Lorsch und Weißenburg, aber auch in den Kirchenprovinzen von Sens und Reims und in der Diözese Metz zu verbreiten (vgl. Anm. 125).

[124] M. FLOSS, Romreise S. 153. Edition zuerst bei J. MABILLON, AA SS OSB II, S. 281—288; danach: PL 121, S. 655—674; teilweise Neuedition in MG SS, Bd. XV, S. 361—373. Zu Wandalbert vgl. vor allem B. BISCHOFF, Art. ,Wandalbert', Vfl., Bd. IV (1953), Sp. 430—35; M. SEIDLMAYER, in: LThK¹, Bd. X (1938), Sp. 747; H. L. MÜLLER, in: LThK², Bd. X (1965), Sp. 952; Einleitung von E. DÜMMLER zu MG Poetae, Bd. II, S. 567 f.; A. CORDELIANI, Traités, s. 67 f.; A. EBERT, Geschichte, Bd. II, S. 185 ff.; A. ÖNNERFORS, Heilige; o. Anm. 122.

[125] Die früheste liturgische Nachricht vom Kult des heiligen Goar scheint sich als nachgetragene geritzte Stilusglosse des 8. Jh.s *(sancti Goaris)* im sog. Kalendar des heiligen Willibrord aus Echternach zu finden: vgl. W. LEVISON, Calendrier, S. 37 f. Der Kult des heiligen Goar dringt im 9. Jh. nur in wenige auswärtige Kalendarien ein, die fast alle auf die Kultinitiative der Prümer Abtei in den Dreißiger Jahren zurückzuführen sind. Der rheinische Heilige wird von Wandalbert in seinem 848 entstandenen ,Martyrolog' vermerkt und gelangt so in das Martyrolog des Usuard von St. Germain-des-Prés (c. 865) und in das Martyrolog des ehemaligen Prümer Mönchs Ado von Vienne (850/60). In Fulda, wo man bereits die alte Legende besaß, erhielt Abt Hraban schon bald nach 839 die Neubearbeitung Wandalberts, die er um 842 für sein ,Martyrologium' verwertete. Markward, der persönliche Beziehungen zu Corbie unterhielt (Anm. 174 f.), dürfte den Kult des heiligen Goar auch ins ferne nordfranzösische Kloster exportiert haben, wo man den rheinischen Heiligen ins ,Martyrologium' der Abtei eintrug. Goar steht auch in den im späten 9. Jh. in St. Vaast zu Arras bzw. in Amiens entstandenen Kalendarien der Codices Paris B.N. f.l. 12052 und B.N. f.l. 9432 (L. DELISLE, Sacramentaires, S. 353). Sein Festtag findet sich ferner im Kalendar des Cod. Rom Vat. Pal. 834 (9. Jh.), der aus einem Kloster der westlichen Rheinlande mit starken Westbindungen *(Natale sancti Mimmii episcopi et confessoris)* und mit starker Verehrung der heiligen Prisca (Majuskeleintrag!) über Hornbach nach Lorsch gelangte (H. QUENTIN, Martyrologes, S. 19 f); vgl. J. DIENEMANN, Kult, S. 16 f., Anm. 19; B. BISCHOFF, Lorsch, S. 114. Bemerkenswert ist, daß Goar in der Litanei des Psalters von Exeter (Cod. London Brit. Mus. Harl. 863 saec. XI) genannt wird, was sicherlich auf den in Lothringen erzogenen Leofric, Bischof von Exeter (1046—72), zurückzuführen ist, der diesen Psalter schreiben ließ (W. LEVISON, Werden, S. 58). Schließlich ist Goar unter den Nachträgen des 9. Jh.s in einem Passauer Kalendar aus der ersten Hälfte des 9. Jh.s, das sich in einer verlorenen Handschrift des Ungarischen Nationalmuseums zu Budapest befand (F. DÜMMLER, Piligrim, S. 101 ff.). Außer Goar sind nachgetragen Bonifacius, Kilian, Wicbert von Hersfeld, Arnulf von Metz, Aper von Toul, Landibertus von Lüttich und der *Adventus s. Nazarii in Lauresham*. Der letzte Eintrag spricht für Herkunft des Kalendars aus Lorsch, wo man auch eine Handschrift der Goarslegende besaß (Anm. 123). Vgl. B. KRUSCH, MG SS rer. Mer., Bd. IV, S. 410 f. Goar steht auch in den Lorscher Kalendarien der Codices Rom Vat. Pal. 485 saec. IX² (vor 875) und Rom Vat. Pal. 499 saec. XI (J. E. GUGUMUS, Kalendarien, S. 298, 315). Der einzige Beleg von Goarskult außerhalb Prüms, der vor 830 zurückreicht, ist ein Eintrag um 800 entstandenen ,Martyrologium Turonense' (ed. E. MARTÈNE/U. DURAND, Thesaurus, Bd. III, Sp. 1587—92; vgl. dazu J. DIENEMANN, Kult, S. 258, Anm. 69 und A. ANGENENDT, Monachi, S. 233, Anm. 17). Aber gerade mit Tours muß Prüm schon früh enge Beziehungen unterhalten haben, wie die Übernahme einer turonischen Hymne auf den heiligen Martin ins Hymnar von Prüm beweist. Aufmerksam gemacht sei noch auf den Majuskeleintrag Goars in einem Reichenauer Kalender des späten 11. Jh.s (D. H. TURNER, Sacramentaries, S. 242); ohne Aufzeichnung der Heilige auch in lokalen Reichenauer Kalendarien des 10. Jh.s geführt (C. R. DODWELL/D. H. TURNER, Reichenau, S. 40). Der Kult im Inselkloster hängt wohl mit Reliquienübertragungen aus Prüm im späten 9. Jh. zusammen: vgl. u. S. 144 f.; W. HAUBRICHS, Zeugnisse.

selber mahnt an — da beruft sich Wandalbert auf das Beispiel des Tobias [126] — die *miracula divinorum operum* . . . *fide semper integra* zu betrachten und *devota glorificatione* zu erzählen. Es ist Pflicht, *quae aut per semetipsam Christi potentia efficit, aut per sanctos viros mundo in exemplum propositos operatur*, den Späteren weiterzugeben. Hier haben Zeitgenossen und *maiores* Versäumnisse begangen und große Schuld auf sich geladen. Lange lagen *apud Gallias* die *studia litterarum* darnieder, bevor sie durch die Initiative der Herrscher und die Bemühungen einiger *viri optimi* aufgenommen wurden. Wandalbert stellt sich also — und er unterstreicht es, indem er seine hagiographische Arbeit zunächst als *correctio* des schlechten Stils der älteren Vita, der das Gehör beleidige, auffaßt — in die Tradition der karolingischen Reformen [127]. Andererseits warnt er aber — wie z. B. auch Otfrid von Weißenburg [128] — vor den Gefahren einer in Ehrfurcht vor der Antike erstarrenden Renaissance-Gelehrsamkeit. Denen ist nicht zuzustimmen, die in Bewunderung der Vorzeit bestreiten, daß in der Gegenwart überhaupt Dinge geschähen, die des Erinnerns wert seien: *cum divina Providentia singulis mundi temporibus ita semper quae humano generi pro modo et ratione congruant ordinet, ut neque nos priscorum hominum felicitatem desiderare conveniat, neque illos nostrorum temporum statum si qualis nunc agitur praescire potuissent damnaturos fuisse credibile sit* [129]. Aus der unmittelbaren Verantwortlichkeit jeder Epoche vor Gott folgert der Prümer Mönch, auch das in ihr individuell vollführte und vollzogene *opus dei* zu erkennen und zu würdigen, *quod opera Dei secundum Scripturam gloriosum sit enarrare et sanctorum gesta aetati post nos hominum profutura mandare* (Prov. 25,2) [130] . . . *Quippe si divina opera nobis glorificanda dignissime proponuntur, oportet ut non cessante virtutis divinae beneficio etiam scribendi non cesset intentio; et donec qui explere possint, existunt litteris digna admiratione tradantur* [131].

Unter Abt Markward, der sich intensiv um den Erwerb neuer Reliquien und damit neuer Heilsquellen für sein Kloster bemühte, wurde die monastische Verpflichtung zur *memoria* der *gesta sanctorum,* und damit die Hagiographie als Teilwerk einer Gemeinschaft, die ihre Stellung in der Heilsgeschichte zu erkennen glaubt, neu entdeckt. Darin ist sein Werk dem des Abtes Hraban in Fulda vergleichbar [132].

Wie die Legende und die Mirakelsammlung des hl. Goar letztlich dafür bestimmt, in kurzen Abschnitten den monastischen *auditores* zur Erbauung vor-

---

[126] Tobias, 13,4: . . . *ut vos narretis mirabilia eius.* Vgl. 12,20.

[127] Wie B. BISCHOFF, Wandalbert, S. 830 f., feststellt, begnügt sich W. mit sprachlichen Verbesserungen und wenigen verdeutlichenden Zusätzen. Es wird das Bemühen sichtbar, in das Original möglichst wenig einzugreifen.

[128] OTFRID, Ad Liutb., Z. 105 ff.

[129] Zur Akzentuierung des Wertes der ‚neuen‘ Zeiten gegenüber den ‚alten‘ am Hofe Karls des Großen vgl. Hibernicus Exsul (MG Poetae, Bd. I, S. 400 f.). Diese Einstellung ist eine Frucht der Herrschaft Karls, der nach der Meinung des Hibernicus die Geschichte zu ihrer vorläufigen Erfüllung bringt. Mit seiner Abwandlung des *translatio*-Gedankens steht Wandalbert also noch ganz im Bann der karlischen Reform und Restauration.

[130] WANDALBERT, Vita S. Goaris, c. 2; PL 121, Sp. 642 B.

[131] WANDALBERT, Vita S. Goaris, c. 42; PL 121, Sp. 671 C.

[132] W. HAUBRICHS, Ordo, S. 154 ff.

gelesen zu werden [133], entstand bald nach 844 zur Verherrlichung der römischen Märtyrer Chrysanthus und Daria, die Abt Markward von Rom über Prüm ins Nebenkloster Münstereifel hatte übertragen lassen, ein hagiographisches Corpus, das

(1) *Vita seu passio sanctorum martirum Chrisanti et Darie,*
(2) zwei auf die römischen Heiligen bezügliche *miracula* aus der Schrift ‚De gloria martyrum' des Gregor von Tours,
(3) die *Translacio,*
(4) siebenundzwanzig neue *miracula* und
(5) eine Litanei, in der die neuen Heiligen eine bevorzugte Stellung einnahmen [133a],

umfaßte [134]. Auf Empfehlung Kaiser Lothars I. hatte Markward von Papst Sergius die Leiber erhalten. In Rom hatte er ein gleichsam offizielles Stück zu seinen Reliquien hinzuerworben, *librum continentem sanctorum passionem.*

---

[133] PL 121, Sp. 671 B. Wandalberts Neubearbeitung ist nur in zwei frühmittelalterlichen Handschriften überliefert: (1) Cod. Paris B.N. f.l. 13764 (9. Jh., 4. Viertel) aus einem niederrheinischen oder belgischen Kloster (vgl. Anm. 134) und (2) Cod. Wiesbaden Nr. 34 (10./11. Jh.) aus Deutz. Eine dritte Handschrift muß bald nach 839 in Fulda gewesen sein (Anm. 125). Vgl. Archiv 7 (1842), S. 259; Archiv 8 (1843), S. 293; NA 9 (1884), S. 225 f.; MG SS, Bd. XV, S. 361 ff.; W. LÖHR, Geschichte, S. 5 f.

[133a] Vgl. zu dieser Litanei auch W. HAUBRICHS, Hero Sancte Gorio, Abschnitt 2.2.1.5. In ihrer vorliegenden Gestalt dürfte die Litanei dem 10. Jh. angehören; sie geht jedoch sicherlich auf eine Vorlage aus der zweiten Hälfte des 9. Jh.s zurück.

[134] Ein Vorbild Markwards könnte jener Band gewesen sein, den Abt Hilduin 835 auf Bitten Ludwigs des Frommen als Andachtsbuch über den heiligen Dionysius zusammengestellt und der ‚gesta Dionysii', ‚hymni' sowie ein ‚officium nocturnale' enthielt (B. KRUSCH, Gesta, S. 190). Hilduin stand in engen Beziehungen zu Prüm, besonders zu Wandalbert; im Eifelkloster ist er wohl gestorben und begraben. Das hagiographische Corpus ist vollständig ediert bei M. FLOSS, Romreise, S. 156 ff.; ‚Translatio' und ‚Miracula' auch PL 121, Sp. 673—82; Teiledition MG SS, Bd. XV, S. 361 ff. Die Wunder, die Gregor von Tours überliefert, sind auch ediert: PL 71, Sp. 739; MG SS rer. Mer., Bd. I, 2, S. 61 f., c. 37. Das Corpus ist vollständig überliefert in einer Hs. der Abtei Münstereifel (Cod. Luxemburg Nationalbibl. 121), die 1448/49 nach einer alten Vorlage angefertigt wurde (L). Der Cod. Paris B.N. f.l. 13764, pars 6 (P), der auch die Neubearbeitung der Goarslegende durch Wandalbert enthält (Anm. 133), entbehrt die zwei ‚Miracula' aus Gregor und die abschließende Litanei. Dafür fügt er die auf die römischen Märtyrer bezügliche Grabinschrift des Papstes Damasus an. Da der Hinweis auf den *titulus* des Damasus sich bei Gregor fand, darf man annehmen, daß die ‚Miracula' des Bischofs von Tours auch in der Vorlage von P standen. Man kann die Entwicklung des Corpus also wie folgt skizzieren: P entstand nach B. BISCHOFF im letzten Viertel des 9. Jh.s im niederrheinischen, vielleicht auch belgischen Gebiet. Da in P noch zu Ausgang des 9. Jh.s der Prümer Hymnus auf die neuen Heiligen ergänzt wurde (vgl. u. S. 92 f.), erscheint es mir sehr wahrscheinlich, daß P im Skriptorium von Prüm gefertigt wurde. Im 10. Jh. gelangte die Hs. schließlich nach St. Rémy in Reims. Vgl. F. M. CAREY, Scriptorium, S. 46; W. LÖHR, Geschichte, S. 5 f. 92. Zu hagiographischen Libelli und deren Funktion vgl. B. BISCHOFF, Handschriften, S. 93 ff., bes. S. 99 f.

Von diesem *liber* — es ist sicher das stadtrömische Passionar gemeint [135] —
nahm Markward eine Abschrift. Das Verfahren entsprach ganz seiner Absicht,
die er durch das Empfehlungsschreiben Lothars hatte bekräftigen lassen, *ut
alicuius preclarissimi martiris corpus ei dare deberet fame
celebrioris de cuius passione ac veneracione nullus
fidelium posset ambigere.* Hier wird das Bestreben Markwards
um die Reinerhaltung des Kultes deutlich — seine Distanzierung von den oft
zweifelhaften Reliquien römischer Märtyrer, die mit Hilfe gerissener Händler
damals im fränkischen Reich kursierten [136]. Freilich vermag er sich nicht völlig
aus der Atmosphäre des ‚Reliquientaumels‘ zu befreien, welche die fränkische
Welt mit dem Regierungsantritt Ludwigs des Frommen befallen hatte [137]. Auch
für ihn müssen die ehrwürdigen *corpora* aus den römischen Katakomben dazu
dienen, das Heil und das Prestige des nördlichen Klosters zu erhöhen. Er sah
jedoch im Gegensatz zu manchen Zeitgenossen auf die Authentizität der Pas-
sionsberichte und des Kultes — schließlich konnten nur diese die Autorität der
Kultpropaganda, die er betreiben wollte, garantieren.

Um den neuen Kult zu propagieren, stellte man in Prüm später jenen *volumen* zusammen, der die *virtus* der Heiligen durch die Aufzählung ihrer Wunder
bestätigen sollte. Der Vita fügte man die durch Gregor überlieferten frühen
miracula an: *Hec passio sanctorum a fidelibus digesta viris, quemadmodum
beatas pro Christo fuderent animas, fidelissima declarat attestacione. Horum
pium imitantes affectum, non obmittenda censuimus, que de eisdem martiribus
in libro beati Gregorii turonensis episcopi qui inscribitur miraculorum reppe-
rimus, que eciam huic sanctorum passioni ad laudem domini nostri et honorem
martirum coniungenda decrevimus.* Den frühen Wundern ließ man die Translation nach Münstereifel folgen: *Expleta sanctorum martirum passione, non
absurdum videtur cupientibus scire, quemadmodum vel quibus auctoribus ab
urbe romana in Galliam translata sunt corpora, certaminis eorum annecten-
dum libello.* Der Translatio gesellte man die Wunder bei, welche die Heiligen
an ihrer neuen Kultstätte wirkten, und die geeignet waren, die Anziehungskraft
dieses Ortes zu erhöhen: *Ibi nunc eorum intercessionibus ad laudem sui nominis orantes Christus exaudit, sicud ex subiectis conprobatur miraculis.* Man
darf aus diesen Worten nicht nur erneut die Bemühungen der Prümer Mönche
um Echtheit und Reinheit des Kultes lesen, sondern kann auch die Anstrengun-
gen ahnen, die das Kloster unternahm, um die neuen Heiligen für die *fideles*
attraktiv werden zu lassen. Der Erwerb von Reliquien diente in Prüm nicht nur
der passiven, nur der Gemeinde der Mönche nützlichen Akkumulation des
Heils am geweihten Ort, sondern wurde als Verpflichtung verstanden, den Ruf
der Heiligen, die an dieser Stätte ruhten, initiativ zu propagieren.

Von Wandalbert dürfte die anspruchslose Mirakelsammlung nicht stammen [138]. Er hatte inzwischen — im Jahre 848 — ein metrisches Martyrolog

---

[135] Zur ‚Passio SS. Chrysanthi et Dariae‘ vgl. J. NORET, Passion, S. 109—17; E. de
STRYCKER, Citation, S. 336.
[136] Vgl. W. HAUBRICHS, Hero Sancte Gorio, Abschnitt 2.2.2.1.
[137] H. L. MIKOLETZKY, Sinn, S. 99.
[138] Man kann H. v. GADOW (Quellen, S. 64 f.) zustimmen, wenn er meint: „Dieser
Bericht wurde wenige Jahre nach der Überführung von einem Mönch in Prüm oder von
Abt Markward selbst geschrieben“.

58

vollendet [139], in dem die *sanctorum festivitates* und die anderen christlichen Festtage nach der Ordnung des Jahres verzeichnet wurden. Weil aber *sollemnium dierum certissima comprehensio non leviter nec facile pro librorum varietate constabat* und das auch hier gegenwärtige Bestreben nach Authentizität des Kultes behindert, stützt er sich auf das wenig vorher vollendete Martyrologium *nominatissimi viri Flori Lugdunensis ecclesiae subdiaconi,* eine Bearbeitung des älteren Beda-Martyrologs. Daneben benutzte er aber auch selbst Beda und das ,Martyrologium Hieronymianum' [140]. In befreundeten Klöstern Franziens, Flanderns und des *regnum Lotharii* scheint er Erkundigungen nach lokalen Kulten eingezogen zu haben [141].

Das Hauptwerk, die Beschreibung der *bella fortium et piorum,* der *gesta magnorum parentum* [142], reichert er an mit einem ,Ymnus in Omnes Sanctos', einer chronographischen ,Comprehensio temporum mensium dierum atque horarum' [143], fügt dazu ein ,Horologium' (Lehrgedicht über die Stundenbestimmung mit Hilfe der Schattenlänge) [144] und eine Beschreibung des Sternenhimmels [145], schließlich eine kulturgeschichtliche Lehrdichtung über die zwölf Monate, ihre Namen, astronomischen Merkmale, Witterungsverhältnisse u. dgl. und die Tätigkeiten, welche der Mensch in ihnen verrichtet — in genau nach den Tagen des Jahres abgemessenen 366 Versen (,De mensium duodecim nominibus signis culturis aerisque qualitatibus') — „ein Kalender für Bauern und Jäger, in dem sich Beobachtung des täglichen Lebens mit Gelehrsamkeit verbindet" [146]. Diese „poetische Darstellung ländlichen Lebens im Wandel der umgebenden Natur" führt, obwohl formal Vergils ,Georgica' nachahmend, emotionale Werte neu in die Kalenderdichtung ein. Ähnlich Walahfrids fast gleichzeitigem Reichenauer ,De cultura hortum' läßt sich der Beginn einer Sensibilisierung der intellektuellen monastischen Elite des Frankenreiches gegenüber der Natur beobachten. Es manifestiert sich im Gedicht die Bindung des ländlichen Kult- und Kulturzentrums, wie es Prüm und die Reichenau exemplarisch waren, an die agrarische Basis, an die wirtschaftlichen Träger des Klosters, die *familia* [147].

Den Beschluß des chronographischen Corpus macht eine Beschreibung der ,creatio mundi per ordinem dierum sex' [148], in der der *sensus mysticus* der

---

[139] MG Poetae, Bd. II, S. 578—602. Das Martyrolog ist aus mnemotechnischen Gründen metrifiziert. Es war für die Hand des Priesters bestimmt. In einem wenig späteren Zusatz zu Kap. 93 des ersten Buches des Synodalhandbuches von Regino von Prüm heißt es: Es ist der Pfarrer zu befragen, *si habeat martyrologium ex quo certis diebus natalicia sanctorum populo annuntiat.* Vgl. B. de GAIFFIER, Usage, S. 53.

[140] H. QUENTIN, Martyrologe, S. 396 ff.; J. DUBOIS, Martyrologe Wandalbert; J. HENNIG, Félire Oengusso.

[141] Vgl. u. S. 106 ff.

[142] Invocatio, V, 16, ed. MG Poeta, Bd. II, S. 572; Allocutio, V, 4, 63, ebd. S. 573 f.

[143] MG Poetae, Bd. II, S. 576—78.

[144] MG Poetae, Bd. II, S. 616 f.

[145] MG Poetae, Bd. II, S. 617 f.

[146] MG Poetae, Bd. II, S. 604—16; übersetzt von P. HERZSOHN, in: Westdeutsche Zeitschrift 1 (1883), S. 277—90. Zur Zahlenkomposition des Gedichts vgl. W. HAUBRICHS, Ordo, S. 135 ff. Zum Problem des Realitätsgehaltes der Naturschilderungen Wandalberts (klassische Vorlagen!) vgl. W. GANZENMÜLLER, Naturgefühl, S. 83 ff.

[147] M. SEIDLMAYER, in: LThK[1] X (1938), Sp. 747; G. BERNT, Epigramm, S. 292—94.

[148] MG Poetae, Bd. II, S. 619—22.

Erschaffung des Menschen theologisch erwogen wird [149]. Mit diesem Abriß der Schöpfungsgeschichte soll — wie Wandalbert in seiner zugehörigen Epistola schreibt [150] — die nach dem Maße der stets wiederkehrenden Zeit, dem *cursus totius anni,* beschriebene Periodisierung der sakralen und profanen Aktivitäten des Menschen in die Heilsgeschichte eingeordnet werden, so daß alle zeitliche Ordnung aufscheint als die Ordnung, die ihren Anfang, ihr Zentrum und ihr Ende in Gott besitzt.

Das Werk Wandalberts wird komplettiert durch mehrere Vorreden [151] — einer *Invocatio* Gottes und der Heiligen; einer *allocutio* des Lesers, welche die Mahnung enthält, von diesem Werk den rechten Gebrauch zu machen (Verpflichtung zur *imitatio* der Heiligen); einer *commendatio,* in der sich der Schriftsteller in die Tradition der Kirchenväter Hieronymus, Augustin, Cyprian, Hilarius, Ambrosius, Gregor, Iuvencus, Arator und Prudentius stellt, die ihr Werk Gott zum Geschenk dargebracht haben [152]; eine inhaltlich dem Vorbild der *Praefatio* des Prudentius verpflichtete *conclusio,* in der sich Wandalbert erneut an Gott wendet. In einem kurzen Gedicht widmet er das Martyrolog zusätzlich Kaiser Lothar, dem Mäzen der Eifelabtei [153]. In einer vorangestellten prosaischen Epistola [154] erläutert der Autor dem Kölner *clericus* Otrih, den er bei einem Aufenthalt in der ripuarischen Metropole kennengelernt hat, die kunstvolle Variation der benutzten Metren in den einzelnen *carmina* — schließlich war er, Wandalbert, bereits vor der Abfassung seines religiösen *opus* durch Gedichte profanen Inhaltes (die nicht erhalten sind) in der intellektuellen Welt des Frankenreiches bekannt geworden!

Wandalberts chronographischem Werk, vor allem aber seinem Martyrolog, war ein beachtlicher publizistischer Erfolg beschieden. Mindestens zweiundzwanzig Handschriften, die es enthielten, können erschlossen werden oder sind erhalten [155]. Dabei richtete sich die von Prüm direkt ausstrahlende Überlieferung auf den Hof Lothars I., die Reichenau, Köln, Reims, St. Riquier, St. Germain-des-Prés und vielleicht Sens (oder das in der Diözese gelegene Kloster Ferrières).

---

[149] Zur Form und zur Theologie des Gedichts vgl. W. HAUBRICHS, Ordo, S. 136—39.

[150] *In fine praeterea totius operis de creatione mundi per ordinem dierum sex breve carmen addidi et explanationem mystici sensus in homine accipiendi subiunxi, ut ea, quae de totius anni cursu descripseram, repetita ab initio mundanae creationis explanatio commendaret* (MG Poetae, Bd. II, S. 569).

[151] Vgl. dazu G. BERNT, Epigramm, S. 23—27.

[152] MG Poetae, Bd. II, S. 574 f.

[153] MG Poetae, Bd. II, S. 575 f.

[154] MG Poetae, S. 569—71.

[155] Zu den Handschriften vgl. MG. Poetae, Bd. II, S. 568; NA 4 (1879), S. 306—312. Erhaltene Handschriften sind: Cod. Paris 2832 aus dem 9. Jh. (B), Cod. Paris 5251 aus dem 10. Jh. (M), Cod. Paris 7521 aus dem 11. Jh. (A), Cod. Paris 18588 aus dem 10. Jh. (P), Cod. Rom Vat. Reg. 438 aus dem 10. Jh. (R), in dem die Verse vom 25. VIII. bis 24. IX. fehlen. Codex Sangallensis 250 aus dem 9. Jh. (G), Cod. Bruxelles B.R. 10615—729 (C), der in St. Nikolaus in Cues im 12. Jh. entstand, und Cod. Cambridge 771 Dd. XII 54 aus dem 13. Jh. (Ca). Neu entdeckt wurde Cod. Rom Vat. Reg. 1586 aus Fleury (Anfang 11. Jh.), dessen textkritische Stellung (F) noch unbestimmt ist (L. AUVRAY, Manuscrits, S. 40 ff.). Mit Hilfe der zahlreichen Nachträge von typischen Lokalheiligen (und nekrologischen Notizen) in den einzelnen Rezensionen des Martyrologs läßt sich ein Stemma leicht erstellen:

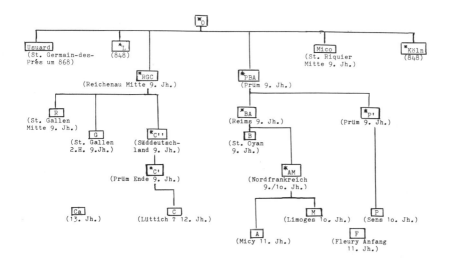

Die von O abstrahlende Überlieferung gliedert sich — abgesehen von den nicht erhaltenen Widmungsexemplaren Kaiser Lothars I. (*L) und des Kölner Klerikers Otricus, der von Mico von St. Riquier für den Nachtrag in seinem prosaischen Florilegium (Mitte 9. Jh.) benutzten Handschrift (MG Poetae, Bd. III, S. 289, V. 281 = Wandalbert, V, 54; vgl. M. MANITIUS, Geschichte, Bd. I, S. 559; B. BISCHOFF, Wandalbert, S. 834; in St. Riquier lebte seit 851 Paschasius Radbertus, von dem Abt Markward einen theologischen Kommentar erbeten hatte, und dem bisher unklassifizierten von Usuard von St. Germain-des-Prés benutzten Codex (vgl. J. DUBOIS, Martyrologe Usuard, S. 53 ff.) — in zwei Hauptstränge:

Der Archetyp *RGC ist auf der Reichenau entstanden. Außer Änderungen, z. B. in V. 719. 762. 791, die vielleicht noch auf eine abweichende Rezension Wandalberts zurückweisen, setzt er zum 1. VI. den römischen Heiligen Nicomedes um, die Reichenauer Heiligen Senesius (20. IV.) und Valens (21. V.) sowie zum 15. II. die Heiligen Faustinus und Iovitta, deren Reliquien die Reichenau besaß, Pelagius von Konstanz (28. VIII.), Verena von Zurzach (1. IX.), Felix und Adauctus (30. VIII.), die im elsässischen Erstein verehrt wurden, und Felix und Regula von Zürich (11. IX.) neu hinzu. *RGC verbannte die astrologischen Notizen *ad marginem* (E. DÜMMLER, in: NA 4, 1879, S. 280). G, noch im 9. Jh. in St. Gallen entstanden, fügte den Lokalheiligen Othmar zum 16. XI. bei. Auch die Prachthandschrift R, eine Sammlung älterer astronomisch-chronologischer Gedichte, die auch Wandalberts Martyrolog enthielt, entstand wahrscheinlich kurz nach der Mitte des 9. Jh.s in St. Gallen. Bestimmt war sie für einen Herrscher (Ludwig den Deutschen?), den der Schreiber — an Isidors Definition des Königs anknüpfend — in zwei Widmungsversen (MG Poetae, Bd. II, S. 578) *rex rerum rector* nennt, und dem ein Dedikationsbild (A. RIEGL, Kalenderillustration, S. 50—51; J. PROCHNO, Schreiberbild, Bd. I, S. 17; P. E. SCHRAMM, Kaiser, Bd. I, Textband, S. 50 f. Taf. 19; H. SCHRADE, Malerei, S. 121; B. BISCHOFF, Wandalbert, S. 833 f.) vorangestellt ist, das die Überreichung des Buches durch den Schreiber zeigt. Grimald, der Abt von St. Gallen, war Erzkaplan Ludwigs des Deutschen. Von *RGC stammt über mehrere Zwischenglieder auch C ab; noch in Süddeutschland (9. Jh., wahrscheinlich St. Gallen) entstand die Rezension *C", die marginal nekrologische Notizen zur Reichsadelsfamilie der Welfen und einigen anderen bekannten Personen der Zeit eintrug (vgl. M. CHAUME, Origines, Bd. I, S. 237 ff., Anm. 2; G. TELLENBACH, Welfen, S. 337 f.; bald: W. HAUBRICHS, Notizen; ders., Zeugnisse). C enthält bezeichnenderweise auch Reichenauer Stücke, nämlich Heitos ,Visio Wettini' (F. 87) (MG Poetae, Bd. II, S. 265). Die verlorene Hs. *C" wurde — wahrscheinlich 882, als Prüm bei der Vernichtung des Klosters durch die Normannen das Urexemplar Wandalberts verloren hatte — in Prüm kopiert (*C') und seit dem ausgehenden 9. Jh. mit Nachträgen über bei Wandalbert nicht registrierte, in Prüm aber auf Grund nach 848 erworbener Reliqiuen (vgl. Anhang II) verehrte Heilige angereichert (E. Dümmler, Wandalbertus, S. 307 f.; M. Manitius, Literatur, S. 166): so Sisinnius zum 29. XI (Reliquien seit 852), Eusebius, Poncianus, Vincentius und Peregrinus zum 24. VIII. (Reliquien seit etwa 865), Lupianus zum 1. VII. (Reliquien seit den Fünfziger Jahren des 9. Jh.s), Margaretha zum 13. VII. (Reliquien seit der ersten Hälfte des 10. Jh.s). Das von Wandalbert als *nova cella* titulierte Filialkloster Münstereifel wurde mit dem inzwischen eingebürgerten *novum monasterium* kommentiert (25. X.). Im 11. Jh. kamen noch eine nekrologische Notiz über den 1051 verstorbenen Erzbischof Bardo von Mainz (10. VI.), dessen Beziehungen zu Prüm dunkel bleiben (verwandt mit der Kaiserin Gisela, der Gemahlin Heinrichs III., war er zugleich Abt von Hersfeld und kaiserlicher Erzkaplan bzw. Erzkanzler: J. Fleckenstein, Hofkapelle, Bd. II, passim) und ein Eintrag über den Todestag des von Erzbischof Poppo von Trier (1016—1047) an der Porta Nigra angesiedelten orientalischen Inklusen Simeon († 1. 6. 1035) hinzu; vgl. A. Heintz, Simeon, S. 163 ff. Die in der Sammelhandschrift C erhaltene Kopie der Prümer Vorlage ist wahrscheinlich in Lüttich im 12. Jh. gefertigt worden (vgl. L. Traube, MG Poetae, Bd. III, S. 152; S. Hellmann, Sedulius Scottus, S. 93 f.; M. Manitius, Literatur, S. 157, 166).

Der zweite Hauptstrang der Wandalbert-Überlieferung scheint auf eine Neurezension in Prüm (noch vor 882) zurückzugehen, in der z. B. V. 790 berichtigt und das Festdatum des Salvius von Valenciennes vom 26. VI. auf den richtigeren 1. VII. geändert wurde (vgl. dazu J. Dubois, Martyrologe Wandalbert, S. 271). In einer weiteren Prümer Rezension (*P'*) des 9. Jh.s, die vielleicht für Sens oder Ferrières entstand, wurden wahrscheinlich *ad marginem* die Todesdaten des 841 verstorbenen Aldrich, des Erzbischofs von Sens, Abtes von Ferrières und Lehrers Markwards (9. X.), sowie des Abtes Hilduin von St. Denis, des Erzkanzlers Lothars I. und bis 851 auch Verwalters des Erzstuhles von Köln († 21. XI. zw. 855 u. 859), hinzugesetzt. L. Levillain (Wandelbert, S. 5) glaubt mit guten Gründen, daß die beiden nekrologischen Texte von Wandalbert stammen. In Reims ergänzte man in der im 9. Jh. entstanden Rezension *BA die Reimser Heiligen Timotheus et Apollinaris (23. VIII.) und die heiligen Bischöfe der Stadt mit Namen Sixtus, Sinicius und Niuardus (1. IX.). Auf der Reimser Redaktion fußt das ebenfalls noch ins 9. Jh. gehörige B, wo der in der Provence und in Burgund verehrte Andeolus (1. V.), die Veroneser Heiligen Rusticus et Firminus (9. VIII.) und von späterer Hand ergänzt der südfranzösische Gallus zum 12. VIII. Aufnahme fanden. Diese Zusätze führen uns nach dem Süden Frankreichs. In der Tat ist die Handschrift als Besitz des *praepositus* Manno (880) von St. Oyan (St. Claude) im Jura nachzuweisen (im 11. Jh. dort im Bibliothekskatalog, vgl. M. Manitius, Geschichte, Bd. I, S. 560). Von diesem Schüler jenes Florus von Lyon, dem Wandalbert seine Quellen verdankte, wissen wir nicht nur, daß er für die Hofschule Karls des Kahlen Kommentare zu Aristoteles und Plato fertigte, sondern auch, daß er Handschriften aus Lyon und anderen Zentren des westlichen Frankenreiches nach St. Claude verbrachte — ihm gehörten die Handschriften Troyes B.M. 96. 2405; Paris B.N. f.l. 2832 = B; Montpellier B.M. 157. 308. 404; Lyon 473. 484; Besançon 594 (Martianus Capella) (Vgl. A. Wilmart, Note). Er könnte leicht auch im Reims des Erzbischofs Hincmar sich eine Kopie des Wandalbert-Martyrologs verschafft haben (vgl. E.Dümmler, in NA 13 (1888), S. 346 ff.).

Von der Reimser Rezension stammt auch *AM ab, eine Redaktion, die wegen ihrer Zusätze — Filibert von Jumièges, den Wandalbert fälschlich zum 20. VII. eingetragen hatte, zum 20. VIII., Eintrag der damaszenischen Märtyrer Sabinus und Lucianus (zum 20. VII) wie bei Usuard von St. Germain-des-Prés (J. Dubois, Martyrologe Usuard, S. 270), Majuskulierung von DYONYSYY am Translationstag (22. IV.) — in Nordfrankreich, wahrscheinlich in St. Denis, entstanden sein muß. Allerdings trägt Usuard die Märtyrer von Damaskus mit Namen Savinus, Julianus, Maximus, Macrobius, Cassia, Paula ein. Ein Lucianus fehlt; der findet sich in Hrabans Martyrolog, aber als Afrikaner (PL 110, Sp. 1157). Auf *AM fußt die im frühen 11. Jh. im Kloster Micy in der Diözese Orléans kopierte Hs. A, welche das Sanctorale um Heilige der Diözese Auxerre (Amator zum 1. V., Germanus zum 31. VII.), Regina von Flavigny (7. IX.), Martin von Vertou (24. X.) und Avitus von Micy (17. VI.) bereicherte. Wandalberts Vers über den Klosterpatron Maximin (15. XII.) wurde um etliches erweitert; sein Fest vom 27. VI. neu eingebracht. Interessant ist die Notiz zu Regina in M: *Natale Sanctae Reginae martyris, cujus gesta habentur.* Das stammt aus dem Martyrolog Hrabans (PL 110, S. 1167), wo es heißt: *Aedueae civitate, in Galliis, loco Alisiana, natale Sanctae Reginae martyris, cujus gesta habentur.* Das lokale Kalendar von Flavigny (PL 154, Sp. 22 C) verzeichnet Maxi-

Es ist kein Zufall, daß in der Überlieferung und Rezeption des Prümer Martyrologs Westfranken neben Lotharingien und der verbrüderten Reichenau so
stark hervortritt. Es bestätigt sich hier nur die schon mehrfach zu erwähnende,
in der Zeit des Abtes Markward besonders deutliche Verbundenheit des Eifelklosters mit dem Kerngebiet der Francia.

Markward selbst stammte wie sein Nachfolger Eigil aus dem Kloster Ferrières, das im *confinium* der Diözesen Sens und Orléans lag [156]. Er war ein Schüler jenes Aldrich gewesen, dem Wandalbert um 841 ein Epitaph dichtete [157],
und dem Eigil auf den erzbischöflichen Stuhl von Sens folgte [158]. Aldrich aber
war noch ein Schüler Alcuins gewesen, dem er auch in der Leitung des Klosters
Ferrières folgte [159]. Kaum Zufall also, sondern reflektierte Verarbeitung der
Tradition ist es, wenn mit Markward (828—853) der Geist der karlischen
Reformen in Prüm Einzug hält, wenn auch in der oben gekennzeichneten
gemäßigten Form. Das von Alcuin emendierte Bibelexemplar befand sich in

min von Micy — so daß man liturgische Austauschbeziehungen zwischen Flavigny und
St. Mesmin de Micy annehmen muß.
Eine merkwürdige Stellung innerhalb der Deszendenz von *AM nimmt die Handschrift
M ein. Im 10. Jh. entstanden, fußt sie wesentlich auf der Reimser Vorlage, entnimmt
jedoch einen Vers einer Handschrift des Zweigs *GRC, nämlich den zum Fest der heiligen Verena von Zurzach (1. IX.). Die Neuredaktion des Eintrags zum Fest des Martialis
von Limoges (30. VI.) im Sinne der über diesen Bischof entwickelten apostolischen Legende verweist die Entstehung von M in die aquitanische *civitas*. Martialis ist überdies
majuskuliert und ein anderer Bischof der Stadt, Leonardus, mit dem Prädikat *beatissimus*
belegt (E. DÜMMLER, Wandalbertus, S. 311 f.).
Ca und F gehören in die zweite Textklasse von Wandalberts Werk. Vgl. dazu demnächst:
W. HAUBRICHS, Neue Textzeugen zu Wandalberts metrischem Martyrolog.
Schließlich ist anzumerken, daß das Werk des Prümer Mönchs in einem Bibliothekskata-
log des holländischen Egmond (11. Jh.) als *Wandelbertus in astronomia* erscheint (M.
MANITIUS, Geschichte, Bd. I, S. 560). Sigebert von Gembloux kennt das Martyrolog
(Kap. 128, PL 160, Sp. 575 A).
[156] Wie aus den Briefen des Lupus von Ferrières hervorgeht, gingen Mönche beider
Abteien, aus Prüm und Ferrières, zwischen beiden Klöstern hin und her (L. LEVILLAIN,
Etudes, Bd. I—III, passim; DERS., Loup, passim.
[157] MG Poetae, Bd. II, S. 596. Über Aldrich von Sens (829—36), Lehrer am Hof
Ludwigs des Frommen und Kanzler Pippins I. von Aquitanien vgl. L. LEVILLAIN, Wandalbert, S. 7; H. LÖWE, in: W. WATTENBACH / W. LEVISON, Geschichtsquellen, H. III, S.
303 f.
[158] Die Klosterüberlieferung von Prüm macht Markward (anachronistisch) zum Grafen von Bouillon. Vielleicht hatte er Besitz in der Maasgegend; ähnlich wurde dem Prümer Chronisten der im Anjou begüterte Abt Asuerus zum Grafen von Angers. Markward
wurde wahrscheinlich durch Vermittlung des Erzbischofs Aldrich (Anm. 157) und des
allmächtigen Abtes und Erzkaplans Hilduin von St. Denis Abt von Prüm. Gegen Lothar
ist Markward 836 Gesandter Ludwigs des Frommen. 835 tritt er in Reims als Fürspre-
cher des abgesetzten Erzbischofs Ebo von Reims, eines Günstlings Ludwigs, ein. Später
muß er jedoch ein enges Verhältnis zu Lothar gewonnen haben (P. OSTER, Leben, S. 19).
Der Nekrolog der verbrüderten Abtei Remiremont verzeichnet seinen Todestag (vgl. P.
OSTER, Leben, S. 19; A. EBNER, Liber, S. 70).
Eigil war 853—860 Abt in Prüm. Noch vor 865 wurde er — nach seiner Resignation in
Prüm — Abt im westfränkischen Kloster Flavigny, wo er die Translation der heiligen
Regina nach Ste. Reine (Alisia) nach dem Kloster veranlaßte. Die zwischen 865 und 870
entstandene ,Translatio S. Reginae' erzählt einige Einzelheiten zu seinem Lebenslauf. Karl
der Kahle erhob Eigil 865 zum Erzbischof von Sens. Vgl. W. WATTENBACH / W. LEVISON
/ H. LÖWE, Geschichtsquellen, H. V, S. 628.
[159] L. LEVILLAIN, Wandalbert, S. 10 f. Vielleicht war auch Wandalbert wie Markward
wiederum ein Schüler Aldrichs (ebd., S. 8.)

Prüm [160]. Schon A. HAUCK vermutete: „Wie in Fulda werden auch in Prüm die Alkuinischen Überlieferungen gepflegt worden sein" [161]. Mit Lupus von Ferrières, seinem Verwandten, jenem gebildeten ‚Humanisten‘ des 9. Jh.s [162], der im Fulda Hrabans gelebt hatte, und der Einhard, den einflußreichen Berater Ludwigs des Frommen, gut kannte, führte Markward — *vir prudens et sacrae religioni deditus* [163] — eine intensive Korrespondenz [164]. Wie Lupus, so nahm auch Markward in der theologischen Kontroverse um den aus Fulda stammenden Mönch Gottschalk Stellung [165]. Dessen Hauptgegner waren ja Hraban, inzwischen Erzbischof von Mainz (847—856), und Hincmar, Erzbischof von Reims (845—882) [166]. Hincmar aber war ein Schüler des mächtigen Hilduin, des vormaligen Abtes großer westfränkischer Abteien, des jetzigen Erzkaplans Lothars I., der 843 bis 850 kommissarisch das Erzbistum Köln verwaltete [167]. Für diesen Hilduin († 29. XI. 855/59) hat Wandalbert gleichfalls ein Epitaph verfaßt [168].

Aber auch auf der anderen Seite kannte und schätzte man das theologische Wissen der Prümer Mönche: In ‚De trina deitate‘ zitiert Gottschalk Wandalbert als beweiskräftige Autorität zwischen Kirchenvätern: *Hinc et a Vuandelberto levita perito et pio dicitur sub titulo De uno et trino deo: Una et trina potestas / Distincto moderatur / Complexa omnia nutu* [169]. Das Zitat entstammt Wandalberts ‚De creatione mundi‘ [170], von dem offenbar Teile als Einzelstücke

---

[160] K. WERNER, Alcuin, S. 40.

[161] A. HAUCK, Kirchengeschichte, Bd. II, S. 633.

[162] E. v. SEVERUS, Lupus, passim.

[163] REGINO, Chronica, ad. a. 829, ed. R. RAU, Quellen, Bd. III, S. 183.

[164] L. LEVILLAIN, Loup, Nr. 18. 28. 30. 33. 35. 60. 65. 68. 58. 70. 77. 83. 88. Lupus Eltern waren ein *Baioarius* namens Antelmus und Frotildis, eine Dame aus dem Gâtinais. Seine Brüder waren Heribold, Bischof von Auxerre, sowie Abbo, Abt von St. Germain d'Auxerre und Nachfolger Heribolds und wahrscheinlich Wago, dessen Sohn Lupus 844 nach Prüm zu Markward schickt (Anm. 181). Ein Vetter des Lupus war Odacrus, Abt des Klosters Cormery in der Touraine. Zu weiteren Verwandten des Lupus und Markwards zählen Orsmar, der Erzbischof von Tours, Wenilo, der Erzbischof von Sens, ein nicht näher bekannter Mönch Ebrardus und der *carissimus propinquus Remigius*, in dem vielleicht Remigius von Auxerre zu erblicken ist. Eine Nichte des Lupus hat einen gewissen Hildegar geheiratet, der wiederum ein Verwandter des Bischofs Eneas von Paris ist. Lupus und Markward gehörten also einem bedeutenden *genus sacerdotale* an, das nicht nur zahlreiche Prälaten des westfränkischen Reiches stellte, sondern auch durch seine bayrischen Beziehungen ausgezeichnet war. Wenn Lupus darüberhinaus einen *Bodo Alamannica gente progenitus* als *noster gentilis* bezeichnet, scheinen Beziehungen dieser Sippe zu einem weiteren ostfränkischen Stamm aufzuleuchten. Vgl. L. LEVILLAIN, Etudes, Bd. I, S. 448. G. DESDEVISES du DEZERT, Lettres, S. 1.

[165] E. DÜMMLER, Geschichte, Bd. I, S. 329.

[166] K. VIELHABER, Gottschalk, passim.

[167] Zu Hilduins Bedeutung vgl. H. LÖWE, in: W. WATTENBACH / W. LEVISON, Geschichtsquellen, Bd. III, S. 318—21. Bemerkenswert sind auch die Einflüsse des Heiligenkults von St. Denis auf Wandalberts Martyrolog (vgl. u. S. 107 f.). Hilduin war von 843/44 bis 855 Erzkanzler Lothars I. Ist er dann wie sein Herrscher in das Eifelkloster eingetreten? Die 'Eloge' Wandalberts auf ihn spricht von seinen *alumni*, worunter er vermutlich sich selbst mitbegreift (L. LEVILLAIN, Wandalbert, S. 13—15).

[168] MG Poetae, Bd. II, S. 599: *Ecclesie regnique decus, lux aurea plebis, / Catholici monimen munimen forma cleri, / Hilduuine, tum migrans plangentes linquis alumnos* (zum 22. XI.).

[169] C. LAMBOT, Ouevres, S. 88, Z. 6—10.

[170] MG Poetae, Bd. II, S. 619, V. 7—8.

umliefen, und ist ein Beweis dafür, daß auch der theologische Gehalt von Dichtungen in der Karolingerzeit erkannt und gewürdigt wurde. Um 853 verfaßte Hraban eine Abhandlung mit einer Stellungnahme im Streit um Gottschalks Prädestinationslehre (die nicht erhalten ist), welche er dem Prümer Abt Eigil widmete [171]. Hraban muß auch sogleich nach Abfassung der neuen ‚Vita S. Goaris‘ durch Wandalbert ein Exemplar erhalten haben, das er bald darauf (um 842) für sein Martyrolog verwandte [172]. Prüm war kultureller Umschlagplatz zwischen Fulda und Ferrières, zwischen Ost und West, wie die Briefe des Lupus erweisen [173]. Auf Anregung des Abtes Markward, eines *vir venerabilis et sanctissimus*, verfaßte Abt Radbert (Paschasius) von Corbie einen Traktat ‚De benedictionibus patriarcharum‘ [174]. Umgekehrt gelangte aus Prüm — wie nach Fulda — der Kult des Lokalheiligen Goar in das Martyrolog des nordfranzösischen Klosters [175]. Schließlich hat Wandalbert vermutlich in jenen Jahren ein (nicht erhaltenes) Werk über die Messe geschrieben, das in einem Passauer Bibliothekskatalog von 903 als ‚Opus Wan... dyaconi in ministerium celebrationis misse‘ erscheint [176]. „Es ließe sich vermuten, daß der Streit um Amalar (von Metz), an dem Wandalberts Korrespondent Florus von Lyon († 860) führenden Anteil hatte, den Anlaß zu einer solchen Schrift geboten hätte“ [177]. Im nordfranzösischen Kloster St. Riquier (Centula) ergänzt um dieselbe Zeit Mico das Martyrolog Bedas mit Versen zum Fest der heiligen Columba von Sens, die er dem Martyrolog Wandalberts entnahm [178].

---

[171] MG Epp. Bd. V, S. 513; F. KUNSTMANN, Hrabanus, S. 157.

[172] B. BISCHOFF, Wandalbert, S. 831.

[173] Vgl. L. LEVILLAIN, Loup, Bd. I—II, passim; E. v. SEVERUS, Lupus, S. 167.

[174] P. BLANCHARD, Traité, S. 425—32; H. LÖWE, in: W. WATTENBACH / W. LEVISON, Geschichtsquellen, H. III, S. 341, Anm. 159. Ein Motiv für Markwards Wunsch kann man in dem frühen Interesse der Prümer Mönche an der Gestalt des jüdischen Legislatoren sehen: In der Prümer Stiftungsurkunde von 762 wird Moses als Gesetzgeber und Erbauer des ersten dem Herrn geweihten Heiligtums akzentuiert. Der Stifter der Salvatorabtei Prüm, Pippin, sieht in seinem alttestamentarischen Königspriestertum sein Vorbild. Die Urkunde ist von Pippins Kanzler Baddilo verfaßt, der im Prolog des Hundert-Titel-Textes der ‚Lex Salica‘ die Worte Mose (Deut. 4,8) zitiert, um mit ihnen die *gens Francorum inclita* zu preisen. Vgl. K. HAUCK, Randkultur, S. 92. In diesem Kommentar, den Radbert († 865) wohl in den frühen Sechziger Jahren, als er sich aus Corbie nach St. Riquier zurückgezogen hatte (vgl. Anm. 178), dem Mönch Gundland von St. Riquier widmete, wird auf Markward als *beatus, ut credimus, et felix iam ingressus est viam universae terrae* Bezug genommen. M. hatte 853 als Abt resigniert, als einfacher Mönch aber noch eine Weile in Prüm gelebt; gestorben ist er spätestens am 29. V. 859 (L. LEVILLAIN, Wandalbert, S. 12 f., Anm. 3). Ein ‚Epitaphium Marcwardi et Egilis‘ (aus Sens?) in MG Poetae, Bd. IV, S. 1032.

[175] AA SS Juni, Bd. VI S. 814.

[176] M. MANITIUS, Geschichte, Bd. I, S. 559; B. BISCHOFF, Wandalbert, S. 834. Ob Wandalberts Werk vielleicht mit dem anonymen Ps.-Alcuin ‚Liber de divinis officiis‘ (PL 101, Sp. 1173 ff.) identisch ist? Wichtig ist, daß es im Katalog mit einem *martyrologium metro compositum* vergesellschaftet erscheint, das wohl Wandalberts Martyrolog gewesen sein dürfte (G. BECKER, Catalogi, S. 62).

[177] B. BISCHOFF, Wandalbert, S. 834.

[178] MG Poetae, Bd. II, S. 295: *Virgo Columba simul Senonis veneratur in urbe / Nec non Basilius magnus celebratur in orbe.*

In den Zusammenhang der lebendigen Beziehungen zwischen Sens, Ferrières und Prüm gehört auch eines der überlieferten althochdeutschen Gesprächsbüchlein, die ‚Altdeutschen (Pariser) Gespräche‘ [179]. Vielleicht noch im ausgehenden 9. Jh. wurden sie in einem Zentrum der Bischofsstadt Sens, wahrscheinlich von einem Angehörigen des Domkapitels, aufgezeichnet. Es konnte wahrscheinlich gemacht werden, daß die mittelfränkische Vorlage aus Prüm kam [180] und daß ihre Entstehung in einem Zusammenhang mit der Entsendung des Wago, eines Neffen des Abtes von Ferrières, und zweier anderer junger Adliger nach Prüm zu Markward im J. 844 zu sehen ist, über die wir aus Briefen des Lupus unterrichtet sind [181]. Diese drei jungen Leute sollten in Prüm Kenntnisse der *germanica lingua* erwerben. Nun ist das Pariser Gesprächsbüchlein offensichtlich für eben diese Zwecke vorgesehen: es enthält zu vulgärlateinisch-romanischen Sätzchen und Wörtern, die der Sprache des aristokratischen Alltags entnommen sind, jeweils althochdeutsche Übersetzungen. Wenn schließlich in der Aufzeichnung von Sens althochdeutsche Sätze aus der Übersetzung des ‚Tatian‘ den ‚Gesprächen‘ angereiht werden, so darf man darin wieder die vermittelnde Hand des Lupus erkennen. Als Lupus in den späten Zwanziger und frühen Dreißiger Jahren des 9. Jh.s in Fulda zu Studienzwecken weilte, wurde dort gerade die Übersetzung der Evangelienharmonie als eine Art Teamwork unter Leitung des Abtes Hraban angefertigt. Wir haben sogar Grund zu der Annahme, daß Lupus selbst in irgendeiner Form an dem Übersetzungswerk beteiligt war.

Man sieht, das kulturelle Leben Prüms zur Markwardzeit muß eingebettet werden in ein Netz von Beziehungen zwischen den führenden intellektuellen und politischen Köpfen des Frankenreiches, dessen innerster Knoten aber stets

---

[179] Vgl. jetzt J. HUISMAN, Pariser Gespräche; W. HAUBRICHS, Herkunft.

[180] W. HAUBRICHS, Herkunft, S. 98 ff. Von besonderem Interesse ist der Caritas-Spruch, der einem der fiktiven Teilnehmer der ‚Pariser Gespräche‘ in den Mund gelegt wird: *Trenchet cher guole in gote mine, in aller gotes helegen mine sancte Maria frau vn den huer mine — Trinkt in der Liebe zu Gott, zu allen Heiligen, zur Herrin Sankt Maria und in der Liebe zu Euch.* Das Minnetrinken gehörte als eine besondere Form sozialen Verhaltens zu feierlichen Festgelagen, wie sie auch im Kloster abgehalten wurden. Die Ritualisierung der *caritates* erlaubt es nicht, an private Frömmigkeit zu denken. Die *memoria* des Karitasspruchs hat einen institutionellen Hintergrund: 856 wird das Kloster Prüm genannt *constructum in honore domini et saluatoris nostri ihesu christi, nec non et beate dei genetricis semperque uirginis marie . . .* (H. BEYER, UB Mittelrhein, Bd. I, Nr. 92; vgl. Nr. 114, 116). Im J. 866 schenkt man *ad reliquias s. salvatoris, necnon et dei genetricis mariae plurimorumque sanctorum pignorum . . .* (H. BEYER, UB Mittelrhein, Bd. I, Nr. 105). Im Prümer Rituale des 11. Jh.s (Clm. 100) ist das Kloster *in honore sancte Marie sanctorumque omnium* geweiht: vgl. L. ROCKINGER, Quellenbeiträge, S. 328 ff. Im J. 898 heißt es in einer Urkunde Zwentibolds (MG DD Zwentibold, Nr. 25), daß *Pippinus in honorem domini et saluatoris mundi Iesu Christi et sancte dei genetricis Mariae a fundamento construxit . . .* Zum Prümer Allerheiligenpatrozinium, das seit der Zeit des Abtes Markward hervortritt, vgl. u. S. 117. Alles dies spricht energisch für eine Entstehung der Vorlage der ‚Pariser Gespräche‘ in Prüm.

[181] Vgl. Anm. 184; H. KNOCH, Beiträge, S. 43 f.; W. HAUBRICHS, Herkunft, S. 100 f.

die Bindung an das verbrüderte Kloster Ferrières [182] im Gâtinais blieb [183]. Es ist schon erwähnt worden, daß aus Ferrières nicht nur drei *pueri nobiles* zu einem Studienaufenthalt nach Prüm kamen [184], sondern auch als Lehrer 841/53 Ado, der spätere Erzbischof von Vienne (860—875), dessen hagiographische (Vita S. Theuderii, Vita S. Desiderii, Martyrologium) und historische (Chronicon universalis) Schriften wie Nachklang und Vordeutung der Prümer Produktionen eines Wandalbert und Regino wirken [185].

Der letztere, von dem nun zu handeln ist, ist wohl noch unter Markward und Eigil erzogen worden. Seine Bildung hat somit Anteil an der monastischen Blüte Prüms in der zweiten Hälfte des 9. Jh.s, die auch unter Eigils Nachfolger Ansbald — *omni sanctitate et bonitate conspicuus, . . . summae sanctitatis ac religionis vir . . .* [186] — nicht erstarb.

Regino [187], um 840 im rheinfränkischen Altrip geboren, wurde nach dem Normanneneinfall von 892, der den mit einem Teil der Mönche geflohenen Farabert zur Abdankung zwang, Abt des Klosters Prüm. In seiner schwierigen und von der Katastrophe von 892 überschatteten Amtszeit — nahezu alle Mönche und beinahe die gesamte *familia* waren von den Normannen nach den eigenen Worten des Regino erschlagen worden — wurde das Prümer Urbar (893) angelegt [188]. 899 fiel Regino selbst den lothringischen Parteikämpfen zum Opfer, die dem Mönch Richar, dem Bruder der mächtigen Grafen Matfrid und

---

[182] Die *confraternitas* läßt sich aus dem bezeugten Brauch erschließen, die Briefe Abt Ansbalds von Prüm im Kapitel des Konvents zu Ferrières zu verlesen (L. LEVILLAIN, Loup, Bd. II, S. 168 ff., Nr. 117 von 862). Der Mönch Eigil war öfter in Klostergeschäften in Sens und Ferrières (ebd., Bd. II, S. 20 ff., Nr. 77 von 849). Zwischen Prüm und Ferrières ging ein Kurier *(cursor)* hin und her (ebd., Bd. II, S. 7 ff., Nr. 70 von 847). Die Beziehungen zwischen beiden Klöstern waren eben nicht nur persönlicher Art, wie ihr Weiterexistieren unter Abt Ansbald zeigt. Immer wieder werden auch andere Prümer Mönche in den Briefen erwähnt: so neben Eigil der *pater* Sichard und die Mönche Gerung, Fulcold, Ansbald (der spätere Abt) und Nithard. Vgl. J. TRIER, Jodocus, S. 162 f.

[183] Daneben bestanden auch Beziehungen zur Metropole Sens, wie der Brief, den Lupus 847 im Auftrag Markwards an Abt Dido von St. Pierre-le-Vif (847--69) schrieb (L. LEVILLAIN, Loup, S. 239 ff., Nr. 65), und der Besuch des Mönches Nithard in der *civitas Senonum* im selben Jahr (ebd., Bd. II, S. 3 ff., Nr. 68) beweisen.

[184] Vgl. M. B. ASPINWALL, Ecoles, S. 10; eine Prümer Personenliste aus der Mitte des 10. Jh.s zählt neun *pueri* auf, so daß die Weiterexistenz eines Schulbetriebs über das 9. Jh. hinaus gesichert erscheint (P. OSTER, Leben, S. 23).

[185] Zu Ado von Vienne vgl. W. KREMERS, Ado von Vienne. Sein Leben und seine Schriften, Diss. Steyl 1911; H. CHIRAT, in: Catholicisme, Bd. I (1948), Sp. 149; A. M. ZIMMERMANN, in: LThK², Bd. I (1957), Sp. 150 f.; W. WATTENBACH/ W. LEVISON/ H. LÖWE, Geschichtsquellen, H. V, S. 622 ff.

[186] J. CHOUX, Décadence, S. 215.

[187] Vgl. allgemein zu Regino von Prüm: C. WAWRA, De Reginone; Ph. HOFMEISTER, in: LThK², Bd. VIII (1963), Sp. 1099 f.; H. HÜSCHEN, Regino; M. MANITIUS, Geschichte, Bd. I, S. 695—701; S. HILPISCH, Regino, S. 66—71; F. J. FAAS, Regino; E. HLAWITSCHKA, Regino von Prüm, in: Rheinische Lebensbilder 6 (1975), S. 7—27.

[188] Vgl. H. BEYER, UB Mittelrhein, Bd. I, S. 142 ff.; Ch. E. PERRIN, Recherches, passim; H. v. GADOW, Quellen, S. 39 f. Das Prümer Urbar gehört zu einem Typ klösterlich-wirtschaftlicher Aufzeichnungen, den Polyptichen, die an die franko-romanische Rechtssprache gebunden waren und nur im westfränkischen und im moselländischen Raum entstanden (E. MÜLLER-MERTENS, Genesis, S. 1396). Auch hierin dokumentiert sich die Westbindung der Eifelabtei.

Gerhard, die Leitung des Klosters einbrachten [189]. Der resignierte Abt wurde von Erzbischof Ratbod mit der Führung und Reorganisation des von den Normannen verwüsteten Trierer Klosters St. Martin beauftragt; 915 gestorben, wurde er in St. Maximin begraben [190]. Als ihn Ratbod wegen der darniederliegenden Pflege des Meßgesangs in seiner Diözese ansprach, verfaßte der vielseitige Gelehrte (um 900) die 'Epistola de harmonica institutione' [191], eine musiktheoretische Abhandlung, die zum Ziele hatte, die mangelnde theoretische Bildung der Sänger zu erweitern. Denn, wer keine Einsicht in das Wesen der Musik besitze, könne niemals ein vollkommener Sänger werden. Als Beispiel eines solchen *cantor imperfectus* führt er einen Trierer Mönch namens Walcaudus, dem freilich auch die Lektüre seiner Schrift — wie er hinzufügt — wohl nichts nützen werde, an. Als praktische Hilfe für den *cantor* beim Anstimmen der Gesänge fügt er einen Tonar bei [192], in dem die liturgischen Gesänge der Messe und des Offiziums in tonartlicher Folge nach den verschiedenen *modi* aufgeführt sind. Regino, der die Existenz auch einer anderen als der kirchlich-offiziellen Musik zugibt [193], ist neben Stephan von Lüttich († 920) und Hucbald von St. Amand († 930) einer der Schöpfer der musikalischen Kultur des maas-rheinländischen Raumes im 10. Jh. [194]; aus Prüm kommt schließlich, nachdem er Leiter der Klosterschule in der Eifelabtei gewesen war, am Ende des Jahrhunderts der Musiker und Musiktheoretiker Berno († 1048), der 1008 Abt der Reichenau wird [195].

Um 906 schuf Regino, angeregt durch Erzbischof Ratbod, der sich über die undurchdringliche, unhandliche Masse der Synodalakten beschwerte, die zu jeder kanonischen Visitation der Pfarrstellen mitzubringen war, ein praktisches Handbuch der Pfarrvisitation (,De synodalibus causis et ecclesiasticis disciplinis') [196]. Er widmete es dem Mainzer Erzbischof Hatto, dem Mann, *qui tantus in omni genere philosophiae est, ut solus nobis repraesentet hac decrepita aetate ingenia philosophorum, de quibus illa sollers latialis antiquitas gloriata est* [197]. Wenn Regino den Erzbischof Hatto den letzten Liebhaber der Philosophie nennt, so versteht er die Philosophie — wie Alcuin (,Disputatio de vera

---

[189] J. HARTTUNG, Regino, S. 364 f.; M. LINTZEL, Chronik, S. 499—502.

[190] Ein poetisches Epitaph in MG Poetae, Bd. IV, S. 1033, Nr. 16.

[191] PL 132, Sp. 483 ff; M. GERBERT, Scriptores, Bd. I, S. 230 ff.; vgl. H. HÜSCHEN, in: MGG, Bd. XI (1963), Sp. 133 f.; DERS., Regino, passim; E. OBERTI, Estetica, S. 336—54.

[192] Ch. COUSSEMAKER, Scriptores, Bd. II, S. 1—73. Der Tonar ist nur in einer Handschrift (Bruxelles B.R. 2750/65) aus Stablo (11. Jh.) überliefert (J. van den GHEYN, Catalogue, Bd. II, S. 23 f.;, Nr. 933; J. SMITS van WAESBERGHE, Theory, Bd. I, S. 53 f.). In der Hs. Leipzig Stadtbibl. Rep. I 93 (10. Jh.) wird der musiktheoretische Traktat begleitet von einem ,Breviarium' (P. WAGNER, Einführung, Bd. II, S. 201—05; M. HUGLO, Tonaires, S. 71 ff.; vgl. u. S. 102), das aus Prüm stammt. Über die noch ungeklärten Überlieferungsverhältnisse der musikalischen Schriften Reginos vgl. H. HÜSCHEN, Regino, S. 205 ff.

[193] A. HRUBY, Entstehungsgeschichte, S. 6.

[194] A. AUDA, Ecole; DERS., Musique.

[195] E. JAMMERS, in: MGG, Bd. I (1949/51), Sp. 1795 f.

[196] PL 132, Sp. 185—400; P. FOURNIER, Œuvre; DERS. / G. LEBRAS, Histoire, Bd. I, S. 244—68; J. MARX, Beichtordnung; M. MANITIUS, Geschichte, Bd. I, S. 698; C. WAWRA, De Reginone; V. KRAUSE, Acten, S. 64 f.; W. HELLINGER, Pfarrvisitation Tl. I/II.

[197] Praefatio, ed. F.G.A. WASSERSCHLEBEN, Libri, S. 1; vgl. A. HEINTZ, Anfänge, S. 45 ff. 90.

philosophia') — als das mit christlichem Inhalt gefüllte Studium der *artes*. In seinem Exil zu Trier mag Regino auch der Tröstungen gedacht haben, welche die *philosophia* dem Boethius im Gefängnis gewährt hatte [198]. *In pessima tempore*, in der Regino zu leben glaubte, soll nun sein Handbuch einen Beitrag leisten zur Neuordnung der Kirche und zur Disziplinierung der Laien im Sinne der ethischen Normvorstellungen des Christentums. Mit Schärfe und Realismus geht Regino auf die Mißstände der Zeit ein. Man hat seine ‚Beichtordnung' eine „anschauliche Quelle des wirklichen kirchlichen Lebens" genannt [199]. In der Tat dokumentiert das Handbuch detailliert den gängigen religiösen Synkretismus der Laien, ihre *spurcitiae gentilium* [200], den täglichen Kompromiß zwischen Heidentum und Christentum, der in den kirchlich geprägten, exemplarisch gemeinten Quellen sonst nur selten durchscheint, wenn es sich ständig von neuem gegen Magie, Aberglauben, Totenkult, heidnische Festbräuche und Lieder wendet. Es bezeugt, wie damals die ganze Atmosphäre noch erfüllt war von den „Kennzeichen eines heidnischen Religionsniveaus" [201]. Es beweist, wie lebendig zugleich noch die ererbten Vorstellungen über Privatjustiz (Blutrache) und über Sexualität — um nur einige Beispiele zu nennen — in weiten Kreisen der Bevölkerung waren.

Gegen diese *multa flagitiorum genera* wendet Regino die Fülle der Konzilien- und Synodalbeschlüsse, die ihm in seiner Bibliothek zur Verfügung standen, und versucht, sie zeitadäquat einzusetzen. Er verwertet den ‚Codex Theodosianus', die fränkischen Kapitularien und zahlreiche ältere Bußbücher (Poenitentiale), bringt gelegentlich Zitate aus Ambrosius, Cassian, Fructuosus, Gregor, Isidor, Bonifatius, Hraban, aus den Regeln des Benedikt und des Basilius (hier möchte man am ehesten an Erinnerungen aus seiner Prümer Bildungszeit denken) [202]. Er schreibt kirchenrechtliche Sammlungen von Zeitgenossen aus, so die des Pseudo-Isidor (um 847/52), die Kapitularien-Edition des Ansegis von Laon († 833), das ‚Poenitentiale' des Halitgar von Cambrai (ca. 817—831), die ‚Capitula ad presbyteros parochiae suae" des Erzbischofs Hincmar von Reims, und die Papst Leo IV (847—55) zugeschriebene ‚Admonitio synodalis' [203]. Bemerkenswert ist die Benutzung der *acta* zahlreicher westfränkischer Synoden der zweiten Hälfte des 9. Jh s., welche die weiterbestehenden Beziehungen des Trier-Prümer Raumes zum Westen belegen. Besonders hervorzuheben ist die Verwendung der nur durch Regino bezeugten Beschlüsse einer Synode von Nantes [204]. Im Raum an der unteren Loire hatte Prüm ja ausgedehnte Besitzungen. Charakteristisch ist aber auch die Benutzung der *canones* der Synode von Tribur (895) nach einer Rezension [205], die wohl eben jener Hatto von Mainz veranstalten ließ, dem er sein Werk widmete und der nun die Geschicke des

---

[198] Vgl. F. BRUNHOELZL, Bildungsauftrag, S. 32 ff.
[199] W. HELLINGER, Pfarrvisitation, S. 1 f.
[200] Vgl. dazu G. FLADE, Einfluß; DERS., Erziehung.
[201] G. FLADE, Heidentum, S. 239.
[202] M. MANITIUS, Geschichte, Bd. I, S. 698.
[203] W. HELLINGER, Pfarrvisitation, S. 3 f.
[204] F.G.A. WASSERSCHLEBEN, Libri, S. 69.
[205] V. KRAUSE, Acten; DERS, Triburer Acten; E. SECKEL, Acten. Neben der in der ‚Collectio Diessensis' enthaltenen Sammlung X aus der Umgebung Hattos benutzte Regino eine zweite Bearbeitung der Synodalakten, die wohl in Trier (oder vielleicht gar in Prüm?)

Reiches leitete (*rem publicam disposuit*, wie Regino in seiner Praefatio schrieb).
In Widmung und persönlichen Beziehungen Reginos wird die Umorientierung des vertriebenen Abtes des lothringischen Reichsklosters Prüm auf die Kräfte der ostfränkischen Reichsregierung und die sie in Lothringen unterstützenden Mächte deutlich. Hatto gehörte wie Ratbod von Trier (883—915) zu jenen schwäbischen Adligen, die durch Karl III. (876—87) in entscheidende Positionen aufstiegen [206]. Das gilt auch für Adalbero, den Bischof von Augsburg (887–909), dem Regino seine ‚Chronica‘ (um 908) widmete [207]. Dieser *nobilis generis vir* war zusammen mit Hatto Ratgeber Kaiser Arnulfs geworden; mit diesem zusammen führte er auch die vormundschaftliche Regierung für Ludwig IV., das Kind (900—911) [208]. 895 bis 900 leitete er das Kloster Lorsch, um es zu reformieren [209]. Sein Nachfolger (seit 901) in der Abtswürde war Hatto, der schon die Reichenauer Abtei führte und Adalbero die Abtei Ellwangen abtrat [210]. Wenn Regino diesem Mann, der als Erzieher Ludwigs des Kindes über weitreichenden Einfluß verfügte [211], sein Geschichtswerk, das die *gesta* der Franken aufzeichnen wollte, widmete, mag er auch an eine Verwendung als Leitfaden bei der Erziehung des Königssohnes gedacht haben — so wie Frechulf, der Freund Hrabans und Bischof von Lisieux (825—v. 853) sein ‚Chronicon universale‘ ausdrücklich der Bildung Karls des Kahlen bestimmt hatte [212]. In seinem historischen Bewußtsein an Wandalbert anknüpfend, in seinem fränkischen Stolz an den Geist der Prümer Stiftungsurkunde, schreibt Regino in der Einleitung: *Unwürdig schien es mir, daß, während die Geschichtsschreiber der Hebräer, Griechen, Römer und anderer Völker die in ihren Tagen geschehenen Dinge durch die Schrift unserer Kenntnis übermittelt haben, über unsere Zeiten, wenn sie auch weit zurückstehen, ein so ununterbrochenes Schweigen herrscht, gleich als habe in unseren Tagen das menschli-*

895/906 entstandene ‚Collectio Catalaunensis‘, die auf X fußt. Aus dem Vorwort dieser Sammlung verwandte Regino in seiner ‚Chronica‘ (E. SECKEL, Acten, S. 389) zwei Fragmente für die Charakterisierung der Synode von Tribur, die *contra plerosque seculares, qui auctoritatem episcopalem imminuere temptabant*, gerichtet war. Mit diesem Zitat unterstützte Regino den von Hatto beanspruchten Primat der Reichskirche in der fränkischen Politik.

[206] Th. SCHIEFFER, Kanzlei, S. 43.

[207] P. SCHULZ, Chronik, passim; DERS, Glaubwürdigkeit, passim.

[208] W. VOLKERT / F. ZOEPFL, Regesten Augsburg, Bd. I, Nr. 52.

[209] W. VOLKERT / F. ZOEPFL, Regesten Augsburg, Bd. I, Nr. 56. Besondere Beziehungen verbanden den Bischof mit dem Kloster St. Gallen, mit dem er 908 eine *confraternitas* einging (ebd., Nr. 90) und dessen Leiter, Bischof Salomo III. von Konstanz (890—919). Beide einte die Förderung des Kultes des heiligen Magnus von Füssen. Ihm errichtete Salomo eine Kirche in St. Gallen, für die er von Adalbero Reliquien des Heiligen erhielt (ebd., Nr. 67 f.). Adalbero richtete dem Füssener Lokalpatron in Lorsch einen Jahrtag ein (Nr. 63).

[210] J. FLECKENSTEIN, Kapelle, Bd. I, S. 199 ff. Hatto leitete auch die Abtei Weißenburg im Speyergau.

[211] Vgl. A. D. v. den BRINKEN, Studien, S. 128 ff. Im J. 895 werden Beziehungen des Augsburger Bischofs zu einer Frau Rumhild *ex pago Blisgowe* (Bliesgau) sichtbar, die eine Wallfahrt zu den Walpurgis-Reliquien im Kloster Monheim unternimmt. (W. VOLKERT / F. ZOEPFL, Regesten Augsburg, Bd. I, Nr. 57). 896/7 erhält A. Königsgut zu freiem Eigen geschenkt in Gernsheim (Landkr. Groß-Gerau), was für ältere Interessen seiner Familie in Rheinhessen spricht (ebd., Nr. 60).

[212] PL 106, Sp. 917—1258.

che Handeln aufgehört, oder als ob man vielleicht nichts ausgeführt hätte, was
aufbewahrt zu werden verdiente, oder, wenn denkwürdige Taten geschehen
sind, als ob niemand tauglich erfunden worden sei, sie aufzuzeichnen, indem
die Schriftkundigen sorglos dem Müßiggang fröhnten. Aus diesen Gründen also
habe ich nicht dulden wollen, daß unserer Väter und unsere Zeiten ganz und
gar unberührt vorübergingen, sondern Sorge getragen, von vielem weniges
aufzuzeichnen [213].

„Was sein Geschichtswerk neben der mit Christi Geburt einsetzenden Kirchengeschichte wirklich bot, war die Geschichte der Germanen der Völkerwanderungszeit und dann die der Franken, die Geschichte der *gentes theodiscae*
als Glieder des *Corpus Christi*. Das germanisch-christliche Frühmittelalter war
hier als eine eigene Epoche erkannt und geschildert" [214]. Wo Regino die eigene
Zeit charakterisiert und sie ihm positiv erscheint, da schwingt er sich zu einer
Apologie des adligen Menschen, seiner *virtus* und seiner *pietas* auf [215]. Die
Darstellung selbst wird mit Sätzen aus Justinus Abriß der ,Weltgeschichte' des
Pompeius Trogus bestritten [216], die Geschichte aus der Sicht Augustins und in
der Terminologie des antiken Historiographen durchaus pessimistisch gedeu-
tet [217]. Weltliche Herrschaft steht in Werden und Vergehen unter dem Gesetz
der *fortuna*. Ähnlich Ado von Vienne, dem ehemaligen Lehrer aus Prüm, dessen um 870 entstandene Weltchronik zum Teil aus gleichen Quellen
schöpft [218], „sah er die Ursachen des Niedergangs" des fränkischen Reiches
„im Walten der *fortuna*, die als *Gottes Schaffnerin* dem Menschen die Nichtig-
keit aller irdischen Güter vor Augen führt, indem sie ihm zur Prüfung ihren
Verlust auferlegt" [219]. Die dialektische Philosophie einer völligen Machtlosig-
keit des Menschen gegenüber dem Lauf der Geschichte und einer dem adligen
Menschen dennoch aufgegebenen Bewährung in ihr gemahnt einerseits an das
biblische und hagiographische Ideal der *patientia*, dessen Prototyp Hiob ist,
andererseits an das Ethos germanischer Heldenepik, welche die Selbstbewah-
rung des Menschen gegenüber der *wurd*, dem blind verhängten Schicksal, zu
feiern vermag.

Die Darstellung der fränkischen Geschichte entnahm er bis 813 einem *libello
plebeio et rusticana sermone composito*, dem ,Liber de gestis regum Francorum' des Fredegar und seiner in der Nähe des Pippinidenhofes entstandenen
,Continuatio' [220]. Aus der Publizistik des Klostergründers Pippin (,Revelatio

---

[213] P. OSTER, Leben, S. 34. Vgl. OTFRID, Ad Liutbertum, Z. 13 ff., 113 ff.; I, 1, 31 ff.;
dazu U. ERNST, Liber Evangeliorum, S. 125 ff.
[214] H. LÖWE, Theoderich, S. 399. Zu Reginos Gedanken über die Möglichkeit einer
fränkischen Nationalgeschichte vgl. R. BUCHNER, Geschichtsbewußtsein, S. 469 f.
[215] Vgl. auch W. HAUBRICHS, Hero sancte Gorio, Abschnitt 2.3.3. und 4.1.2.2.
[216] M. MANITIUS, Geschichte, Bd. I, S. 699; DERS., Regino; H. LÖWE, Geschichtsschreibung, S. 15; J. WERNER, Arbeitsweise, S. 103.
[217] H. LÖWE, Theoderich, S. 399.
[218] Vgl. Anm. 185.
[219] Vgl. H. LÖWE, Geschichtsschreibung, S. 16.
[220] H. ERMISCH, Chronik; F. KURZE, Überlieferung; J. WERNER, Arbeitsweise, S. 98.
Absurd ist es, den *sermo rusticanus*, den Regino seiner Quelle ankreidet, im Sinne volkssprachlicher Aufzeichnungen zu deuten (G. MEISSBURGER, Grundlagen S. 80); der Prümer
Gelehrte vermerkt vielmehr die sprachlichen und stilistischen Mängel, welche seiner
Meinung nach der vor dem Durchschlagen der karlischen Reformen entstandene *libellus
plebeius* offenbarte.

facta sancto Stephano papae') stammen auch eingeschobene Zitate, welche die Krönung Pippins zum fränkischen König im Jahre 852 kommentieren wollen. Eine Überlieferung aus dem Kreise der *stirps regia* schimmert ebenfalls durch, wenn zu 746 die erbauliche „Geschichte über die Demut des Mönch gewordenen Königs Karlmann" eingeschoben wird [221], was an den Prümer Klostereintritt des Karolingers Lothar I. (855) erinnern konnte. Dieses *exemplum memorabile* der *conversio* eines Fürsten wird von Regino seiner bereits charakterisierten Geschichtsideologie dienstbar gemacht, vermag es doch die Möglichkeit einer *perfectio* des adligen Menschen im Sinne der *pietas* zu demonstrieren [222]. Tendenziell ähnlich deutete sich Regino Ludwig den Deutschen [223], Kaiser Ludwig den II. [224], den westfränkischen König Ludwig den Stammler [225], den bayrischen König Karlmann [226] und gegen alle anderen Quellen dessen Bruder Karl III. [227].

Aus Augenschein, möglicherweise durch einen Aufenthalt als Administrator der um Angers konzentrierten Prümer Güter [228], war Regino über die Kämpfe

---

[221] J. WERNER, Arbeitsweise, S. 98, Anm. 7.

[222] Zur hagiographischen *conversio*-Literatur vgl. W. HAUBRICHS, Hero sancte Gorio, Abschnitt 2.3.3.

[223] Regino zum J. 876: *Fuit autem ipse princeps christianissimus, fide catholicus, non solum secularibus, verum etiam ecclesiasticis disciplinis sufficienter instructus; quae religionis sunt, quae pacis, quae iusticiae ardentissimus exsecutor, ingenio callidissimus, consilio providentissimus, in dandis sive subtrahendis publicis dignitatibus discretionis moderamine temperatus: in proeliis victoriosissimus, armorum quam conviviorum apparatibus studiosior, cui maximae opes erant instrumenta bellica, plus diligens ferri rigorem quam auri fulgorem. Apud quem nemo inutilis valuit, in cuius oculis perraro utilis displicuit, quem nemo muneribus corrumpere potuit, apud quem nullus per pecuniam ecclesiasticam sive mundanam dignitatem obtinuit, sed magis ecclesiasticam probis moribus et sancta conversatione, mundanam devoto servitio et sincera fidelitate.* R. RAU, Quellen, Bd. III, S. 246—48.

[224] Regino z. J. 874: *Fuit vero ille princeps pius et misericors, iustitiae deditus, simplicitate purus, ecclesiarum Dei defensor, orphanorum et pupillorum pater, elemosinarum largus largitor, servis Dei humiliter se submittens, ut iusticia eius maneret in seculum et cornu eius exaltaretur in gloria* (Ps. 92, 11) R. RAU, Quellen, Bd. III, S. 240.

[225] Regino z. J. 878: *Fuit vero iste princeps vir simplex ac mitis, pacis, iustitiae et religionis amator.* R. RAU, Quellen, Bd. III, S. 254.

[226] Regino z. J. 880: *Fuit vero iste precellentissimus rex litteris eruditus, christianae religionis deditus, iustus, pacificus et omni morum honestate decoratus; pulchritudo eius corporis insignis, vires quoque in homine admirabilis fuere; nec inferior animi magnitudo.* Seine *magnitudo animi* zeigte sich vor allem in seiner Tapferkeit im Kriege. R. RAU, Quellen, Bd. III, S. 256—58.

[227] Regino z. J. 888: *Fuit vero hic christianissimus princeps, Deum timens et mandata eius ex toto corde custodiens, ecclesiasticis sanctionibus devotissime parens, in elemosinis largus, orationi et psalmorum melodiis indesinenter deditus, laudibus Dei infatigabiliter intentus, omnem spem et consilium suum divinae dispensationi committens, unde et ei omnia felici successu concurrebant in bonum, ita ut omnia regna Francorum, quae predecessores sui non sine sanguinis effusione cum magno labore adquisierant, ipse perfacile in brevi temporum spatio sine conflictu, nullo contradicente, possidenda perceperit. Quod autem circa finem vitae dignitatibus nudatus bonisque omnibus spoliatus est, temptatio fuit, ut credimus, non solum ad purgationem, sed, quod maius est, ad probationem: siquidem hanc, ut ferunt, pacientissime toleravit, in adversis sicuti in prosperis gratiarum vota persolvens, et ideo coronam vitae, quam repromisit Deus diligentibus se, aut iam accepit aut absque dubio accepturus est.* R. RAU, Quellen, Bd. III, S. 278.

[228] Nach J. WERNER (Arbeitsweise, passim) weilte R. 873/890 in Angers und verfaßte dort Berichte über die Normannenkämpfe der Robertiner an der unteren Loire, die uns in

der Westfranken gegen die Normannen an der unteren Loire und die Kriege des bretonischen Adels informiert [229]. Regino sagt selbst, daß er manches *ex narratione seniorum* gehört habe [230]; in den späteren Teilen schimmern mündliche Legenden und (vielleicht bereits poetisch geformte) Heldensagen durch. So (zu 862) in dem legendarischen Bericht über den Tod des bretonischen Herzogs Nomenoë, der auf Initiative des heiligen Maurilius von Angers erfolgte [231]; so in der Erzählung (zu 874) über die Kämpfe zwischen Gurwand, dem Grafen von Vannes, und Paskwithan, dem Grafen von Rennes, die zusammen den bretonischen Herzog Salomon ermordet hatten und über die Verteilung des Erbes in Streit miteinander gerieten [232], so in dem Bericht über den Kampf zwischen den Bretonenherzögen Alanus und Vidicheil (zu 890), die schließlich gemeinsam einen gewaltigen Sieg über die Normannen erringen [233]. Werden hier von Vidicheil persönlich, in dem Bestreben, *gloriam nominis sui exaltare . . ., multa milia hostium* erschlagen, so stürzt sich nach einer anderen Sage der Held Vurfandus auf die gewaltige Überzahl der Feinde: *. . . cum suis confertissimam hostium aciem irrumpit et, veluti herba pratorum recisa ante acumen falcis cadit et uberrimae segetes procella tempestatis deseviente prosternuntur, ita ferro caedit sternitque omnia* [234]. Auch während der Erzählung der *gesta* des westfränkischen Königs Ludwig glaubt man die im übrigen ja bezeugten Preis- und Heldenlieder [235] zu hören: *Inter cetera quae strenue gessit, illud precipue prelium c o m m e n d a t u r , quod adversum Nortmannos in loco, qui vocatur „Sodalcurt'* (Saucourt), *summis viribus exercuit; in quo certamine, u t f e r u n t , plusquam octo milia adversariorum gladio p r o s t r a v i t* [236]. Um der *gloria nominis sui* kämpft auch Vurfand: *. . . melius nobiliter mori, quam ignominia vitam servare* [237]. Regino rühmt die *audatia* und *constantia mentis* des bretonischen Adligen; *nobilitas* wird ihm gleichbedeutend mit Heldentum [238], dessen Triebkräfte die personale *magnitudo*

---

seiner Chronik, aber auch in Überlieferungen aus der Abtei St. Serge und der Kathedrale St. Maurice in Angers erhalten sind. Auch einheimische kanonistische Quellen (vgl. u. S. 99) wird er dort kennengelernt haben. Vgl. W. WATTENBACH / W. LEVISON / H. LÖWE, Geschichtsquellen, H. V, S. 592.

[229] Schon in seinem eingefügten Abriß über die antike Geschichte signalisiert die merkwürdig isolierte „Nachricht über des Claudius Feldzug nach Britannien"(M. MANITIUS, Geschichte I, S. 699) das bretonische Interesse des Prümer Mönchs, der hier freilich auf einem Mißverständnis *(Britannia minor* anstatt *Britannia maior)* aufruht.

[230] Regino z. J. 813; ed. MG SS, Bd. I, S. 566.

[231] R. RAU, Quellen, Bd. III, S. 192. Legendarische Züge scheinen sich auch bereits in den Bericht vom Gottesurteil über die Kaiserin Richardis (z. J. 887) zu mischen (ebd., Bd. III, S. 274—76).

[232] R. RAU, Quellen, Bd. III, S. 240 ff.; vgl. C. HAINER, Element, S. 109—112.

[233] R. RAU, Quellen, Bd. III, S. 290; ein bretonisches Heldenlied, das die Geschichte zweier Verräter und ihrer Bestrafung durch die Franken im J. 851 behandelt, scheint auch in die im ausgehenden 9. Jh. entstandene ‚Vita S. Conwoionis abbatis Rotonensis' eingegangen zu sein, wo es unter der Überschrift *De interfectione Risweten et Tredoc* verarbeitet ist (ed. F. LOT, in: Romania 35, 1906, S. 275—77).

[234] R. RAU, Quellen, Bd. III, S. 242.

[235] Zum Ludwigslied vgl. z. B. E. BERG, Ludwigslied; R. SCHÜTZEICHEL, Heil; zur afrz. Geste ‚Gormond et Isembard' vgl. J. de VRIES, Chanson.

[236] R. RAU, Quellen, Bd. III, S. 264.

[237] R. RAU, Quellen, Bd. III, S. 242.

[238] R. RAU, Quellen, Bd. III, S. 242—44.

animi des Mannes und sein Gottvertrauen sind (. . . *neque enim salus est in multitudine, sed potius in Deo).* Heroischer Individualismus und Christentum gehen hier eine merkwürdige Synthese ein, die aber auch die des zeitgenössischen Heldenliedes ist, worauf das ‚Hildebrandslied‘ und die zu erschließende Vorstufe des ‚Waltharius‘ weisen. Ein Heldenlied ist wohl Vorlage des Berichtes über den Tod Roberts des Tapferen in der Normannenschlacht von Brissarte bei Angers (866), den Rudolf von Fulda einen *secundus Machabäus* nannte [239]; die Szene, in der der Graf von der Loire den Todesstreich empfängt (. . . *declinabat quippe iam sol ad occasum. Ruotbertus nimio calore exestuans, galeam et loricam deposuit, ut aura collecta paulisper refrigeraretur;* . . . [240] erinnert an verwandte Verse des Nibelungenliedes [241]. Den Robertinern, die im 9. Jh. dem Eifelkloster nahestanden [242], war Regino gewogen; sein Sturz noch ist wahrscheinlich mit seiner Parteinahme für den Sohn Roberts, den westfränkischen König Odo, in Zusammenhang zu bringen [243].

Regino benutzte für seine ‚Chronica‘ auch die durch eine dezidiert lothringisch gestimmte politische Konzeption ausgezeichnete Klosterhistoriographie, so die sog. ‚Älteren Prümer Annalen‘ [244], die aus Regino und den 888/923 im Kloster entstandenen ‘Annales Prumienses’ [245] rekonstruiert werden konnten. Sein eigenes Werk erfuhr in St. Maximin durch den Mönch Adalbert, den späteren Erzbischof von Magdeburg (968—981) eine ‚Continuatio‘ [246]. Die rasche Verbreitung der ‚Chronica‘ spiegelt überdies die auch im 10. Jh. weiterbestehenden Verbindungen des Trierer Raumes nach Westen und zugleich neuerworbene Beziehungen zu den (z. T. von Trier bzw. Prüm aus reformierten) Klöstern Süddeutschlands [247].

---

[239] R. RAU, Quellen, Bd. III, S. 70: *Ruotbertus Karoli regis comes apud Ligerim fluvium contra Normannos fortiter dimicans occiditur, alter quodammodo nostris temporibus Machabeus; cuius proelia, quae cum Brittonibus et Nordmannis gessit, si per omnia scripta fuissent, Machabei gestis aequiperari potuissent.* Dem Wunsch, die Taten des Grafen vollständig (!) aufzuzeichnen, werden Sagen und Preislieder aus robertinischer Hausüberlieferung, wie sie die Legende des Rupert von Bingen vielleicht reflektiert (K. GLÖCKNER, Lorsch, S. 334 ff.), vorgearbeitet haben.

[240] R. RAU, Quellen, Bd. III, S. 216; vgl. C. HAINER, Element S. 109—12.

[241] K. GLÖCKNER (Lorsch, S. 335 f.) urteilte bereits: „Nicht unähnlich schildert das Nibelungenlied (Str. 1995) die Pause im Kampfe Irincs gegen Hagen: Dô stuont gegen dem winde Irinc von Tenelant . . . / er kuolte sich in ringen, den helm er abe gebant . . .“ GLÖCKNER fragte weiter: „Liegt hier nicht ein Stück der Robertinersage vor . . .?“

[242] Vgl. o. S. 49 ff.

[243] J. HARTTUNG, Regino, S. 364 f.; M. LINTZEL, Chronik, S. 499—502; P. OSTER, Leben, S. 26 ff.

[244] Vgl. L. BOSCHEN, Annales, S. 210 ff.

[245] Grundlegend jetzt L. BOSCHEN, Annales. Zum in die Handschrift eingearbeiteten Kalendar (K¹) vgl. u. S. 118 ff. Der Codex kam wohl bald nach 923 im Zusammenhang mit der Erhebung des Prümer Abtes Richarius auf den Bischofsstuhl von Lüttich (vgl. o. S. 50 f.) in die maasländische *civitas.*

[246] MG SS, Bd. I, S. 613—29.

[247] Zur handschriftlichen Überlieferung vgl. F. KURZE, Überlieferung; R. RAU, Quellen, Bd. III, S. 9. Von Trier strahlt die Rezeption der Textklasse B aus nach Einsiedeln, Soissons, Reichenau, Metz. Aus der Handschrift von Soissons ist eine Prümer Handschrift vom J. 1084 abzuleiten (Cod. Trier Stadtbibliothek 1286). Eine Trierer Handschrift gelangt bald nach Schaffhausen. Die Überlieferung der Textklasse A, welche die ‚Continuatio‘ enthält, beruht dagegen ganz auf den Beziehungen des Verfassers Adalbert,

Der späte Verfasser der ,Annales Prumienses' praktiziert noch einmal das aus Regino bekannte Verfahren der Amalgamierung von klösterlicher Hausüberlieferung, Legenden und offiziöser Reichshistoriographie. Für die Jahre von 714 bis 755 benutzt der Prümer Mönch die ,Annales S. Amandi' und zwar in der gleichen Rezension, wie sie in Lobbes für die ,Annales Laubacenses' herangezogen wurde [248] — was der Präsenz lokaler Heiliger des Klosters im Hennegau (Ursmar, Ermino) im Kalender der gleichen Handschrift korrespondiert [249]. Wenn der Tod des Friesenkönigs Ratbod 719 als Folge göttlicher Fügung dargestellt wird, nimmt die Erzählung Bezug auf die legendarische Umdeutung dieses Ereignisses in der ,Vita S. Erminonis' des Anso von Lobbes (751/68) [250]. Als der Heide in die *terra Francorum* einfallen will, *miseratus (est) Dominus servis suis* und Ratbod ereilt sein Schicksal [251].

Das Interesse, das der Verfasser der Annalen an dieser Darstellung nimmt, mag mit der Aktualität der heidnischen Gefahr für sein Kloster zusammenhängen. Es kann aber auch vermutet werden, daß die erste Gründung der Abtei (720) nachträglich als *offertorium* der Franken an Gott und die Gottesmutter für die glückliche Abwendung der Gefahr verstanden wurde, ähnlich wie die Urkunde Pippins von 762 die Neugründung der Eifelabtei als *offertorium* an den Salvator auffaßt, was nur im Zusammenhang mit dem gerade erst errungenen, glänzenden Sieg über den *dux* der Aquitanier verstanden werden kann [252]. Aus der Klosterüberlieferung über die Gründer stammt auch die (mit anachronistischem *rex*-Titel versehene) Notiz der ,Coniunctio Pippini regis et Bertradae reginae' zu 744 [253]. Entsprechend den Interessen des Klosters an der unteren Loire wird dem Prümer Mönch schließlich zum initialen Ereignis der normannischen Invasion die Zerstörung der Martinskirche von Tours im Jahre 853 [254]. Weiträumigkeit des Blicks konkurriert in dieser Spätzeit mit adlig-monastischem Sonderbewußtsein, das seine Tradition neu ergreift, um sie zu funktionalisieren.

Neben Hagiographie und Historiographie wird die monastische Kultur der Königsabtei im 9. Jh. durch eine blühende H y m n o g r a p h i e ergänzt. Das in der zweiten Hälfte des Jahrhunderts geschriebene Hymnar der Abtei enthält vierunddreißig Hymnen ,De sanctis' [255], von denen die meisten dem altbenediktinischen Bestand entnommen sind [256]. Wie die folgende Konkordanz zeigt,

des ehemaligen Mönchs zu St. Maximin, zu Sachsen und zum ottonischen Königshaus. Kopiert wird sie in Halberstadt und in Freising unter Bischof Abraham (957—93), der den Ottonen nahestand, benutzt vom *Annalista Saxo* und den Magdeburger Annalen.

[248] L. BOSCHEN, Annales, S. 186 f.; F. KURZE, Annales, S. 613.

[249] Vgl. u. S. 118.

[250] L. BOSCHEN, Annales, S. 187 f.

[251] Vita S. Erminonis, c.7; ed. MG SS rer. Mer., Bd. VI, S. 466 f.

[252] K. HAUCK, Randkultur, S. 88 ff.

[253] L. BOSCHEN, Annales, S. 187 f. Die *coniunctio* wird letztlich aus karolingischer Haustradition geflossen sein (K. F. WERNER, Geburtsdatum, S. 132 f.)

[254] L. BOSCHEN, Annales, S. 208 f.

[255] Zum Sanctorale, vgl. u. S. 77 ff.

[256] Analyse bei C. BLUME, in: Analecta Hymnica, Bd. 51 (1907), S. XXIII; vgl. F. J. E. RABY, A History of Christian-Latin Poetry, S. 36—40; M. BOUCHERE, Hymnaires, S. 1127—29.

stehen am nächsten das Hymnar aus Canterbury (10. Jh.), das Liederbuch von Moissac [257], (11. Jh.) sowie das verwandte Hymnar von Huesca (11./12. Jh.); das Prümer Hymnar wird also auf eine monastische Sammlung des 9. Jh.s zurückgehen [258].

Die Sonntags- und Ferialhymnen und die Hymnen ‚De tempore‘ [259], gibt der Prümer Redaktor freilich mit einer kleinen Änderung [260]. Im benediktinischen Hymnar waren alle Lieder für die Nocturn, die Matutin und die Vesper jeweils als gesonderte Gruppe, geordnet nach der Reihenfolge der Wochentage zusammengestellt. Die Hymnen jeder Gruppe besaßen thematische Bezüge, die von der Symbolik der Tageszeit bestimmt wurden; so paraphrasieren die Lieder der Nocturn das Thema der Sünde und der Gefährdung des Menschen, die Lieder der Matutin das Thema des Lichtes und der Erscheinung der göttlichen Wahrheit, die Lieder der Vesper das Thema der Schöpfung so, daß sich in der Ferialliturgie des Mönchtums des 9. Jh.s die göttliche Schöpfungswoche zu wiederholen scheint. Läßt auch die Prümer Sammlung die Idee von der Einholung der heiligen Zeit in die weltliche Zeit unberührt, so löst sie diese doch aus dem ererbten Zusammenhang der Sonntagshymnen. Die um die Hymnen zu den vier kleinen Horen erweiterte Sonntagsliturgie erschien dem Prümer Mönch zu Recht als eigener thematischer Komplex [261].

---

[257] Vgl. C. Daux, Livres, S. 1—37; A. Gieysztor, Genesis I 11; J. Dufour, Bibliothèque, S. 151, Nr. 106. Analyse in Analecta Hymnica, Bd. II, ed. G. M. Dreves. Das Hymnar stammte ursprünglich aus St. Martin de Montauriol (J. Szöverffy, Annalen, Bd. I, S. 342 f.).

[258] Nur in PMCa: Nr. 11; nur in PMHu: Nr. 8 und 18; nur in PM: Nr. 16 und 14. Die Zusätze von *PM (ed. Analecta Hymnica, Bd. II, S. 52, Nr. 55; S. 55 f., Nr. 60), sind zwei Hymnen Bedas. In Hu fehlt auch die dritte Beda-Hymne (Nr. 11). Das Modell, das *PM und Hu (B. M. Moragas, Contenido, S. 277—93) zugrundelag, enthielt gallikanische Melodien, spiegelt also alte, fränkische Traditionen (B. Stäblein, Monumenta, Bd. I, S. 51—67, 522—28; K. Gamber, Codices, S. 296, Nr. 1672). Das Hymnar *PMHuCa, dessen ältester Zeuge das Prümer Hymnar ist, ist mit dem im Anfang des 9. Jh.s entstandenen ‚Neuen Hymnar‘ (NHy) identisch (H. Gneuss, Hymnar, S. 60 ff.), dessen Erfolg vielleicht mit der anianischen Reform zusammenhängt (J. Szöverffy, Annalen, Bd. I, S. 212—16; R. E. Messenger, Hymnal, S. 446—64; H. Gneuss, Hymnar, S. 50 f.). Die Überlieferung kann folgendermaßen skizziert werden:

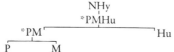

Das Prümer Hymnar beruht also auf einem aquitanischen Hymnar der ersten Hälfte des 9. Jh.s (*PMHu) und seiner Weiterentwicklung (*PM), die NHy ergänzten. Im hofnahen Prüm hat man diese Entwicklung noch vor 848 registriert, da Wandalbert bereits in einer seiner Hymnen an den Inhalt des neuen Prümer Hymnars anknüpfte (vgl. S. 79). Auch der Text der Benediktinerregel, der in derselben Hs. (Trier Stadtbibl. 1245) steht, die das Prümer Hymnar enthält, zeigt Bezüge zur monastischen Reform: seine Vorlage war ein Mischtext, der nach dem *exemplar* Benedikts von Aniane korrigiert worden war (R. Hanslik, Regula, S. XLVIII).

[259] Vgl. zum Temporale des ‚Neuen Hymnars‘ der anianischen Reform neben H. Gneuss vor allem W. Bulst, Hymni, S. 20. 173 ff.; A. Angenendt, Monachi, S. 212 ff.

[260] C. Blume, in: Analecta Hymnica, Bd. 51, S. XXIV.

[261] Die Lösung der Sonntagsliturgie erscheint im Rahmen der Hymnarentwicklung auch als ein Schritt in der allmählichen Auflösung der alten Regelung zugunsten einer strengen Gliederung nach Wochentagen, die liturgisch-praktischen Rücksichten entsprach (C. Blume, Cursus, S. 70 f.)

Nr.	Fest	Initium	RH-Nr.	M	Hu	Ca
1	Adventus Domini	Vox clara ecce intonat	22199	x	x	x
2	Adventus Domini	Verbum supernum prodiens	21391	x	x	x
3	Natale Domini	Veni redemptor gentium	21234	x	x	x
4	Natale Domini	Agnoscat omne saeculum	758			
5	Epiphania Domini	Illuxit orbi iam dies	8430			
6	Annuntiatio Mariae	Quem terra pontus aethera	16347	x	x	x
7	Pascha	Aurora lucis rutilat	1644	x	x	x
8	Pascha	Rex aeterne Domine	17393	x	x	
9	Pascha	Ad cenam agni providi	110	x	x	x
10	Crucis Inventio	Vexilla regis prodeunt	21481	x	x	x
11	Ascensio Domini	Hymnum canamus gloriae	8235	x	x	x
12	Pentecoste	Beata nobis gaudia	2339	x	x	x
13	Pentecoste	Iam Christus astra ascenderat	9215/16		x	x
14	Johannes Bapt.	Praecursor altus luminis	15269	x		
15	Johannes Bapt.	Ut queant laxis resonare	21039	x	x	x
16	Petrus et Paulus	Apostolorum gloriam	1228	x		
17	Petrus et Paulus	Aurea luce	1596	x	x	x
18	Crucis exaltatio	Pange lingua	14481	x	x	
19	Michael	Lumen aeterno radians	10733			
20	Chrysanthus	Unam duorum gloriam	20832			
21	Martinus	Christe rex noster via	2972			
22	Benedictus	Christe sanctorum decus	3006/07	x	x	x
23	Martyres	Deus tuorum militum	4534	x	x	x
24	Martyres	Martyr Dei qui unicum	11228	x	x	x
25	Martyres	Sanctorum chorus Christe	18598			
26	Martyres	Rex gloriose martyrum	17453	x	x	x
27	Martyres	Sanctorum meritis inclita	18607	x	x	x
28	Martyres	Aeterna Christi munera	590/98 600	x	x	x
29	Confessores	Iste confessor Domini	9136	x	x	x
30	Confessores	Summe confessor sacer	19664	x	x	x
31	Virgines	Iesu corona virginum	9507/08	x	x	x
32	Virgines	Virginis proles opifexque	21703	x	x	x
33	Dedicatio	Christe cunctorum dominator	2854	x	x	
34	Dedicatio	Cuncta qui nutu regis	36531			

Das größte Interesse für uns müssen jene sieben Hymnen (Nr. 4. 5. 19. 20. 21. 25. 34) besitzen, die nur durch das Prümer Hymnar überliefert sind, also nicht dem benediktinischen Liederbuch des 9. Jh.s entstammen. Das Prümer Sondergut betrifft bezeichnenderweise die Hochfeste des Klosters, nämlich Salvatorfeste (Weihnachten, Epiphanie), Michaels- und Martinsfest sowie —

neben der Kirchweih — die Feier der 844 nach Prüm und Münstereifel übertragenen römischen Märtyrer Chrysanthus und Daria [262]. Die vom Prümer Hymnar zugesetzten beiden, in ambrosianischem Stil gehaltenen Salvatorhymnen ‚Agnoscat omne saeculum‘ [262a] und ‚Illuxit orbi iam dies‘ [263] sind wohl noch im 6./7. Jh. entstanden. Das stark rhetorische Weihnachtslied [264] entlehnt Motive und Prägungen aus Sedulius, Prudentius, Venantius Fortunatus und dem Marienhymnus ‚Quem terra, pontus, aethera‘ (RH 16347). Die Martinshymne ‚Christe rex noster, via‘ — auch anderweitig und vor allem in Tours individuell überliefert — bezog man in Prüm doch wohl direkt aus der Metropole an der Loire [265].

An das Metrum der Martinshymne *(metrum dactilicum sapphicum pentametrum)* knüpft Wandalbert in seinem (vor 848 entstandenen) ‚Ymnus in Omnes Sanctos‘ an [266]. Das Fest Allerheiligen war um 835 von Ludwig dem Frommen und seinen geistlichen Beratern für das Gesamtreich als Feiertag eingeführt worden [267]. Prüm stand den liturgisch interessierten Kreisen des Königshofes in jener Zeit — unter Abt Markward — sehr nahe; man wird also nicht fehlgehen, wenn man die von Wandalbert nur notdürftig seinem Martyrologium angeheftete Allerheiligenhymne als Reaktion des Königsklosters auf die Propagierung des neuen Festes deutet: [268]

---

[262] Das Aachener Kapitulare von 817 (c. 46), das unter dem Einfluß Benedikts von Aniane entstand, ordnete für alle Klöster des Reichs die Feier der Tage der Heiligen Stephan, Laurentius, Martin und Benedikt mit *plenarium officium* an (H. GNEUSS, Hymnar, S. 45). Für Stephan und Laurentius scheint man in Prüm zunächst wohl allgemeine Märtyrerhymnen (Nr. 23—28) verwandt zu haben.
[262a] MG AA, Bd. IV, S. 384; Analecta Hymnica, Bd. 50, S. 85 f. Vgl. SZÖVERFFY, Annalen, Bd. I, S. 129 und 138 f.
[263] F. MONE, Hymnen, Bd. I, S. 77.
[264] J. SZÖVERFFY, Annalen, Bd. I, S. 138 f.
[265] Die Hymne erscheint außerhalb der turonischen Überlieferung auch im Hymnar von St. Severin in Neapel, entstanden im 10./11. Jh. (Analecta Hymnica 14, Nr. 122), und in einer Sammlung von Rithmen und Hymnen des beginnenden 10. Jh.s. aus St. Gallen (= Cod. Bruxelles B.R. 8860—67; vgl. J. van den GHEYN, Catalogue, Bd. II, Nr. 1351), deren Vorlage aber aus Westfranken stammte. Prüm besaß gute Beziehungen zu den Klöstern des Loire-Raumes (vgl. Karte Nr. 2); Kaiser Lothar I., der 855 als Mönch in Prüm starb, war mit dem Martinskloster verbrüdert und hatte Prüm ein bis zwei in Tours geschriebene Evangelienhandschriften geschenkt (Anm. 308 f.).
[266] MG Poetae, Bd. II, S. 6031.
[267] H. FRANK, in: LThK², Bd. I (1957), Sp. 348; W. LIPPHARDT, Tonar, S. 200. Walahfrid, der am Hofe erzogene Reichenauer Mönch und spätere Hoflehrer, war an der Abfassung der 835 notwendigen offiziösen Allerheiligenlitanei beteiligt (P. A. MANSER, Leben, S. 336). Am Hofe war Hilduin, der später in Prüm verstorbene Abt von St. Denis und Erzkaplan Ludwigs des Frommen, unter Walahfrids Gönnern. Auch hier deuten sich enge Beziehungen an: Wandalbert verfaßte das Epitaph Hilduins.
[268] Zur Bedeutung, die das Allerheiligenfest für eine Gesellschaft haben mußte, in der die *imitatio* der Heiligen sowie ihre *memoria* Normen des Lebens vermittelte und Herrschaft zu legitimieren wie zu sanktionieren vermochte, vgl. K. HAUCK, Lebensnormen, S. 216 ff. War etwa die Durchsetzung des Allerheiligenfestes durch den Herrscher, die Rezeption der Feier im karolingischen Hauskloster Prüm auch ein Akt der Legitimation von Herrschaft, indem der Verehrung des *rex* Christus auch die seines heiligen Hofstaates als des normensetzenden Vorbildes des irdischen Königs und seines Staates an die Seite trat?

1. *Christe, caelorum modulans caterva*
   quem canit, laudat sitiens cupitque
   consonans laudes petimus clientum
       cerne favendo.
2. *Te chori regem celebrant superni*
   civium turmae et recinunt piorum,
   celsa quos caeli retinens coronat
       aula fovetque.
3. *Patriarcharum veneranda teque*
   turba conlaudans iugiter beata
   percipit vitae sitiens perennis
       munera semper.
4. *Te prophetarum resonant loquentum*
   spiritus, missi quoque te per orbem
   praedicant verbi pariter ministri
       voce manuque.
5. *Martyrum sanguis simul et triumphans*
   cum sacerdotum tonat ore, casta
   virgines iungunt viduae et canoris
       tympana sistris.
6. *Omnis ostendit dominum docetque*
   te poli summo radians in axe
   ordo, te servi canimus fideli
       cordis honore.
7. *Tu libens nostrum, petimus, reatum*
   solve, tu castam famulis piamque
   mentis aspirans cumula benigno
       munere laudem.
8. *Gloriam caeli tibi vox perennem*
   reddat exultans, pater atque nate,
   spiritus regno quibus alme compar
       vivis eodem.

Die Salvatorabtei besaß 852 das *patrocinium omnium sanctorum* und spätestens 1003 einen Allerheiligenaltar [269]. Dennoch bleibt der Allerheiligenhymnus ein Preislied auf den Heiland.

Das gleiche Metrum benutzt ein anderer, aus Anlaß eines ebenfalls erst in der ersten Hälfte des 9. Jh.s auf Initiative der karolingischen Könige propagierten Festes entstandener Hymnus aus Prüm ('In sancti Michaelis archangeli festum'): [270]

1. *Lumen aeterno ratians nitore,*
   Sermo viventis resonans ab ore
   Alma coniuncti subolesque iuris,
       Adnue votis.
2. *Lege qui certa moderaris alte*
   Cuncta caelorum dominans ubique,
   Quo tibi prompta pietate mentis
       Serviat orbis.

---

[269] H. BEYER, UB Mittelrhein, Bd. I, Anhang Nr. 3.
[270] Analecta Hymnica, Bd. 34, Nr. 181.

3. *Te chorus claro celebrat honore,*
   Quem locat dextris tua dextra fortis;
   Inter hos princeps mediante summo
   Michael astat.
4. *Hic tui praedux populi sacrati*
   Bella congressu superat secundo,
   Quem pavet caeli revolutus axe
   Lividus hostis.
5. *Gloriam cuius meruit triumpho*
   Miles invictus Dominoque fidus,
   Quo iacet pestis, similis tonanti
   Quae cupit esse.
6. *Michael summus 'quis ut est' alumnus,*
   Hoc 'Deus' vincit reprimens superbos,
   Roborans alte stabili vigore
   Agmina caeli.
7. *Consulem votis precibusque sacris*
   Hunc colit casto pietas amore,
   Vota qui summi genitoris offert
   Visibus almis.
8. *Tu libens festis animos choreis*
   Carne migrantes sociato sanctas,
   Quo salus perpes fideique merces
   Regnat in aevum.

Auch stilistisch könnte der Michaelshymnus Wandalbert und damit der Zeit Abt Markwards angehören[271]. „St. Michael war der Patron der byzantinischen Strategen. Gleichzeitig aber war er ein spezifisch kaiserlicher Patron, wie es der Michaelsaltar in der kaiserlichen Privatkapelle des Aachener Münsters zeigt. Die Verehrung St. Michaels hatte also auch eine politische Bedeutung"[272]. Eine Hymne zu Ehren des kaiserlichen Patrons im karolingischen Hauskloster Prüm fügt sich ins Bild. Die Kultmotivik erklärt die Interpretation Michaels als Fürst der *militia coelestis (agmina caeli)* und das Überwiegen der (freilich auch sonst für Wandalbert charakteristischen) militärischen Terminologie und Symbolik. Jedoch wird der *miles invictus* in den beiden ersten, mit Reim ausgezeichneten Strophen als *dextra fortis* Christi ausdrücklich dem Salvator als dem Hauptpatron des Klosters zugeordnet[273].

Militärische Symbolik durchwirkt auch den Prümer Märtyrerhymnus:[274]

1. *Sanctorum chorus, Christe, tuo munere*
   Florifer campus, pace, bello fertilis:
   Lilia pace rosaeque militia
   Matura messe conduntur manipulis.

---

[271] Strophe Nr. 6 entspricht der komplizierte Einbau der bekannten Etymologie des Namens Michael *(Quis est ut Deus)* in das Metrum des Verses der auffälligen Neigung W.s zu komplizierter Wortstellung; Assonanzen, die Schlußsilben der Verse und die Endsilbe mit der Silbe vor der Cäsur (Binnenassonanz) binden, gibt es auch im Allerheiligenhymnus. Der Anfang von Strophe Nr. 8 *(Tu libens ...)* entspricht dem Beginn von Strophe Nr. 7 im ‚Ymnus in Omnes Sanctos'.

[272] R. WENSKUS, Studien, S. 86.

[273] Zum Prümer Michaelskult vgl. Anhang II, Nr. 80.

[274] Analecta Hymnica, Bd. 34, Nr. 111.

2. *Legio sacra beatorum agminum*
   Martyres Christi fulgent in caelestibus,
   Stolis amicti sanguine candidatis,
   Agni sequaces, rutilus exercitus.

3. *Hi nempe viri bellatores fulgidi,*
   Improbus praedo quibus non praevaluit,
   Secuti Christum candido vestigio
   Ipsoque duce adepti felicia.

4. *Agmina sancta, vinculatos corpore*
   Supplices vestro precum adiutorio
   Spiritus iusti solvite compedibus,
   Finem felicem ut possimus cernere.

5. *Gloria summae trinitati debita,*
   Simplici Deo honor, iubilatio
   Patri prolique sanctoque spiritui,
   Qui totum subdit suis orbem legibus.

Daß die kriegerische Symbolik des Gedichts hier nicht einfach traditionelles, terminologisches Element ist, zeigt die erste Strophe, wo die gesuchte Doppelbedeutung von *campus* erst die Verflechtung der auf *pax* und *bellum* bezüglichen Doppelbildreihe ermöglicht [275].

Dieses Gedicht, das wohl für das Prümer Reliquienfest, die *glorificatio sanctorum* am 14. November bestimmt war, teilt Metrum und Stil (sowie Doxologie) und somit wohl auch den Verfasser [276] mit der Prümer Dedikationshymne, dem Kirchweihlied [277].

1. *Cuncta qui nutu regit, orbis conditor,*
   Moderans vices volubili tempore
   Aram sacrandam principi sanctissimo
   Sanxerat olim triumphali gloria.

2. *Procerum summus, propagator optimus,*
   Salomon, pacis templum Deo dedicat
   Gaudio summo, largitate patria
   Sacro dierum bis septeno numero.

3. *Ergo votivum modulemur canticum,*
   Festum devoti celebremus mysticum,
   Corde sinceri, caritate fervidi,
   Augustam sedem ut possimus scandere.

4. *Gaudia templo celebremus annua;*
   Clarior sole, fons, origo, Dominus
   Lustret obscura, infracta consolidet
   Portuque fido tueatur miseros.

5. *Quaesumus ergo, Deus pater, supplices,*
   Sontes absolvas pietate solita,
   Largitor boni mentibus, corporibus,
   Largiens nobis fontem boni lucidum.

6. *Gloria summae trinitati debita,*
   Simplici Deo honor, iubilatio
   Patri prolique sanctoque spiritui,
   Qui totum subdit suis orbem legibus.

---

[275] J. SZÖVERFFY, Annalen, Bd. I, S. 314 f.
[276] J. SZÖVERFFY, Annalen, Bd. I, S. 314 f.
[277] Analecta Hymnica, Bd. 34. Nr. 106.

Für den Prümer Charakter dieses *canticum votivum* spricht, daß es mit dem typologisch gedeuteten Bild des Tempelerbauers und *propagator (culti) optimus* Salomon die Formulierung der Stiftungsurkunde des anderen *procer summus*, nämlich Pippins, von 762 für die *augusta sedes* aufnimmt [278]. 813 war das Dedikationsfest unter die Feste aufgenommen worden, die in jeder Kirche des fränkischen Reiches mit liturgischer Auszeichnung begangen werden sollten. Wie bei der Allerheiligenhymne und dem Michaelslied wird man die Hymnen 'In natali plurimorum martyrum' und 'In dedicatione templi' einem Verfasser aus der Zeit des Abtes Markward zuschreiben, der durch die Translation zahlreicher römischer Märtyrer und durch den Neubau von Kirchen den Prümer Heiligenkult belebte [279].

An die bedeutendste Erwerbung Markwards, die Gebeine des römischen Märtyrerpaares Chrysanthus und Daria, die im Jahre 844 erfolgte, knüpft die in ambrosianischem Stil gehaltene Hymne 'Unam duorum gloriam' an, die in den frühen, in Prüm zu Ehren der neuen Heiligen zusammengestellten *volumina* noch nicht enthalten war [280] und daher wohl erst nach der Mitte des 9. Jh.s anzusetzen ist: [281]

1. *Unam duorum gloriam   Simulque adeptam lauream*
   Sancti Chrysanthi et Dariae,   Christi fideles, pangite.

2. *Vir ipse liberalibus   Doctus libris et legibus*
   Purgatus a Carpophoro   Imbutus est mysterio.

3. *Polemius quem nobilis   Pater ligavit vinculis,*
   Et post puellas intulit   Nec mente fractum subdidit.

4. *Quas inter addit Dariam   Vultus decore fulgidam;*
   Sed virginem doctissimam   Trahit monendo ad gratiam.

5. *Nervis Chrysanthus asperis   Nexus, catenis ferreis*
   Cippo retrusus horrido   Solutus est ergastulo.

6. *Missam in lupanar Dariam   Leo fidelis vindicat,*
   Et inter ampla incendia   Ab igne mansit integra.

7. *Quos inde utrosque carnifex   Tellure vivos infodit,*
   Et subter hymnum, dum canunt,   Efflant beatum spiritum.

Diese Erzählhymne wendet sich ausdrücklich nicht nur an die feiernden Mönche, sondern an die Gesamtheit der *Christi fideles*. Es ist daher wahr-

---

[278] In der Urkunde Pippins von 762 hieß es (H. BEYER, UB Mittelrhein, Bd. I, Nr. 16): *... deus etenim moysi legislatori tabernaculum propiciatorii adornare precepit. Salamoni quoque regis templum in nomine ipsius aedificatum scimus. auro lapidibusque exornasse. Nos enim quamvis non tam magna hisdem quoequare valemus. tamem quo facilius possumus ex propriis facultatibus quas habemus domno cooperante eidem offerre desideramus ...* Vgl. K. HAUCK, Randkultur, S. 92. Kirchen werden in karolingischer Zeit mehrfach als „neue Tempel" verstanden. Der karolingische Hofgelehrte Theodulf von Orléans erbaut Germigny-des-Prés ausdrücklich als neuen salomonischen Tempel; der mit ihm am Hofe Karl des Großen wirkende Alkuin bezeichnet das Aachener Münster als *templum sapientissimi Salomonis;* Vgl. R. KOTTJE, Karl, S. 15—31. Auch *imitationes* des „Brandopferaltars Moses', der Bundeslade, der Stiftshütte sind häufig. Zu Moses als *exemplum* und *figura* in karolingischer Zeit vgl. E. BECKER, Konstantin, S. 161 ff.; K. HAUCK, Erzbischof Adalbert, S. 318, Anm. 164.

[279] Vgl. S. 114 ff.

[280] Vgl. o. S. 58 f.

[281] Analecta Hymnica, Bd. 34, Nr. 149. Nach W. LÖHR (Geschichte, S. 6) wurde der Hymnus der Prümer Sammlung im Cod. Paris B. N. f.l. 13764 erst im ausgehenden 9. Jh. hinzugefügt.

scheinlich, daß am Vortrag des Liedes (in der Vigil des Heiligentages?) der *populus* durch Akklamationsrefrain oder einen Kyrie-Ruf beteiligt war, wie das auch sonst bezeugt ist [282]. Dieser Bestimmung entsprechen die gereimte Form [283] und der legendarisch-biographische Charakter der Hymne. In balladenhafter Kürze wird die Leidensgeschichte der beiden Heiligen wiedergegeben [284]. Reminiszenzen hängen sich an die Namen der beteiligten Personen; Kenntnis der Legende wird offenbar vorausgesetzt; die Aufzählung der Fakten im Liede dient nur der feiernden Vergegenwärtigung von Gehalt und Größe des Martyriums [285].

Es bleibt an dieser Stelle festzuhalten, daß sich die Prümer Hymnendichtung an ihrem Ende dem narrativen Gestus nähert. Unter diesem Aspekt ist auch die Auswahl der beiden Salvatorlieder als Ergänzung der Hymnen 'De Sanctis' im Prümer Hymnar aus der zweiten Hälfte des 9.Jh.s zu verstehen.

Reicher, ausführlicher als die Hymne umkreist das Reimoffizium auf die Heiligen Chrysanthus und Daria das legendarische Thema [286]. Aus immer erneuten Perspektiven, aszetisch, erzählend, exemplarisch, typologisch, präsentieren die den einzelnen Horen des monastischen Offiziums zugeordneten Gesänge [287] die Heiligkeit der Märtyrer: [288]

> *In Prima Vesperis.*
> *Antiphonae*
> 1. *Chrysanthus,*
>   *Illustris viri filius,*
>   *Artibus liberalibus*
>   *Plene fuit eruditus.*
> 2. *Ardentis ingenii*
>   *Et tenacis memoriae,*
>   *Quod cito didicit,*
>   *Diu tenuit.*

---

[282] Vgl. W. HAUBRICHS, Georgslied, Abschnitt 4.4 ff.

[283] Endassonanz im gesamten Hymnus (aa bb), die sich zumeist auch auf den auslautenden Konsonanten erstreckt.

[284] Ein interessantes Schlaglicht auf das auch von Wandalbert verkündete (vgl. o. S. 55 f.), an die karlischen und anianischen Reformen anknüpfende Bildungsbewußtsein des Prümer Konvents wirft die bei der Knappheit der Formulierung auffallende Kennzeichnung des heiligen Chrysanthus als *vir liberalibus doctus libris et legibus* und der Daria als *virgo doctissima.* Die Bildung und die aus ihr resultierende Einsicht in die *sana doctrina* tritt im Hymnus — charakteristisch für das karolingische Missionsethos — als notwendige Voraussetzung der *conversio* bzw. *purgatio* auf.

[285] Vgl. J. SZÖVERFFY, Annalen, Bd. I, S. 250 ff., der die Vorliebe des Hymnus für Marter- und Verführungsszenen bemerkt und konstatiert: „Neben dem panegyrischen Ton sind hier auch diejenigen Ansätze der späteren ‚Historiae‘ (Reimoffizien) vorhanden, welche eben fast zusammenhängend das Leben und besonders die Wundertaten der gefeierten Heiligen in poetischer, gewöhnlich in reimender Form nacherzählen".

[286] Analecta Hymnica, Bd. 25, Nr. 73; mit der musikalischen Notierung z. T. bei E. JAMMERS, Antiphonen, Bd. II, S. 84—99. 342—68.

[287] Wie bewußt diese Zuordnung gehandhabt wurde, zeigt der Beginn der ersten Antiphon *in prima nocturno: Tenebroso in loco* . . . Der Dunkelheit der Tageszeit entspricht der dunkle Ort, an dem der Heilige den Mächten der Finsternis zu widerstehen hat. Auch in den Hymnen des monastischen Temporale finden sich Verweise auf die geläufige Symbolkraft von *nox* und *tenebrae.*

[288] Analecta Hymnica, Bd. 25, S. 207—209.

3. *In credendis vir Dei instruitur*
   Et post septem dies
   A suscepto baptismate
   Praedicator constituitur.
4. *Doctus a Domino*
   Docet alios,
   Et quod hausit feliciter,
   Effudit fideliter.
5. *Istis proficit*
   Virtutum passibus,
   Quam patris et filii
   Inflammat spiritus.

Ad Magnificat.

Antiphona
   Chrysante et Daria,
   Deo pro nobis
   Fundite precamina,
   Deo frui meruistis
   Christum imitando,
   Deum nobis placate
   Nos adiuvando.

Ad Matutinum.

Invitatorium.

   Laudemus regem martyrum,
   Cuius aspirante gratia
   Per Chrysantum
   Conversa est Daria.

In Prima Nocturno.

Antiphonae

1. *Tenebroso in loco*
   Filius a patre clauditur,
   Artatus cibo modico
   Ignescit ardore caelico.

2. *Duris succedunt mollia,*
   Ut, qui viriliter
   Restitit tormentis,
   Enerviter succumbat
   blandimentis.

3. *Intrant puellae,*
   Ut iuvenem decipiant,
   Ingressas ligat sopor,
   Ne, quod volunt, efficiant.

Responsoria

1. *In Chrysanto et Daria,*
   Vasis praedestinatis,
   Aestum exstinguit carnis
   Ardor caritatis.
   V. A Domino factum est istud
   et est mirabile
   in oculis nostris.

2. *Chrysanti et Dariae*
   Dulcescit memoria,
   Quorum mentes pietate
   Condivit divina misericordia,
   V. Transcendunt fines meritorum,
   Quae in patria servantur
   Praemia sanctorum.

3. *Casta conversatio*
   Iuvenis cum virgine
   Non naturae opus est,
   Sed divinae gratiae;
   V. Iuveni virgo sociatur,
   Et flos virgineus
   Non periclitatur.

84

In Secunda Nocturno

Antiphonae

1. Mira Dei potentia
   Foris somnus amovetur,
   Manet intus,
   ne vir Dei inquinetur.

2. Virgo Daria
   Auro et gemmis radians
   Ad iuvenem ingreditur.
   Sed victa feliciter
   Per iuvenem convertitur.

3. Ambos inflammat
   Ardor caritatis,
   In ambobus permanet
   Decor castitatis.

Responsoria

1. Felix societas
   Caste se amantium,
   In quibus castitatis lilio
   Accessit martyrium.

   V. Tua sunt haec, Christe, opera,
   Qui vere mirabilis
   Es in sanctis tuis.

2. Sudant in agone
   Gloriosi martyres,
   Et ut magis rutilet martyrium,
   Ambo manent virgines;

   V. Chrysantus et Daria
   Patientis passi
   Sequuntur vestigia.

3. Pede utroque
   Christum sequuntur,
   Qui caste vivendo fructum
   Centesimum censentur;

   V. Integritatis et martyrii
   Gloriosa insignia
   Nostrorum martyrum
   Efferunt praeconia.

In Tertia Nocturno

Antiphonae

1. Ad fidem veniunt
   Per Chrysantum iuvenes,
   Per Dariam feminae
   innumerabiles.

2. Miles Christi
   Crudis nervis stringitur,
   Hi rumpuntur
   Sed his non laeditur.

Responsoria

1. Praedixit per Isaiam Dominus:
   Habitabit iuvenis cum virgine,
   Nostris in martyribus
   Elucet veritas huius prophetiae;

   V. Sicut Ioseph sancte
   Et caste cum Maria,
   Sic habitavit
   Chrysantus cum Daria.

2. O veneranda dexterae
   Excelsi mutatio,
   Qua datur, ut sic incitatrix
   Idolatriae
   Propinatrix
   Efficitur spiritualis gratiae.

   V. Collato Dariae divinitus
   Irriguo, quod est inferius,
   Accessit et superius

3. *Aqua putens,*
   Qua vir Dei perfunditur,
   In odorem
   Nectareum convertitur.

3. *Haec est vera glorifica*
   Misericordiae
   Christi potentia,
   Quae sic nequitiae
   Antiqui hostis obviat,
   Ut aliquando Leviathan,
   Quos iam cepit, amittat;
V. *Per Chrysantum et Dariam*
   Ostenditur mirifice
   Armilla divinae potentiae.

In Laudibus

Antiphonae

1. *In luteam custodiam*
   Chrysantus vinctus mittitur,
   In meretricum contubernio
   Daria publice ponitur.
2. *Lux et odoramenta*
   Praestantur iuveni,
   In robur protectionis
   Leo mittitur virgini.
3. *Laborabat multitudo*
   Leonem capere,
   Sed capta a leone
   Ponitur ad pedem Dariae.
4. *Vinctus Chrysantus*
   In eculeo suspenditur,
   Sed ruptis vinculis
   Tormento non laeditur,
5. *Qui ad Dariam*
   Extulerunt manus,
   Prae dolore gemebant
   Nervis stupentibus.

Ad Benedictus.

A. *Post multa tormentorum genera*
   Terra et lapidibus
   Sancti obruuntur,
   Et qui sancte convixerant,
   Feliciter consepeliuntur.

Auch im Reimoffizium wird der erzählende, aufzählende Gestus, der dem Hymnus eigen war, gepflegt; aber die *narratio* und *enumeratio* durchdringend und kontrastierend steht daneben der aszetische und theologische Kommentar, der die Märtyrer zu *exempla* monastischen Seins stilisiert. Wie in der Hymne ist Chrysantus (und z. T. auch Daria) *artibus liberalibus eruditus ... , in credendis instructus ... , doctus* und verfügt über *ingenium* und *memoria*. Aus Gottesgelehrten werden alsbald Glaubenslehrer, *praedicatores*, Missionare. Das

Verhältnis von Märtyrer und Märtyrerin *(casta conservatio)* ist geprägt vom *ardor caritatis* und *decor castitatis.* In kühnem, typologischem Wurf bezieht der Dichter des Offiziums die Prophetie des Jesaja (... *habitabit iuvenis cum virgine* 6, 2, 5) auf das keusche Verhältnis der gefeierten Heiligen, die zugleich die *casta habitatio* von Joseph und Maria postfigurieren. Sie erreichten mehr als andere Heilige, indem sie in sich zwei Formen der Heiligkeit, *virginitas* und *martyrium* vereinigten. *Non naturae opus est, sed divinae gratiae.* Indem so die göttliche Gnade das Wunder der Keuschheit verantwortet, fällt auf die *casta conservatio* der Mönchsgemeinde, die Chrysantus und Daria feiert, auf deren *caritas* und *castitas,* ein Abglanz jener Gnade zurück [289].

In *patientia* und *passio* ahmen die Märtyrer Christus nach. Sie gewinnen den Kampf gegen Satan, den *hostis antiquus,* von neuem. Und fast wie in der Heldensage werden sie als tapfere und siegreiche Krieger bildlich mit einer Armspange *(armilla)* versehen: *Per Chrysantum et Dariam ostenditur mirifice armilla divinae potentiae* (ohne Vorbild im Text der Legende). Es scheint, als ob zuletzt in den Praefiguranten des Mönchtums doch noch das adlige Bewußtsein der aristokratischen Reichsmönche von Prüm durchschimmere und sich im Einfluß militärischer, ja heroischer Terminologie in das Heiligenlied niederschlage! Und so ist das im Text zitierte *mirabilis Deus in sanctis suis* (Ps. 67, 36) zu interpretieren: Die Wunderkraft Gottes erweist sich vor allem im *agon* und in der *patientia* und *constantia* der heiligen Helden.

Das Prümer Reimoffizium [290] ist erst im Tropar des 10. Jh.s überliefert. Wegen der thematischen und gedanklichen Zusammenhänge mit dem Hymnus ist es aber sicher noch ins 9. Jh. zu setzen.

An der reichen Sequenzendichtung des späten 9. und des 10. Jh.s ist Prüm nicht beteiligt. Im etwa 990/95 entstandenen Tropar finden sich 64 Prosen, von denen 54 aus dem Kreise Notkers von St. Gallen stammen. Nur zehn von ihnen sind westfränkisches Gut und mögen auf die alten Westbindungen der Abtei zurückweisen [291]. Das Tropar arbeitete Prosen und Tropen zu jedem Fest ineinander; es ist wahrscheinlich, daß sich in den Tropierungen Prümer Eigengut verbirgt, vor allem in den Texten zu den Festen der heiligen Gordianus und Epimachus, Goar, Michael (?) und Chrysantus und Daria [292].

Daß man in Prüm auch an H a g i o g r a p h i e Interesse hatte, zeigen das Werk Wandalberts (Goarsvita, Martyrolog) und das Bemühen Markwards, den authentischen Text der ‚Passio SS. Chrysanthi et Dariae‘ aus Rom zu erhalten. Wenn er seinem für den lokalen Kult zusammengestellten *volumen* noch andere

---

[289] Man darf wohl in der Prümer Interpretation der beiden Heiligen der ‚Chrysanthus et Daria‘-Legende exemplarische Entwürfe sehen: sie sind *exempla* monastischer *conversio,* Crysanthus für die *iuvenes,* Daria für die *virgines.*

[290] Ob ein Zusammenhang mit dem wichtigsten Zentrum der Offizien-Dichtung am Ende des 9. Jh.s, mit Metz, vorliegt, das auch sonst nachweislich in Beziehungen zum Eifelkloster stand (vgl. W. LIPPHARDT, Tonar, S. 4 f.)?

[291] A. REINERS, Tropengesänge, S. 11—13; W. v. d. STEINEN, Notker, Bd. II, S. 210. 173 und Tabellen; A. REINERS, Troparium, S. 232—38. 274—79; P. SIFFRIN, Collectar, S. 235; L. GAUTIER, Histoire, Bd. I, S. 75. 106 f. 123.

[292] Vgl. A. REINERS, Tropengesänge, S. 11—13; es scheint ein Zusammenhang mit der Handschrift Köln Histor. Archiv W 301*, dem Rest eines Prosars aus der Mitte des 11. Jh.s, zu bestehen (H. HUSMAN, Tropenhandschrift, S. 73 f.).

Texte beifügt, so entspricht das ganz dem Verfahren Wandalberts, der für sein Martyrolog eingehende Studien betrieb und sich Material aus dem gesamten Frankenreich beschaffte. In Prüm weiß man offenbar um die Problematik hagiographischer Tradition und bemüht sich um Rekonstruktion des Authentischen. So korrigiert Wandalbert an zahlreichen Stellen seine Vorgänger. Es konnte nun an anderer Stelle [292a] nachgewiesen werden, daß man in Prüm eine ganz diesen Grundsätzen entsprechende hagiographische Arbeit an der Legende des heiligen Georg, dessen Reliquien man seit 852 besaß, unternahm, die bis ins 11. Jh. reichte und die mehrere Bearbeitungen bzw. Kontaminationen der verschiedenen Zweige der Legende hervorbrachte. Wieder wurden als Grundlage dieser Arbeit Texte aus dem gesamten Frankenreich beschafft, sogar aus Aquitanien, wohin ja auch bereits die Verwandtschaft des Hymnars von Moissac wies. Die Überlieferung der Prümer Texte strahlt wiederum ab in das umgebende Rheinland, aber auch in den Raum von Auxerre, Sens und Chartres — besonders in der Frühzeit des 9. und 10. Jh.s, in der Prüm die erwähnten engen Kontakte zu diesen westfränkischen Landschaften besaß.

Den Prümer Hagiographen der Georgslegende kann freilich — zumindest für die ersten Produkte — auf Grund ihrer Bearbeitungen kein gutes Zeugnis ausgestellt werden: die vorgenommenen Kontaminationen sind oft von der äußerlichsten Art. Entstellende Kürzungen und andere Textkorruptionen sind häufig. Anspruch und Leistung dieser hagiographischen Produktion klaffen anfänglich weit auseinander. Erst die letzten ,Editionen' der Georgslegende lassen eine Besserung der ,textphilologischen' Arbeit erkennen. Die Kürzungen, die nun dem Prinzip der Reinigung der Legende von extremen Details der Folterung und von monströsen Wundern dienen, schaffen erst hier einen konsistenten Text.

Die Nachlässigkeit der frühen Arbeiten läßt sich aus der Zielsetzung dieser Hagiographie erklären: sie waren weniger für den monastischen Zirkel des Konvents bestimmt als für die Laien, die zum Georgsfest ins Kloster kamen. Die erstellten Texte dienten wohl als Predigtvorlagen, sollten den Georgskult popularisieren. Wenn in eine Passage der Legende, die dem gläubigen Verehrer des Heiligen dessen Hilfe versichert, der Hinweis auf notwendige Spenden an die Stätte des Kultes (*memoriam meam vel oblationem faciens* ...) [293] eingeschoben wird, dann wird der angepeilte Rezipientenkreis deutlich. Noch der letzte Text schiebt in die Bedingungen, die der Heilige für seine Hilfe stellt, die Mahnung ein, sich an der Vigil seines Festes nicht zu betrinken [294]! Da ist der praktische Bezug solcher Texte mit Händen zu greifen.

Dieser Text geht in ein im 11. Jh. im Rheinland zusammengestelltes Legendar ein [295]. Es ist zu fragen, ob nicht vielleicht das rheinische Zentrum, das dieses Legendar hervorgebracht hat, ebenfalls Prüm ist? Es wäre sicherlich

---

[292a] Vgl. W. HAUBRICHS, Georgslied, Abschnitt 5.5.

[293] W. HAUBRICHS, Georgslied, Anhang, Version X-lat., Kap. 20.

[294] W. HAUBRICHS, Georgslied, Anhang, Version V, Kap. 9. Wahrscheinlich klingt in der Prümer Formulierung die Bestimmung einer Synode über die Nüchternheit der Gläubigen an den Vigilien der Heiligenfeste wieder, die ich bisher nicht verifizieren konnte.

[295] Vgl. G. EIS, in: Verfasserlexikon V (1955), S. 601 f.; W. HAUBRICHS, Georgslied, Abschnitt 5.4.7.1.

lohnend, die rheinische Hagiographie einmal nach weiteren Spuren Prümer Legendenbearbeitungen abzutasten [296].

Die Handschrift (Cod. Paris B. N. f. l. 9448), die das oben erwähnte Tropar enthält, und die von dem Mönche Notker auf Kosten seines Mitbruders Wicking gefertigt wurde [297], enthält auch Bilder aus Heiligenlegenden, die einzelnen Festen zugeordnet sind [298]. Zusammen mit dem gleichfalls bebilderten Prümer Lektionar [299], das der Abt Ruotpert 1026/28 dem Kloster übergab, gewährt sie Einblick in die Prümer Schule der B u c h m a l e r e i , die V. H. ELBERN [300] als die eines kleineren Skriptoriums charakterisiert hat, das, unbeeinflußt von den Entwicklungen in Trier und Echternach, konservativ an den ererbten karolingischen Traditionen festhält. Die Prümer Miniaturen sind nach karolingischen Vorlagen gearbeitet — und in der Tat wissen wir von der Tätigkeit Prümer Maler im 9. Jh. In der ‚Vita S. Goaris‘ werden die *picturae basilicae* (der Kirche von St. Goar) geschildert, die der Belehrung des Volkes dienten, also wohl einen legendarischen Zyklus enthielten [301]. 844/53 fertigte zudem der *pictor* Helpericus im Auftrage des Abtes Ratleic von Seligenstadt eine Darstellung der Klosterpatrone Marcellinus und Petrus [302]. Auch die Kalenderillustrationen der Wandalbert-Handschrift R (Mitte 9. Jh.) mögen auf eine Prümer Vorlage zurückgehen [303].

S k r i p t o r i u m [304] und B i b l i o t h e k sind die Grundlagen klösterlicher Kultur. In Prüm sind infolge der großen Verluste sowohl die Produktion an Handschriften als auch der Bestand der Bibliothek nur schwer zu rekonstruieren. Als Hilfsmittel der Rekonstruktion müssen die Quellen herangezogen werden, welche Prümer Autoren für die Abfassung ihrer *opera* verwandten; aber auch dann wird das gewonnene Bild notwendig einseitig bleiben, ist doch

---

[296] Ansatzpunkte wären dabei 1) die Legenden weiterer Prümer Kultheiliger *(Primus et Felicianus, Chrysanthus et Daria etc.);* 2) die Passionare, in denen sich Bearbeitungen Prümer Provenienz finden.

[297] L. GAUTIER, Histoire, Bd. I, S. 75, 106 f.

[298] Die Handschrift enthält Abbildungen der heiligen Petrus und Paulus, Maria, Benedikt, Laurentius, Mauritius, Michael (als Drachensieger), Chrysantus und Daria, Martin und Andreas. Vgl. A. REINERS, Troparium; L. GAUTIER, Histoire, Bd. I, S. 123; S. BEISSEL, Miniaturen, S. 11—22; P. LAUER, Enluminures, S. 116—21 und Planche XLIV, 1 *(Assumptio Mariae);.* A. GOLDSCHMIDT, Buchmalerei, Bd. II, S. 59 f. u. Taf. 67 *(Circumcisio Domini; Assumptio Mariae)* bzw. Taf. 68 (Szenen aus der *Passio Petri et Pauli); P.* BLOCH/ H. SCHNITZLER, Malerschule, Bd. II, S. 95. 102. 108. 118. Erwähnungen in: Art Mosan No. 59; Trésors d'Art Meuse No. 212; Werdendes Abendland Nr. 419; Rhein und Maas, S. 186 (Abb. des heiligen Martin).

[299] Cod. Earl of Crawford 8 = John Rylands Library, Manchester Nr. 7. Vgl. H. SCHENKL, Bibliotheca, Bd. XII, S. 53; R. PRIEBSCH, Handschriften, Bd. I, S. 184 ff.; M. KEUFFER, Lektionar, S. 3—17; N. KYLL, Pflichtprozessionen, S. 43; A. GOLDSCHMIDT, Buchmalerei, Bd. II, S. 60 f. und Taf. 69—71 (Symbol des Evangelisten Matthäus; Einzug in Jerusalem; die Frauen am Grabe). Zum Sanctorale vgl. u. S. 102 ff.

[300] V. H. ELBERN, Kunst, S. 1024. Die Verfasser des Katalogs ‚Werdendes Abendland‘ Nr. 419 urteilen: „In den Miniaturen erscheinen turonische Elemente in provinzieller Brechung. In manchem erinnern die Bilder auch an maasländische Arbeiten". Eine Bibel aus Tours befand sich — als Geschenk Lothars I. — seit 852 in Prüm (Anm. 308 f.).

[301] PL 121, Sp. 664c.

[302] Vgl. Anhang II, Nr. 67.

[303] Vgl. Anm. 156.

[304] Über Prümer Urkundenschreiber vgl. H. ZATSCHEK, Benutzung, S. 183—86.

die Fündigkeit in einzelnen Bereichen abhängig von der Themenstellung der ausgewerteten Schriften [305].

B i b e l h a n d s c h r i f t e n können so nicht erschlossen werden. Hier ist man auf Erhaltenes und auf sekundäre Bezeugungen angewiesen. Lothar I. schenkte dem Kloster 852 *evangelium scilicet cum ebore. cristallo atque auro gemmisque compositum. I. bibliothecam cum imaginibus et maioribus characteribus in voluminum principiis deauratis* [306]. Das Evangeliar Lothars ist vermutlich identisch mit einem der beiden turonischen Evangeliare, die eventuell beide Prüm gehörten: [307]

(1) Berlin, theol. lat. fol. 733 (Mitte 9. Jh., mit Miniaturen); [308]
(2) Paris B. N. f. l. 266 (Mitte 9. Jh.) [309].

1003 befanden sich im Prümer Kirchenschatz *evangelia. IIII. cum eo quod domnus Lotharius dedit. ex quibus unum totum interius et exterius aureum. argenteum unum cotidianum. Tabule ad opus evangeliorum. IIII. due auro et lapidibus. altare argento compacte ... lectionarium. I. cum auro et gemmis paratum* [310]. Also drei weitere Evangeliare, vier ‚capitulare evangeliorum‘, ein Lektionar, das die Epistellesungen enthielt. Das 1003 erwähnte goldene Prümer Prachtevangeliar ist vor kurzem im sog. ‚Evangeliar von Kleve‘, das um die Mitte des neunten Jahrhunderts entstand, wiederentdeckt worden [310a]. Ein weiteres Lektionar ließ Abt Ruotpert 1026/28 anfertigen und weihte es der heiligen Maria; es war also wohl für den Marienaltar der Klosterkirche bestimmt [311]. Anzeichen der Benutzung weisen darauf hin, daß das Trierer Thomas-Evangeliar mit seiner einzigartigen Perikope für das Fest des heiligen Zacharias in Prüm lag [312]; dort besaß man seit 852 Reliquien des biblischen Heiligen.

---

[305] Ausgewertet wurden Wandalberts ‚Martyrologium‘ (WM) und seine ‚Vita S. Goaris‘ (WG), ‚Translatio SS. Chrysanthi et Dariae‘ (Tr), das Hymnar der Abtei (H), Reginos ‚Chronica‘ (RChr) und — mit Vorbehalt — seine kanonistische Schrift ‚De synodalibus causis‘ (RSC) sowie sein Musiktraktat ‚De harmonica institutione‘ (RHI), schließlich die ‚Annales Prumienses‘ (Ann.). Angaben über die Quellen dieser Schriften bei: P. SCHULZ, Glaubwürdigkeit, S. 2; H. ERMISCH, Chronik, S. 91 ff.; F. KURZE, Überlieferung, S. 313; M. MANITIUS, Regino, S. 200 f.; L. BOSCHEN, Annales, passim; E. DÜMMLER, in: MG Poetae, Bd. II, S. 567 ff.; J. DUBOIS, Martyrologe Wandalbert, passim; B. BISCHOFF, Wandalbert; H. HÜSCHEN, Art. ‚Regino‘, in: MGG XI, Sp. 133 f.; DERS., Regino, S. 216; M. MANITIUS, Quellen, S. 698; W. HELLINGER, Pfarrvisitation, Bd. I/II, passim.
[306] H. BEYER, UB Mittelrhein, Bd. I, Anhang Nr. 3.
[307] Vgl. L. DELISLE, Evangiles; K. STRECKER, Parisinus, S. 266; Kaiser Lothar war mit dem Martinskloster in Tours verbrüdert (Anm. 300).
[308] V. ROSE, Verzeichnis, S. 94 ff.; H. DEGERING, Prümer Evangeliar; T. KLAUSER, Capitulare S. XL, Nr. 30; H. SCHRADE, Malerei, S. 120 (Abb. 5); H. KNAUS, Geschenk, Sp. 1453.
[309] P. LAUER, Manuscrits, S. 97 f.; DERS., Enluminures, S. 57 ff., T. KLAUSER, Capitulare, S. LIX, Nr. 282. Die Handschrift befand sich später in Metz. Ob sie jemals in Prüm war, läßt sich nicht sicher erschließen. Vgl. H. KNAUS, Geschenk, S. 1453.
[310] H. BEYER, UB Mittelrhein, Bd. I, Anhang, Nr. 3.
[310a] Vgl. Ausstellungskatalog Karl der Große, Aachen 1965, S. 195 f.; V. ROSE, Verzeichnis, Bd. II, 1, S. 45 Nr. 268; H. KNAUS, Geschenk, Sp. 1439 ff.
[311] M. KEUFFER, Lektionar. S. 3 ff. R. SCHILLING, Ruotpertus-Evangelistar, S. 143 ff. Die Illustration der Handschrift folgt turonischen Vorbildern, die wohl durch das Lothar-Evangeliar (Anm. 308) vermittelt wurden.
[312] Vgl. Anhang II, Nr. 111.

Auch Reminiszenzen an p a t r i s t i s c h e S c h r i f t e n , B i b e l -
k o m m e n t a r e usw., sind schwer zu belegen: Isidors ‚Liber Etymologia-
rum' benutzten Wandalbert (WM) und Regino (RSC). Aus des Boethius ‚Con-
solatio Philosophiae' und des Hieronymus ‚Contra Rufinum' zitierte Regino in
der ‚Chronica'; seine Geschichtsauffassung ist von augustinischem Gedanken-
gut durchsetzt [313]. In seinem kanonistischen Handbuch (RSC) entlehnt er aus
den Schriften der Kirchenväter Ambrosius, Cassian, Fructuosus, Gregor [314], des
Angelsachsen und *legatus Germaniae* Bonifatius sowie des Fuldaer Abtes
Hraban. Diese Zitate darf man vielleicht als Lesefrüchte seiner in Prüm erworbenen Bildung auffassen. Zwei Prümer Handschriften des zehnten Jahrhunderts
enthalten die ‚Dialogi' Gregors (Berlin theol.lat.qu.124) und *varia opuscula
sancti Augustini* [315].

Besser weiß man — auch dank erhaltener Handschriften — über die Prümer
L i t u r g i c a Bescheid [316]. In Prüm wurden zwei verschiedene junggelasianische Sakramentare benutzt [317]. Sicher war auch ein Gregorianisches Meßbuch
vorhanden [318]. Das Fragment eines Missale (9./10. Jh.) mit Lektionen und
Gebeten ist erhalten [318a]. Das wichtige monastische Handbuch des Cod. Trier
1245, das in der zweiten Hälfte des 9. Jh.s in Prüm zusammengestellt wurde [319], enthält ein ‚hieronymianisches' Martyrologium abbreviatum (Trevirense) [320], die Benediktinerregel (in einer der aus St. Maximin stammenden Redak-

---

[313] H. LÖWE, Regino, passim.

[314] Vgl. Anm. 319.

[315] V. ROSE, Verzeichnis, Bd. II, 1, Nr. 318; H. KNAUS, Fonds Maugérard, Sp. 276 ff.
Die Gregorhandschrift wurde von einem Folcradus geschrieben. Vgl. D. GEUENICH, Personennamen, S. 40.

[316] Eine Übersicht über die liturgischen Handschriften aus Prüm bei P. SIFFRIN, Geschichte, S. 266. Das Kloster scheint auch die Eigenkirchen befreundeter Adliger reichhal-
tig mit liturgischen Handschriften ausgestattet zu haben. Um 880 wird eine Martinskirche bei einem später Prümer Hof genannt, deren Kirchenschatz zwei Missale, zwei Anti-
phonare, ein Lektionar, einen *collectarius gregorii*, ... 40 *omelie* und zuzätzlich noch
einen *liber omeliarum* enthielt. Vgl. H. BEYER, UB Mittelrhein, Bd. 1, Nr. 120.

[317] So schöpft der Prümer Collectar (2. H. 9. Jh.) außer aus dem Phillipps-Sakramentar, das demnach in Prüm benutzt wurde (vg. u. S. 98 f.), aus einem zweiten (dem St. Galler Exemplar S nahestehenden) Gelasianum, das auch für die Entwicklung des Prümer
Sanctorale der Zeit vorauszusetzen ist (vgl. u. S. 101). Vgl. P. SIFFRIN, Collectar, S. 228.
234.

[318] Vgl. P. SIFFRIN, Collectar, S. 228 f. 234. Es wies Ähnlichkeiten mit der O-Klasse
der Ausgabe Alkuins auf.

[318a] V. ROSE, Verzeichnis, Bd. II, 1, Nr. 318, S. 104.

[319] Inhaltsanalyse bei P. SIFFRIN (Collectar, S. 225, Anm. 2): (1) F. 1r Stundenzeittafel
(und ein medizinisches Rezept); (2) F. 1v—36v Regel des heiligen Benedikt; (3) F.
36v—51v ‚Martyrologium abbreviatum' (‚Trevirense'); (4) F. 52r—74v Lesestücke aus
Basilius (‚Tract. Adtende', ‚In Librum Psalmorum') und Gregor (‚Moralia in Job'); (5) F.
74v Medizinisches Rezept; (6) F. 75v—87v Hymnar; (7) Lesestücke aus Cassian (‚Colla-
tiones') und Gregor (‚Moralia in Job'); (8) F. 107r—129r Chorbuch; (9) F. 129v—138v
Collectar. „Regel und Martyrologium dienten zum Vorlesen im Kapitel morgens zur
Prim; die Basilius-, Cassian- und Gregorlesungen wurden bei der Complet benützt. Das
Hymnar und das Chorbuch ... waren für den Vorsänger bzw. den Chorleiter bestimmt.
Der Collectar gehörte in die Hand des Vorbeters, des Hebdomadarius" (ebd., S. 225). P.
SIFFRIN vermutet ansprechend (ebd., S. 224), daß Abt Regino das Buch 899 nach St.
Martin in Trier verbrachte, wo die Handschrift später nachweisbar ist.

[320] Vgl. u. S. 100.

tion verwandten Version) [321], das bekannte Hymnar [322], ein (unediertes) Chorhandbuch [323], einen Collectar [324], daneben aszetische Lesungen aus den Vätern, die „ganz im Sinne des heiligen Benedikt ... wohl vor der Complet zur Lesung dienten" [325]. Das Hymnar läßt als Vorlage ein benediktinisches Hymnar aus der ersten Hälfte des 9. Jh.s erkennen [326]. Daneben scheint auch eine Hymnensammlung mit älteren Liedern in ambrosianischem Stile benutzt [327]. In das zehnte Jahrhundert ist ein Blatt (Ps. 136—137) aus einem *psalterium feriatum* zu datieren [327a]. Vom Ende des 10. Jh.s stammt das Tropar des Cod. Paris B. N. f.l. 9448 [328]. Ein Rituale (Clm. 100) entstand an der Wende vom 11. zum 12. Jh. [329]. Das Schatzverzeichnis der Abtei nennt bereits 1003: [330] *Missalem unum cum auro et gemmis ... Antiphonarium . I . cum tabulis eburneis . Troparium . I . similiter cum tabulis eburneis.* Neben dem Martyrologium des Trierer Codex besaß man in Prüm wohl seit dem Ende des 8. Jh.s das zum Phillips-Sakramentar gehörige Martyrologium Labbeanum (ebenfalls ein ,hieronymianisches' Abbreviatum) [331], natürlich das metrische Martyrolog des Wandalbert, das Martyrolog des Florus von Lyon, des Beda und ein größeres ,Martyrologium Hieronymianum', welches Wandalbert benutzte [332], schließlich das Martyrolog des Ado von Vienne, eines ehemaligen Prümer Mönchs, das Regino für seine Chronik ausschrieb [332a]. Erhalten ist ferner ein Kalendar (neben zwei späteren), das über das Prümer Sanctorale des ausgehenden 9. Jh.s unterrichtet [332b]. Die an der Wende vom 11. zum 12. Jh. aufgezeichneten ,Annales necrologici' lassen auf ein seit dem späten 9. Jh. geführtes Nekrolog schließen, Mönchslisten auf einen spätestens seit der Zeit des Abtes Markward bestehenden ,Liber Confraternitatum' [332c].

An m o n a s t i s c h e n u n d a s z e t i s c h e n S c h r i f t e n besaß man neben der Benediktinerregel (die auch Regino für sein kanonistisches Handbuch verwandte), wohl die Regeln des Basilius, Caesarius von Arles, Aurelian von Arles und des Ferreolus (alle RSC). Wandalbert (WM) kannte Aldhelms ,De laudibus virginitatis', Regino (RChr) die ,Visio Wettini monachi' des Reichenauer Mönchs Heito.

---

[321] L. TRAUBE, Textgeschichte, S. 67. Vgl. R. HANSUK, Regula, S. XLVIII.

[322] Vgl. u. S. 101.

[323] Vgl. u. S. 101; zu diesem Prümer ,Liber Ordinarius' vgl. auch K. GAMBER, Sakramentartypen 154; DERS.., Codices 271, Nr. 1506.

[324] Vgl. u. S. 101.

[325] P. SIFFRIN, Collectar, S. 224.

[326] Vgl. o. S. 75 ff.

[327] Vgl. o. S. 78. Die aus dem 5./6. Jh. stammende Epiphanie-Hymne ,Illuxit orbi iam dies' (RH 8430) findet sich nur noch in zwei anderen Handschriften (Cod. Paris B. N. f.l. 1092, F. 39; Cod. Rom Vat. 7172, F. 27). Beides sind frühmittelalterliche italienische Benediktinerhymnare (P. LAUER, Catalogue, Bd. I, S. 397). Hier scheinen sich erneut Beziehungen der lotharingischen Königsabtei zum italienischen Reichsteil anzudeuten.

[327a] V. ROSE, Verzeichnis, Bd. II, 1, Nr. 318, S. 104.

[328] Vgl. o. S. 87; u. S. 102.

[329] A. FRANZ, Benediktionen, Bd. I, S. XXVI. 173; Bd. II, S. 362 f.

[330] H. BEYER, UB Mittelrhein, Bd. I, Anhang Nr. 3.

[331] Vgl. u. S. 99.

[332] H. QUENTIN, Martyrologes, S. 685.

[332a] H. ERMISCH, Chronik; M. MANITIUS, Geschichte, Bd. I, S. 700.

[332b] Vgl. u. S. 101 ff.

[332c] H. v. GADOW, Quellen, S. 57; G. ALTHOFF, Mönchsliste; G. TELLENBACH, Konvent.

Für seine ‚Chronica' benutzte Regino die L e g e n d e n der Bischöfe Arnulf von Metz, Paulinus von Trier, Severinus von Köln, Lupus von Troyes, des Sulpicius (II.) Pius von Bourges (der in dem nahen Ardennenkloster Stablo als Lehrer des Klostergründers Remaclus verehrt wurde) [332d], des Martin von Tours, des Albinus von Angers, des Paternus von Avranches, des Anianus von Orléans, des Vedastus von Arras, des Abtes Columban von Luxeuil und Bobbio, die ‚Vita S. Lamberti' des Lütticher Klerikers Godescalc, schließlich die ‚Vita S. Goaris', die Wandalbert neu edierte. Bemerkenswert ist die Kenntnis der Legende des aus einer mächtigen toskanischen Familie stammenden, dem 8. Jh. angehörigen Abtes Walfredus von Palazzuolo [332e] sowie der ‚Gesta Dagoberti', die Hilduin von St. Denis fälschen ließ, jener Prälat, der wohl seinen Lebensabend im Eifelkloster beschloß [332f]. Sicher war seit 844 im Kloster ein römischer ‚Liber passionum' vorhanden, der unter anderem die Vita der neuen Klosterheiligen Chrysantus und Daria enthielt [332g], wahrscheinlich aber auch ein gallikanisches Passionar mit Legenden orientalischer und gallischer Heiliger [332h]. Man kannte und benutzte für das zu Ehren der Heiligen von Munstereifel gefertigte hagiographische *opus* das Mirakelbuch (De gloria martyrum) des Gregor von Tours und die Märtyrer-Tituli, die Papst Damasus zugeschrieben wurden [332i], schließlich die ‚Vita S. Erminonis' des Abtes Anso von Lobbes [332k]. Alle diese Nachweise führen vor Augen, daß in Prüm neben der aktiven Hagiographie eine reiche Sammeltätigkeit betrieben wurde, die sich vornehmlich den Legenden solcher Heiliger zuwandte, mit deren lothringischen (Trier, Köln, Lüttich, St. Goar, Lobbes, Stablo, Metz) und westfränkischen Kultorten (Tours, Orléans, Angers, Avranches bzw. Poitiers, St. Denis) Prüm teils durch eigene wirtschaftliche und persönliche Interessen verbunden war, teils — wie bezüglich der Toskana — durch seine Aufgaben als Königskloster im weiträumigen lotharingischen Reichsverband Beziehungen unterhielt. Daß diese Sammeltätigkeit auch im zehnten Jahrhundert nicht nachließ, belegt die erhaltene Handschrift (Berlin theol.lat.fol.275) der ‚Vitae patrum' [332l].

Die in Prüm vorhandenen h i s t o r i s c h e n W e r k e müssen nahezu alle aus den Quellen Reginos und der ‚Annales Prumienses' erschlossen werden.

[332d] Reliquien des Heiligen aus dem Berry lagen allerdings auch in der Kirche St. Sulpice in Paris (E. BROUETTE, in: LThK², Bd. IX (1964), Sp. 1160 f.).

[332e] G. PICASSO, in: Bibl. Sanct., Bd. XII (1969), S. 932 f.; MG SS, Bd. I, S. 556. z. J. 752. Die Vita stammt vielleicht von Andreas, dem dritten Abt von Palazzuolo und entstand zu Beginn des 9. Jh.s.

[332f] Vgl. o. Anm. 155.

[332g] Vgl. o. S. 57 f. Diesem stadtrömischen Passionar konnte auch die Version Y der Geogslegende entnommen werden, die als Quelle des althochdeutschen Georgsliedes nachgewiesen wurde (vgl. W. HAUBRICHS, Georgslied).

[332h] Darauf deutet die Benutzung der im Rahmen eines gallikanischen Passionars überlieferten Version X-lat. der Georgslegende im althochdeutschen Georgslied (vgl. W. HAUBRICHS, Georgslied). Der im Georgslied verarbeiteten Quelle stand besonders nahe ein in Auxerre im ausgehenden 9. Jh. gebrauchter Typ von X-lat. Zu Auxerre aber besaß Prüm im 9. Jh. enge, vor allem im Heiligenkult sich niederschlagende Beziehungen. In diesem gallikanischen Legendar werden auch einige der oben aufgeführten, in Prüm benutzten Viten westlicher Heiliger gestanden haben.

[332i] Vgl. o. Anm. 134.

[332k] L. BOSCHEN, Annales, S. 187 f.

[332l] H. KNAUS, Fonds Maugérard, Sp. 170 ff.

Nur die Existenz von Caesars ‚De bello Gallico' läßt sich aus Wandalbert ermitteln, der die Schrift im Eingang der ‚Vita S. Goaris' zitierte (um die Lage Aquitaniens zu verdeutlichen) [333], die zeitweilige Präsenz einer Handschrift von Suetons ‚De vita Caesarum' aus einem Brief des Abtes Lupus von Ferrières an Abt Markward [334]. Vorhanden waren des Justinus Auszüge aus der Weltgeschichte des Pompeius Trogus [335], Bedas ‚Chronicon de sex aetatibus mundi', die Papstviten des ‚Liber pontificalis', des Paulus Diaconus ‚Historia Langobardorum', die ‚Gesta regum Francorum', die offiziöse Reichshistoriographie in Gestalt der ‚Annales S. Amandi' (vielleicht über Lobbes vermittelt) und der ‚Annales Laurissenses Maiores', vielleicht auch Einhards ‚Vita Karoli', seine Annalen und die ‚Gesta Ludouuici' des Thegan [336], die unter dem Einfluß des in Prüm gestorbenen Abtes Hilduin von St. Denis entstandenen ‚Gesta Dagoberti' [337], schließlich ein lokalhistorisches, lothringisch orientiertes Werk, das seit den Tagen Abt Markwards im Kloster geführt wurde, die sog. ‚Älteren Prümer Annalen'. Aus den Schriften der karolingischen Haus- und Geschlechtspublizistik besaß man zumindest die unter dem Einfluß des Klostergründers Pippin entstandene ‚Revelatio facta sancto papae Stephano' [338].

Nur schwer läßt sich die Existenz von in der *scola* verwandten Autoren der *artes* nachweisen. So liegt das auf ein Aachener Exemplar der Hofschule zurückgehende sog. ‚Astronomische Werk von 809' in der Prümer Handschrift Madrid B. N. 3307 vor [339] und wurde auch von Wandalbert, dessen eigene chronologische Schriften didaktischen Charakter besitzen, benutzt [340]. Regino verwandte für seinen musikalischen Traktat ‚De harmonica institutione' Exzerpte aus Martianus Capella, Macrobius (‚In Somnium Scipionis') und Cassiodor (‚Institutio') sowie aus den musikalischen Schriften des Boethius und des Aurelian von Réome (9. Jh.). Auch die anonyme ‚Rhythmimachia', einen musikalisch-mathematischen Traktat, kannte er [341]. Daß die Benutzung grammatischer, rhetorischer und mathematischer Werke in Prüm nicht nachgewiesen werden kann, liegt sicherlich nur an der beschriebenen Eigenart der ausgewerteten Überlieferung.

---

[333] PL 121, Sp. 641 C.

[334] E. JAROSSAY, Histoire, S. 112; L. LEVILLAIN, Loup, Bd. 1, S. 152, 156.

[335] F. RUEHL, Verbreitung, S. 12 ff.; Textesquellen, S. 11 f. 50. Die Handschrift, die Regino benutzte, war Paris B. N. f.l. 4950 aus dem 9. Jh. (R. RAU, Quellen, Bd. III, S. 282; O. SEEL, Epitoma, S. IV), die sich später im Besitz von Jacques BONGARS befand. Die nächsten Verwandten dieses Codex sind aus Fleury stammende Handschriften (Bern 160 aus dem 12. Jh.; Bern 538 ebenfalls aus dem 12. Jh.). Auch hier werden wieder Bindungen des Eifelklosters an den Loire-Raum deutlich.

[336] Falls der 1084 zu Prüm geschriebene Codex Trier Stadtbibl. 1286 in diesem Teil auf eine ältere Vorlage der Abtei zurückgehen sollte. F. KURZE, Überlieferung, S. 305.

[337] Regino hat die ‚Gesta Dagoberti' in folgenden Zügen benutzt (RChr): Bischof Arnulf von Metz wird als Lehrer König Dagoberts dargestellt; Dagoberts Sohn Sigibert wird durch Bischof Amandus getauft; Sage vom aquitanischen Rebellenherzog Sandregisil; Vision des Johannes; Verstümmelung des heiligen Dionysius (Raub eines Armes) durch Chlodowech II.

[338] P. OSTER, Leben, S. 35, 37.

[339] W. NEUSS, Meisterwerk; DERS., Kopie; L. BOSCHEN, Annales.

[340] B. BISCHOFF, Wandalbert, S. 832 f.

[341] W. BRAMBACH, Musikliteratur, S. 8 f.

Besser steht es mit den Zeugen der Prümer C l a s s i c a u n d P o e t i c a . Wandalbert zitiert in seinen Dichtungen Ovid, Horaz, Lucan, die ‚Anthologia Latina', Sedulius, Iuvencus, Arator und Venantius Fortunatus. In der ‚Conclusio' seines Martyrologs imitiert er in Metrum und Topoi die ‚Praefatio' des Prudentius [342], im Monatsgedicht erinnert er an den Anfang der Vorrede der ‚Georgica' Vergils [343]. Wie Regino (RChr) benutzte er auch die ‚Aeneis'. Ein Brief des Lupus von Ferrières bezieht sich auf ein in Prüm vorhandenes Exemplar von Ciceros ‚In Arato' [344].

Die j u r i s t i s c h e n u n d k a n o n i s t i s c h e n W e r k e der Prümer Bibliothek wiederum können fast nur aus den Schriften Reginos rekonstruiert werden — und auch das nur mit Vorbehalt, hat er doch für sein kanonistisches Handbuch sicherlich vorwiegend Material der Bibliothek des Bischofs von Trier verwandt. Sicher Prümer Ursprungs sind nur die in der ‚Chronica' benutzten Aktenstücke über den Ehehandel Lothars II., über den wohl Abt Eigil 860 zu Fall kam und die ‚Collectio Hispana', eine Dekretaliensammlung mit Briefen Gregors des Großen. In ‚De synodalibus causis' schrieb er den ‚Codex Theodosianus', mehrere ältere Poenentiale, unter anderem das des Halitgar von Cambrai, die Kapulariensammlung des Ansegis von Laon, die Leo IV. (847—55) zugeschriebene ‚Admonitio Synodalis', Pseudo-Isidor und die ‚Capitula ad presbyteros parochiae suae' des Erzbischofs Hincmar von Reims aus. Seine Kenntnis zahlreicher westfränkischer Synodalbeschlüsse, unter anderem der Akten der Synode von Nantes (895?) könnten durch den regen Verkehr seiner ehemaligen Abtei mit dem Westen vermittelt sein. Vorhanden war in Prüm der ‚Liber canonum' des afrikanischen Bischofs Cresconius in einer Handschrift (Berlin lat.qu.104) aus der zweiten Hälfte des neunten Jahrhunderts [344a].

Erst in Reginos Abtszeit (892—899) kommt es in Prüm zu geordneten V e r z e i c h n i s s e n d e r w i r t s c h a f t l i c h e n E i n n a h m e n d e r Abtei (Urbar von 893) [345]; die Diplome des Klosters wurden gar erst unter seinem Nachfolger, Abt Richar (um 920), in einer Handschrift vereinigt [346].

Alles in allem lassen die Quellen doch ein gesichertes Bild der monastischen Kultur der Eifelabtei im 9. Jh. zu; es ist das Bild eines vornehmlich an der Propagierung von Heiligenkulten, deren Zahl und Intensität noch durch den Erwerb von Reliquien gesteigert wurde, interessierten Konvents, welchem Interesse er in Hagio- und Hymnographie und in der Entwicklung der liturgischen Musik bleibenden Ausdruck gab. Zwei Konstanten bestimmen zusätzlich

---

[342] G. BERNT, Epigramm, S. 26 f.
[343] G. BERNT, Epigramm, S. 292 f.
[344] L. LEVILLAIN, Etudes, Bd. II, S. 291. Ciceros ‚Aratea' waren eine Übertragung der ‚φαινόμενα' des Arat, einer poetischen Beschreibung des Himmels und seiner Sternbilder. Sie sind nur als Fragment überliefert. Aus dem Brief des Lupus von Ferrières (Nr. 69) geht hervor, daß der gelehrte Abt Prüm im Besitz der verlorenen Stücke glaubte (vgl. RE PAULY-WISSOWA, 2. Reihe, 13. Halbbd., 1939, Sp. 1239).
[344a] V. ROSE, Verzeichnis, Bd. II, 2, Nr. 611, S. 551 ff.; H. KNAUS, Fonds Maugérard, Sp. 270 ff. Der *liber* ist ediert: PL 88, Sp. 829—942.
[345] H. v. GADOW, Quellen, S. 39 f.
[346] H. v. GADOW, Quellen, S. 39 f.

die Entfaltung des geistigen Lebens in Prüm: das reichspolitische, schließlich lotharingische Denken (Historiographie) der Königsabtei und die ökonomische sowie kulturelle Verflechtung mit dem Westen. Zeigen sich am Anfang des 9. Jh.s die Wirkungen der karlischen und anianischen Reform und der Romanisierung in Heiligenkult und Liturgie, so strömt gegen Ende des 9. Jh.s adlige Standesideologie (Regino) ein und kündigt eine eigenartige Synthese von monastischer und aristokratischer Ethik an.

3. Heiligenkult und Kalendar des Klosters

Mittelpunkt monastischen Lebens im frühen Mittelalter ist das *opus Dei* — die Verehrung Gottes und seiner Heiligen [347]. Um das Prümer Sanctorale, wie es sich gegen Ende des 9. Jh.s darstellte, zu rekonstruieren, besitzen wir folgende Unterlagen: [348]

(1) Angaben über die Patrozinien des Klosters
sind in ausführlicher Form in Urkunden aus den Jahren 720 (P[1]), 752 (P[2]), 762 (P[3]), 852 (P[4]), 1003 (P[5]) enthalten [349], dazu kommen Nennungen von Altarpatrozinien 1003 (P[5]) — die Klosterkirche besaß damals außer dem *altare aureum s. Salvatoris*, dem *altare omnium sanctorum*, dem der Gottesmutter (sowie Michael und Andreas) geweihten Altar in der Krypta noch weitere zwölf Altäre, die 1098 (P[7]) bei einer Neuweihe zum Teil aufgezählt werden [350]: einer war Johannes dem Täufer, ein zweiter den Märtyrern unter Führung des Mauritius, ein dritter den Bekennern und Bischöfen unter Führung von Remigius und Germanus, ein vierter den Jungfrauen unter Führung von Margaretha und Columba geweiht. Der Altar in der Sakristei trug bezeichnenderweise das Patrozinium des *diaconus* und *prothomartyr* Stephan. Über die Patrozinien der restlichen acht Altäre sind nur Vermutungen möglich: wahrscheinlich waren die übrigen Konpatrozinien des Klosters — Petrus und Paulus, Dionysius, Martin und Benedikt — darunter vertreten. Die Klosterkirche war von einem Kranz abhängiger Kirchen und Kapellen umgeben; St. Vedast (die Laienkirche?), deren Altarpatrozinien 1047 (P[6]) genannt werden [351], St. Maria (Kapelle des *palatium?*), an der 1026/28 ein Stift errichtet wird, St. Peter, St. Agatha (Konpatrozinien: Caecilia, Lucia), St. Benedikt und (seit etwa der Mitte des 9. Jh.s) St. Gordian und Epimach, die Hofkapelle von Niederprüm. Für die Prümer Heiligenverehrung sind ferner die Patrozinien der gegen Ende des Jahrhunderts bestehenden Eigenkirchen wichtig [352]. Freilich hat Prüm seine Hauspatrozinien kaum zur Kennzeichnung (Pertinenzpatrozinium) seiner Besitzungen verwandt [354]; es bestehen jedoch Einflüsse des reichhaltigen Heiligen- und Reliquienkults des Klosters auf die Patrozinienwahl der Eigenkirchen [355].

---

[347] Vgl. G. SCHREIBER, Gemeinschaften, passim.
[348] Zum Prümer Sanctorale vgl. ANHANG I.
[349] H. BEYER, UB Mittelrhein, Bd. I, Nr. 8, 10, 16. MG DD Karol., Bd. I, S. 16; MG DD Lothar I, Nr. 122; K. v. ROZYCKI, Evangeliarium, S. 12 f.
[350] K. v. ROZYCKI, Evangeliarium, S. 12—15.
[351] MG SS, Bd. XV, S. 1281; Bd. XXX, S. 760 f.; H. v. GADOW, Quellen, S. 61; F. SCHILLMANN, Görreshandschriften, S. 94 ff.; L. DELISLE, Evangiles, passim; K. v. ROZYCKI, Evangeliarium, S. 13.
[352] Übersicht vgl. o. S. 42—46.
[354] F. PAULY, Siedlung, Bd. II, S. 116. Vgl. ANHANG II, Nr. 1.
[355] Vgl. ANHANG II. Für sich allein genommen sind freilich die Patrozinien der Eigenkirchen ein wenig taugliches Instrument, den Heiligenkult des Klosters zu beschreiben, da wir oft über die möglichen Vorbesitzer bzw. Stifter nicht informiert sind. Auch

(2) Heiligenreliquien

werden mehrfach im Besitz des Klosters erwähnt: so behauptet schon die Stiftungsurkunde von 762 (R[1]), daß Reliquien aller Patrone des Klosters in der Kirche ruhten [356]. Über weitere Reliquienerwerbungen des Klosters werden wir anläßlich der Romfahrt des Abtes Markward 844 (R[2]) [357] informiert. Nahezu sämtliche (wohl alle bedeutenden) Reliquien zählt das Schatzverzeichnis von 1003 (R[5]) auf [358], darunter auch die durch die Schenkung Lothars I. von 852 (R[3]) [359] erworbenen. 1047 erfährt man Nachrichten über Altarreliquien in der Vedastus- (R[6]) bzw. der Salvatorkirche (R[7]) [360]. Schwierig bleibt die chronologische Einordnung des Verzeichnisses, das nach BROWER die Reliquien aufzählte, die angeblich Abt Markward aus Rom beibrachte (R[4]). In seiner vorliegenden Form könnte es auf Notizen des späten 10. Jh.s zurückgehen [361].

(3) Das im ausgehenden 8. Jh. in Ostfrankreich geschriebene, junggelasianische sog. Phillipps-Sakramentar [362]

wurde in der zweiten Hälfte des 9. Jh.s nachweislich in Prüm gebraucht [363].

---

bei den innerhalb der Prümer Patronatspfarreien entstandenen Filialkirchen mögen sich grundherrliche Einflüsse geltend machen, die jedoch wiederum nicht unabhängig vom Kult des Klosters sind, das ja auch seine *familia* liturgisch und kultisch betreute.

[356] H. BEYER, UB Mittelrhein, Bd. I, Nr. 16.

[357] Vgl. o. S. 57.

[358] H. BEYER, UB Mittelrhein, Bd. I, Anhang, Nr. 3; Übersetzung bei A. DIGOT, Inventaire. Eine Strukturanalyse des Reliquienverzeichnisses von 1003 wäre aussichtsreich. Im wesentlichen arrangiert es drei Gruppen von *martyres, virgines* und *confessores*. Zwischen Märtyrern und Jungfrauen ist ein Nachtrag eingeschoben, der andeutet, daß ein älteres Verzeichnis der Neuredaktion von 1003 zugrundelag.

[359] MG DD Lothar I., Nr. 122, S. 279 ff.; H. BEYER, UB Mittelrhein, Bd. I, Anhang, Nr. 3.

[360] L. v. ROZYCKI, Evangeliarium, S. 13.

[361] Vgl. u. Anm. 436.

[362] Die Handschrift Berlin S. B. Phillipps 1667 enthält ein hieronymianisches ,Martyrologium abbreviatum', ein junggelasianisches Sakramentar mit ausgeprägtem gallikanischem Proprium, und ein mit Cummeanus verwandtes Poenitentiale. Vgl. E. BOURQUE, Etude, Bd. II, 1, S. 90—92. 105 ff.

[363] Wegen der Nachträge (9. Jh.) von Trierer Heiligen (7. XI. *Sci Uuillibrod;* 8. XII. *Ohcharii confessoris)* wurde bereits von E. de PUNIET (Sacramentaire Phillipps, S. 102) vermutet, daß das Sakramentar früh in der Trierer Diözese gebraucht wurde. Die Schreibung -*brod* statt -*brord* kommt auch in anderen Trierer Handschriften vor. Die romanische Schreibweise von *Eucharius* (epinthetisches h, ‹eu› → ‹o› wie in *Eucharius → Auquély, Euphemia →Offenge, Eulalia →Aulaire)* würde sich jedoch gut aus dem romanischen Charakter des frühen Prümer Sakramentars erklären. Die starke Berücksichtigung von Heiligen aus Angers und aus dem Pariser Raum könnte gar auf eine Entstehung des Codex in dem in seiner Frühzeit stark mit Mönchen aus Meaux und dem Anjou durchsetzten Prümer Konvent deuten. Die Namen *Rothgarius, Gerbertus,* die im Sakramentar eingetragen sind (im Martyrolog zum 11. X. auch: *Obiit Rohtgehr in pace)* gehören wohl Prümer Mönchen, die dicht nebeneinander im Ansbald-Konvent vorkommen (G. TELLENBACH, Konvent, Tabelle). In der zweiten Hälfte des 9. Jh.s benutzte der Redaktor des Prümer Collectars das Sakramentar Ph (P. SIFFRIN, Collectar, S. 232). Wegen der Lücke vom 25. V. bis 29. VIII. weiß man nicht, ob nicht auch im Sakramentar das Goarsfest (6. VII.), ein Prümer Eigenfest, für das im Collectar Formelgut aus Ph entlehnt wurde, mit einem Formular versehen war. Ein Indiz für Prümer Benutzung von Ph ist ferner die dem Sakramentar und Regino (R. RAU, Quellen, Bd. III, S. 192; E. de PUNIET, Sacramentaire

Über das junggelasianische Sanctorale (Lücke 25. V. bis 29. VIII.) hinaus führt das Proprium von Ph noch Heilige der Diözesen Autun (Leodegar, Regina), Angers (Albinus, Maurilius), Poitiers (Hilarius), Auxerre (Germanus), Orléans (Anianus), Paris (Genovefa, Germanus, Chlodoald, Dionysius), Reims (Remigius), Metz (Arnulf) und den burgundo-fränkischen Königsheiligen Mauritius ein [364]. Am auffälligsten ist aber die Feier des Festes des heiligen *Agentius et sociorum,* die in Moyenvic (Diözese Toul) verehrt wurden [365], dazu die Auszeichnung des Festes der afrikanischen Märtyrer Aemilius und Castus (22. V.) an einem ungewöhnlichen Datum (30. IX.), das sich wohl nur auf eine Translation beziehen kann [366] und die *dedicatio basilicae S. Stephani* (1. XII.) [367]. Das dem Sakramentar vorgeschaltete Martyrologium Labbeanum (ML), ein MH ‚abbreviatum' [368], zeigt außer den Festen der im 9. Jh. zugesetzten, auch in Prüm verehrten Heiligen Eucharius von Trier und Willibrord von Echternach keinerlei Eigenheiten, die über den Prümer Heiligenkult Aufschluß geben könnten.

(4) Das Martyrologium Wandalberts von 848 (W[1])

beruht im Kern auf dem Martyrolog des Florus von Lyon [369]. Für die Rekonstruktion des Prümer Sanktorale sind die Heiligenfeste seines Proprium (W[2]) wichtig — dazu jene übernommenen Feste, die er mit mehr als zwei Versen bedachte. Zu Wandalberts Martyrolog wurden in Prüm mehrere Zusätze (W[3]W[4]) gemacht, welche die Entwicklung der Heiligenverehrung im Kloster während des späteren 9. und 10. Jh.s spiegeln [370].

Gélasien, S. 291 f.) gemeinsame populäre Obliquus-Form *Maurilio* beim Namen des heiligen Bischofs von Angers. Schließlich gelangte das Sakramentar wie die Handschrift des Collectars (Anm. 319) — vielleicht mit Regino 899 — in die Trierer Abtei St. Martin.

[364] E. de PUNIET, Sacramentaire Phillipps, S. 99; E. BOURQUE, Etude, Bd. II, 1, S. 103 f.

[365] Ein Kalender des 14. Jh.s aus Toul hat den Eintrag zum 30. X.: ... *et in territorio Tullensi, apud vicos Salinarum, sanctorum Pientii et Agentii confessorum et sancte Columbe virginis sororis eorum.* Vgl. H. QUENTIN, Martyrologes 239.

[366] Vgl. G. TANNI, Bibl. Sanct., Bd. III (1953), S. 938 f.; G. ZILLIKEN, Festkalender Köln, S. 70 f.; P. MIESGES, Festkalender Trier, S. 56. Augustin machte das afrikanische Heiligenpaar durch einen ihm gewidmeten Sermo bekannt (PL 38, Sp. 293—7).

[367] Sowohl die Kathedralen von Toul als auch von Metz waren dem Erzmärtyrer geweiht; aber in Toul lag das Weihefest auf dem 3. Oktober (H. QUENTIN, Martyrologes, S. 237—39), in Metz auf dem 27. Juni und später auch auf dem 25. Sept. (J. B. PELT, Etudes, Bd. I, S. 48. Vgl. E. EWIG, Kadhedralpatrozinien, S. 40—46. Nun gehörte aber dem Priorat Moyenvic noch bis mindestens 895 die Stephanskirche von Villey-Saint-Etienne (MG SS, Bd. VIII, S. 635, 638). So muß man wohl annehmen, daß das Sakramentar Ph ursprünglich für Moyenvic gefertigt worden war, wo Prüm auch Besitznachbar war (vgl. o. S. 20, Anm. 37). Das Fest des afrikanischen Märtyrer *Castus et Aemilius* könnte eine sonst nicht überlieferte Translation nach Moyenvic bezeugen. Das Festdatum findet sich für einen Castus zu diesem Datum im ‚Martyrologium Hieronymianum'; in dem zum Phillipps-Sakramentar gehörigen Auszug, dem ‚Martyrologium Labbeanum' (ML) für *Natalis Aemili et Casti.* Das Fest von Moyenvic wurde also an einen Eintrag des MH angelehnt. Möglich wäre aber auch die Uminterpretation eines ursprünglich lokalen Kultes eines Castus in Moyenvic zugunsten des berühmten afrikanischen Märtyrerpaars. Vgl. B. de GAIFFIER, Castus et Aemilius, S. 379 ff.

[368] AA SS Juni, Bd. VI, S. 801—09.

[369] Vgl. o. S. 59.

[370] Vgl. u. S. 123 ff. Zusätze der Hs. C sind mit W[3], Zusätze der Hs. *P bzw. *PBA mit W[4] gekennzeichnet.

(5) Das sog. ‚Martyrologium Trevirense' (T) aus der Mitte des 9. Jh.s [371] ist wie ML ein MH ‚abbreviatum' [372]. Der Grundstock (T[1]) ist in der Prümer Redaktion durch geringes Sondergut (T[2]) ergänzt. Dazu kommen zahlreiche frühe Nachträge (T[3]) von mindestens zwei Händen [373]. Für die ebenfalls zahlreichen Nachträge späterer Hände ist — da sich die Handschrift möglicherweise bereits seit 899 in Trier befand [374] — Prümer Provenienz nicht unbedingt gesichert. Sie verzeichnen vorwiegend Heilige der Trierer Kichenprovinz (z. B. *Lubentius, Agritius ep., Quiriacus presb.*).

---

[371] Vgl. Anm. 319. Der Zeitansatz P. SIFFRINs (Collectar, S. 226), der im Anschluß an die Bollandisten an die Wende vom 8. zum 9. Jh. denkt, scheint nicht haltbar; eher ist an die Mitte des 9. Jh. zu denken; die erste Hand der Zusätze, die das Martyrolog bearbeitete, schrieb nach 855 (Anm. 373). Prümer Herkunft ergibt sich aus den Einträgen *depositio s. Goaris confessoris* (6. VII.), *dedicatio basilice Sancti Salvatoris* (26. VII.) und *Eucharii confessoris atque pontificis* (8. XII.), die sämtlich von erster Hand stammen (vgl. Anm. 363).

[372] Analecta Bollandiana 2 (1893), S. 7—34. Besonders nahe steht es Gellone (G) und dem ‚Labbeanum' (L), das ja in Prüm lag (Anm. 363): z. B. fehlt in G zum 8. II. *Sebastiani:* T stimmt aber darin zu L. Zusammen mit G und L hat T zum 2. XI. *depositio Perminii episcopi* (die Notiz über den aus Meaux stammenden fränkischen Reformmönch); Eigengut sind: zum 2. VII. *depositio Romani episcopi urbis Meldinse* (nekrologische Notiz über den 775 verstorbenen Pirminschüler und Bischof von Meaux, aus dessen *congregatio* 752/62 Mönche nach Prüm entsandt wurden), zum 28. V. *Carnotas Carauni martiris* (Kult und Vita des Märtyrers von Chartres, St. Chéron, sind sonst nicht vor dem 9. Jh. belegt, erhellen aber aus Prüms intensiven Beziehungen zu den Kirchen der Kirchenprovinz Sens), zum 24. VII. *Parisius translatio sancti Germani* (Germanus von Paris gehört auch zum Proprium im Sanctorale des Sakramentars Ph). In Anbetracht der Tatsache, daß auch das Martyrolog des Sakramentars von Gellone (G) auf ein Modell aus Meaux zurückgeht, und das Proprium von T die Kirchenprovinz Sens, insbesondere die Diözese Meaux besonders auszeichnet, scheint der Schluß nahezuliegen, daß T neben L als Vorlage ein Martyrolog diente, das mit den von Bischof Wulfram von Meaux (c. 757—769), dem Nachfolger des Romanus, entsandten Mönchen nach Prüm gelangte. Tatsächlich ist auch Bischof Wulfram, der in der Gründungsurkunde von 762 neben Romanus als zweiter geistlicher Gründer des Eifelklosters genannt wird (vgl. o. S. 32), nicht mehr in den Notizen von T untergekommen.

[373] Die Hand (a) der Zusätze trug u.a. die nekrologischen Notizen zu König Pippin (+ 768) und Kaiser Lothar I. (+ 855 in Prüm) nach (vgl. Anm. 20). Ihr gehören auch die Festeinträge an zur *depositio lupiani confessoris (et) martiris (1. VII.), einem Prümer* Eigenfest, *Chrisanti et darie (25. X.), einem Prümer Eigenfest seit 844, thedori martiris (9. XI.), Placentiae antonini mr (13. XI.), Papia depositio sancti siri episcopi et confessoris (8. XII., statt 9. XII.).* Streichungen nahm Hand (a) am hieronymianischen Georgsfest des 25. April vor. Reliquien des heiligen Georg und des heiligen Theodor kamen 852 durch Lothar I. nach Prüm (R[3]). Hand (a) dürfte also wohl in den späten Fünfziger bzw. frühen Sechziger Jahren des 9. Jh.s schreiben. Metzer Interessen verraten die Einträge zu den Metzer Bischöfen Arnulf (wie W 16. VIII. statt MH und T[1] 18. VII.; vgl. O. G. OEXLE, Arnulfverehrung) und Adelphus (29. VIII.). Adelphus wurde im 9. Jh. besonders bekannt durch die Übertragung seiner Gebeine in der Zeit des Bischofs Drogo (826—855) nach dem elsässischen Metzer Eigenkloster Neuweiler. Ein Adelphus wurde zum gleichen Datum auch in Remiremont verehrt. Bemerkenswert der Eintrag des Bischofs Auctor von Trier (20. VIII.). Gleichzeitig mit (a) dürfte die zweite Zusatzhand (b) schreiben. Die Nachträge zu T befinden sich oft in auffälliger Übereinstimmung mit Prümer liturgischen Quellen, vor allem mit K[3] und dem Proprium Wandalbert (W[2]): so haben den Eintrag des Lokalheiligen Eugenius von Deuil (bei Paris) gemeinsam nur W[2]T[3]K[3]. Hier macht sich Prümer Eigengut und Prümer Kulttradition, die ihre Wurzeln im Raum der Kirchenprovinz Sens hat, erneut bemerkbar.

[374] Vgl. o. Anm. 319.

100

(6) Das Kalendar (K¹) der Handschrift Madrid B. N. 3307 [375].

Die Madrider Handschrift und auch ein gallikanischer Grundstock (G) des Kalendars entstanden in der ersten Hälfte des 9. Jh.s — nach einer Vorlage der Aachener Hofschule von etwa 809 — in Murbach [376]. Vor 848 kam sie nach Prüm und wurde dort wohl seit etwa 855 benützt [377]. K¹ dürfte erst nach 865 eingetragen worden sein [378]. Um 923 gelangte die Handschrift mit Bischof Richar, dem ehemaligen Prümer Abt, der Bischof von Lüttich geworden war, in die Bischofsstadt an der Maas [379]. Im Kalendar fehlen die Monate Januar und Februar, für November und Dezember sind die Angaben unvollständig.

(7) Der Prümer Collectar (C) der Handschrift Trier 1245

entstand bald nach der Mitte des 9. Jh.s [380]. Leider nur fragmentarisch erhalten (bis Mitte September) bietet sein sparsames Sanctorale (etwa dreißig Feste), das aus den Heiligenfesten der Vorlagensakramentare eine beschränkte Auswahl trifft, einen wertvollen Ansatz zur Rekonstruktion einer Liste der liturgisch gefeierten Prümer Hochfeste des 9. Jh.s [381].

(8) Das Prümer Hymnar (H) der Handschrift Trier 1245 entstand in der zweiten Hälfte des 9. Jh.s [382].

(9) Das Prümer Chorbuch (P) der Handschrift Trier 1245 entstand in der zweiten Hälfte des 9. Jh.s [383].

---

[375] Vgl. o. Anm. 332 b; L. Boschen, Annales, S. 13 ff. Neuedition ebd., S. 27 ff. mit zahlreichen Ergänzungen gegenüber der Ausgabe von W. Neuss. Am Original scheint nach einer Bemerkung von Boschen (S. 32, Anm. 15) weitere Komplettierung möglich.

[376] L. Boschen, Annales, S. 25, Anm. 80 (nach B. Bischoff). Zur Herkunft des Grundstocks des Kalendars ebd., S. 56 ff.

[377] Wandalbert benutzte für sein 848 abgeschlossenes zyklisches *opus* das in der Handschrift enthaltene sog. ‚Astronomisch-Komputistische Werk von 809‘ (Anm. 339). Wahrscheinlich bereits seit 855, sicher aber seit 887 trug man in Prüm annalistische Notizen in die Handschrift ein (L. Boschen, Annales, S. 75—95. 179 ff.). Im „Kapitel über die Berechnung des Weltjahres" ist am Rande die Jahreszahl 879 beigefügt (ebd., S. 23), was auf das Jahr der Entstehung deuten könnte.

[378] K¹ berührt sich in den Heiligenfesten mehrfach mit Wandalberts Martyrolog (L. Boschen, Annales, S. 73 f.). Da jedoch beide unabhängig voneinander auf eine verlorene Prümer Quelle zurückgehen können, läßt sich hieraus kein chronologischer Ansatz gewinnen. Einen ‚terminus post quem‘ liefert die Erwähnung der 844 nach Prüm transferierten Heiligen Chrysanthus und Daria (25. X.); wahrscheinlich auch die *commemoratio* der Heiligen Eusebius und Pontianus, deren Reliquien Prüm besaß, die aber erst um 865 ins Westfrankenreich gelangten (vgl. u. S. 124). Auch die Verzeichnung des Festes des heiligen Lupianus von Rézé (1. VII.), dessen *corpus* wohl erst in den Fünfziger Jahren des 9. Jh.s nach Prüm transferiert wurde (vgl. u. S. 123), spricht für eine Entstehung nach der Jahrhundertmitte.

[379] L. Boschen, Annales, (S. 25 f. 62). Hier trug man in Majuskeln das in Prüm vergessene (jedoch — wie vor allem aus T² ersichtlich — gefeierte, vgl. Anhang II, Nr. 57) Fest des Lambert von Lüttich (17. IX.) ein.

[380] Vgl. o. Anm. 319; P. Siffrin, Collectar, passim.

[381] Vgl. u. S. 128 ff.

[382] Vgl. o. S. 75 ff. Die Datierung von C. Blume (10. Jh.) ist zu spät — vgl. P. Siffrin, Collectar, S. 225 f.

[383] Vgl. o. Anm. 319, nun auch A. Kurzeja, Liber Ordinarius, passim.

(10) Der Tonar Reginos von Prüm (To) von etwa 900

spiegelt zwar die Trierer Liturgie der Jahrhundertwende, weist aber auch Einflüsse des Prümer Sanctorale auf [384].

(11) das Prümer Brevier (B) der Handschrift Leipzig Musikbibl. Rep. I 93 [385]

entstand um 900, als man in Prüm eine neue Offiziumsordnung einführte, sich von Reginos Tonar einen Auszug machte und dann das der neuen Offiziumsordnung entsprechende Breviarium zusammenstellte.

(12) Die Litanei von Münstereifel (L[1])

entstammt — wenn auch erst in einer Abschrift des 15. Jh.s überliefert [386] — in der vorliegenden Gestalt spätestens dem 10. Jh. [387]. Durch Vergleich mit nahe verwandten Stücken läßt sich eine Vorlage aus der zweiten Hälfte des 9. Jh.s sichern [388].

(13) Der Prümer Tropar (Tr) des Cod. Paris B. N. f.l. 9448

entstand etwa 990/95. Während sein Sanctorale durchaus lokales Gepräge besitzt, kommen die Sequenzen zum Großteil aus dem Kreise Notkers von St. Gallen [389].

(14) Drei Litaneien (L[2]) des Prümer Tropars von 990/95 [390].

(15) Das Prümer Lektionar im Codex Manchester, Rylands Library Nr. 7 von etwa 1026/28 [391].

---

[384] Vgl. o. Anm. 192. A. KURZEJA (Liber Ordinarius, S. 44 ff.) weist nach, daß Regino im wesentlichen ein Antiphonar der Trierer Domkirche benutzt hat.

[385] A. KURZEJA, Liber Ordinarius, S. 46 f., Anm. 143.

[386] H. FLOSS, Romreise, S. 96 ff.

[387] W. LÖHR, Geschichte, S. 66 f.; M. COENS, Recueil, S. 216 ff.

[388] Vgl. W. HAUBRICHS, Hero sancte Gorio, Abschnitt 2.2.1.5.

[389] Vgl. o. S. 87.

[390] Cod. Paris B. N. f. l. 9448, F. 89v—90r (1) *Xristus, Maria, Michael, Gabriel, Raphael, Iohannes, Petre, Paule, Andrea, Iacobe, Johannes, Stephane, Clemens, Sixti, Dionisi, Rustice, Eleutheri, Sergi, Bache, Nazari, Celse, Hilari, Martine, Benedicte, Gregori, Ieronime, Arnullfe, Adelfe, Maximine, Felicitas, Perpetua, Petronilla, Agnes, Agatha, Cecilia;* F. 90v (2) *Xriste, Maria, Michael, Gabriel, Raphael, Iohannes, Petre, Paule, Thoma, Philippe, Bartholome, Matthee, Symone, Laurenti, Ypolite, Grisogo . . ., Corneli, Cypriane, Sergi, Bache, Mauriti, Innocenci, Saturnine, Augustine, Ambrosi, Benedicte, Germane, Ieronime;* F. 91r—91v (3) *Xre, MARIA, Michael, Gabriel, Raphael, Iohannes, PETRE, Paule, Thadee, Luca, Marce, Sebastiane, Quentine, Lantberte, Gereon, Simphoriane, Gervasi, Prothasi, Cristophore, Peregrine, Silvestre, Benedicte, Maximine, Marcialis, Marcelle, Flodoalde, Sulpici, Maxime, Aldegunde, Gertrudis, Tecla.* Auch diese drei Litaneien verraten durchaus noch die Westorientierung der Abtei. Es werden angerufen Lokalheilige von Poitiers *(Hilarius)*, Tours *(Martinus)*, Autun *(Simphorianus)*, Bourges *(Sulpicius)*, Limoges *(Martialis)*, Toulouse *(Saturninus)*, Orléans/Micy *(Maximus* bzw. *Maximinus)*, Auxerre *(Peregrinus)*, Paris *(Dionisius, Rusticus, Eleutherius, Germanus, Marcellus, Flodoaldus* bzw. *Chlodoaldus)*, Reims *(Christopherus)*, Mons *(Aldegund)*, Nivelles *(Gertrudis)*, Metz *(Arnulf, Adelfus)*, Trier *(Maximinus* 2×), Soissons *(Sebastian)*, St. Quentin *(Quentinus)*, Köln *(Gereon)*, Lüttich *(Lantbert)*, Stablo *(Sulpicius)*, Lorsch *(Nazarius)*, Weißenburg *(Sergius* und *Bachus)*, Münsterdreisen *(Saturninus)*, Magdeburg *(Mauritius, Innocentius)*.

[391] Vgl. o S. 90.

Das mit manchen Zusätzen versehene ‚capitulare evangeliorum' (E-E[1]) gründet im Sanctorale auf dem Typ I ., wie er etwa auch in der Trierer Ada-Handschrift und dem wahrscheinlich in Prüm gebrauchten Evangeliar von Tours (Cod. Paris B. N. f.l. 266) vorliegt [392].

(16) Das Prümer Kalendar von 1201 (K[2]) aus dem Codex Bonn UB 370 [393] trägt durchaus lokalen Charakter und könnte auf eine Prümer Vorlage des 10. Jh.s zurückgehen, wozu seine zahlreichen Übereinstimmungen mit T[3] passen [394].

(17) Das Kalendar des Missale aus dem 14. Jh. (K[3]) im Codex Berlin S. B. Lat. 704 [395]

---

[392] Vgl. W. H. FRERE, Studies, Bd. II, S. 219 f.; Th. KLAUSER, Capitulare, S. CII, Nr. 179.

[393] V. BURR, Calendarium Elvacense, S. 372—416; vgl. L. BOSCHEN, Annales, S. 71.

[394] K[2] besaß sicherlich eine Vorlage aus der Diözese Köln. Dafür zeugen die Einträge der *Translatio S. Benigni in Sigeberg* (Siegburg) zum 17. II., der *Translatio Agilolfi ep.* (Köln) zum 9. VII., der Heiligen *Suibertus* (Kaiserswerth) zum 1. III., *Heribert ep.* (Köln) zum 16. III., *Luthger ep.* (Werden) zum 26. III., *duo Ewaldi* (Utrecht) zum 3. X., *Benignus* (Siegburg) zum 1. XI., *Anno* (Köln) zum 4. XII., die alle nie mehr im Prümer Sanctorale erscheinen. Andererseits weisen die zahlreichen Übereinstimmungen mit T, vor allem mit den Zusätzen, auf die Verarbeitung Prümer Kulttraditionen. Beide haben gemeinsam die Einträge *Pauli primi heremite* zum 10. I. (auch graphisch gleich), *Mathei apostoli* mit Vigil zum 23./24. II., *Maurini mr.* zum 10. VI., *Barnabe apli* zum 11. VI., Vigil des Johannesfestes zum 23. VII., *Divisio Apl'orum* zum 15. VII., *Christine virginis et martiris* zum 24. VII., *Christofori* zum 25. VII., *Pantaleonis mr.* zum 28. VII., *Romani martiris* und Vigil des Laurentiusfestes zum 9. VIII., *Ruphi martiris* zum 27. VIII., *Ermetis* zum 28. VIII., *Egidii abbatis* zum 1. IX., *Remacli et Mansueti episcoporum* zum 3. IX., *Adriani martiris* zum 8. IX.,, Die Vigil des Matheusfestes zum 20. IX., *Marcelli papae* zum 7. X., *Sergii et Bachi* zum 7. X., *XI milia virginum* zum 21. X., Vigil des Festes Simon und Juda zum 27. X., schließlich die Oktaven der Feste der heiligen Stephan (1. I.), Johannes (3. I.) und der *Innocentes* (4. I.). Immer wieder kommt es auch zur Koalition WT[3]K[2]. Sie spricht für ein Entstehen der Prümer Quelle von K[2] in der zweiten Hälfte des 9. Jh.s.

[395] P. MIESGES, Festkalender Trier, passim; vgl. L. BOSCHEN, Annales, S. 71 f. Auch K[3] ist in eminentem Maße von Prümer liturgischen Quellen abhängig. Innerhalb der Prümer Tradition stimmen K[3] und T — und nur sie — in folgenden Einträgen überein: *Divisio apostolorum* zum 15. VII., *Helene reg(inae)* (T[3]) und *Helenae reginae* (K[3]) zum 18. VIII., *Timotheus* und *Apollinaris* zum 23. VIII., *Regina* von Flavigny (T[1]), *Dep. S. Maximini ep.* (T[3]) zum 12. IX., *Sergius* und *Bachus* (T[3]) zum 7. X., *Severus* von Ravenna (T[1]) zum 27. X., *Vigilia omnium Sanctorum* zum 31. X. (T[3]), *Hucbert* von Lüttich (T[3]) zum 3. XI., *Pirmin* (T[1]) zum 3. XI., *Modesta* von Oeren (T[3]) zum 4. XI., *Othmar* von St. Gallen (T[3]) zum 16. XI., *Octava Martini* (T[1]) zum 18. XI., *Agericus* von Verdun (T[3]) zum 1. XII.; folgende Einträge teilt K[3] nur mit W: *Valerius* von Trier und *Rufinus* zum 14. VI., *Hermolaus* zum 27. VII., *Oswald* zum 5. VIII., *Firmin* von Amiens (W[2]) zum 25. IX., *Cyprian* und *Iustina* von Güsten (Prümer Eigenkirche) zum 26. IX.,; in zwei Fällen (*Ursmar* von Lobbes zum 18. IV. und *Abundus et Carpophorus* zum 10. XII.) stimmen nur K[1] und K[3] überein. Aufschlußreich für die Zusammenhänge sind schließlich die Koalitionen von W, T, K[1] und K[3]: *Tiburti, Valeriani, Maximi* (WT[1]) zum 14. IV., *Germanus* von Paris (WT[1]—K[3]) zum 28. VII., *Makkabäer* (WT[1]K[1]) zum 1. VIII., *Justinus* von Höchst (WT[3]) zum 4. VIII., *Euplus* (WT[1]) zum 12. VIII., *Eusebius et Pontianus* (W[3]K[1]) zum 25. VIII., *Evortius* von Orléans (WK[1]) zum 7. IX., *Caesarius* (WT[3]) zum 1. XI., *Eugenius* von Deuil (W[2]T[3]) zum 15. XI., *Anianus* von Orléans (WT[1]K[1]) zum 17. XI., *Trudo* von St. Trond (W[2]T[3]) zum 23. XI., *Felicitas* (WT[3]K[1]) zum 23. XI., *Eligius* von Noyon (W[2]T[3]) zum 1. XII., *Dalmatius* (WT[3]) zum 5. XII. Lehrreich ist schließlich der Eintrag (K[3]) zum

ist noch wertvoller als K². Da es zahlreiche westfränkische, in Prüm nur in der Frühzeit verehrte Heilige verzeichnet (z. B. Waldetrudis von Mons, Vedastus von Arras, Desiderius von Vienne, Regina von Flavigny, Foillanus von Nivelles, Nicasius von Reims, Pontianus, Evortius von Orléans, Chrysanthus und Daria zum 25. X., Abundus und Carpophorus usw.) und Prümer Eigenfeste mit roter Schrift auszeichnet *(Lupianus, Dedicatio basilicae B. Salvatoris)*, muß die Vorlage noch archaischer gewesen sein. Wie T² verzeichnet K³ die Todestage des Klostergründers Pippin und des Kaisers Lothar, der in Prüm als Mönch begraben wurde [396]. Singulär ist die *commemoratio Ramberti archiepiscopi* am 7. IX. — die sich nur auf den Erzbischof Ragembert von Sens beziehen kann, der in den ‚fasti episcopales' der französischen Metropole als Nachfolger des ehemaligen Abtes Bernrad von Echternach (797—?) und Vorgänger des Karl dem Großen nahestehenden Erzbischofs Magnus (um 802—817/22) für etwa 798 geführt wird [397]. Das späte Kalendar dokumentiert, indem es Eigenheiten seines Archetyps aus dem frühen 9. Jh. konserviert, die regen Beziehungen des Königsklosters zur *civitas Senonum* in der Zeit der Karolinger.

Die früheste Schicht des Prümer Heiligenkultes wird faßbar in den Patrozinien der Klosterkirche:

P¹(720)	P²(752)	P³(762)	P⁴(852)	P⁵(1003)
Maria	Salvator	Salvator	Salvator	Salvator
Petrus/Paulus	Maria	Maria	Johannes B.	Maria
Johannes B.		Petrus/Paulus	Petrus/Paulus	Petrus/Paulus
Martinus		Johannes B.	Stephanus	Johannes B.
		Stephanus	Martinus	Stephanus
		Diunisius		Dionysius
		Mauritius		Mauritius
		Martinus		Vedastus
		Vedastus		Germanus
		Germanus		Benedictus

10. II.; hier entnimmt K³ die Namen der Märtyrer *Zoticus, Ereneus* und *Jacintus* T¹ *(Zotici, Herenei, Jacinti),* fügt aber aus W *(Soter, Hireneus et Scolastica virgo ...)* die fehlende *Soter virgo* hinzu. Die Vorlage von K³ entstand also in der zweiten Hälfte des 9. Jh.s in Prüm. Sie nahm auch Trierer Legenden auf, die sich wahrscheinlich in dieser Zeit zu bilden begannen: das läßt sich an dem singulären Eintrag des *Tyrsus dux Treverensium* (4. X.) ausmachen; diesen lokalen Militärheiligen hat auch L¹ verzeichnet — und zwar bezeichnenderweise in Vergesellschaftung mit anderen fränkischen Reichs- und Militärheiligen wie Dyonisius, Mauritius, Gereon. Von daher läßt sich auch bezweifeln, ob der Trierer Kult des *dux* wirklich erst mit der Öffnung der Krypta von St. Paulin im J. 1072 begann (F. J. HEYEN, Stift St. Paulin, S. 308 ff.). H. THOMAS (Studien, S. 29 ff. 144) hat eine vor 1072 anzusetzende ‚Passio Thebaeorum Trevirensium' erschlossen. Ob nicht die Ansätze der Traditionsbildung noch vor das 11. Jh. zurückreichen? Eine karolingische Vorlage für K³ erfordert schließlich auch der Eintrag der *memoria* des Erzbischofs Ragembert von Sens (Anm. 397). Auch L¹ reicht in der Substanz ins späte 9. Jh. zurück.
[396] Vgl. o. S. 31 ff.
[397] Es hat nur zwei Erzbischöfe mit dem Namen *Ragam-/Ragem-bertus* (durch Kontraktion *Ram-bertus* oder *Rainbertus*) gegeben, einen Erzbischof Ragambertus von Tours, der in der ersten Hälfte des 8. Jh.s lebte, und Erzbischof Ragembertus von Sens, der um 800 lebte (L. DUCHESNE, Fastes, Bd. II, S. 309, 419). Bei den bekannten engen

Die Patrozinien umfassen eine Gruppe universaler (Salvator, Maria, der eine Kirche im Kloster geweiht war, Petrus, dem eine Kapelle und die Filialklöster Kesseling bzw. Münstereifel gewidmet waren, Johannes den Täufer, den Erzmärtyrer Stephan) und eine Gruppe spezifisch fränkischer Patrone (Dionysius, Mauritius, Martinus, Vedastus von Arras, dem eine Kirche im Abteibezirk geweiht war, Germanus von Auxerre?). Dazu treten Michael und Andreas als Konpatrone des Kryptaaltars, Remigius von Reims und Columba von Sens als Hauptpatrone zweier Altäre in der Klosterkirche.

Der ältesten Schicht gehören wohl auch an: Medardus von Soissons, der Patron des Nebenklosters Altrip, und Goar, der Lokalpatron des rheinischen Filialklosters; schließlich die Feste des Königspatrons Leodegar von Autun (E), des Audoin von Rouen (R[5]), des Amandus von Noyon/Tournai (R[5]), des Eligius von Noyon, des Brictius von Tours (E) (des Nachfolgers Martins) und des Albinus von Angers (aus dem Anjou stammte ja der erste Abt des Klosters, Asuerus) sowie der nordfranzösischen Heiligen Quintinus (St. Quentin) und *Crispinus et Crispinianus* (Soissons). Neben die gallofränkischen Heiligen tritt bereits in der Frühzeit ein Grundstock sowohl römischer wie gallikanischer Heiligenfeste: Agatha (R[5]), Caecilia (R[5]) und Lucia (R[5]) besaßen im Klosterbezirk eine Kapelle. Das Sanctorale der Prümer Liturgie fügt hierzu noch Johannes den Evangelisten (C, Tr), Innocentes (C, Tr), Kreuzauffindung (C, H, Tr) und Kreuzerhöhung (C, H), Laurentius (C), Cyriacus (C) und Agnes (Tr). Hierher gehört vielleicht auch die Verehrung der im galloburgundischen Raum stark gefeierten Makkabäer [398]. Diesen Heiligen ist die überwiegende Anzahl der Prümer Eigenkirchen geweiht.

Zu ihnen, die bereits in der Merowingerzeit im gallischen Raum einen intensiven Kult genossen, gesellen sich früh mehrere monastische Heilige, deren Kult wiederum teilweise in gallikanischer Tradition wurzelt. Voran steht hier Benedikt (R[5]), der vielleicht seit der Neuweihe von 799 (Kirchweihfest am 26. VII.) [399] Konpatron des Klosters ist und der — spätestens seit der Mitte des 9. Jh.s — auch eine Kapelle im Klosterbezirk besaß [400], es folgen Benedikts Schwester Scholastica (R[5]), Basilius (R[5],K[2]), Paulus *heremita* (K[2]), Columbanus (K[2]), Augustinus, Silvester (R[5]), Leo (K[1]) [401]. Durch Reliquien und Kult sind ferner einige Heilige der benachbarten Bischofsstädte Trier (Paulinus, Eucharius, Maximinus), Köln (Gereon, Severin, Cunibert, vgl. vor allem des letzteren Vermerk in E[1]) und vielleicht Lüttich (Lambert E[1], Hucbertus R[5]), sowie der

---

Beziehungen zwischen Prüm und Sens wird man nur an den letzteren als das Objekt einer nekrologischen Notiz in einem Kalendar des fernen Eifelklosters denken dürfen.

[398] Die Makkabäer besaßen das Patrozinium der Kathedrale von Vienne vom 4. bis ins 7. Jh.; auch die Makkabäerkirche von Lyon reicht ins 5. Jh. zurück. Das Makkabäerfest wurde auch im Proprium des gallikanischen, in Prüm vorhandenen Sakramentars Ph gefeiert (vgl. Anm. 362 ff); zusätzlich erscheint es in K[1]. Vgl. J. VALLERY-RADOT, Cathédrale, S. 300 f.; E. EWIG, Kathedralpatrozinien, S. 34 f.

[399] P. MIESGES, Festkalender Trier, S. 73, Anm. 6. Von L. BOSCHEN (Annales, S. 64) wird die Annahme einer Kirchweihe durch Papst Leo III. im J. 799 abgelehnt.

[400] P. OSTER, Leben, S. 20. In der Benediktskapelle war das Epitaph *(memoria)* der vorbildlichen Äbte Markward (+ n. 853) und Eigil (+ 870) angebracht.

[401] Weitere Mönchsheilige finden sich in der Gruppe von L[1] (Anm. 386 ff.), die den monastischen Heiligen gewidmet ist.

Nachbarklöster Echternach (Willibrord) und Stablo (Remaclus) ausgezeichnet. Die Verehrung der Karolingerheiligen Arnulf von Metz und Gertrud von Nivelles scheint dagegen in der Hausabtei der *stirps regia* zu fehlen.

Prüm partizipierte aber an den Reliquienübertragungen aus dem Kreise des Herrscherhauses, die im 8. Jh. vor sich gingen. So erwarb es Heiltum des Märtyrers Nazarius, den Bischof Chrodegang von Metz in sein zusammen mit Kräften des fränkischen Hochadels (z.b. den Robertinern, die auch mit Prüm liiert waren) 865 neugegründetes Kloster Lorsch transferierte; der Märtyrer Gorgonius, dessen Leib Chrodegang gleichzeitig in das Metzer Eigenkloster Gorze übertrug, genoß in Prüm einen auffälligen Kult (K[1], E[1]). Etwa 774 übertrug Königin Hildegard die Leiber der römischen Heiligen Gordianus und Epimachus in das von ihr gegründete Kloster Kempten [402]. Auch Prüm besaß Reliquien dieser Märtyrer und weihte ihnen im 8./9. Jh. die Hofkirche von Niederprüm. Die Reliquienausstattung Prüms 752/62 durch Pippin erfolgte sicherlich mit Hilfe des königlichen Reliquienschatzes [403]. Auch die Reliquien einiger seltener byzantinischer *(Magnus et Andreas)*[404] bzw. afrikanischer (*Agapitus et Silvanus*) Heiliger mögen aus Schenkungen Karls des Großen herrühren, besaß doch der fränkische König ein Eigentumsrecht an den von seinen Gesandten erworbenen Reliquien [405]. So brachte Bischof Donatus von Spoleto im J. 813 Reliquien der heiligen Anastasia aus Byzanz nach Split; später befinden sich Teile des Heiltums im karolingischen Kronschatz [406] und auch in Prüm. Gesandte Karls brachten auch die Leiber der afrikanischen Märtyrer Cyprian, Speratus und Pantaleon aus Karthago nach Lyon [407], um nur einige der zahlreichen orientalischen Reliquientranslationen, die in der auswärtigen Politik des Kaisers gründen, zu erwähnen. Auch Prüm besaß Reliquien des heiligen Bischofs von Karthago ebenso wie des im Kult oft mit ihm verbundenen, am gleichen Tag gefeierten Papstes Cornelius, dessen Reliquien aus dem Karolingerschatz von Aachen im 9. Jh. auf mehrere Klöster des Reiches verteilt wurden.

Der eigentliche Schwerpunkt der Prümer Heiligenverehrung des frühen 9. Jh.s war Westfranken — die Karte (vgl. Karte Nr. 2) zeigt es deutlich. Diese Kulttendenzen, Resultat der schon länger geknüpften ökonomischen und personalen Verflechtungen des Klosters mit dem Westen, werden zuerst sicht-

---

[402] Vgl. W. HOTZELT, Gordian; W. PÖTZL, Gordianus.

[403] H. NOBEL, Königtum, S. 128 f.

[404] Magnus ist auch in E dem Typ *A* des ‚capitulare evangeliorum‘ zugesetzt — also Prümer Eigengut. Das Sanctorale von E ist archaisch, reicht wohl in die Mitte des 9. Jh.s zurück.

[405] H. NOBEL, Königtum, S. 185.

[406] Vgl. W. HAUBRICHS, Hero sancte Gorio. Auch das Kloster St. Alban in Mainz, von Karl dem Großen gefördert, besaß — wohl ebenfalls aus dem Karolingerschatz — Teile des *caput s. Anastasiae* (F. FALK, Heiligentranslationen, S. 288 f.).

[407] H. NOBEL, Königtum, S. 185. Das Kölner Severinsstift war vor dem 10. Jh. ein *monasterium ss. martyrum Cornelii et Cypriani:* vgl. O. OPPERMANN, Studien, S. 40 ff. Im J. 875 beschafft sich Karl der Kahle für seine Klostergründung Compiègne Reliquien des Papstes Cornelius in Rom oder in Aachen. Im gleichen Jahr erwirbt er auch Reliquien der heiligen Cyprianus, Speratus und Pantaleon aus Lyon. Vgl. M. VIELLIARD-TROIE-KOUROFF, Chapelle, S. 95. Auch in Ludwigs des Frommen Klostergründung Inden-Kornelimünster, wohl aber auch in der Aachener Pfalzkapelle, lagen Reliquien der Märtyrer Cornelius und Cyprianus. Vgl. Anhang II, Nr. 25. 30; W. WATTENBACH/W. LEVISON/ H. LÖWE, Geschichtsquellen, H. V, S. 498, Anm. 14.

bar im 'Martyrologium' Wandalberts, das zumeist auf dem wenig älteren Martyrolog des Florus von Lyon beruht:

Sein Proprium [408] umfaßt, neben einigen Heiligen der Kölner und Trierer Kirchenpovinzen — Severin, Cunibert, Trudo, Hucbert, Goar, Willibrordus und (als früheste Erwähnung überhaupt) zum 21. X. die Kölner Jungfrauen —, neben dem Fest der Benediktinerheiligen Scolastica (10. II.), deren Reliquien man in Prüm besaß und verehrte, nur Feste der Kirchenprovinzen Reims — Eligius von Noyon, Translatio S. Sebastiani (9. 12. 826 nach Soissons), Gildardus von Soissons, Aldegund von Maubeuge, Richarius von Centula, Salvius von Valenciennes, Eustachius, Gaoricus von Cambrai, Firminus von Amiens, Bavo von Gent —, Sens — nämlich Translatio des Bischofs Hilarius von Mende nach St. Denis (25. X.), Faro von Meaux, Leonius von Melun, Eugenius von Deuil, Iudoch/Iodocus von Ferrières, Maximinus von Micy, Liaeus von Orléans, Sabinianus und Potentianus von Sens, Balthildis von Chelles, Translatio S. Dionisii (22. IV.), Lupus von Sens —, und Rouen — Philibert von Jumièges, Wandregisil von Fontenelle, Audoin von Rouen; dazu kommen die Patrone des verbrüderten Klosters St. Gallen — Gallus und Otmar (Haudmarus!) — sowie der von Karl dem Großen geförderte ostfränkische Heilige Kilian von Würzburg [409]. Die Festdaten des Florus korrigierte Wandalbert für Arnulf von Metz (16. VIII.) und Gereon von Köln (10. X.) [410]. Eine Reihe von Festen bedachte er besonders reichlich mit Versen, so daß man auf eine intensive Feier im Kloster schließen darf. Es haben mindestens drei Verse (neben zahlreichen römischen Heiligenfesten) der in Soissons verehrte Sebastian, der seit dem 7. Jh. in Orléans verehrte Mamertus von Vienne, die Kirchweihe der *basilica* von St. Denis, in der der Klostergründer Pippin bestattet wurde, Iustinus *presbyter* (4. VIII.), dem gerade eine Königskirche in Höchst (bei Frankfurt) geweiht worden war, die Prümer Reliquienheiligen Magnus und Andreas, Remigius von Reims, Germanus von Auxerre, Dionysius von Paris, die Kölner *Mauri* und die *virgines Agrippinae urbis,* Columba von Sens, schließlich die *dedicatio* der Zülpicher Peterskirche (mit Konpatron Dionysius!); dazu kommen eine Reihe Apostelfeste oder Feste von in Gallien besonders verehrten Heiligen (*septem fratres,* Makkabäer, Bartholomäus, Augustinus, Johannes der Täufer, Hieronymus, *Stephanus martyr primus,* Innocentes, Silvester), biblische *memoriae* (Maria Magdalena, Moyses, Abraham), der Benediktinerheilige Columban und der britannische Apostel Augustin. Ostfranken ist nur durch Bonifatius vertreten. So kommt es, daß die Kirchenprovinz Sens unter den durch Wandalbert ausgezeichneten Heiligen zwölfmal, die Kirchenprovinz Köln achtmal, die Kirchenprovinz Reims siebenmal, die Kirchenprovinz Rouen dreimal, die Kirchenprovinz Trier viermal und Ostfranken (Kirchenprovinz

---

[408] J. DUBOIS, Martyrologe Wandalbert, S. 270 ff. Die Kirchenprovinz Sens ist in W.s Proprium mit zehn Heiligen, ebenso die Kirchenprovinz Reims, Köln mit sechs, Rouen mit vier, Trier mit zwei, die Diözese Le Mans mit einem Heiligen *(Carilephus),* ebenso die Diözese Würzburg *(Kilian),* schließlich das verbrüderte Kloster St. Gallen mit zwei Heiligen *(Gallus, Othmar)* vertreten (ebd., S. 275 f.).

[409] J. DIENEMANN, Kult, passim.

[410] J. DUBOIS, Martyrologe Wandalbert, S. 262 f. Vgl. O. G. OEXLE, Arnulfverehrung im 8. und 9. Jh., in: Frühmittelalterliche Studien 1 (1967), S. 361 f.

Mainz) fünfmal zu nennen ist [411]. Die Richtpunkte kultureller Orientierung der in der Trierer Diözese gelegenen Abtei finden sich zur Zeit Wandalberts eindeutig im Westen (Sens, Reims) und im Norden (Köln). Besonders die lokalen Notizen zu St. Médard in Soissons und St. Denis bei Paris fallen auf [412]. Zu jener Zeit wurden diese Abteien von Hilduin, dem Erzkaplan Lothars I., des besonderen *fundator* der Eifelabtei, geleitet; es erstaunt daher nicht, daß man Wandalbert auch die Epitaphien des Hilduin und des Erzbischofs Aldrich, Abtes von Ferrières, zuschreiben konnte, die sich in einigen Handschriften seines Martyrologs befinden [413].

Die Prümer Kultbeziehungen zum Westen haben sich auch im Erwerb von Reliquien niedergeschlagen [414]. Man besaß in der Eifel Reliquien der Heiligen Anianus von Orléans, Lupus von Sens, Columba von Sens, Audoin von Rouen, Amandus und Remigius von Reims. Relikte der Zeit westfränkischer Präferenzen des Klosters finden sich schließlich auch in späteren Prümer Kalendarien: Der Redaktor von T, der einige Heiligennamen mit der Angabe des *ordo* (*martyr, confessor, virgo*), dem sie zugehörten, ergänzte, tat dies bei der orientalischen (und auch gallikanischen) Tekla [415], dem in Prüm (Reliquien) verehrten römischen Märtyrer *Ippolitus,* dem *confessor* Remigius von Reims und dem *confessor atque pontifex* Eucharius von Trier. Die Korrektoren (T³) trugen nach Gaoricus von Cambrai, Leodegar von Autun, Hucbert von Lüttich bzw. St. Hubert, Severin von Köln, Savinianus und Potentianus von Sens, dagegen aus Osfranken einzig *Bonifacius cum sociis* ein. K² hat (11. I.) Genovefa von Paris (auch K³) [416], Hilarius von Poitiers, die *translatio S. Martini* (4.VII.), Mansuetus von Toul (3. IX.), Gereon von Köln (10. X.), Eliphius von Grand (16. X.), Cunibert von Köln (12. XI.); K³ ist noch reicher an westfränkischen und lothringischen Heiligen: es erscheinen zusätzlich Sulpitius von Maestricht (17. I.), dessen Passio man in Prüm besaß, Waldetrudis von Mons (3. II.), Tekla (22. II., auch T), Vedastus von Arras (6. II.), Felix von Metz (21. II., auch T¹), Eufemia (13. IV.), Desiderius von Vienne (23. V.), Quirinus von Neuss (4 VI.), der in Echternach verehrte englische König Oswald (5. VIII., auch W²), die in der burgundischen Abtei Flavigny, welche der ehemalige Prümer Abt Eigil seit 865 leitete, gefeierte Regina (7. IX.), das Fest der fränkischen Heiligen Remigius, Germanus, Vedastus, Amandus zum 1. Oktober (wie in E und T³), Foillanus von Nivelles (31. X.), der Bischof und Reformer Pirmin (3. XI. wie T), der vielleicht auch an der Wiege der Prümer Reform (zwischen 752 und 762) stand

---

[411] Auf die Bedeutung der Senonensischen Gruppe im Martyrolog Wandalberts machte bereits J. DUBOIS (Martyrologe Wandalbert, S. 275 f.) aufmerksam.

[412] MG Poetae, Bd. II, S. 584, V. 220 ff.; S. 590, V. 473 ff.; S. 579, V. 37 ff.

[413] L. LEVILLAIN, Wandalbert, S. 5 ff.

[414] Vgl. o. S. 59.

[415] Das Fest der *Tecla virgo* ist auch in K³ zum 22. II. hervorgehoben (P. MIESGES, Festkalender, S. 129).

[416] Zum Genovefakult vgl. M. BARTH, Kult, S. 213—71. In der Nähe der Prümer Zelle St. Goar lag bei der Königsburg von Andernach eine Kapelle der von den Merowingerkönigen hoch verehrten Pariser Märtyrerin. Vgl. F. PETRI, Andernach, S. 277 f. Auch die Kirchen der Orte Obermendig und Pellenz im Mayengau waren der Märtyrerin von Paris geweiht (N. KYLL/J. RÖDER, Fraukirch, S. 74; M. ZENDER, Heiligennamen, S. 74).

[417] Vgl. o. S. 32.

[417], Nicasius (14. XII.) und Timotheus (23. VIII.) von Reims. Den Heiligen aus dem neustrisch – austrasischen Kernraum des Karolingerreiches stehen in K³ für Ostfranken nur der (seit Lothars I. verehrte, weil mit seiner Hilfe überführte) Patron der Reichenau Januarius (19. X.) und Othmar von St. Gallen (16. XI.) gegenüber.

Die Litanei von Münstereifel entstammt in der vorliegenden Fassung dem 10. Jh. Sie teilt die angerufenen Fürbitter ein in die *ordines* der *angeli, patriarche et prophetae, apostoli et ewangelistae, martyres, confessores* und *virgines*. In der Vorlage, die wohl in Prüm (9. Jh.) zu lokalisieren ist, gingen den 'gallischen' Heiligennamen (die mit Dionysius, Mauritius, Gereon und deren *socii* beginnen) jeweils große Gruppen von Namen römischer und universaler Heiliger voraus. Die Überlieferung ist jedoch — wie auseinandergerissene Heiligenpaare beweisen [418] — gestört. Innerhalb der Reihen der römischen Märtyrer und Jungfrauen stehen die Prümer Chrysantus und Daria weit vorne. Den westfränkischen Heiligen wurden in einem Nachtrag Heilige angefügt, die aus den Legenden von in Prüm verehrten römischen Heiligen genommen sind — vor allem den Viten des Chrysantus und der Daria, des Sebastian, des (H)ermes und der Balbina. Man besaß — wie bereits oben belegt — ein stadtrömisches Passionar. Ein zweiter Nachtrag bringt vergessene Namen: so den in Nordfrankreich verehrten, bereits Wandalberts Proprium angehörigen Eustachius, den Reichenauer Januarius, Sigismund von Orléans, Peregrinus von Auxerre, einen unbekannten Smaragdus, die Mönche Paphnutius (der durch das Drama der Hrotsvith von Gandersheim bekannt wurde), Maurus von Glanfeuil, Salvius von Valenciennes (bereits bei Wandalbert), Eulalius von Nevers und den Bischof Bonifacius von Orange (24. XII. 839), dessen Namen Ado von Vienne, der ehemalige Prümer Mönch, geliefert haben könnte. Nachgetragen werden auch die unbekannten *virgines* Gregoria, Martha und Corona sowie die Heiligen Sapientia, Fides, Spes und Karitas, deren Kult man im 10. Jh. in Prüm förderte [419]. Zahlreiche Einträge von italienischen Lokalheiligen (vor allem aus Brescia) lassen an eine zur Zeit des lotharingischen Großreiches (843 bis 855) entstandene Vorlage [420] denken. Dem entspricht die Bedeutung, die in der Litanei den Heiligen Chrysantus und Daria innerhalb des Chorus römischer Heiliger zugemessen wird, der Raum, der den Heiligen Marius, Martha, Audifax und Habacuc, den Eusebius, Pontianus etc., und dem Lupianus von Retz (Poitou) gegeben wird, deren Reliquien man in Prüm um die Jahrhundertmitte erwarb.

Im Einzelnen enthält die Litanei folgende nichtrömische Heilige (vgl. die geographische Verteilung in der Karte Nr. 2): [421]

---

[418] (1) *Victuricus, Fussianus* und *Gencianus* von Amiens; (2) *Justus* und *Pastor* von Madrid; (3) *Zoticus* und *Ereneus* von Lyon; usw.

[419] Vgl. u. S. 143.

[420] Vgl. o. S. 33 f.

[421] Nicht in L¹, aber in anderen liturgischen Quellen der Abtei werden folgende Heilige aufgeführt: (1) Kirchenprovinz Reims: *Sebastianus* (Soissons) W²; *Gildardus* (Soissons) W²K³; *Foillanus* (Nivelles) K³; (2) Kirchenprovinz Trier: *Gorgonius* (Gorze) K¹; *Waldetrudis* (Mons) K³; *Lubentius* (Dietkirchen) T³; *Gengulfus* (Toul) T³K²K³; *Oswaldus rex* (Echternach) W²K³; *Mansuetus* (Toul) T³K²; *Modesta* (Oeren) T³K³; *Agericus*

(1) Kirchenprovinz Reims: 26 Heilige

Calistus (Cysoing); *Quintinus* (St. Quentin); *Crispinus et Crispinianus* (Soissons); *Firminus* (Amiens); *Timotheus* (Reims); *Christophorus* (Reims?); *Nicasius* (Reims); *Cassian* (Laon); *Victuricus, Fuscianus et Gentianus* (Amiens); *Piatus* (Arras); *Eustachius* (Nordfrankreich, Boulogne); *Bavo* (Gent), *Remigius* (Reims); *Medardus* (Soissons); *Vedastus* (Arras); *Amandus* (St. Amand); *Rycharius* (St. Riquier); *Eligius* (Noyon); *Gaugericus* (Cambrai); *Walericus* (St. Valéry); *Audomarus* (St. Omer); *Salvius* (Valenciennes); *Domina* (Flay); *Eusebia* (Hamay–sur–la Scarpe); *Gertrudis* (Nivelles); *Aldegundis* (Maubeuge).

(2) Kirchenprovinz Sens: 20 Heilige

Dionysius (St. Denis); *Sabianus et Potencianus* (Sens); *Sygismund* (Orléans); *Peregrinus* (Auxerre); *Amator* (Auxerre); *Evortius* (Orléans); *Anianus* (Orléans); *Germanus* (Paris); *Germanus* (Auxerre); *Lupus* (Sens oder Troyes); *Melanus* (Paris); *Mamertinus* (Auxerre); *Faro* (Meaux); *Eulalius* (Nevers); *Cyricus et Julitta* (Nevers); *Columba* (Sens); *Sicharia* (Orléans); *Genovefa* (Paris); *Sabina* (Troyes); *Eugenius* (Deuil).

(3) Kirchenprovinz Trier: 18 Heilige

Humbertus (Maroilles); *Arnulfus* (Metz); *Maximinus* (Trier); *Paulinus* (Trier); *Eucharius* (Trier); *Agritius* (Trier); *Nicetius* (Trier); *Tirsus* (Trier); *Willibrordus* (Echternach); *Goar* (St. Goar); *Castor* (Karden); *Romaricus* (Remiremont); *Adelfus* (Remiremont); *Amatus* (Remiremont); *Felix* (Metz); *Aper* (Toul); *Elena* (Trier); *Walderada* (Metz).

(4) Kirchenprovinz Köln: 15 Heilige

Quirinus (Neuss); *Gereon et socii* (Köln); *Lambert* (Lüttich); *Cassius et Florentius* (Bonn); *Severinus* (Köln); *Sulpicius* (Maastricht und Stablo); *Hucbertus* (Lüttich und St. Hubert); *Ursmarus* (Lobbes); *Irmino* (Lobbes); *Servatius* (Maastricht); *Trudo* (St. Trond); *Remaclus* (Stablo); *Suitbertus* (Kaiserswerth); *Balbina* (Neuß); *Justina* (Güsten).

(5) Kirchenprovinz Mainz: 10 Heilige

Vitus (Corvey); *Bonifacius* (Fulda); *Albanus* (Mainz); *Januarius* (Reichenau); *Othmar* (St. Gallen); *Gallus* (St. Gallen); *Afra* (Augsburg); *Odilia* (Hohenburg); *Regula* (Zürich); *Paphnutius* (Gandersheim).

(Verdun) T³K³; (3) Kirchenprovinz Sens: *Iodocus* (Ferrières) K¹; *Balthildis* (Chelles) W²; *Hilarius* von Mende (St. Denis) W²; *Leonius* (Melun) W²; *Maximinus* (Micy) W²T¹T³; *Liaeus* (Orléans) W²; (4) Kirchenprovinz Köln: *Cunibertus* (Köln) K¹R⁵; *Euualdi* (Utrecht) WK²K³; *Mauri CCCLX* (Köln) WK²K³; *virgines Agrippinae urbis* W²T²K³; (5) Kirchenprovinz Mainz: *Nazarius* (Lorsch) K¹; *Kylianus* (Würzburg) W²T³K²K³; *Justinus* (Höchst b. Frankfurt) WT³K³; *Sergius et Bachus* (Weißenburg) T³L²K²K³); *Pirminus* (Hornbach) T¹K³; *Othmarus* (St. Gallen) T³K³; (6) Kirchenprovinz Tours: *Translatio S. Martini* (Tours) WK²; (7) Kirchenprovinz Lyon: *tres Gemini* (Langres) WT¹T³K³; Italien: *Priscus* (Capua) WT¹K¹K²K³.

(6) Kirchenprovinz Tours: 6 Heilige

Martinus (Tours); *Brictius* (Tours); *Albinus* (Angers); *Melanus* (Rennes); *Carilefus* (St. Calais); *Maurus* (Glanfeuil).

(7) Kirchenprovinz Bourges: 6 Heilige

Marinus (Auvergne); *Dalmatius* (Rodez); *Praiectus* (Clermont); *Julianus* (Brioude); *Martialis* (Limoges); *Pelagia* (Limoges).

(8) Kirchenprovinz Lyon: 6 Heilige

Symphorianus (Autun); *Benignus* (Dijon); *Leudegarius* (Autun); *Zoticus* (Lyon); *Ireneus* (Lyon); *Regina* (Flavigny).

(9) Kirchenprovinz Bordeaux: 5 Heilige

Hilarius (Poitiers); *Lupianus* (Retz); *Bibianus* (Saintes); *Gemma* (Saintes); *Radegundis* (Poitiers).

(10) Kirchenprovinz Salzburg: 4 Heilige

Castulus (Moosburg); *Candidus* (Innichen); *Florianus* (St. Florian); *Heimramnus* (Regensburg).

(11) Kirchenprovinz Rouen: 3 Heilige

Paternus (Avranches); *Filibertus* (Jumièges) *Audenus* (Rouen).

(12) Kirchenprovinz Vienne: 3 Heilige

Desiderius (Vienne); *Mamertus* (Vienne); *Domninus* (Vienne).

(13) Kirchenprovinz Arles: 3 Heilige

Caesarius (Arles); *Honoratus* (Arles); *Bonifacius* (Orange).

(14) Kirchenprovinz Besançon: 3 Heilige

Ferreolus (Besançon); *Donatus* (Besançon); *Germanus* (Moutier-Grandval).

(15) Kirchenprovinz Narbonne: 2 Heilige

Saturninus (Toulouse); *Basilissa* (Uzès).

(16) Kirchenprovinz Tarentaise: 1 Heiliger

Mauritius et socii (St. Maurice-d'Agaune).

(17) Italien (außer Rom):   10 Heilige

Secundianus (Civitàvecchia, Toskana); *Faustinus* (Brescia); *Zeno* (Verona); *Apollinaris* (Ravenna); *Ambrosius* (Mailand); *Anastasius* (Brescia); *Apollonius* (Brescia); *Paulinus* (Nola); *Syrus* (Pavia); *Blandina* (Lione);

111

(18) Spanien: 3 Heilige

Justus et Pastor (Madrid); *Eulalia* (Barcelona); *Eugenia* (Cordoba).

Auch hier ist es sicher kein Zufall, daß in der Prümer Litanei die neustrischen und lothringischen Heiligen überwiegen, die ersteren (Kirchenprovinzen Reims und Sens zusammen 46) sogar die letzteren (Kirchenprovinzen Trier und Köln zusammen 35), während die ostfränkischen Heiligen stark zurücktreten (aus der riesigen Kirchenprovinz Mainz nur zehn Heilige), kaum mehr als die entfernten gallischen (Aquitanien, Septimanien und Touraine zusammen 19 Heilige; Burgund 16 Heilige) Kirchenprovinzen oder Italien (zehn Heilige) vertreten sind. Bezeichnend scheint mir, daß von den ostfränkischen Heiligen allein vier als Nachträge wohl des 10. Jh.s kenntlich sind: der Reichenauer Januarius, die Züricher Märtyrerin Regula, deren Kult wohl über die Reichenau zufloß, Odilia aus dem elsässischen Hohenburg (Odilienberg). Die *memoria* an den Mönchsheiligen Paphnutius dürfte in Prüm durch das Drama der Hrotsvith von Gandersheim († n. 1000) über den Ägypter wiederbelebt worden sein — diese benutzte in ihrem Stück Reginos Musiktraktat [422]. Alt sind nur die Beziehungen Prüms zu Mainz (Alban), Fulda (Bonifacius), dem aus Corbie und St. Denis beeinflußten Corvey (Vitus) und vor allem St. Gallen (Gallus, Othmar), mit dem man ja spätestens seit der Jahrhundertmitte verbrüdert war [423]. Südfranzösische Heiligenkulte — es fallen die drei Heiligen aus Vienne auf — könnten durch Ado, den ehemaligen Prümer Mönch und späteren Erzbischof von Vienne (860—875), vermittelt worden sein — vor allem die merkwürdige Anrufung des erst im 9. Jh. lebenden Bischofs Bonifacius von Orange unter den *confessores,* die als Nachtrag in die Litanei einging.

Es darf allerdings nicht übersehen werden, daß die Prümer Litanei, die als Vorlage der Litanei von Münstereifel erschlossen werden kann, mit ihrer Tendenz, die römischen Heiligen in den Vordergrund zu schieben, römische Heiligennamen aus den Legenden des stadtrömischen Passionars zu sammeln, zugleich ein Zeugnis der zunehmenden Romanisierung des Prümer Kultes in der Zeit des Abtes Markward ist.

Eine ganze Gruppe von in Prüm verehrten Heiligenreliquien läßt sich auf die Translationen zurückführen, die Abt Einhard und der Erzkaplan Hilduin 826 bis 830/34 vornehmlich nach den Klöstern Seligenstadt am Main und St. Médard in Soissons durchführten [424], von denen auch andere Klöster des Rei-

---

[422] F. A. SPECHT, Geschichte, S. 268 f.

[423] Zu den Verbrüderungen des Konvents von Prüm vgl. o. Anm. 116.

[424] Quellen: ,Translatio ss. Marcellini et Petri‘, MG SS Bd. XV, S. 238 ff. (= BHL 5233); ,Translatio metrica‘, MG Poetae, Bd. II, S. 125—35; ,Passio S. Hermetis‘, MG Poetae, Bd. II, S. 135 f., Rudolf von Fulda, ,De miraculis . . .‘, MG SS, Bd. XV, S. 329; ,Translatio S. Sebastiani‘, MG SS, Bd. XV, S. 377—91; ,De adventu et susceptione corporum ss. mm. Tyburtii, Marcelini et Petri, Marcelliani et Marci, Proti et Iacincti, Marii et Marthae, Audifac et Abacuc (al. Hermetis et Iuliani), Abdonis et Sennis‘, MG SS, Bd. XV, S. 393—5; PL 132, Sp. 623—28 (= BHL 8286); eine interpolierte Notiz in den ,Annales S. Medardi‘ (MG SS, Bd. XXVI, S. 519 f.) und bei Nithad (MG SS, Bd. II, S. 662 zu 841); Ado von Vienne in seinem ,Chronicon‘ (MG SS II 131); *Huius imperatoris* (sc. Ludovici Pii, 814—40) *tempore pars corporis beati Sebastiani martyris ad Suessionicam urbem delata; ubi multa mira in laudem Dei omnipotentis, varia genera sanitatum infirmis collata. Ossa quoque beatorum martyrum Hippoliti et Tiburtii ab Urbe depor-*

ches wie Fulda profitierten. Der Zeitgenosse Rudolf von Fulda [425] erwähnt das Aufsehen, welches diese Erwerbungen im Frankenreich erregten. Einhard selbst transferierte Reliquien der Heiligen Marcellinus und Petrus [426] nach St. Bavo in Gent und St. Servatius in Maastricht, zwei Abteien, die er selbst verwaltete, und nach St. Saulve bei Valenciennes, dessen Abt ihm befreundet war. Dem Erzbischof Hetti von Trier schenkte er gleichfalls Reliquienteile, mit denen dieser die Kirche St. Marcellinus und Petrus in Vallendar bei Koblenz ausstattete. Auch sonst scheint Einhard, der für seine neuerworbenen Heiligen eine rege Propaganda betrieb, Reichskirche und Reichsadel bis ins Chartrésis und den Maine hinein mit Heiltum der Seligenstädter Patrone bedacht zu haben. 835 besitzt der am Hof Ludwigs des Frommen und in Metz ausgebildete Bischof Aldrich von Le Mans solche (KV 26040103). Reliquien waren ferner vorhanden in Tournai, in St. Amat in Douai, in St. Autbert (später St. Géry) in Cambrai, in Soissons, in den Klöstern St. Crespin und Hasnon (Hennegau) in der Diözese Cambrai. Auf Seligenstädter Rechte deuten vielleicht die Reliquien in den Kirchen von Jügesheim und Stockstadt bei Seligenstadt. Beziehungen zum regionalen Adel spiegeln die Patrozinien St. Marcellinus und Petrus der Kirchen in Heiligenroth (bei Montabaur) und Trunstadt (Diözese Bamberg). 842 erbaut Fulco (hat er mit jenen aus dem Rheinland im Gefolge der Robertiner gekommenen angevinischen Fulconen zu tun?) den römischen Märtyrern zu Ehren, deren Reliquien er aus Deutschland importierte, das Kloster Bonneval (Eure-et-Loir) in der Diözese Chartres. In Prüm, das wissen wir aus einem Brief, den Lupus von Ferrière 844/53 im Auftrag des Abtes Ratleic von Seligenstadt an Abt Markward schrieb, weihte der Maler Hilperich den beiden Heiligen vom Rhein *tabulas*, d. h. er fertigte wohl eine Darstellung der Märtyrer an. Auch mit Hilduin, dem Erzkaplan Ludwigs des Frommen und später Lothars I., dem Abt der Pariser Klöster St. Germain-des-Prés und St. Denis und der Abtei St. Médard in Soissons, 843 bis 850 zugleich Verwalter des Erzbistums Köln, verbanden — wie bereits mehrfach zu betonen war — das Eifelkloster die besten Beziehungen [427]. Man kann daher vielleicht die Verteilung der spektakulären und kontroversen Translationen römischer Heiligenleiber ins Frankenreich nach 826 wie folgt darstellen:

tata, *in aecclesia beati Dionisii martiris in territorio Parisiacensi digno honore condita*. Aus Seligenstadt liegt ein Reliquienverzeichnis des 9./10. Jh.s vor (F. FALK, Heiligentranslationen, S. 290, Anm. 3; A. SCHMIDT, Zinsregister, S. 607—13; K. HALLINGER, Anfänge, S. 20 f.): *thesaurus ecclesiaticus quem ego Reginaldus in ... Saligunstat inveni, reliquiae s. Proti, Iacinti, Marii et Marthe, Audif., Abac., Joginis (?), Marcialis, Liberalis, Pudentiane, Concordiae, Candide, Marcelli, Castuli, Praxedis*. Vielleicht ist Reginald identisch mit jenem Chorbischof Reginbald, der in den Jahren 835—38 mehrmals bei feierlichen Beisetzungen von Reliquien in den zum Kloster Fulda gehörigen Kirchen mitwirkte, und für den Hraban noch 848 ein theologisches Gutachten verfaßte. (E. DÜMMLER, Geschichte, Bd. I, S. 314). Zu den Reliquienerwerbungen Einhards vgl. weiter P. BRUDER, Märtyrer, S. 171. 196 ff.; M. BONDOIS, Translation, S. 7, Anm. 3. 35 f. 37. Die Tradition aus Soissons erscheint spät (10./11. Jh.) und ausgeschmückt; in der Aufzählung der transferierten Heiligen dürfte sie aber doch einen authentischen Kern besitzen. Vgl. M. BONDOIS, Translation, S. 42.
[425] MG SS, Bd. XV, S. 329.
[426] Vgl. P. BRUDER, Märtyrer, S. 244 ff.; M. BONDOIS, Translation, S. 45 ff.
[427] Ähnlich wie Markward scheinen auch andere hochgestellte Prälaten der fränkischen Kirche an den Reliquienerwerbungen ihrer Amtskollegen beteiligt worden zu sein.

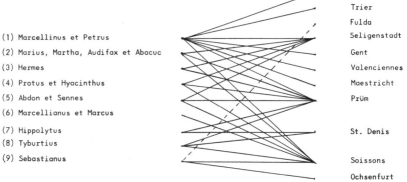

(1) Marcellinus et Petrus

(2) Marius, Martha, Audifax et Abacuc

(3) Hermes

(4) Protus et Hyacinthus

(5) Abdon et Sennes

(6) Marcellianus et Marcus

(7) Hippolytus

(8) Tyburtius

(9) Sebastianus

Bonneval
Trier
Fulda
Seligenstadt
Gent
Valenciennes
Maestricht
Prüm
St. Denis
Soissons
Ochsenfurt

Neben den Erwerbungen aus den Translationen befreundeter Äbte muß für die Herkunft der Prümer Reliquien aber auch mit dem in den Zwanziger und Dreißiger Jahren des 9. Jh.s schwunghaften Handel gerechnet werden, den römische Priester wie Deusdona betrieben und aus dem das Kloster Fulda unter Hraban den Großteil seines gewaltigen Reliquienschatzes bezog[428]. Vielleicht ist auf diesem Wege Heiltum der römischen Märtyrer Primus und Felicianus nach Prüm gekommen, deren Reliquien sich sonst jenseits der Alpen nirgends nachweisen lassen. Die Prümer *lipsana* müssen freilich bedeutend gewesen sein, denn die Märtyrer erhielten Gräber am Hochaltar. So wird man vielleicht ihre Translatio nach Prüm besser mit jener Reliquienübertragung nach Maria Wörth in Kärnten verbinden, die Bischof Waldo von Freising zwischen 884 und 906 vollzog. Gebeine der römischen Märtyrer und Soldaten Johannes und Paulus lagen im 9. Jh. in Lyon; Teile mögen aus der Rhônemetropole, aus der Wandalbert auch die Vorlage für sein Martyrologium bezog, in das Eifelkloster gelangt sein. Allerdings gründete auch Liudger († 809) bereits neben dem Dom zu Halberstadt eine Kirche zu Ehren der römischen Soldatenheiligen, wobei er die Reliquien vielleicht aus Châlons-sur-Marne bezog. 854 überführte der Markgraf Eberhard von Friaul, ein Unruochinger, Reliquien des Märtyrerpapstes Calixtus in sein flandrisches Hauskloster Cysoing. Bei dieser Gelegenheit hat vielleicht das karolingische Königskloster Teile des Heiltums von dem hohen Reichsfunktionär aus der Umgebung Lothars I. erwerben können[428a].

Den Kern der Prümer Neuerwerbungen des 9. Jh.s bilden aber zweifellos die Leiber der römischen Märtyrer Chrysanthus und Daria, die Abt Markward 844

Der Umschlagsplatz war oft der Reichstag. So erwarb Gozbald, Abt von Niederaltaich und Kanzler Ludwigs des Deutschen auf dem Reichstag von Crémieu Reliquien des heiligen Cyprian, auf dem Tag von Soissons Heiltum des heiligen Sebastian, das Hilduin, der Erzkaplan Ludwigs des Frommen, nach Soissons hatte bringen lassen. So ausgestattet ließ er 833/39 seine Eigenkirche in Ochsenfurt *in honore sanctorum cypriani et sebastiani* weihen (H. WELLMER, Memento, S. 13 f.; B. BISCHOFF/A. HOFFMANN, Libri, S. 169 f.; A. WENDEHORST, Bistum Bd. I, S. 43 f.). In denselben Zusammenhang gehört die Weihe mehrerer Sebastianskirchen im Umkreis des Klosters Seligenstadt unter dem Einfluß von Einhard (B. DEMANDT, Erfassung, S. 37).

[428] MG SS, Bd. XV, S. 328—41.

[428a] Die Unruochinger gaben auch im J. 854 Calixtusreliquien an die Familie des sächsischen Großen Widukind, die in der Kirche (St. Calixtus) von Groenlo (Holland) in der Diözese Münster beigesetzt wurden. Vgl. Th. A. M. THIELEN, St. Calixtus, S. 57 ff.

auf Empfehlung Kaiser Lothars von Papst Sergius erhielt und im Filialkloster Münstereifel beisetzte [429]. Es ging den Prümern dabei offensichtlich — es wird im Translationsbericht deutlich genug ausgesprochen — um einen römischen Heiligen von unzweifelhaftem Ruf, wie ihn Einhard mit dem Märtyrerpaar Marcellinus und Petrus, Hilduin mit Sebastian, Corvey mit Vitus usw. erworben hatten [430]. Vom Ruhm der in Rom seit Papst Damasus (4.Jh.) verehrten Märtyrer konnte man in Prüm durch Gregor von Tours Mirakelbuch und aus Aldhelms ‚De laudibus virginitatis', das Wandalbert nachweislich kannte, Kenntnis haben. Der Angelsachse preist das Heiligenpaar — wie später das Prümer Reimoffizium zu ihren Ehren — als *exemplum* der *castitas*. Als Zeichen der Romverbundenheit änderte man in Prüm das gallikanische Festdatum (29. XI.) in das römische (25. X.) — so zuerst Wandalbert, der seine Vorlage hier korrigiert. Sogar den Tag der Translation nach Münstereifel stimmte man zeitlich so ab, daß er mit dem römischen Fest zusammenfiel [431]. Das Fest der *XLVI martyres Romae,* deren Reliquien Markward ebenfalls in Rom erworben hatte, setzte Wandalbert vom 25. X. auf den Vortag (24. X.), die Vigil des Märtyrerfestes [432]. In Prüm versuchte man auch, den Kult der neuen Lokalheiligen durch Passio, Mirakelbuch und Hymnus auszubreiten — was nur partiell gelang. Außer Reliquien, die in befreundeten Kirchen (so vor 848 noch in Zülpich, St. Peter) auftauchen [433], gelangen nur geringe Einbrüche bei dem Kloster nahestehenden Adelsfamilien [434], was wohl an dem monastischen und wenig populä-

---

[429] *Marcwardus abbas ... memorati principis impetravit licentiam et epistolas ad pontificem sedis apostolicae Gregorium, in quibus regia conveniabatur auctoritate et alicuius praeclarissimi martyris corpus ei dare deberet famae caelibrionis de cuius passione et veneratione nullus fidelium posset ambigere.* Vgl. o. S. 57 f.; H. NOBEL, Königtum, S. 199 f.; M. FLOSS, Romreise, passim; W. LÖHR, Geschichte, S. 6—8; H. LENTZ, Romreise, passim.

[430] Weitere Beispiele: Erzbischof Otgar von Mainz bittet 834 um römische Reliquien, erhält aber erst in den Vierziger Jahren die Leiber der Heiligen Sergius und Bachus; Abt Gozbald von Niederaltaich, der Kanzler Ludwigs des Deutschen, erlangt 842 die Leiber der heiligen Felicissimus und Agapitus (W. HOTZELT, Translationen Elsaß, S. 5 f.). Vgl. auch die Betonung Roms in den Versen Wandalberts (Martyrologium, V. 683 f.; MG Poetae, Bd. II, S. 596); *Gemmas Martyrii geminas festo veneramur (eodem) / Chrysanthum Dariamque novo quos munere Christi / Roma nunc vectos tumulis nova cella venustat, / Qua Rheni celsis succedunt aequora sylvis.* In der Markwardzeit wächst die Romverbundenheit des Konvents und der Prümer *familia.* Heririch, der Bruder des Prümer Mönchs und Bischofs von Hunfrid, macht 868 seine große Schenkung an die Eifelabtei im Nahegau *iam iter arripiens limina beatissimorum apostolorum aliorumque sanctorum rome adeundi* (H. BEYER, UB Mittelrhein, Bd. I, Nr. 110).

[431] Die Meinung von L. BOSCHEN (Annales, S. 66), das Prümer Festdatum der Heiligen Chrysanthus und Daria sei das Datum der Translation und nur fälschlich in Prüm für das Datum der Passion angesehen worden, beruht auf Unkenntnis der römischen liturgischen Quellen (Passionar, Capitulare evangeliorum).

[432] J. DUBOIS, Martyrologe Wandalbert, S. 263.

[433] Vgl. Wandalberts Verse über die Errichtung eines Altars der Heiligen in der Kirche St. Peter (und St. Dionysius) zu Zülpich: *Tum quoque, Petre, tibi, Dionysique, sacratum / Templum, et Chrisantho Dariaeque coruscat et ara, / Tulpiacum plano quo praeminet aequore castrum.* (P. HEUSGEN, Zülpich, S. 27).

[434] Vgl.u.S. 138 ff. und ANHANG II, Nr.22.Interessant ist, daß im Lorscher Bedamartyrolog des Cod. Rom Vat. Pal 833, das zwischen 844 und 855 in Worms unter Bischof Samuel (841—859), der zugleich Abt von Lorsch war, entstand, die Translatio von Chrysanthus und Daria mit dem Prümer Datum vermerkt ist (H. QUENTIN, Martyrologes, S. 20—23).

ren Charakter der Legende lag[435]. Auch die Mirakel zeigen, daß der Kult der neuen Heiligen nicht weit über die Region von Münstereifel und die Schicht der klösterlichen *familia* hinausreichte. Die Reliquien der *XVLI martyres* gerieten gar bald — wohl noch im 11. Jh. — in Vergessenheit und wurden uminterpretiert. Man glaubte nun, daß Markward noch andere römische Märtyrer mitgebracht habe, die er nicht näher bezeichnet habe, und daß der größte Teil des Prümer Reliquienschatzes damit auf ihn zurückzuführen sei[436].

Daß Markwards Translation in seinem Sinne — Vermehrung des himmlischen Schutzes — verstanden wurde, zeigt die Reaktion des befreundeten Abtes Lupus von Ferriére:[437]

> *Ich und alle Brüder wünschen Euch mit sehr großer Freude Glück zu Eurer so erfolgreichen Rückkehr. Wir sagen Gott dem Herrn unendlichen Dank, daß er sowohl Euch uns wiedergeschenkt, als auch durch Eure Bemühungen uns den zweifachen Schutz der Heiligen verliehen hat. Für Eure Erhaltung und Rückkehr haben wir täglich gebetet; die Überbringung der Heiligen aber trugen wir ständig in unseren Wünschen. Bei eurem gottgefälligen Eifer vertrauten wir darauf, daß Ihr sie erlangen würdet. Darum loben wir Gott, der uns mehr, als wir zu bitten wagten, verliehen hat.*

Das Motiv der Schutzsuche ist dem Reliquienkult inhaerent[438]. Daß man aber diesen Schutz im Frankenreich zunehmend bei den großen Heiligen Roms suchte, ist eine Entwicklung der karolingischen Epoche, ist Ausdruck der wachsenden religiösen Bindungen zwischen Rom und dem Frankenreich[439]. Die reichsweite Verbreitung der römischen Reliquien sollte zu einer „intensiven Durchtränkung des täglichen Lebens mit ausgesprochenem Gnadenstoff"[440] führen. Mehr noch: „Römische Reliquien schaffen 'Kultfilialen' der ewigen

---

[435] Im Kloster dagegen wurde die Legende eifrig gelesen, wie die Aufnahme auch der ‚Nebenheiligen' der ‚Passio SS. Chrysanthi et Dariae' — *Carpophorus* (auch in K[1]), *Claudius, Hilaria, Jason, Maurus, Diodorus pr., Marianus diac.* — in L[1] beweist.

[436] F. FALK (Heiligentranslationen, S. 923) zitierte nach dem humanistischen Kirchenhistoriker BROWER eine Prümer Notiz über die Reliquien, die Abt Markward angeblich aus Rom mitgebracht habe: da werden neben *Chrysanthus et Daria* auch *Gordianus et Epimachus, Eusebius, Marius, Audifax, Abacuc, Martha, Primus et Felicianus, Pontianus* und der *confessor Lupianus* erwähnt. Vgl. auch die AA SS August V 113 abgedruckte Prümer Sakrarnotiz. Grundlage dieser Prümer Notiz (R[4]) scheint eine recht willkürliche Interpretation des Schatzverzeichnisses von 1003, oder besser der Vorlage etwa des 10. Jh.s, zu einer Zeit, als die Erinnerung an die nahe Herkunft des in der 2. H. des 9. Jh.s übertragenen Lupianus bereits geschwunden war.

[437] H. LENTZ, Romreise, S. 148.

[438] Vgl. die Vita des Kölner Erzbischofs Brun, Kap. 31 (H. SCHRÖERS, Lebensgeschichte, S. 66 f.), wo es über den Kirchenfürsten des 10. Jh.s heißt: *Der Heiligen Leiber und Reliquien und jeder Art Erinnerungszeichen sammelte er von allen Seiten, um für die Seinigen Schutz auf Schutz zu häufen und unter vielen Völkerschaften jenseits und diesseits (des Rheines) mit diesen gefeierten Dingen den Ruhm des Herrn zu verbreiten. Diesen bereitete er in reichlicher Weise Stätten und Kultushandlungen mit jeglichem Aufwand und jeglicher Ausstattung; ... Kennzeichen sind diese eines unbesiegbaren Glaubens, vermöge dessen er nicht ‚was sein ist', sondern ‚was Jesu Christi ist'* (Phil. 2,21) *suchte.*

[439] H. NOBEL, Königtum, S. 293 ff.; H. L. MIKOLETZKY, Sinn, passim; F. PRINZ, Märtyrerreliquien, passim.

[440] H. L. MIKOLETZKY, Sinn, S. 99 ff.

Stadt und stiften der Stätte ihrer Verehrung die Würde, ein 'Rom' zu sein, vollwertige, kultisch autarke Heilsstätte"[441].

Die *imitatio Romae* erklärt auch die Vielzahl der Kirchen und Kapellen, die Vielzahl der Patrozinien und Kultstätten in einer frühmittelalterlichen 'Klosterstadt', wie es Prüm war [442].

In Prüm hatte die Heiltumsverehrung zur Folge, daß sich die Königsabtei mehr und mehr als Kultstätte aller Heiligen verstand. 852 (P) erscheint das Patronat *omnium sanctorum* dem Patrozinium des Klosters beigefügt [443]. 1003 besteht in der Klosterkirche ein Allerheiligenaltar. Vor 848 verfaßte Wandalbert seinen 'Hymnus in omnes sanctos'. Das auf Initiative Ludwigs des Frommen 835 eingeführte Allerheiligenfest (1. XI.) dringt schnell in alle Kalendarien und liturgischen Bücher ein. Prüm kennt darüberhinaus zum 14. XI. ein Fest *Glorificatio sanctorum* (K[3]) bzw. *sollemnitas sanctorum quorum reliquiae hic Prumiae reconditae continentur* (Tr), also ein Reliquienfest [444]. Waren vorher nur wenige Apostelfeste in Prüm liturgisch begangen worden, so weitet sich der Kult der Nachfolger des Herrn nun aus (vgl. vor allem die Zusätze in E).

Im Zuge der von Markward betriebenen Romanisierung werden selbst dem sonst sehr altertümlichen Sanctorale des Tropars die Feste *Gordiani et Epimachi* (10. V.) und *Chrysanthi et Dariae* (25. X.) zugesetzt. Dem römischen 'capitulare evangeliorum' des Evangeliars fügt man noch das Fest der im Meßkanon genannten karthagischen Märtyrerinnen Perpetua und Felicitas (7. III.) bei, deren ergreifende Passion man in Prüm sicher kannte. Wandalbert ergänzt 848 nicht nur das Festdatum der Translatio des heiligen Sebastian nach Soissons (9. XII.), sondern korrigiert auch das Datum des heiligen Apollinaris von Ravenna (23.VII.) [445]. Einige römische Heilige wie Alexander, Eventius und Theodolus, Gordianus und Epimachus, Pancratius *et socii* (darunter Tiburtius), Cornelius und Cyprianus, Clemens *papa,* aber auch Sebastian und seinen Begleiter Policarpus *presbyter* (23. II.) zeichnet er durch mehrere Verse aus. Auch der Genossin Sebastians im Martyrium, Zoe (5. VII.) — die in To und L[1] ebenfalls verzeichnet wird — gedenkt er im Martyrolog. Die Auszeichnung der auch in Rom verehrten *Septem Fratres* (10. VII.), ebenso des Märtyrerpaares Cosmas und Damian (27. IX. mit Korrektur des Datums) — er nennt auch ihre *socii* — mag dagegen auf den Einfluß königlichen Reliquienkultes zurückgehen [446]. In T

---

[441] A. A. HÄUSSLING, Mönchskonvent, S. 303 f.

[442] A. A. HÄUSSLING, Mönchskonvent, S. 299 ff. HÄUSSLING führt (S. 332 ff.) mit guten Gründen die *imitatio Romae* der fränkischen Klöster auf ein Programm zurück, das in der königlichen 'Hofkapelle' Karls des Großen entwickelt wurde.

[443] Im J. 866 schenkt man unter Abt Ansbald *ad reliquias s. saluatoris. necnon et dei genetricis mariae plurimorumque sanctorum pignorum ...;* im J. 880 unter dem gleichen Abt *ad reliquias s. saluatoris plurimorumque sanctorum ...* (H. BEYER, UB Mittelrhein, Bd. I, Nr. 105. 118).

[444] P. MIESGES, Festkalender, S. 129. Auf diesem Datum lag ursprünglich ein älteres gallikanisches Allerheiligenfest, das von dem Fest am 1. November seit dem 9. Jh. verdrängt wurde.

[445] J. DUBOIS, Martyrologe Wandalbert, S. 262 f.

[446] Im J. 867 überließ König Karlmann dem Kloster Altötting die *corpora* der heiligen Felicitas und ihrer sieben Söhne (MG DD Karlmann, Nr. 14); die Reliquien werden dem karolingischen Schatz entstammen. Die in Aachen vor 800 vorhandenen Reliquien der orientalischen Heiligen Cosmas und Damian gelangten durch Kaiser Lothar I. 852 an Prüm.

schließlich korrigierten die Prümer Mönche die Namen der Heiligen *epimachi et gurdiani,* denen sie eine Kirche geweiht hatten, und ergänzten die Namen der Römer *primi et feliciani mr.,* deren Reliquien sie besaßen und nächst dem Hochaltar beigesetzt hatten, sowie das Fest der Jungfrau Prisca.

Das wichtigste Zeugnis der Hinwendung des Prümer Konventes zur *mater martyrum* Rom [447] ist freilich K [1]. Dieses Kalendar gibt einen authentischen Einblick in die Prümer Liturgie des späten 9. Jh.s. Es beruht in der Hauptsache auf dem Sanctorale eines junggelasianischen Sakramentars (JG), wie es das in Prüm benutzte Ph ist, das auffällige Gemeinsamkeiten mit K[1] teilt. Daneben bietet es auch Übereinstimmungen mit dem Hadrianum (Ha), einem römischen 'capitulare evangeliorum' (CE) des $\varLambda$-Typus (Pr bezeichnet das Prümer Evangeliar), und dem römischen Passionar des 8. Jh.s (Pa). Alle Heiligen bis auf Eusebius, Priscus und Iudocus sind in L[1] vorhanden [448] (Kursiv gesetzt sind Prümer Reliquienheilige):

Datum		K[1] (Kultort)	JG	Ha	CE	Pa
1.	III.	Albinus (Angers)	Ph			
11.	IV.	*Leo papa*	x			
14.		Tiburtius et Valerianus		x	xPr	
18.		Ursmarus (Lobbes)				
24.		*Georgius*	x	x	xPr	x
25.		Marcus ev.				x
26.		Ermino (Lobbes)				
28.		Vitalis	x	x	xPr	x
2.	V.	Athanasius ep.				
3.		Alexander	x		xPr	
10.		*Gordianus*	x	x	xPr	x
12.		Nereus et Achilleus	x		xPr	x
12.		Pancratius	x	x	xPr	x
19.		Potentiana			x	x
25.		Urbanus papa			x	
28.		Germanus (Paris)	Ph			
29.		*Maximinus* (Trier)				
31.		Petronilla				x
2.	VI.	*Marcellinus et Petrus*	x	x	xPr	x
5.		*Bonifatius* (Fulda)				
8.		Medardus (Soissons)				
9.		*Primus et Felicianus*	x		xPr	x
12.		*Nazarius* (Lorsch)	x			
18.		Marcus et Marcellianus	x	x	xPr	x
22.		Albanus (Mainz)				
26.		*Johannes et Paulus*	x	x	xPr	x
1.	VII.	*Lupianus* (Retz)				

---

[447] BRUN von QUERFURT, Vita Adalberti, c. 12, MG SS Bd. IV, S. 600 f.
[448] L. BOSCHEN, Annales, S. 71. Diese Übereinstimmung spricht — zusammen mit dem Fehlen von Heiligen, die nach der Mitte des 9. Jh.s lebten — für eine frühe Vorlage von L[1].

Datum		K¹ (Kultort)	JG	Ha	CE	Pa
2.		Processus et Martinianus	x	x	xPr	x
6.		*Goar*				
6.		*Octava apostolorum*		x		
10.		Septem Fratres	x		xPr	x
11.		Benedictus abbas	x			
21.		Praxedis			x	x
23.		Apollinaris			xPr	x
26.		*Dedicatio S. Salvatoris in Prumia*				
29.		Felix, Simplicius et Faustina	x	x	xPr	x
30.		*Abdo et Sennes*	x	x	xPr	x
31.		*Germanus* (Auxerre)	Ph			
1	VIII.	*Sci. Petri* ad Vincula	x	x	x	
1.		Machabei	x			
2.		Stephanus ep.	x	x	x	x
3		*Inventio S. Stephani*				
6.		Sixtus	x	x	xPr	x
8.		Ciriacus	x	x	xPr	x
11.		*Tiburtius*	x	x	xPr	
13.		*Ypolitus*	x	x	xPr	
14.		Eusebius	x	x	xPr	
17.		Octavae *s. Laurentii*	x		Pr	x
18.		*Agapitus*	x	x	xPr	x
25.		*Eusebius et Pontianus*				
27.		*Ermes*	x	x	xPr	
31.		Paulinus (Trier)				
1.	IX.	Priscus (Capua)	x			
1.		Lupus ep. (Sens)				
3.		*Remaclus* (Stablo)				
7.		Euortius (Orléans)				
8.		Adrianus	x		x	x
9.		Gorgonius (Gorze)	x		Pr	
11.		*Protus et Iacinctus*	x	x	xPr	x
15.		Nichomedes	x	x	xPr	
16.		Lucia et Geminianus	x	x	Pr	
27.		*Cosmas et Damianus*	x	x	xPr	x
8.	X.	*Dedicatio basilice sci. gordiani*				
14.		*Calistus papa*	x	x	xPr	x
16.		*Gallus cf.* (St. Gallen)			Pr	
23.		Severinus cf. (Köln)				
25.		*Crisantus et Daria* (Prüm)			x	x
25.		*Crispinus* (Soissons)				
31.		Quintinus (St. Quentin)				
7.	XI.	*Uuillibrordus* (Echternach)				
11.		(Mennas) mr.	x	x	x	x
17.		*Anianus* (Orléans)	Ph			
24.		Felicitas	x	x	xPr	x
24.		Chrysogonus	x	x	xPr	x
7.	XII.	Octavae *S. Andreae ap.*	x			
8.		Eucharius (Trier)				
10.		Abundius et Carpophorus				
13.		Euticus (Iudoch) (Ferrière)				

Bei der Analyse des Kalendars kann der (auch in der obenstehenden Übersicht nicht berücksichtigte) Grundstock des Kalendars — der auf eine Vorlage des Aachener Hofes zurückgeht — außer acht gelassen werden [449]. Er enthält freilich die Mehrzahl der universalen und fränkischen Heiligenfeste, die — wie oben skizziert — auch für die Prümer Liturgie verbindlich waren [450]. K[1] entnimmt den mächtigen 'Chor' der italischen, besonders der römischen Heiligen [451] seiner Quelle JG, aber das Prümer Kalendar verhält sich gegenüber dem junggelasianischen Sanctorale kritisch und selbständig. Nicht alle Feste werden übernommen: es bleiben also die Kriterien der Auswahl zu klären. Sie scheinen in den Maximen zu liegen, daß man (1) im Kloster einen römischen Heiligen um so eher akzeptierte, je öfter sein Fest auch durch andere römische liturgische Quellen zusätzlich bezeugt wird, daß (2) die Auswahl durch die Existenz von Reliquien der betreffenden Heiligen oder durch besondere Beziehungen des Eifelklosters zum Kultort gesteuert wird (Nazarius aus Lorsch, Gorgonius aus Gorze [452], Albinus aus Angers, Lupus aus Sens, Anianus und Evortius aus Orléans, usw.). So kommt es, daß die Heiligen des Prümer Reliquienverzeichnisses von 1003 größtenteils auch in K[1] verzeichnet wurden — fehlende Heilige haben ihr Fest durchweg in den Monaten, die das Kalendar fragmentarisch oder gar nicht überliefert [453]. Der Rest dürfte erst nach der Entstehung von K[1] erworben worden sein [454]. Aufgenommen hat das Prümer Kalendar aus JG auch das Fest (1. VIII.) der in Gallien (Vienne, Lyon) hochverehrten Makkabäer und das Fest des heiligen Priscus von Capua (1. IX.). Letzterer galt nach Ado von Vienne als Jünger Christi [455] und rückte daher wohl im Salvatorkloster Prüm an die Seite der Apostel [456]. Natürlich wird sich bei der Auswahl von Heiligen für K[1], die in Prüm nicht durch Reliquien vertreten waren, auch ihr kultisches Ansehen im fränkischen Reich bemerkbar gemacht haben — was man vor

[449] Vgl. L. BOSCHEN, Annales, passim.

[450] Vgl. ANHANG I.

[451] L. BOSCHEN, Annales, S. 62.

[452] Vgl. zur Translatio der Heiligen Nazarius, Gorgonius und Nabor nach Metz im J. 765 durch Bischof Chrodegang und zu ihrer anschließenden Überführung nach Lorsch, Gorze und St. Avold: W. HOTZELT, Translationen Frankenreich, S. 20 ff.; F. PRINZ, Märtyrerreliquien, S. 20—22.

[453] L. BOSCHEN, Annales, S. 70 f.

[454] Merkwürdig ist, daß die Reliquienheiligen Magnus und Timotheus in K[1] fehlen, obwohl ihr Fest junggelasianisch ist. Die Prümer Reliquien eines Timotheus dürften sich daher nicht auf den römischen, sondern auf den Reimser Heiligen dieses Namens beziehen. Das Märtyrerpaar Magnus und Andreas (vgl. ANHANG II, Nr. 65) hatte man wohl zur Zeit der Abfassung von K[1] noch nicht mit dem am 19. VIII. gefeierten Magnus identifiziert.

[455] U. M. FASOLA, in: LThK[2] VIII (1963), Sp. 77 f. Regino von Prüm verarbeitete für seine ‚Chronica‘ ausführliche Nachrichten aus Capua. Während der Belagerung von Capua durch Kaiser Ludwig II., den Sohn des Prümer Mäzens und Mönchs Lothar I., erhalten die Bürger auf Wirkung und Fürbitte des heiligen Germanus von Neapel, dessen Reliquien in der Stadt lagen, die Verzeihung des Herrschers. Gelangte so auch die Legende des angeblichen Petrusschülers Priscus nach Prüm (R. RAU, Quellen, Bd. III, S. 234 f.)?

[456] Prüm war, wie das Patrozinium von 852 (P) ausweist, im 9. Jh. auch den Apostelfürsten und allen anderen Aposteln geweiht.

allem für Vitalis [457], Urban [458], Alexander, Eventius und Theodolus [459] sowie Sixtus [460] annehmen darf. Dem Pankratius hatte Prüm ja selbst eine Eigenkirche geweiht.

K[1] entnahm aber auch anderen römischen Quellen Heiligenfeste. Zwei singuläre Übereinstimmungen ergeben sich mit dem Hadrianum [461]; nicht so auffällig ist das K[1] und Ha gemeinsame Oktavfest der Apostelfürsten, da Prüm das Konpatrozinium *Petri et Pauli* besaß; jedoch beweist die Kongruenz in der Lesart *Luciae et Geminiani* zwischen K[1] und Ha gegenüber sonstigem (maskulinem) *lucius* ... bzw. *luci(i)* ... (16. IX.), daß auch das Hadrianum sorgfältig verglichen wurde. Starke Übereinstimmungen ergeben sich für K[1] auch mit einem römischen 'capitulare evangeliorum' vom Typ *Λ* (um 740), das auch dem Prümer Evangeliar als Grundlage gedient hat [462]. Singulär ist die Übernahme des Festes des Märtyrerpapstes Urban (25. V.), die durch die Translation seiner Reliquien um 849 nach dem Kloster Erstein im Elsaß veranlaßt sein könnte. Erstein war von Irmingard, der Gemahlin des Kaisers Lothar I., gegründet worden; die erste Äbtissin wurde Rottrud, beider Tochter; Erstein war von Irmingard — wie Prüm von Lothar — als ihre Grablege ausgesucht wor-

---

[457] Vitalis gehörte zu den Heiligen, die Fulrad von St. Denis um 756 erwarb; er stattete damit die Zelle von St. Denis in Esslingen aus (F. PRINZ, Märtyrerreliquien, S. 15 f.).

[458] Die Urbanspassio besitzt einen inhaltlichen Zusammenhang mit den Legenden der römischen Heiligen Caecilia, Tiburtius und Valerianus, deren Reliquien in Prüm vorhanden waren (W. LÜHMANN, St. Urban, S. 20 ff.). Seit 849 lagen Reliquien des Papstes im Karolingerkloster Erstein, das u. a. auch der heiligen Caecilie geweiht war (Anm. 463). Im J. 865 erwarb Bischof Herchenraus von Châlons mit Unterstützung Karls des Kahlen Reliquien der Heiligen Urbanus und Tiburtius, die vorher (861/62) in St. Germain d'Auxerre beigesetzt worden waren, später aber in das für sie gegründete Kloster St. Urbain bei Châlons überführt wurden (W. LÜHMANN, St. Urban, S. 52 f.).

[459] Eventius und Theodolus gehören nach ihrer Legende zum Sippenverband der römischen Blutzeugen Laurentius, Cyriacus, Sixtus II., Calixtus I. und Clemens. Seit dem Beginn des 9. Jh.s sind Alexander, (Eventius) und Theodolus Patrone des pfälzischen Klosters Klingenmünster (W. HOTZELT, Translationen Frankenreich, S. 3 f.; F. PRINZ, Märtyrerreliquien, S. 13, 22). Reliquien eines Märtyrers Alexander wurden bereits um 756 von Fulrad nach St. Denis übertragen (W. HOTZELT, Translationen Frankenreich, S. 7 ff.). 834 erwirbt Bischof Hitto von Freising das *corpus* des Papstes Alexander (MG SS, Bd. XV, S. 286); 851 transferiert der sächsische Adlige Waltbraht den heiligen Alexander in sein Hauskloster Wildeshausen (MG SS, Bd. II, S. 676). Das Aufsehen, das diese Translation in Ostfranken erregte, wird von Rudolf von Fulda geschildert (MG SS, Bd. XV, S. 329). Fulda selbst erwarb von den Reliquienhändlern Deusdona und Theodar 835 Heiltum der Märtyrer *Alexander papa, Sebastianus, Sixtus papa, Felicissimus* und *Agapitus;* 836 des *Agapitus, Januarius* und des *Magnus,* der ein Diakon des Papstes Sixtus war, sowie der Römer *Nereus* und *Achilleus* (MG SS, Bd. XV, S. 330—34).

[460] Vgl. Anm. 459. Der Patron des 779 gegründeten bayrischen Adelsklosters Schliersee war Sixtus (F. PRINZ, Märtyrerreliquien, S. 19). Eine große Rolle spielten Sixtusreliquien auch in den sächsischen Bistümern, z. B. im Stift Vreden; 845 besitzt Bischof Ansgar von Bremen Reliquien des römischen Märtyrerpapstes (MG SS, Bd. VII, S. 293). Bekannt war im Ostreich und Lotharingien wohl auch San Sisto in Piacenza, die Gründung (874) der Angilberga, Gemahlin Ludwigs II., die auch von Ludwig dem Deutschen bestätigt wurde. Vgl. E. BOSHOF / H. WOLTER, Studien, S. 66 ff. Vgl. Anm. 463.

[461] Zum Hadrianum vgl. W. HAUBRICHS, Hero Sancte Gorio, Abschnitt 2.2.1.2 (Lit).

[462] Th. KLAUSER, Capitulare, S. 47 f.

den; war Prüm dem Salvator geweiht, so Erstein der Jungfrau und Gottesmutter Maria und den Jungfrauen Caecilia und Agatha [463].

Spürbarer noch ist der Einfluß des stadtrömischen Passionars, das man in Prüm für die Neufestsetzung des liturgischen Datums der Lokalheiligen Crysantus und Daria (auch CE) am 25. X. benutzte. Nur in CE und Pa finden sich das Fest der heiligen Potentiana (19. V.), der heiligen Petronilla (31. V.) [464] und des Evangelisten Marcus (25. IV.), der in die stadtrömische Liturgie erst im 9. Jh. Eingang fand [465], als die Übertragung seines Leibes von Alexandria nach Venedig (828) Aufsehen erregte. Petronilla dürfte ihren Einzug in die Liturgie den Aposteln geweihten Klosters Prüm dem Umstand verdanken, daß sie als Tochter des Apostelfürsten Petrus galt. Sie ist also ein Parallelfall zur Aufnahme des mit Petronilla in legendarischer Familiarität verknüpften Märtyrerpaares Nereus und Achilleus sowie der Offiziere Processus und Martinianus (2. VII.), die nach der Legende (und nach einer verbreiteten Homilie Gregors des Großen) Petrus und Paulus während ihrer Haft in Rom bewachten, von ihnen bekehrt und von Petrus schließlich getauft wurden [466]. Der Kult der heiligen Petronilla eröffnet jedoch noch weitere Dimensionen [467]. 752/57 wurde die Aposteltochter die Schutzheilige *(auxiliatrix)* des Bündnisses zwischen König Pippin und Papst Stephan II. Pippin erbaute der Heiligen eine Kirche in Rom. Die *auxiliatrix* konnte von nun an als Realsymbol der Petrus- und Romverbundenheit des fränkischen Königtums gelten, und es mutet dann nur konsequent an, daß man sie in den karolingischen Hausklöstern St. Denis [468] und Prüm ergänzend (zusätzlich zur Aposteloktav) ins Sanctorale der Klosterliturgie aufnahm.

---

[463] Ein Reliquienverzeichnis des 10. Jh.s führt folgende Heiltümer auf: (1) Haupt des heiligen Sixtus, (2) Haupt des heiligen Secundianus, (3) Stephansreliquien, (4) Reliquien der heiligen Agatha, (5) Apostelreliquien, (6) Reliquien der heiligen Walpurgis, (7) Reliquien des heiligen Adelphus, (8) Reliquien der heiligen Felicitas, (9) Reliquien der heiligen Berta von Blangy (Translation 895 nach Erstein, Fest 4. VII.). Vgl. M. BARTH, Handbuch, S. 357; W. WATTENBACH/W. LEVISON/LÖWE, Geschichtsquellen, H. V, S. 537; W. HOTZELT, Translationen Elsaß, S. 9 ff.; E. BOSHOF / H. WOLTER, Studien, S. 61 ff.; MG Poetae II 239 ff., V. 5 ff. Dabei kommt dem Kult der heiligen Caecilia eine besondere Bedeutung zu: ob sie als königliche Heilige galt? Unter Papst Paschalis (817—824) belebte sich ihr Kult; man schuf ihr in Rom ein Offizium (W. LIPPHARDT, Tonar, S. 200). Caecilia hieß eine Tochter des Königs Zwentibold, die später im Kloster Süsteren, das Zwentibold an Prüm schenkte, Nonne wurde (E. HLAWITSCHKA, Anfänge, S. 61; M. COENS, Saints, S. 327—344). Hier könnte ein Einfluß Prüms vorliegen. Auch in Prüm war eine Kapelle den Heiligen Agatha, Caecilia und Lucia geweiht. Zwei kaiserliche Prinzessinnen am Hofe Karls des Großen trugen die *cognomina* Lucia und Columba. Der Columba von Sens wiederum war in der Klosterkirche von Prüm ein Altar geweiht (vgl. G. MEISSBURGER, Grundlagen, S. 25). Grundlagen, S. 25). Die Kongruenz zwischen der Namenwahl in der *stirps regia* und dem Kult weiblicher Heiliger in den Königsklöstern Erstein und Prüm ist wohl ein Spiel des Zufalls.

[464] Das Fest der Petronilla steht freilich auch wie die Oktav der Apostelfürsten im ‚Capitulare‘ der Handschriften Paris B.N. f.l. 93 und 13171 aus St. Denis (Th. KLAUSER, Capitulare, S. 177 f.).

[465] I. MÜLLER, Kalendar, S. 97.

[466] G. D. GORDINI, in: LThK², Bd. VIII (1963), Sp. 781.

[467] F. PRINZ, Märtyrerreliquien, S. 10—12.

[468] Vgl. Anm. 464.

Im Proprium des Prümer Kalendars spiegeln sich erneut — den Verhältnissen bei Wandalbert (848) vergleichbar — die offenbar bis ins späte 9. Jh. andauernden und dominanten politischen, kulturellen und ökonomischen Bindungen der Abtei an den neustrischen Westen (elf Heilige,) und die lotharingische Mitte (neun Heilige) des fränkischen Reiches, während Ostfranken schwach (mit vier Heiligen) vertreten ist [469]. Im einzelnen werden gefeiert Lokalheilige aus Angers, Rézé im Poitou, Orléans (2) [470], Ferrières, Sens, Auxerre, Paris, St. Quentin, Köln, Stablo, Lobbes (2), Trier (3), Echternach, Gorze, Mainz, Fulda, Lorsch und St. Gallen.

Beachtenswert ist die Ergänzung der bereits im Grundstock enthaltenen Feste der Kirchenlehrer Augustin, Hieronymus und Gregor durch das Fest des Athanasius (2. V.). Sollten hier Reminiszenzen an den Trierer Aufenthalt dieses Propagators des Mönchtums nachklingen, also auch lokale Kultmotive mitwirken? Erklärlich ist die Adaptation des Festes der spoletanischen Märtyrer (auch in L[1]) Abundius und Carpophorus (10. XII.) [471]: Carpophorus spielt eine Rolle in der Passio der Lokalheiligen Crisantus und Daria [472] und wird auch in ihrer in Prüm entstandenen Hymne erwähnt [473]. Die Konzipierung der Basiselemente (vielleicht der Vorlage) von K[1] fällt noch in die Zeit des Abtes Markward — nicht mehr die Entstehung. Einen 'terminus post quem' vermittelt die Aufnahme der Heiligen *Lupianus* (1. VII.) und *Eusebius et Pontianus* (25. VIII.). Beide werden in Wandalberts 848 entstandenem Martyrolog noch nicht erwähnt und erst in zwei Nachträgen berücksichtigt. 1003 (R[5]) besaß man in Prüm *de corpore s. Lupiani confessoris*. Der Wandalbert-Nachtrag lautet:

---

[469] L. BOSCHEN, Annales, S. 62. 69 f. Nur in der Litanei L[1] scheinen Beziehungen zum ferneren Ostbayern (Regensburg, Moosburg, St. Florian) auf. Sonst beschränken sich die Kultbeziehungen der Abtei Prüm innerhalb Ostfrankens im wesentlichen auf die großen Abteien, wie Lorsch *(Nazarius)*, Weißenburg *(Sergius* und *Bachus)*, Fulda *(Bonifatius, Lioba)*, Reichenau *(Januarius)* und St. Gallen *(Gallus, Othmar)*. Die Beziehungen zu St. Gallen müssen in der zweiten Hälfte des 9. Jh.s am intensivsten zugenommen haben: St. Galler Zusätze finden sich nicht nur in W[2], sondern auch in To, E und K[3]. Wandalberts Martyrolog wird auf der Reichenau und in St. Gallen kopiert. Im 10. Jh. besaß man in Prüm Sequenzen auf die Heiligen Gallus und Othmar, die in einem nach St. Galler Vorlage gefertigten Tropar überliefert sind (vgl. o. S. 87). Die Auswirkungen der Verbrüderung zwischen den Konventen von St. Gallen und Prüm haben eine Parallele in den seit der zweiten Hälfte des 9. Jh.s zunehmenden liturgischen Austauschbeziehungen zwischen dem Schweizer Kloster und Weißenburg, die besonders auch den Galluskult einschließen (W. HAUBRICHS, Studienfreunde, S. 111, Anm. 274).
[470] Reliquien des ,seltenen' Heiligen Evortius von Orléans lagen um 880 auch in Pfäfers; um 900 wird dort die *basilica s. Evortii* als Leutkirche genannt (I. MÜLLER, Kalendar, S. 111; DERS., Kalender, S. 300). In der um 975 entstandenen Litanei des Fuldaer Sakramentars, die aber sicher nach einer älteren Vorlage gefertigt ist, werden wie in L[1] *Euurti, Aniane* nebeneinander aufgerufen (G. RICHTER/A. SCHOENFELDER, Sacramentarium, S. 286).
[471] L. BOSCHEN (Annales, S. 70) erschien die Rezeption des Kultes der beiden im Norden sonst nirgendwo gefeierten Heiligen noch merkwürdig.
[472] B. de GAIFFIER, Légendiers Spolète, S. 313—24; G. M. FUSCONI, in: Bibl. Sanct., Bd. III (1963), S. 880 f.
[473] Vgl. o. S. 82.

Lupianus

Tu meritis ipsas, Lupiane, celebriter ornas [474].

Lupianus, der nur noch in zwei Essener Kalendarien des 10. Jh.s und im Kalendar von St. Laurent zu Lüttich (11. Jh.) erwähnt wird [475], in Prüm aber auch in T³ vermerkt und in L¹ angerufen wird, wurde seit merowingischer Zeit im Lande Retz (Rézé) auf der Grenze zwischen Poitou und Nantois verehrt [476]. Sein Prümer Kult ist gewiß wie der des heiligen Albinus von Angers auf die besonderen Beziehungen der Abtei zum Raum an der unteren Loire zurückzuführen. Die Translation seiner Reliquien nach Prüm wird wie so viele Übertragungen von Heiligenleibern aus dieser Region in die Zeit der Gefährdung der Kultstätten an der Loire durch Bretonen und Normannen, also in die Fünfziger Jahre des 9. Jh.s, zu setzen sein [476a].

Ebenfalls im Prümer Schatzverzeichnis von 1003 (R⁵) werden Reliquien der Heiligen *Eusebii et Pontiani* aufgeführt. Der Wandalbert-Nachtrag zum 25. VIII. lautet [477]:

> *Hacque die colitur Eusebius ac celebratur*
> *Poncianus sanctus, Vincentius et Peregrinus.*

Es werden also noch weitere *socii* des Märtyrerpaares aufgeführt, d. h. man hatte sich in Prüm genau in der Legende der Heiligen umgesehen. In Prümer liturgischen Quellen erscheint das Fest noch in L¹ und K³ [478]. Nachgewiesenermaßen [479] ist die späte Nachricht des Prümer Sakrars [479a], Abt Markward habe die Reliquien beider Heiliger 844 aus Rom mitgebracht, apokryph. Auch an die Translation von Gebeinen beider Märtyrer nach Centula durch Erzbischof Hetti von Trier (814—47) läßt sich nicht anknüpfen, da der 848 schreibende Wandalbert schweigt [480]. Man muß vielmehr an die *Translatio Sanctorum Eusebii et Pontiani in Galliam* denken [481], die Graf Gerhard von Vienne,

---

[474] MG Poetae, Bd. II, S. 589.

[475] AA SS Iuli, Bd. I (1867), S. 29 f.; G. ZILLIKEN, Festkalender Köln, S. 80. Für diese Kalendare stellt sich auf Grund dieses Indizes ernstlich die Frage Prümer Vorlagen.

[476] J. EVENOU, in: Bibl. Sanct., Bd. VIII (1966), S. 378; L. BOSCHEN, Annales, S. 69 f.

[476a] Retz wurde 851 von Karl dem Kahlen an den bretonischen Herrscher Erispoe (851—857) abgetreten. Vgl. W. WATTENBACH/W. LEVISON/H. LÖWE, Geschichtsquellen, H.V, S. 591.

[477] MG Poetae, Bd. II., S. 592.

[478] Ebenfalls in einem Trierer Kalendar des 10. Jh.s aus St. Maximin (M¹). Vgl. P. MIESGES, Heiligenkalender, S. 80. Dieser St. Maximiner Kalender bringt aber auch zum 25. X. die *Dedicatio S. Goaris*. Es muß daher vermutet werden, daß er oder seine Vorlage aus Prüm oder aus der Prümer Zelle St. Goar stammt.

[479] Vgl. o. Anm. 436 und ANHANG II, Nr. 37.

[479a] AA SS August, Bd. V, S. 113: *Marcuardus comes, et abbas monasterii Prumiensis tertius, ecclesiam S. Salvatoris sanctorum patrociniis condecorari, et muniri desiderans, accepta imperiali epistola a gloriosissimo imperatore Lothario Romam profectus, a Sergio Papa quadraginta sex Sanctorum corpora accepit ...* (darunter) *... corpora ss. martyrum Eusebii et Pontiani, ... qui passi sunt Romae sub Commodo imperatore et Vitellio judice ... una cum SS. Vincentio et Peregrino, quorum festum altera D. Bartholomaei.*

[480] So noch L. TRAUBE, in: MG Poetae, Bd. III, S. 343, Nr. CXVIII, 770.

[481] Analecta Bollandiana, Bd. 2 (1883), S. 368—77.

124

dessen Familie auch in Lothringen begütert war und mit dem Geschlecht der Matfride, die später ihre Hand auf das Kloster Prüm legten, verwandt war [482], über Vienne und Lyon und unter Mitwirkung des ehemaligen Prümer Mönchs Ado von Vienne um 865 nach Vézelay, seinem Hauskloster, durchführte [483]. Diese Daten führen zu einem Ansatz des Kalendars K[1] nach 865.

Einen neuen Erfolg verbuchte Abt Markward, als es ihm 852 gelang, Kaiser Lothar, der sicherlich schon damals mit dem Gedanken spielte, sich in der Hausabtei seines Geschlechts begraben zu lassen, zur Übergabe eines großen Teiles der Reliquien des karolingischen Kronschatzes zu bewegen [484]. Prüm erhielt:

> ... de ligno s. crucis . de sepulchro domni . de loco calvarie. de presepio domni . deinde sanimentum de lapide ubi oravit in monte oliveti . de sudario domni . de spongia . de uestimento s. Mariae . manum s. Iacobi fratris domni cum parte brachii . caput s. Cosme . brachium s. Georgii mart. brachium s. Theodori mart. absque manu . pedem s. Simeonis qui domnum suscepit in templo . os s. Zacharie filii Barachie . os s. Thome ap. pedem et brachium s. Anastasie virg. caput sisinnii mart. pedem s. Ihieronimi presb. simul et brachium s. Stephani protho mart. ossa prophetarum . ossa innocentum ...

Die Schenkung änderte den Charakter des Prümer Reliquienbesitzes. Neben die fränkischen, lothringischen und römischen Heiligen treten nun Heiltümer des Salvators, der Gottesmutter, biblischer und orientalischer Heiliger [485]. Diese Ausweitung des kultischen Horizonts erscheint im Rahmen der Bemühungen Markwards, der Prümer Liturgie den Charakter einer Allerheiligenliturgie zu verleihen, durchaus konsequent. Bei Wandalbert waren alle Heiligen — auch Zacharias [486] — deren Reliquien man 852 neu erwarb, bereits verzeichnet, außer Sisinnius, dem recht unbekannten Märtyrergenossen des Saturninus (29. XI.) Er erhielt im Martyrologium folgenden Nachtrag: [487]

> Huncque diem palma Sisinnius almus adornat,
> Prumia nunc retinet gaudens caput istic.

In T ergänzte man den Eintrag thedori mar [488] und korrigierte die 'hieronymianische' Notiz zum Georgsfest. Es kann als sicher gelten, daß die neuen

---

[482] E. HLAWITSCHKA, Anfänge, S. 171.
[483] Vgl. L. BOSCHEN, Annales, S. 66—69; H. QUENTIN, Martyrologe, S. 517 f.
[484] MG DD Lothar I., Nr. 122 (852).
[485] H. NOBEL, Königtum, S. 131—33.
[486] B. FISCHER (Elfenbeintafel, S. 5—19) sieht die Zachariasreliquien im Zusammenhang mit dem im 8. Jh. in Konstantinopel entstandenen und später in Trier aufgefundenen Thomasevangeliar, das eine Perikope zum Zachariasfest enthält. Vgl. ANHANG II, Nr. 111.
[487] MG Poetae, Bd. II, S. 600.
[488] Die Wiedergabe von althochdeutsch / eo / durch ‹e› entspricht westfränkischen orthographischen (z. B. Theutbald → Tetbald), aber auch in Prüm gängigen Gewohnheiten. Vgl. D. GEUENICH, Prümer Personennamen, S. 94 f., der allerdings auch überlegt: „Möglicherweise ist in dem e jedoch ein Hinweis auf die Monophthongierung io, ia › ie › ê (mit Stoßton) im nördlichen Mittelfränkischen zu sehen ...“. Die Schreibung der Heiligennamen zeugt auf alle Fälle für eine gewisse Familiarität der Mönche mit dem orientalischen Heiligen und damit für tatsächlichen und lebendigen liturgischen Kult.

Reliquien ihren heiligen Besitzern in Prüm zu einer Intensivierung des Kultes verhalfen.

Das gilt vielleicht besonders für die beiden byzantinischen Militärheiligen Georg und Theodor, deren motivische Zusammengehörigkeit in Prüm durchaus erkannt wurde, wie die Plazierung beider nebeneinander in L[1] beweist [489]. Das Motiv der *militia christiana,* das schon den Georgskult und den Heiligenkult überhaupt bei Wandalbert prägte, scheint in der Prümer Liturgie der Markward-Zeit weiterentwickelt. Es muß sehr auffallen, daß im sparsamen Sanctorale des in der zweiten Hälfte des 9. Jh.s entstandenen Prümer Collectars [490], das die Hochfeste des Klosters (bis Mitte September) getreu spiegelt, neben den großen Herren-, Marien-, Kreuz-, Apostel- und Märtyrerfesten und den Feiertagen der Lokalpatrone nahezu nur *milites* (Sebastianus, Georgius, Eventius und Theodolus, Iohannes und Paulus, Processus und Martinianus, Mauritius, schließlich Landbertus, der in einer Adelsfehde gefallene Lütticher Märtyrerbischof) verzeichnet werden.

Dem auf die Intensivierung des Heiligenkultes [491] gerichteten *studium* seiner religiösen [492], politisch einflußreichen, aber oft auch glücklosen [493] Äbte des 9. Jh.s hat Prüm den Ruf als Kultstätte zu verdanken, der König Zwentibold Prüm am Ende des Jahrhunderts einen *deo acceptissimus locus* nennen läßt [494]. Freilich lassen die im 9. Jh. zahlreichen Reliquienerwerbungen des Klosters im 10. Jh. an Umfang nach. Den wohl in die Zeit Eigils (853-60) und Ansbalds (860-886) zu datierenden Translationen des Bekenners Lupianus [495] und der Märtyrer Eusebius und Pontianus folgend, erwarb man — wohl gegen Ende

---

[489] Vgl. W. HAUBRICHS, Hero Sancte Gorio, Abschnitt 2.2.1.5.

[490] P. SIFFRIN, Collectar, S. 237 f.

[491] Auswertbar wäre noch das von Regino zu Beginn seiner ‚Chronica', in der Darstellung der ‚Zeit der Märtyrer' (MG SS, Bd. I, S. 543 ff.), entwickelte Sanctorale. Quelle war ein vermehrtes Exemplar des Martyrologs, das der ehemalige Prümer Mönch Ado von Vienne angefertigt hatte. Die darin enthaltenen historischen Notizen zu einzelnen Heiligen wurden in chronologischer Reihenfolge umgeordnet (P. OSTER, Leben, S. 36).

[492] Für die Resignation des *vir religiosus* und Abtes Markward im J. 853 waren wohl aszentische Gründe maßgebend. Eigil von Prüm wird vom Martyrolog der Abtei Flavigny, der er 865—870 vorstand, als Heiliger bezeichnet: *IV. Kal. Iun. Evgilis Senonensis archiepiscopi sancti, primum Prumiensis deinde Flaviniacensis abbatis, qui multis claret miraculis* (PL 154, S. 19 D). Beide erhielten — wohl als vorbildliche Mönche — *memoria* und poetisches Epithaph in der Benediktskapelle zu Prüm (MG Poetae, Bd. IV, S. 1032, Nr. XIV).

[493] Im J. 853 resignierte Abt Markward (Anm. 492); 860 verzichtete Eigil, wohl wegen seiner Verstrickung in die skandalösen Ehehändel Lothars II., auf die Abtswürde; Farabert trat — da er 892 dem Einfall der Normannen nicht wehren konnte — zurück. Regino wurde 899 durch eine mächtige lothringische Adelspartei (vgl. o. S. 67 f.) zum Verzicht gezwungen. Vgl. L. BOSCHEN, Annales, S. 202 f.

[494] H. BEYER, UB Mittelrhein, Bd. I, Nr. 137; MG DD Zwentibold, Nr. 2.

[495] Die Translation des Lupianus gehört allerdings wahrscheinlich noch in die letzte Zeit Markwards. Am 22. August 851 schloß Karl der Kahle mit dem bretonischen Herzog Erispoe einen Vertrag zu Angers, in dem er dem letzteren die Grafschaften Rennes, Nantes und Retz (!) überläßt. In Angers ebenso wie in den Landschaften um Rennes und Nantes hatte Prüm reichen Fernbesitz; durch einen Brief, den Lupus von Ferrières 851/52 an Markward schreibt (L. LEVILLAIN, Etudes, Bd. II, S. 312), erfahren wir, daß auch der Verwandte des Prümer Abts an der bretonischen Expedition teilnahm. Es erscheint mir sehr wahrscheinlich, daß Lupus die Überführung des Heiligen aus dem gefährdeten Retz in die ebendort engagierte und geschädigte Abtei in der Eifel organisierte.

des 9. Jh.s — Reliquien der Heiligen Timotheus und Christophorus, am ehesten aus Reims [496]. Margarethareliquien erreichten zu Anfang des 10. Jh.s die Eifelabtei aus dem alemannischen Süden [497]. Reliquien der heiligen Barbara erhielt man vielleicht 974 angelegentlich der Gründung der Abtei Gladbach durch Erzbischof Gero von Köln. Nur das beachtliche Heiltum der Märtyrerin von Antiochia *(costa s. Margarete R[5])* brachte der Besitzerin einen intensiven Kult in Prüm ein. Ein Nachtrag zu Wandalberts Matyrolog [498] feiert sie (am 13. VII.) als vorbildliche *virgo:*

> *Martyr et intacta pro virginitate decora,*
> *Margareta sacram suscepit sacra coronam.*

Im 11. Jh. führt sie die *virgines*-Reihe des Jungfrauen-Altars in der Klosterkirche bereits vor der älteren Columba von Sens an [499].

Das Prümer liturgische Quellenmaterial erlaubt es, ein nach Hochfesten und liturgisch minder gefeierten Festen sowie bloßen *memoriae* abgestuftes Sanctorale der Klosterliturgie für das späte 9. Jh. zu entwickeln (vgl. das Kalendar in Anhang I) [500]. Die wichtigsten Zeugen sind dabei K[501], C[502], P[503], B[504], die

---

[496] Allerdings gab es auch in Trier seit spätestens dem 9. Jh. einen Christophoruskult; die St. Maximiner Kirche in Mainz trug das Patrozinium des Christusträgers. Für Echternach sind Reliquien 1034, für St. Maximin 1072 belegt (H. ROSENFELD, Christophorus, S. 294). Vgl. ANHANG II, Nr. 23.

[497] Vgl. u. S. 145; W. HAUBRICHS, Hero Sancte Gorio, Abschnitt 4.2.3.2.

[498] MG Poetae, Bd. II, S. 589.

[499] Vgl. ANHANG II, Nr. 68.

[500] Die universalen Hochfeste des Frankenreichs gibt Regino in seinem Synodalhandbuch nach den Synoden von Reisbach (799) und Mainz (813): Christi Geburt (vier Tage) mit Oktav, Epiphanie, *Purificatio s. Mariae*, Ostern mit Karwoche und *Litania Maior* (25. IV.), Christi Himmelfahrt, Pfingsten mit Pfingstwoche und *Rogationes* (drei Tage), Peter und Paul, *Nativitas Iohannis Baptistae*, Laurentius, Mariä Himmelfahrt, Michael, Remigius, Allerheiligenfest, Martin, Andreas, Kirchweihfest. Vgl. W. HELLINGER, Pfarrvisitation, S. 113.

[501] Vgl. L. BOSCHEN, Annales, S. 34 ff.

[502] Der Festkalender des Collectars reicht nur bis zum 22. IX.: (1) *Dedicatio Templi*, (2) *Natale s. Iohannis ev.*, (3) *Natale Innocentum*, (4) *Natale Fabiani et Sebastiani*, (5) *Purificatio S. Mariae*, (6) *Adnuntiatio s. Mariae*, (7) *Natale s. Georgii*, (8) *Natale ss. appl. Philippi et Iacobi*, (9) *Natale ss. Alexandri, Eventii et Theudoli*, (10) *Inventio sce. Crucis*, (11) *Sci Iohannis Baptistae*, (12) *Iohannis et Pauli*, (13) *Vigilia app. Petri et Pauli*, (14) *Natale Sci Pauli*, (15) *Processi et Martiniani*, (16) *Octava aplorum*, (17) *Natale Sci. Goaris*, (18) *Sci. Iacobi Apli.*, (19) *Sci. Cyriaci*, (20) *Capitula de Sco. Laurentio*, (21) *Sci. Laurentii*, (22) *Adsumptio Sce. Mariae*, (23) *Natale Sc. Iohannis Baptistae*, (24) *Natale Sci. Bartholomaei apli.*, (25) *Nativitas Scae. Mariae*, (26) *Exaltatio Sce. Crucis*, (27) *Cornelii et Cypriani*, (28) *Natale Sci. Landberti*, (29) *Sci. Matthaei Apli.*, (30) *Scor. Martyrum Mauricii et sociorum.*

[503] Das Sanctorale bei A. KURZEJA, Liber Ordinarius, S. 211 f.: Sebastian, Agnes, Purificatio BMV, Agatha, Philippus et Jacobus, Inventio Crucis, Nat. Ioannis Bapt., Petrus et Paulus, Comm. Pauli, Goar, Benedictus, Laurentius, Assumptio BMV, Decoll. Ioannis Bapt., Nativitas BMV, Exaltatio Crucis, Mauricius, Michael, Remigius et Vedastus, Omnium Sanctorum, Martinus, Brictius, Caecilia, Clemens, Andreas, Lucia, Stephanus, Ioannes Ev., Innocentes.

[504] Das Sanctorale (A. KURZEJA, Liber Ordinarius, S. 211 f.) enthält zusätzlich zu P: Hilarius, Georgius, Marcellinus et Petrus, Medardus, Ioannes et Paulus, Tiburtius, Hippolytus, Symphorianus, Lambertus, Cosmas et Damianus, Dionysius, Crysanthus et Daria, Crispinus et Crispinianus, Quintinus, und im Nachtrag: Marius et Martha.

Reliquien und Patrozinien des Klosters. Unterschieden werden soll zwischen
(1) universalen Festen der fränkischen Kirche (in Majuskeln),
(2) Prümer Reliquien- und Patrozinienfesten *(in Kursive)*,
(3) Offiziumsfesten in C (durch Sperrung hervorgehoben) und
(4) bloßen 'memoriae', die nur in K^1 aufscheinen [505]:

JANUAR

1 *CIRCUMCISIO DOMINI* · *Basilii* · 6 *EPIPHANIA DOMI-NI* · 20 S e b a s t i a n i et F a b i a n i · *M a r i i, M a r t h e et H a b a c u c i s* · 21 Agnetis · 25 *Conversio s. Pauli* ·

FEBRUAR

2 *PURIFICATIO S. MARIAE* · *5 A g a t h e* · 10 *Scolastice* · 22 *Cathedra s. Petri* · 24 Mathie apli.

MÄRZ

1 Albini · 12 Gregorii papae · 21 *Benedicti* mon. 25 *A d n u n t i a t i o S. M a r i a e.*

APRIL

4 Ambrosii · 11 Leonis papae · 14 Tiburtii et Valeriani · 24 *G e o r g i i* · 25 Marci ev. 28 Vitalis.

MAI

1 P h i l i p p i et I a c o b i app. 2 Athanasii · 3 *I n v e n t i o s. c r u c i s* · A l e x a n d r i, E v e n t i i et T h e o d o l i · 10 *Gordiani et Epimachi* · 12 Nerei et Achillei · Pancratii · 19 Potentianae · 25 Urbani papae · 28 *Germani* (Paris) · 29 *Maximini* · 31 Petronillae ·

Gegenüber P fehlt: *Goar.* Es sind neben Heiligen aus Poitiers, Soissons, Autun, Lüttich vor allem die neuen Reliquienheiligen des 9. Jh.s, die in B dazukommen. Sie standen z. T. (z. B. *Georgius, Ioannes et Paulus)* bereits im Collectar C; aber ihre Antiphonen wurden zunächst noch aus dem Commune Sanctorum bezogen, so daß sie im Chorbuch nicht erschienen; dagegen war für die Orationen des Collectars und des Breviers bereits liturgische Arbeit in Prüm geleistet worden.

[505] Nicht berücksichtigt sind jene Feste, die sich nur noch in B finden: es sind *Hilarius* und *Symphorianus.* Nach KURZEJA (Anm. 504) soll B eine Umformung eines älteren Prümer Breviers unter dem Einfluß von To darstellen. Dagegen spricht, daß z. B. *Hilarius* nicht in To vorkommt. In K^1 fehlt der Monat Januar. Wahrscheinlicher ist mir daher, daß B mit den frühfränkischen Heiligen Hilarius und Symphorianus das ältere Prümer Brevier (noch ohne *Chrysanthus et Daria*) völlig rein widerspiegelt, und daß umgekehrt die Prümer Liturgie des späten 9. Jh.s, durch C und P bezeugt, diese zwei Feste bereits ausgeschieden hat. Da Georg in B bereits aufgenommen ist, dürfte die Vorlage bald nach 852 entstanden sein.

JUNI

2 Marcellini et Petri · *Bonifatii* · *8 Medardi* · *9 Primi et Feliciani* · 12 *Nazarii* · 18 Marci et Marcelliani · 22 Albani · 24 *N A T I V I T A S* S. *IOHANNIS BAPTISTAE* · 26 *I o h a n n i s et P a u l i* · 28 V i g i l i a · *29 PETRI ET PAULI* APP. 30 *Natale S. Pauli.*

JULI

1 Lupiani · 2 Processi et Martiniani · *6 Goaris* · O c t a v a a p p. 10 Septem fratrum · 11 *T r a n s l a t i o s. Benedicti* · 21 Praxedis · 23 Apollinaris · *2 5 I a c o b i a p.* 26 DEDICATIO S. SALVATORIS IN PRUMIA · 29 Felicis, Simplicii et Faustinae · 30 *Abdon et Sennes* · 31 *Germani* (Auxerre).

AUGUST

1 Vincula S. Petri · Machabeorum · 2 Stephani ep. 3 *Inventio corporis s. Stephani prothomartyris* · 6 Sixti · 8 C y r i a c i · 9 V i g i l i a · 10 *LAURENTII* · 11 *T i b u r t i i* · 13 *Y p o l i t i* · 14 Eusebii · 15 *ADSUMPTIO S. MARIAE* · 16 Arnulfi · 17 Octava s. Laurentii · 24 B a r t h o l o m a e i a p. · *25 Eusebii et Pontiani* · 28 Augustini · 29 *P a s s i o S. I o h a n n i s B a p t i s t a e* · 31 *Paulini.*

SEPTEMBER

1 Prisci · Lupi (Sens) · 3 *Remacli* · 7 Evortii · 8 *N a t i v i t a s S. M a r i a e* · Adriani · 9 Gorgonii · 11 *Proti et Iacincti* · 14 *E x a l t a t i o S. C r u c i s* · *C o r n e l i i et C y p r i a n i* · 15 · Nichomedis · 16 Lucie et Geminiani · 17 L a n t b e r t i · 21 M a t h e i a p. · 22 *M a u r i c i i* · 27 *C o s m e et D a m i a n i* · 29 MICHAELIS · 30 *H i e r o n y m i.*

OKTOBER

1 REMIGII · *Germani* · *V e d a s t i* · *Amandi* · 2 Leudegarii · 8 Dedicatio basilicae ss. Gordiani et Epimachi (in Niederprüm) · 9 *D i o n y s i i.* · 14 *Calisti* · 16 *Galli* · 17 Luce ev. 23 Severini · 25 *C r i s a n t i et D a r i a e* · *C r i s p i n i et C r i s p i n i a n i* · 28 Simonis et Iude app. · 31 **Q u i n t i n i.**

NOVEMBER

1 FESTIVITAS OMNIUM SANCTORUM · 3 *Hucberti* · 7 *Willibrordi* · 9 *Theodori* · 11 *MARTINI* · Menne · 12 *Cuniberti* · 13 B r i c c i · 14 *Glorificatio Sanctorum* · 17 *Aniani* · 18 Ocatava Martini · 22 *C e c i l i e* · 23 C l e m e n t i s p a p a e · Felicitatis · 24 Chrisogoni · 29 *Sisinnii* · 30 ANDREE AP.

DEZEMBER

1 Eligii · 8 Eucharii · 10 Abundi et Carpophori · 13 Iudochi · *L u c i e* · 21 *Thome ap.* · 24 *Vigilia* · 25 *NATIVITAS DOMINI* · *Anastasie* · 26 *S t e p h a n i   p r o t h o m a r t y r i s* 27 I o h a n n i s   e v · 28 *I n n o c e n t u m* · 31 *Silvestri* · *Columbae.*

Diese rekonstruierte Prümer Festliste enthielt somit 142 Feste an 122 Feiertagen.

4. Klösterlicher Heiligenkult und laikale Frömmigkeit

Es ist an dieser Stelle nach Sinn, Funktionen und Wirkungen des Prümer Heiligenkultes zu fragen:

Es konnte oben gezeigt werden, daß sich die Mönche von Prüm im Kult ihrer römischen Reliquienheiligen Chrysanthus und Daria und in der Ausformung und Deutung ihrer Legende exemplarische Entwürfe monastischen Seins, der Verwirklichung von *castitas* und *caritas* im *agon* von Mönch bzw. Nonne gegen die Versuchungen der Finsternis geschaffen hatten, die paränetisch im Sinne einer *ordinatio* von Klerus und Mönchtum eingesetzt werden konnten. An anderer Stelle [506] konnte gezeigt werden, daß man in Prüm sehr bald der spezifisch monastischen Kultprogrammatik der Legende der Heiligen Chrysanthus und Daria ein Identifikationsangebot an die laikale Umwelt des Klosters an die Seite gestellt hat. Es konnte mit sprachgeschichtlichen, legendengeschichtlichen und kultgeschichtlichen Argumenten gesichert werden, daß das althochdeutsche Lied auf den byzantinischen Soldatenheiligen und *megalomartyr* Georg, dessen rekonstruierter Text [507] nachstehend abgedruckt wird (es ist Fragment), zur Zeit der Normannenkriege, die das Eifelkloster so schwer trafen, also wohl in den Achtziger Jahren des 9. Jh.s in Prüm entstanden ist.

(DE SANCTO GEORGIO)

I

1 GORIO *fhuor ce malo* · *mit mikilemo herio* ·
2 *fhone dhero marko* · *mit mikilemo fholko* ·
3 *fhuor er ce dhemo rhinhe* · *ce hebihemo dhinhe* ·
4 *dhazs dhin uhas marista* · *ghote lhiebosta* ·
5 *ferlhiezc er uhereltrhike* · *keuhan er himilrhike* ·
Refrain[1] *dhazs kedheta shelbo* · *dher mare crabo GORIO* ·

II

1 *Dho sbuonen inen alle* · *kuninha sho manehe* ·
2 *uholton shi inen herkeren* · *ne uholta ernes horen* ·
3 *herte uhas dhazs GORIEN muot* · *ne hort er in es sheg ih ghuot* ·
4 *nub er al kefhrumeti* · *dhes er ce ghote dhigeti* ·
Refrain[1] *dhazs kedheta shelbo* · *(hero) S(an)C(t)E GORIO* ·

---

[506] Vgl. W. HAUBRICHS, Hero Sancte Gorio, Abschnitt 4.1.3.
[507] Zur Textüberlieferung und zur Rekonstruktion des ursprünglichen Textes vgl. W. HAUBRICHS, Georgslied.

III

1 *Dho dheilton (sh')inen share* · *ce dhemo karekare* ·
2 *dhar met imo dho fhuoren* · *hengila de shonen* ·
3 *dhar fhand er ceuuei uhib* · *kenerit er dhazs ire lhib* ·
4 *dho uhort er so (shono)* · *(dha)zs imbizs in fhrono* ·
Refrain[2] *dhazs ceiken uhorta dh(are)* · *GORIO ce uhare* ·

IV

1 *GORIO dho dhigita* · *inan DRUHTIN al keuhereta* ·
2 *(inan DRUHTIN al keuhereta)* · *dhes GORIO cimo dhigita* ·
3 *dhen dhumben dhet er sprekenten* · *dhen dhouben horenten* ·
4 *dhen plintēn dhet er sheenten* · *dhen halcen ghanhenten* ·
5 *hein shul stuont her (manihe) ihar* · *h(uu)zs spran dher lhob*
shar ·
Refrain[2] *dhazs zheiken uhorta dhare* · *GORIO ce uhare* ·

V

1 *Beghont ezs dher rhike man* · *fhile harte zhurnen* ·
2 *dacianus uhuoto* · *z̧hurnt ezs uhunterdhrato* ·
3 *her quhat GORIO uhari* · *hein ghoukelari* ·
4 *hiezs her GORIUN fhaen* · *hiezs en huuzs zhieen* ·
5 *hiezs en slahen harto* · *mit uhunteruhasso shuerto* ·
Refrain[3] *dhazs uheizs hik dhazs ist aleuhar* ·
huffherstuont shik GORIO dhar ·
(huffherstuont shik GORIO dhar) ·
uhola (p)rediiot her dhar ·
dhie heidenen man · *keshante GORIO dhrate fhram* ·

VI

1 *Beghont ezs dher rhike man* · *fhilo harto zhurnen* ·
2 *dho hiezs er GORION binten* · *han en rhad uhinten* ·
3 *ce uhare shahen hik ezs hiuu* · *shie praken inen en cenuu*
Refrain[1] *dhazs uhezs hik dhazs ist aleuhar* ·
huffherstuont shik GORIO dhar ·
huffherstuont shik GORIO dhar ·
uhola (prediiot her) dhar ·
dhie heidenen man · *keshante GORIO fhile fhram* ·

VII

1 *Dho hiezs er GORION fhaen* · *hiezs en harto fhillen*
2 *man kehiezs en mullen* · *ce puluer al uerprennen* ·
3 *man uharf an in dhen prunnen* · *er uhas allike (e)rsun(ten)* ·
4 *poloton shi dher ubere* · *steine mikil menige* ·
5 *beghonton dhi'nen umbeghan* · *hiezsen GORIEN huffherstasn·*
6 *mikil dheta G(ORIO dhar)* · *sho her io dhuot uhar* ·

Refrain[3]   *dhazs uhezs hik (dhazs ist a)leuhar   ·*
              huffherstuont shik GORIO dhar   ·
              (huffherstuont shik GORIO dhar)   ·
              uho(la) pr(ediiot her dha)r   ·
              dhie heidenen man   ·   keshante GORIO fhile fhram   ·

VIII

1 *(Huffherstuont) shik GORIO dhar   ·   huuzs spran dher uhahe*
                                                    s(har)   ·
2 *(dhen dho)ten man   ·   huf(f) hiezs er stanten   ·*
3 *er hiezc en dhare cimo ghaen   ·   hiezc en shar spreken   ·*
4 *dho shegita her: ihobel heizs   ·   ih bet namon, gelhoubet hezs   ·*
5 *quhat sho uharin ferlhorene   ·   dhemo dhiufele al betrogene   ·*
Refrain[1]   *dhazs c(u)nt uns shelbo   ·   (hero) S(an)C(t)E GORIO   ·*

IX

1 *Dho ghien er ce dhero kamero   ·   ce dhero cuninginno   ·*
2 *beghon er shie lheren   ·   beghonta shi'm ezs horen   ·*
3 *elessandria   ·   shi uhas dhogelika   ·*
4 *shi hilta shar uholedhuon   ·   dhen hiro shanc spent(on)   ·*
5 *shi spentota iro treso dhar   ·   dhazs hilft sha manec ihar   ·*
6 *fhon euhon uncin euhon   ·   sho'se en gnadhon   ·*
Refrain[1]   *dhazs erdhigita shelbo   ·   hero S(an)C(t)E GORIO   ·*

X

1 *GORIO huob dhia hant huf   ·   erbibinota abolin(us)   ·*
2 *gebot er huber dhen hellehunt   ·   dho fhuor er shar en abcrunt   ·*
3 *hin ...*

Strophe I: *Zum Richtplatz reiste Georg mit großer Gefolgschaft; aus
              seinem Herrenland kam er mit vielem Volk; zur Versammlung
              im Ring des Herrschers fuhr er, zu gewaltigem Gericht. Dieser
              Gerichtstag wurde sehr berühmt, sehr lieb wurde er Gott. Die
              Welt verließ Georg, das Himmelreich gewann er.
              Das hat getan mit eigner Kraft der edle Graf Georg.*

Strophe II: *Da redeten all die vielen Könige auf ihn ein; sie wollten ihn
              verführen, er wollte auf sie nicht hören. Fest war Georgs Sinn
              — ich versichere euch, er hörte nicht auf sie. Deswegen ver-
              mochte er alles zu vollbringen, um das er Gott bat.
              Das hat getan mit eigner Kraft Sankt Georg.*

Strophe III: *Da verurteilten sie ihn sofort zu Kerkerhaft. Mit ihm flogen die
              herrlichen Engel. Zwei Frauen fand er, ihnen rettete er das
              Leben, ihnen schuf er wunderbare Speise.
              Dies Wunder wirkte da Georg, das ist wahr.*

Strophe IV: *Georg betete, der Herr gewährte ihm alles; der Herr erfüllte
              alles, um das ihn Georg bat. Den Stummen ließ er sprechen,*

den Tauben hören; den Blinden ließ er sehen, den Lahmen gehn. Eine hölzerne Säule stand hier manche Jahre, sogleich sprang da neues Laub hervor.

Dies Wunder wirkte da Georg, das ist wahr.

Strophe V: *Der Machthaber begann darüber sehr zu zürnen, der Tyrann Dacianus erzürnte sich ungestüm. Er sprach, Georg sei ein Zauberer. Er befahl, Georg festzunehmen; befahl, ihn auszustrecken; befahl, ihn arg zu schlagen mit einem wunderscharfen Schwert.*

Das weiß ich, das ist wirklich wahr, auferstand der Georg da. Auferstand der Georg da, prächtig predigte er sogleich. Die Heiden machte Georg vollkommen zu Schanden.

Strophe VI: *Der Machthaber begann darüber sehr zu zürnen. Sogleich befahl er, Georg zu fesseln und auf ein Rad zu flechten. Ich sage euch die volle Wahrheit, sie hackten ihn in zehn Stücke.*

Das weiß ich, das ist wirklich wahr, auferstand der Georg da. Auferstand der Georg da, prächtig predigte er sogleich. Die Heiden machte Georg vollkommen zu Schanden.

Strophe VII: *Da befahl er, Georg festzunehmen; befahl, ihn schwer zu geißeln; man befahl, ihn zu zermalmen und vollkommen zu Staub zu verbrennen. Man warf ihn in den Brunnen; er war sogleich versunken. Eine große Menge Steine wälzten sie darüber. Sie fingen an, um ihn herumzugehn, forderten Georg auf, aufzuerstehn.ʿ Großes wirkte Georg da, so wie er es immer machet offenbar.*

Das weiß ich, das ist wirklich wahr, auferstand der Georg da. Auferstand der Georg da, prächtig predigte er sogleich. Die Heiden machte Georg vollkommen zu Schanden.

Strophe VIII: *Auferstand der Georg da, eine Quelle entsprang im gleichen Augenblick. Den Toten hieß er auferstehn; er befahl ihm, zu ihm zu eilen; befahl ihm zu sprechen. Da sagte der: Jobel heiß ich mit Namen, glaubt es nur. Sprach, er (und seine toten Genossen) seien verdammt gewesen, seien vom Teufel betrogen worden.*

Das verkündete uns mit eigner Stimme Sankt Georg.

Strophe IX: *Da ging er in das Gemach der Königin. Er begann, sie zu lehren; sie fing an, auf ihn zu hören. Elessandria, sie war tugendhaft. Sie beeilte sich, Gutes zu tun, ihre Mitgift zu spenden; sie verschenkte ihren Schatz. Das gereicht ihr viele Jahre zum Heil, von Ewigkeit bis in Ewigkeit ist sie in der Gnade.*

Das erbat mit eigner Stimme Sankt Georg.

Strophe X: *Georg erhob die Hand, Apollo erbebte. Er gebot über den Höllenhund; da fuhr er sogleich in die Unterwelt ...*

Der Held des Liedes, Gorio/Georg, ist ein *maro crabo,* ein berühmter Graf, der im Stile einer Heldensage zum Thing des Königs zieht, dort seinen christlichen Glauben bekennt, seinen *herten muot,* die *constantia,* die dem Märtyrer wie dem Helden zukommt, beweist und in wundertätigem Kampf den Tyrannen Datian, Typus des Teufels, und die Heiden vernichtet. Das Lied feiert den Sieg des Glaubens und des in ihm unzerstörbaren Lebens über die todbringende Gewalt der Ungläubigen. Die Interpretation [508] hat nachgewiesen, daß der eindrucksvolle, in mehrfacher Variation formulierte Eingang des Georgsliedes in bewußter Nachahmung von Heldenliedeingängen gehalten ist. Den laikalen Hörern, die — wie aus dem Lied hervorgeht — die Legende kennen mußten, um zu verstehen, sollte eine Interpretation des Märtyrers angeboten werden, die diesen als den wahren Helden enthüllt, der das Ethos der im Adel mündlich überlieferten heroischen germanischen Dichtung einholte und im christlichen Sinne zu sich selbst brachte. Neben das *exemplum* eines sich in christlicher *patientia* und *constantia* bewährenden *miles* und Adligen stellte der Autor des Liedes — gegen die schriftlich fixierten Legenden — in der Gestalt der Königin Elessandria/Alexandria, die ihren Schatz der Kirche schenkt und so wie der Märtyrer Georg die ewige Seligkeit erreicht, eine weibliche Projektfigur, eine vorbildliche Adlige. Bewußt ist sogar die Sprache des Liedes abgestimmt auf die Notwendigkeiten der Prümer *familia,* für die es bestimmt war: es berücksichtigt mittelschichtliche Sprachmerkmale, reagiert auf die bilinguale Situation des von Romanen durchsetzten großen Raums der Prümer Grundherrschaft. Hier erweist es sich also nicht nur als ein Mittel klerikaler Propaganda, sondern auch als Element der Bindung der *familia* und der adligen laikalen Umwelt an das Kloster und die Kultstätte des Heiligen, wo die Reliquien weiterhin seine Wunder wirken *(mikil dheta GORIO dhar, sho her io dhuot uhar ...).* Das Lied war wie die oben angeführte Prümer Legende, welche die Gläubigen zu Spenden, zur *oblatio* auffordert, für die Feier des Heiligentages im Kloster bestimmt. Es sollte den zur Feier herbeigekommenen Laien in ihrer Sprache die Macht und wunderwirkende Kraft des Heiligen vergegenwärtigen.

Hier, am Tage der Feier, vor den Reliquien des Märtyrers, konkretisierte sich die Bedeutung des Kultes, der in Prüm bereits eine längere Geschichte besaß:

In seinen Anfängen ist er gewiß gallikanisch bestimmt (Festdatum am 24. IV.) [509], vielleicht von dem seit merowingischer Zeit vitalen Kult in der Diözese Sens angeregt [510]. Sicher von den Kultströmungen am Hof [511] beeinflußt, kennt Wandalbert 848 Georg als den *tropaiophoros* im byzantinischen Sinne: [512]

Invicto mundum qui sanguine temnis,
Infinita refers, Georgi sancte, tropea.

---

[508] Zur Interpretation des Liedes W. HAUBRICHS, Hero Sancte Gorio, Abschnitt 3.
[509] In K¹ sind die Festdaten am Schluß des Aprils jeweils um einen Tag zurückversetzt: so kommen fälschlich Georg auf den 23., Marcus auf den 24., Vitalis auf den 27. zu stehen. Vgl. L. BOSCHEN, Annales, S. 39. Das Georgsfest zum 24. hat auch K².
[510] Vgl. W. HAUBRICHS, Hero Sancte Gorio, Abschnitt 2.3.1.
[511] Vgl. W. HAUBRICHS, Hero Sancte Gorio, Abschnitt 2.3.3.
[512] MG Poetae, Bd. II, S. 584, S. 584, V. 225 f.

Der militärische Unterton im Preis des *martyr invictus* ist nicht zu überhören [513]. Georg ist Sieger über Welt, Tod und Teufel. Mit dem Erwerb der Reliquien der byzantinischen Militärpatrone Georg und Theodor im J. 852 steigt das Georgsfest in Prüm — wie K¹, T³, und L¹ beweisen — zum Reliquien- und Offiziumsfest auf. Dem in Prüm weilenden Mönch Ado ist Georg, obwohl er seine Legende als apokryph erkennt, der *illustrissimus martyr*, was an den *maro crabo* des Georgliedes erinnert. In Prüm geraten inzwischen altes Festdatum und alte Legende in den Sog der von Markward eingeleiteten Romanisierung der Liturgie. Man findet nun auch in Prümer liturgischen Texten den 23. IV. als Festtag (z. B. in C); der vom Gelasianum gestützte 24. IV. kann sich jedoch daneben behaupten. Die Entstehung des Georgsliedes auf der Grundlage einer Mischung von in der altlateinischen Legende (X-lat.) und der Version des stadtrömischen Passionars (Y) enthaltenen Elementen [514] muß in dieser Situation des Konflikts zwischen gallikanischer und römischer Liturgie innerhalb des Klosters gestellt werden, um verstanden zu werden. Dazu kommt die Benutzung poitevinischer Volkslegende (über den *thesaurus* des Datian und den Hort der Königin Alexandria) im Georgslied [515], die der Überführung des *confessor Lupianus* aus dem *pays de Retz* in den Fünfziger Jahren und der Verarbeitung angevinischer und bretonischer Heldensagen und Legenden durch Regino von Prüm, der selbst an der unteren Loire weilte, am Ende des Jahrhunderts an die Seite tritt.

Das Georgsfest war ein Prümer Reliquienfest — das bedeutete, daß an diesem Tag, dem 24. April, die Reliquien des unbesiegten Märtyrers dem Volk in einem jener zahlreichen Schreine oder *capsae* gezeigt wurden, welche das Schatzverzeichnis vom 1003 [516] für das Kloster bezeugt. Nun lag das Georgsfest auf dem Vigiltag der *Litania Maior* (25. IV), jener großen, mit der *ostensio* von Reliquien verbundenen Bittprozession, die nach der *consuetudo Romana* im Laufe des 9. Jh.s eingeführt wurde [517] und in Konkurrenz zu den gallikanischen, drei Tage vor Himmelfahrt abgehaltenen *Rogationes* trat. Die Prümer *familia* war nach den zugänglichen Quellen über Pflichtprozessionen zur Klo-

---

[513] *Tropea referre* ist eine Paraphrase der üblichen militärischen Fachtermini *signa* bzw. *victoriam referre*, d. h. ‚den Sieg erringen‘. Im christlichen Latein kann *tropaeum* zunächst das Siegeszeichen, Siegesdenkmal (vor allem das Kreuz Christi, das *tropaeum crucis*) bedeuten, dann aber auch metonymisch den Sieg selbst (über den *diabolus*), schließlich das Instrument, durch den der Sieg des Märtyrers errungen wurde, das Martyrium und sogar metaphorisch das Unterpfand seines Sieges für die Gläubigen, die Märtyrerreliquien. So Cyprian: ... *illuc enim erant de acie tropaea referenda unde ad aciem fuerant arma suscepta.* Vgl. Ch. MOHRMANN, Mots, passim. Wandalbert verwendet ähnlich auch *triumphum referre*, so bei dem Heiligen Herminigild (MG Poetae, Bd. II, S. 583, V. 198 f.): *Herminigilde, patrem, rex almi, furentem / Persentis, verum referens de morte triumphum.* Wie das Adjektivattribut *infinita* nahelegt, ist *tropaeum* bei Wandalbert als Siegeszeichen zu interpretieren, Georg wird als Sieger gekennzeichnet. Indem aber diesen Siegen Unendlichkeit zukommt, wird das Fortwirken seiner *virtus* bis in die Gegenwart vorausgesetzt: Wandalberts Verse erinnern an das *sho her io dhuot uhar* (VII, 6) des Georgsliedes.
[514] Vgl. zur Quellenfrage W. HAUBRICHS, Georgslied, Abschnitt 5.5.
[515] Vgl. W. HAUBRICHS, Georgslied (Quellenformular Nr. 46).
[516] H. BEYER, UB Mittelrhein, Bd. I, Anhang, Nr. 3.
[517] M. FÖRSTER, Geschichte, S. 3 ff.

sterkirche, die ins 11./12. Jh. hinabreichten [518], an vier Tagen zur *bedefart* ins Mutterkloster verpflichtet: neunzehn Orte am 25. April, zwei am Vortag von Himmelfahrt, einundfünfzig am sechsten Sonntag nach Himmelfahrt, dreizehn an Pfingsten [519]. Man darf annehmen, daß sich hinter der Vielfalt der Verteilung eine Aufspaltung des ursprünglichen Prozessionstermines der *Rogationes* verbirgt, die durch die zunehmende Bevölkerungsdichte verursacht wurde. Wie alt ist nun die *Litania Maior* als eine der Erbinnen in Prüm? W und K¹ verzeichnen die Termine der Bittfahrten nicht, einen Anhaltspunkt für die Einführung gibt jedoch der Nachtrag *Letania maior* von einer Hand der zweiten Hälfte des 9. Jh.s in T [520]. Danach ist anzunehmen, daß sich der römische Brauch um die Mitte des Jahrhunderts, in der Zeit des Abtes Markward, der 853 resignierte, durchsetzte. Wenn sich also Pilgerzüge aus den *villae* der Prümer Grundherrschaft am 25. April im Kloster einfanden, so werden doch zahlreiche Teilnehmer der Heiltumsfahrt schon am Vortage eingetroffen sein, wie das bei allen großen Festen — die Prozessionsgewohnheiten zum Prümer Himmelfahrtsfest zeigen es — üblich war. Ja, die schon oben angeführte Mahnung des späten Prümer Legendentextes an die Pilger, an der Vigil des Georgsfestes Nüchternheit zu bewahren, scheint — zumindest für das späte 10. bzw. das 11. Jh. — die Feier auch des Vorabends zu bezeugen. Jedenfalls konnten die Pilger der Feier des Georgsfestes und der Ausstellung der Reliquien des Überwinders dieser Welt (*mundum temnit* heißt es bei Wandalbert, *ferlhiezc er uhereltrhike* im Georgslied) beiwohnen. Die Anwesenheit der Pilger, der *milites, rustici* und *servi* aus der *familia* des Klosters konnte für die Prümer Mönche Anlaß genug sein, den des Lateins unkundigen *conventus laicorum* in volkssprachlicher Predigt und volkssprachlichem Heiligenlied — wie es in St. Gallen zu gleicher Zeit geschah — über die Bedeutung des gefeierten Märtyrers aufzuklären.

Es konnte an anderer Stelle in einer Skizze der Kultgeschichte nachgewiesen werden, daß der Militärheilige Georg in Kreisen des angevinisch-aquitanischen, neustrischen und ostfränkischen Adels am Ausgang des 9. Jh.s im Zusammenhang mit den Kämpfen gegen die Normannen aufgewertet wurde. Es korrespondierten also laikaler Adelskult und die innere Entwicklung der Kultmotivik im Prümer Konvent. War doch der *militia*-Gedanke — wie aus Wandalbert und dem Collectar ersichtlich — in der Prümer Liturgie und Heiligenverehrung zunehmend akzentuiert worden. Hatte Prüm bisher vornehmlich die Heiligen der fränkischen Könige verehrt, so nahm es nun einen Kult der spätkarolingischen Reichsaristokratie auf. Insbesondere müssen die Beziehungen der Abtei zu Erzbischof Hatto von Mainz, dem Gründer des Georgsklosters auf der Reichenau, in das er 896 Reliquien des Märtyrers transferierte, und zu den Konradinern eine Rolle gespielt haben, die es ermöglichte, daß Georg aus der Schar der *milites et martyres* Eustachius, Pancratius, Johannes und Paulus, Processus und Martinianus, Sebastian, Theodor usw. kultisch hervortrat. In Kombination mit Theodor und anderen Hausheiligen exportierte Prüm seinen Kult seit dem

---

[518] Vgl. o. S. 41 ff.
[519] N. KYLL, Pflichtprozession, S. 44—46; DERS., Entstehung, S. 60—66.
[520] Martyrologium Trevirense, S. 19.

10. Jh. [521]. Im Kreise des Adels um Kaiser Arnulf entstand vielleicht auch jene Kombination von Pancratius und Georg, die seit dem 10. Jh. in lothringischen Reliquienverzeichnissen mehrfach erscheint [522]. Pancratius war der Schutzheilige Arnulfs seit dem römischen Feldzug, der Hatto die Georgsreliquien einbrachte [523]. Auch Prüm hatte Pankraz eine Kirche gewidmet [524].

Prüm wirkte in der Propaganda der in seinen Mauern gefeierten Heiligen auch nach außen; einmal durch die Patrozinien seiner Eigenkirchen. Hier spielten im 8./9. Jh. die Patrone des fränkischen Königshauses, Dionysius, Leodegar, Michael, auch Johannes der Täufer, vor allem aber Martin eine große Rolle [525]. Gelegentlich trat wie in Wardin am Mittelrhein exotische angevinische Albinus hinzu [526], oder der römische Märtyrer Hippolyt, dessen Reliquien man besaß (so in Herschbach) [527].

Prümer Kultpropaganda wirkte aber auch auf den regionalen Adel. In einigen Fällen lassen sich diese Beziehungen deutlich fassen. 943 läßt der Grundherr Rather seine Eigenkirche in Welcherath zu Ehren der Heiligen Chrysanthus und Daria weihen [527a], die hierfür benötigten Reliquien kann er nur von Prüm oder von Münstereifel, dem Tochterkloster, erhalten haben [528]. Eine benachbarte Siedlung, welche den Namen dieses moselfränkischen Adligen

---

[521] Vgl. W. HAUBRICHS, Hero Sancte Gorio, Abschnitt 2.3.

[522] Im J. 952 in Trier (KV 27010102): *Laurentius, Ypolitus, Quintinus, Clemens, Cyriacus, Pancracius, Georgius* . . .; 1018 in Trier (KV 27010105): *Vincencius, Georgius, Gengulfus, Ypolitus, Pancracius;* 1046 in Stablo (KV 13022702): *Lambertus, Pancratius, Cyriacus, Gangulfus, Georgius* . . .; 1231 in Trier (MG SS, Bd. XV, S. 1272): *Ciriacus, Quirinus, Clemens, Pancratius, Georgius* . . . Zur Annäherung von Pancratius und Georg in der Kultmotivik des späten 9. Jh.s unter dem Einfluß König Arnulfs und des Erzbischofs Hatto von Mainz vgl. demnächst: W. HAUBRICHS, Zeugnisse.

[523] Vgl. zum Kult des heiligen Pancratius Anhang II, Nr. 84.

[524] Vgl. ANHANG II, Nr. 84.

[525] Zum Dionysiuskult in Prüm vgl. ANHANG II, Nr. 33; M. ZENDER, Verehrung, S. 535 f. Dionysius war bereits der *peculiaris patronus* Pippins (U. NONN, Königserhebung 386 f.); der Kult mag aber im 9. Jh. nochmals durch Hilduin, der ihn mit Hilfe einer neuen Legende und anderen Texten propagierte und der im Kloster Prüm starb, verstärkt worden sein. Zum Martinskult in Prüm vgl. ANHANG II, Nr. 73; E. EWIG, Martinskult, S. 25 f.; M. ZENDER, Verehrung, S. 535 f. Zahlreiche der Prümer Martinskirchen werden freilich fiskalische Gründungen bei Königshöfen sein, wie man das z. B. für Iversheim, Kr. Euskirchen (C. NEUFFER-MÜLLER, Gräberfeld, S. 72—75), und Neckarau (H. BEYER, UB Mittelrhein, Bd. I, Nr. 115) nachweisen kann. Vgl. über den Kult der heiligen Leodegar, Michael und Johannes Bapt. ANHANG II, Nr. 60. 80. 54.

[526] Vgl. ANHANG II, Nr. 6.

[527] Vgl. ANHANG II, Nr. 49.

[527a] Vgl. ANHANG II, Nr. 22; H. BEYER, UB Mittelrhein, Bd. I, Nr. 178. Der Ort Welcherath wird in der Urkunde zum einen *Werichonissartis,* zum anderen *Werkenroth* genannt; daneben taucht in der Grenzbeschreibung eine *sartis Ratheri* auf, worunter dann wohl analog die Keimzelle von Retterath zu verstehen ist (vgl. Anm. 529).

[528] Etwa 948/50 schenkt der *vir ingenuus Eigil* an Prüm die beiden *curtes sue hereditatis bodenheim und sconilar,* d. i. Büdesheim (b. Prüm) und Schüller (b. Steffeln, Kr. Prüm). Zusätzlich hat Eigil *caldinbrunna* (Kalenborn b. Gerolstein, Kr. Daun) von der Abtei zu Lehen. In *sconilare palatium regium* stellte Lothar I. 855 wenige Tage vor seinem Eintritt in die Abtei Prüm das Seelgerät aus, das er dem Eifelkloster vermachte (H. BEYER, UB Mittelrhein, Bd. I, Nr. 91; MG DD Lothar I. Nr. 139). Mutet es nicht merkwürdig an, daß im 10. Jh. ein *aequivocus* jenes Abtes Eigil, den Lothar beschenkte und den er seinen *familiaris* nannte, im Besitze des Hofes (Königshofes) ist, auf dem Lothar seine letzten Tage verbrachte. Sollte der Eigil des 10. Jh.s ein Verwandter des Prümer

138

konserviert, ist Retterath, wo als Kirchenpatron der gleichfalls von Prüm propagierte Remigius gewählt wird [529]. Beide Orte gehören später zur Herrschaft des Grafen Waluram von Arlon, der seinen Besitz 1052 an den Erzbischof von Trier schenkte. Aus dem Besitz dieses lothringischen Großen geht 1052 auch die *basilica* von Polch, die den Kirchenpatron Georg besitzt, in die Trierer Grundherrschaft über [530]. Auch hier werden Prümer Einflüsse bei der Wahl des Patroziniums der Eigenkirche, die vielleicht die älteste der gesamten Grundherrschaft war [531], mitgespielt haben.

In den Jahren 883/84 hatten die Normannen das *oppidum* Duisburg, das damals aus einem Königshof *(curtis)* auf dem Burgberg und einem *wik* friesischer Kaufleute bestand, besetzt. Im Frühjahr 884 vertrieb sie der *dux* Karls III., der Babenberger Heinrich, von dort. Zu diesem Zeitpunkt wurde wohl der Abtei Prüm die kirchliche Organisation des strategisch wichtigen Punktes übertragen: das Salvatorpatrozinium der neuen Kirche, die 893 zu zwei Dritteln der Eifelabtei gehört, und für die sie einen Priester zu stellen hat, drückt die Pertinenz aus; man kann es zusätzlich als *offertorium* an den Heiland für den errungenen Sieg über die Normannen auffassen [531a]. Dieser Ausgriff Prüms in den rechtsrheinischen Norden blieb nicht der einzige.

Im Jahre 924 bestieg Wigfrid, Bruder des Pfalzgrafen (und Grafen im Jülichgau) Gotfrid, Neffe des Prümer Abtes Richar, nachdem er zuvor Diakon des Kölner Erzstifts gewesen war, den Bischofsstuhl der rheinischen Metropole [532].

Abtes sein, dessen Familie vielleicht vom Kaiser mit der *curtis regia* beschenkt worden war? Träfen diese Vermutungen zu, so böte sich hier ein schönes Beispiel für die Kontinuität der Beziehungen von Adelsfamilien zu ihrem kulturellen und kultischen Zentrum. Während Schüller bei Prüm bleibt, schenkt Abt Ingram — wohl im Auftrag des Schenkers Eigil — Büdesheim an die Abtei Münstereifel *ad luminaria servitutis ss. martirum illuc requiscentium crisanti et darie . . .* (H. BEYER, UB Mittelrhein I, Nr. 190). Der Kult der römischen Heiligen von Münstereifel breitet sich durch die *familia* des Eifelklosters aus. So wird auch jener Algerus, der um 950 in Haan eine Kirche zu Ehren der Märtyrer errichtete und vom Kölner Erzbischof Wigfrid weihen ließ, in Beziehungen zu Prüm oder Münstereifel gestanden haben (W. LÖHR, Geschichte, S. 65). Auch in Gladbach besaß die Vorgängerkirche der 974 gegründeten Abteikirche, die einem fränkischen Adligen namens Balderich zugeschrieben wird und wahrscheinlich ins späte 9. bzw. frühe 10. Jh. zu datieren ist, zumindest Reliquien des Chrysanthus, mit großer Wahrscheinlichkeit aber auch solche seiner Genossin im Martyrium. Vgl. M. PETRY, Gründung, S. 22 f.; DERS., Gründungsgeschichte, S. 32. Weiter zu Chrysanthusreliquien: ANHANG II, Nr. 22.

[529] Vgl. Anhang II, Nr. 91.

[530] F. PAULY, Siedlung, Bd. III, S. 122 ff.

[531] Dem Ortsnamen nach dürfte Polch (*Polliacum*) zumindest älter sein als die Ausbausiedlungen Welcherath und Retterath des 10. Jh.s (J. WIRTZ, Verschiebung, S. 120). Nach E. EWIG (Trier, S. 275) gehört Waluram von Arlon in die Verwandtschaft der Konradiner.

[531a] Vgl. G. BINDING/E. BINDING, Untersuchungen, S. 14. 18. 67 ff. Skeptisch ist BINDING gegenüber der Ableitung des Salvator-Patroziniums von Prüm, da dieser Weihetitel bei Pfalzkapellen häufig sei. In Duisburg stammt die Pfalz erst aus ottonischer Zeit. Überdies sehe ich zwischen der Häufigkeit von Salvator-Titeln in Pfalzen und der These vom Prümer Ursprung der Duisburger Kirche und ihres Patroziniums keinen Widerspruch, da beide, Kloster und Pfalzen, in *imitatio* der Lateranbasilika dem Heiland gewidmet wurden. Für noch wichtiger halte ich allerdings den in Prüm ebenfalls von Anfang an präsenten Gedanken eines *offertorium* an den Erlöser.

[532] E. HLAWITSCHKA, Anfänge, S. 73. 55 f. 133 ff.; F. W. OEDIGER, Regesten Eb. Köln, Bd. I, S. 105 ff., Nr. 319 ff.

Sein Vater war der mit Oda, der Schwester des späteren Königs Heinrich I., verheiratete lothringische Graf Gerhard gewesen, der zusammen mit seinem Bruder Matfrid Richar die Verfügung über die Abtei Prüm gesichert hatte. Wigfrid entstammte also einer der mächtigsten Familien Lothringens, deren Herrschaftszentren in den Gauen von Metz, Zülpich, Jülich und in der Eifel lagen [533]. Als Wigfrid im Jahre 948 daran ging, den Raum des Flüßchens Pleis im rechtsrheinischen Auelgau, wo es seit dem 9. Jh. vielleicht eine Kapelle mit dem Patrozinium Johannes des Evangelisten gab [534], kirchlich zu organisieren, griff er auf das Kloster Prüm zurück, mit dem ihn intensive Beziehungen verbanden [535]. Prüm selbst war im Auelgau begütert [536]. Nun stellte es der neuen Pfarrkirche in Oberpleis Reliquien der römischen Märtyrer Primus und Felicianus sowie des aquitanischen Bekenners Lupianus [537]. Mit der Kirche war ein Benediktinerstift verbunden; die neuen Mönche ließ er aus Corvey kommen, wohin ihn sicherlich die Bindungen seiner ottonischen Mutter wiesen [538]. Bei der Kirche errichtete man eine Kapelle zu Ehren des Königspatrons Pankratius, der sowohl in Corvey als auch in Prüm verehrt wurde [539]. Wahrscheinlich ist auch die Kirche von Niederpleis, die dem von Prüm propagierten Geschlechtsheiligen der Konradiner, dem Großmärtyrer und *miles* Georg geweiht war, in diese Zusammenhänge zu stellen [540].

In diesem Fall läßt sich besonders deutlich beobachten, wie Familienbeziehungen und Beziehungen zu bestimmten Kultstätten die Kultfrömmigkeit des frühmittelalterlichen Adels bestimmen. Im Auelgau folgen im 10. Jh. aufeinander Grafen mit den Namen Hermann I. (948), Eberhard (966), Gotfrid (970), der Bruder des Wigfrid, und Hermann II. (996), die wohl in einer verwandtschaftlichen Beziehung zueinander standen [541]. Ein Eberhard wird 944 als Vorbesitzer von *Pleisa* genannt. Wigfrid tritt als sein Testamentsvollstrecker auf; bei der Kirchengründung gibt er seinen Eigenbesitz hinzu, so daß man hier wohl an eine verwandtschaftliche Beziehung zu denken hat, die sich in Besitznachbarschaft dokumentiert. Es ist wahrscheinlich gemacht worden, daß dieser

[533] E. HLAWITSCHKA, Anfänge, S. 71 ff. 154 ff.

[534] E. DÜSTEN, Gründung, S. 34 f.

[535] Am 1. Juni 949 unterschrieben Wigfrid und sein Bruder Gotfrid eine Urkunde Ottos des Großen für Prüm als Intervenienten (MG DD Otto I., S. 194 f.).

[536] Prüm besaß eine Kirche in Altvolberg n. Siegburg, hatte 882 Besitz bei Vinxel am Dissenbach, 893 in Elsaff und Reitersdorf (D. LÜCK, Auelgau, S. 247; K. FLINK, Geschichte, S. 44 Anm. 61).

[537] F. W. OEDIGER, Regesten Eb. Köln, Bd. I, S. 109 f., Nr. 334; E. WISPLINGHOFF, Urk. Siegburg, Nr. 1; R. FLINK, Patron, S. 41—43; ders., Geschichte, S. 36 f. Woher besaß Prüm die seltenen Reliquien der römischen Heiligen Primus und Felicianus? Unter Papst Sergius III (844—847) vermittelte Erzbischof Angilbert II von Mailand (824—860) Reliquien beider Märtyrer für einen Adligen namens Ercambert, der sie 846 in die Kirche von Leggiuno am Lago Maggiore überführte. Ein Teil der Reliquien gelangte auch in die Kirche von Quargnento bei Alessandria. Vgl. Analecta Bollandiana 15 (1896), S. 25. Damals könnte Abt Markward von Prüm, der 844 die Gebeine der heiligen Chrysanthus und Daria aus Rom transferierte, auch dieses Heiltum erworben haben. Vgl. aber o. S. 114.

[538] R. FLINK, Geschichte, S. 36 f.

[539] R. FLINK, Geschichte, S. 36 f. An dieser Kirche errichtet später die Abtei Siegburg ein Priorat.

[540] KV 1301 1901.

[541] D. LÜCK, Auelgau, S. 260 ff.; O. OPPERMANN, Studien, S. 14 ff.

140

Eberhard mit dem gleichnamigen Herzog von Franken (+ 939), dem Bruder König Konrads I., identisch ist [542]. Eine — freilich schwer genau zu bestimmende — Verwandtschaftsbeziehung zwischen Wigfrid und den Konradinern läßt sich noch weiter stützen: der Vorgänger Wigfrids in Köln, Hermann I. (888—924), war vor seiner Weihe mit einer Gerberga verheiratet, wahrscheinlich eine Konradinerin. Hermann ebenso wie König Konrad I., seine Gemahlin Kunigunde und dann später Wigfrid förderten und dotierten das Stift der heiligen Jungfrauen (St. Ursula) zu Köln [543]. Hermann I. und Wigfrid förderten aber auch das Nonnenstift St. Hippolyt in Gerresheim, das nach einer Zerstörung durch die Ungarn im frühen 10. Jh. zeitweilig in Köln, und zwar im Jungfrauenstift, hospitierte. In der Familie des *miles* Gerrih, der Gerresheim um 870 auf seinem Erbgut gründete, kommt der Name Konrad vor [544]. Verehrung des heiligen Hippolyt gab es sowohl in Prüm wie bei den Konradinern [545]. Die Pfarrkirche von Gerresheim weihte man der in Prüm propagierten Margaretha [546]; die Eigenkirche in Meiderich erhielt das Patrozinium des heiligen Georg [547].

Wigfrid und die mit ihm verbundenen Personengruppen haben sich nicht nur im Falle von Niederpleis an den von Prüm ausgehenden Kultströmungen orientiert. Um 950 weihte der Kölner Erzbischof die Kirche eines bergischen Grundherrn in Haan (bei Hilden) dem Märtyrerpaar Chrysanthus und Daria [548]. Der Kirche auf seinem Hof Hubbelrath gab Wigfrid das Patrozinium der heiligen Caecilia, der auch in Prüm eine Kapelle geweiht war und die im Eifelkloster einen starken Kult besaß [549], der bereits auf den Sohn Arnulfs, den glücklosen König Zwentibold gewirkt hatte [550]. Hubbelrath und Haan wiederum liegen in unmittelbarer Nachbarschaft des Stiftes Gerresheim.

Man würde die Bedeutung der Kultbeziehungen Wigfrids und seiner Verwandten zum Kloster Prüm jedoch immer noch unterschätzen, wollte man sich nicht der Funktion der Heiligen im Konvent versichern, deren Kult übernommen wurde: Die *presbyter* Primus und Felicianus eröffnen mit ihren Namen die zweite Reihe von Reliquien im Prümer Verzeichnis von 1003; im Kalender K³ ist ihr Fest besonders ausgezeichnet. Wie Chrysanthus und Daria, wie Georg mögen die Märtyrerpriester im monastischen Kultprogramm als *exempla*

---

[542] R. FLINK, Geschichte, S. 36 f.; D. LÜCK, Auelgau, S. 260 ff. Abgelehnt wird diese Identifizierung von E. HLAWITSCHKA, Anfänge, S. 135; O. OPPERMANN, Studien, S. 89 f.
[543] G. WEGENER, Geschichte, S. 45. 139.
[544] E. GELDERBLOM, Beziehungen, S. 163; E. PODLECH, Stifter, Bd. I, S. 291—98; F. W. OEDIGER, Regesten Eb. Köln, Bd. I, Nr. 295; G. WEGENER, Geschichte, S. 38.
[545] Vgl. ANHANG II, Nr. 49; Das konradinische Stift Oehningen am Oberrhein war dem heiligen Hippolytus geweiht: vgl. dazu mit Lit. W. HAUBRICHS, Hero Sancte Gorio, Abschnitt 4.2.3.2.
[546] Vgl. S. 145.
[547] KV 13011401.
[548] Vgl. Anm. 528; G. v. RODEN, Quellen, Bd. I, S. 1—13; H. STRANGMEIER, Schutzpatrone, S. 55 ff.
[549] F. W. OEDIGER, Regesten Eb. Köln, Bd. I, Nr. 343; W. FABRICIUS, Erläuterungen, Bd. I, S. 106. Hubbelrath dürfte ursprünglich zur Pfarrei Gerresheim gehört haben.
[550] Vgl. Anm. 463.

christlicher, klerikaler Existenz gegolten haben. Deshalb wohl gruppierte man ihre Reliquiengräber links und rechts des dem Heiland geweihten Hochaltars[551]. Hinter dem Hochaltar befand sich das Grab des *confessor* Lupianus, der drei Tage nach seiner Bekehrung vom Heiden zum Christen gestorben war. Ihm genau gegenüber, vor dem Hochaltar befand sich das Hochgrab Lothars I., der 855 drei Tage nach seiner *conversio* zum Mönch in Prüm aus dem Leben schied, jenes Lothars, der wohl den Kult der heiligen Caecilia im Kloster initiierte und dem Prüm seine Georgsreliquien verdankte. Die heilige Zone um den Hochaltar der Klosterkirche schloß ab mit den Gräbern *der heiligen dreyen Ärzten* und Wundertätern Marius, Audifax und Habacuc sowie ihrer Begleiterin im Martyrium Martha. Da die letztgenannte Gruppe von Heiligen später in der Eifel als die ‚Prümer Heiligen' kat exochen gelten, muß auch hier schon früh eine intensive Kultpropaganda durch die Abtei eingesetzt haben. Die Frömmigkeit der laikalen Umwelt eines Klosters, ihre Kulte sind im frühen Mittelalter nicht unabhängig zu denken von dem kultischen und kulturellen Zentrum der Landschaft. 943, im gleichen Jahr, in dem Grundherr Rather seine Eigenkirche in Welcherath — wie oben ausgeführt — den Prümer Heiligen Chrysanthus und Daria weihen ließ, weist der *fidelis* der Abtei Prüm, Ravengarius, zusammen mit seiner Frau Adelgarda, seinen Besitz in *Waleswilre* (Waxweiler) mit Kirche dem Kloster zu. Die Kirche trägt das in Prüm propagierte Patrozinium des Täufers[552]. Als Gegenleistung für die Schenkung von Waxweiler überträgt die Abtei „ihrem Vasallen Ravengar, wohl einem Mitglied der Familie der Ravengare[553], welche im 10. und 11 Jh. auf Hunsrück und Eifel Burgen halten (Ravengiersburg und Malberg), einen Burgbau *(castellum)* bei Schwirzheim, woraus die Felsgratburg Hartelstein entsteht"[554]. In Schwirzheim wird Margaretha Kirchenpatronin, in der Eigenkirche des *illustris vir*[555], der auch in Bedgau, Eifelgau, Zülpichgau, Bonngau und Ripuarien Interessen vertritt[556], auf seiner Burg Ravengiersburg ist Christophorus Schutzheiliger[557]. Beide Kulte werden im späten 10. Jh. von Prüm propagiert. Christophorus, dessen Fest (25. 7.) am Vigiltag der Prümer Kirchweih gefeiert wurde, ist ein

---

[551] P. OSTER, Geschichte, S. 242 f. (nach einem Protokoll über die Öffnung der Reliquiengräber aus dem J. 1721).

[552] F. PAULY, Siedlung, Bd. III, S. 122 ff.; vgl. ANHANG II, Nr. 54.

[553] Der Name Ravengar kommt auch als Name dreier Mönche im Prümer Konvent des 9.—10. Jh.s vor: vgl. D. GEUENICH, Prümer Personennamen, S. 48. Zum Besitz der Rabangere dürfte auch der „Ravengiersburger Hof des 11. Jh.s in Enkirch a. d. Mosel mit der Ausbausiedlung Ravensbeuren (= *Ravengiersburen*) im Hinterland von Enkirch" gehört haben: F. PAULY, Siedlung, Bd. VIII, S. 97 Anm. 27.

[554] W. BORNHEIM, Höhenburgen, Bd. I, S. 28; vgl. E. WACKENRODER, Kunstdenkmäler Prüm, S. 187—9.

[555] Die Kirche und Burg des Ravengar in Ravengiersburg ist im 11. Jh. in der Hand der Emichonen, der Nahegaugrafen aus dem Umkreis salischer Vasallen. Hier werden Verwandtschaftsbeziehungen bestanden haben. Interessant ist auch die Übereinstimmung mit der Namensbildung in der Familie des Waluram (*Walu-hraban*) von Arlon: der Namenbestandteil *hraban* — begegnet im Personennamen des *vir illustris*, das Namenselement *walu-* in dem Ortsnamen seines allodialen Weilerortes *(waleswilre)*.

[556] H. BEYER, UB, Bd. I, Nr. 180. 181.

[557] Vgl. freilich auch den Mainzer, vom Königtum getragenen Christophoruskult: E. EWIG, Patrozinien, passim; W. HAUBRICHS, Hero Sancte Gorio. Vgl. Anm. 496.

Parallelfall zu Georg [558]. Vielleicht erklären sich so auch einige grundherrliche Jakobuspatrozinien (Fest am 25. 7.) im Umkreis von Prüm [559].

Die Kirche von Georgsweiler bei Karden läßt sich vielleicht auf Initiativen der Grafen von Veldenz, Verwandte der Gründer von Ravengiersburg und auch wohl der Prümer Vögte, der Grafen von Vianden, zurückführen [560]. Selbst gründete das Kloster die Georgskirche in Fumay an der Maas [561]. In die Zeit des ausgehenden 9. oder beginnenden 10. Jh.s mögen auch die Georgskirche von Schönberg, Filiale von St. Maria in Bleialf, als Kapelle des Prümer Hofes und die Kapelle St. Georges zu Cowan in der Prümer Grundherrschaft Tavigny hinabreichen [562]. Auffallen muß ferner, daß der Personenname Georg — im 9. Jh. in diesen Breiten noch unbekannt — im 10. Jh. als Eigenname von Eponymen einiger Orte im Umkreis der konradinischen Lahnregion als auch auf dem Hunsrück und in Luxemburg erscheint [563]. Reliquienexport deutet 987 Beziehungen Prüms zum Luxemburger Grafenhaus an [564] — freilich greift der Prümer Heiltumsexport im 10. und 11. Jh., wie bereits dargestellt, weit über die Grenzen des Rheinlandes hinaus [565]. Auch ist, wie gerade hier deutlich wird, die Prümer Kultpropaganda nicht auf Georg beschränkt; Michaelskult scheint von Prüm und Münstereifel auszustrahlen [566], die volkstümlichen Kulte des aus Ferrière importierten Iodocus (Sankt Jost) und der Sophia (Sapientia) mit ihren Töchtern Fides, Spes und Karitas (L¹) ergreifen die Eifelregion [567], im letzteren Falle gezielt gegen Reste des paganen Matronenkultes eingesetzt [568].

---

[558] Wie sich solche heortologischen Annäherungen auswirken konnten, illustriert eine Beobachtung von H. F. ROSENFELD (Christophorus, in: Verfasserlexikon V, (1955, Sp. 139). Im späten Mittelalter wurde in einer Legende des heiligen Christophorus diesem Heiligen eine Wallfahrt nach Santiago de Compostella unterschoben, weil er am selben Tage kultisch verehrt wurde.
[559] Vgl. ANHANG II, Nr. 51.
[560] KV 27010701.
[561] KV 13020601. Leider fehlen durch Blattverlust im Prümer Urbar von 893 die maasländischen Besitzungen; hier wäre vielleicht eine Notiz über die Existenz einer Kirche zu erwarten gewesen. Vgl. Ch. PERRIN, Recherches, S. 79 f.
[562] D. GUILLEAUME, Archidiaconé, S. 106—08. KV 13020401. Im Falle von Schönborn kann man jedoch über eine frühmittelalterliche Entstehung der Kirche nicht unbedingt sicher sein.
[563] KV 16010801. 16011001. 27010901. 27010801. 27011001. 27012102.
[564] KV 27012201. Das Luxemburger Stift verzeichnet 987 nebeneinander Reliquien der Heiligen *Poncianus, Georgius, Vincentius, Abundus, Cyriacus, Ypolitus*. Poncianus, Georg und Hyppolit sind Prümer Reliquienheilige: vgl. ANHANG II, Nr. 37.41.49.
[565] Vgl. W. HAUBRICHS, Hero Sancte Gorio.
[566] Vgl. ANHANG II, Nr. 80. In Prüm entstand um die Jahrhundertmitte ja auch eine Michaelshymne (vgl. o. S. 79 f.).
[567] In einem Fall scheint die Prümer Kultpropaganda weiter auszustrahlen. Hrotsvith von Gandersheim erstellte eine Neufassung der Legende; wenn wir gleichzeitig bemerken, daß der Name des von ihr ebenfalls in einer Legende neubearbeiteten Paphnutius als Nachtrag des 10. Jh.s in der Prümer Litanei auftaucht, wird man mit Prümer Einfluß rechnen müssen. Vgl. auch Anm. 575; ANHANG II, Nr. 38.
[568] Vgl. ANHANG II, Nr. 38. Auch die Merseburger Zaubersprüche, im 10. Jh. aufgezeichnet, belegen das Weiterleben des Matronenkultes, der Verehrung der *idisi* in Westmitteldeutschland (G. EIS, Zaubersprüche, S. 58 ff.). Den Matronen werden personifizierte Tugenden gegenübergestellt; so gehen die paulinischen *virtutes* auf leichtbegreifliche Weise, gleichsam magisch, in das Bewußtsein der Feiernden ein. Die Ethik wird ihrer abstrakten Begrifflichkeit entkleidet, wird Person; die Tugenden werden Herrinnen, die

Wichtig aber bleibt vor allem, daß es gelingt, eine auf die Mentalität der Vasallen und Hintersassen des Klosters abgestimmte Propaganda spezifisch laikaler, unklösterlicher Heiliger seit dem späten 9. Jh. zu erschließen.

Prüm war das natürliche Kultzentrum einiger Familien, die zwischen Maas und Rhein, Saar und Mosel, in der Eifel und an der Lahn begütert waren: zu ihnen gehören der trierische Graf Nithad und seine Frau Erkanfrida um die Mitte des 9. Jh.s, die Matfridinger, die Walurame von Polch, Limburg und Arlon, die auf dem Hunsrück und in der Eifel begüterten Rabangere, schließlich bestanden auch Kontakte zu den Konradinern, die einst das Kloster Prüm in der politischen Organisation des Lahngaus abgelöst hatten. Über die Konradiner und über Abt Regino bestanden aber gegen Ende des 9. Jh.s Beziehungen zum Kreis der Reichsbischöfe um Erzbischof Hatto von Mainz, in dem man den wichtigsten Propagator des Georgskultes im ostfränkischen Reich erblicken muß [569]. Der einflußreichste Mann in dieser Gruppe nach Hatto war dessen Freund, Bischof Salomo III. von Konstanz, der von Hatto auch den Kult des byzantinischen Adels- und Militärheiligen übernahm [570]. Der Ring schließt sich, wenn wir rekapitulieren, daß die Leiber des Märtyrerpaares Primus und Felicianus wahrscheinlich durch Vermittlung von Salomos Bruder, Bischof Waldo von Freising (884—906), nach Prüm gelangten. Mit Hatto, Salomo und Waldo gelangen wir zugleich in einen Kreis von Förderern volkssprachlicher religiöser Dichtung. Im St. Gallen Salomos wurde das althochdeutsche (nur in lateinischer Übersetzung erhaltene) Galluslied gedichtet, Waldo ließ in seinem Freisinger Skriptorium die Evangeliendichtung Otfrids von Weißenburg abschreiben, das althochdeutsche Petruslied, die Versparaphrase des 138. Psalms, das Gedicht von ‚Christus und der Samariterin‘ verdanken sämtlich diesen Männern und ihrem Umkreis Entstehung oder Aufzeichnung [571]. Hier paßt sich das Prümer Lied auf den heiligen Georg wie von selbst ein. Und es erstaunt nicht, wenn nachgewiesen werden kann, daß sich Herzog Burkhard III. von Schwaben, der Verwandte der Konradiner, wenn er nach der Mitte des 10. Jh.s auf seiner Burg Hohentwiel ein Kloster gründet, aus Prüm Reliquien des heiligen Georg besorgt, die Klosterkirche dem byzantinischen *megalomartyr* weihen läßt und auch das in Prüm entstandene volkssprachliche Lied zu Ehren dieses Heiligen adaptiert [572].

Im Prümer Reliquienexport (vgl. Karte Nr. 3), verdichten sich im 10. Jh. die Wege, die in den Süden, in das alemannische Bodenseegebiet weisen. Abzulesen ist die Herkunft an der wechselnden Kombination der Leitheiligen Chrysanthus und Daria, Goar, Georg und Theodor, Eusebius und Pontianus. Eine Reichenauer Authentik des 10./11. Jh.s berichtet von Reliquien *ss. Chrysanthi et Dariae* im Kloster [573]. Der *prepositus* Reginbold erbaut gegen die Mitte des 11.

---

fordern und belohnen, wenn man ihnen anhängt und sie verehrt. Zur Volkstümlichkeit des Jodocuskultes vgl. die Predigt des Lupus von Ferrière auf diesen Heiligen (W. Levison, Predigt, S. 557—66; J. Trier, Jodocus, S. 42, Anm. 1).

[569] Vgl. W. Haubrichs, Hero Sancte Gorio, Abschnitt 2.3.2.

[570] W. Haubrichs, Hero Sancte Gorio, Abschnitt 4.1.3.4.

[571] W. Haubrichs, Hero Sancte Gorio, Abschnitt 4.2.3.1.

[572] W. Haubrichs, Hero Sancte Gorio, Abschnitt 4.3.1.

[573] I. Schroth, Schatzkammer, S. 70 f. Zum Zusammenhang mit Abtbischof Hatto von Mainz-Reichenau vgl. W. Haubrichs, Zeugnisse.

Jh.s in Muri eine Laienkirche (Oberkilch) mit dem exzeptionellen Patrozinium des heiligen Goar [574]. Die Wege des Exports sind die Wege des Imports. Im 10. Jh. erreicht eine beträchtliche Reliquie der Märtyrerin Margaretha das Eifelkloster — wahrscheinlich aus dem Kloster Waldkirch, einem Eigenkloster der alemannischen Herzogsfamilie der Hunfridinger (Burkhardinger). Man beschaffte sich für das Tropar, das man gegen Ende des Jahrhunderts in Prüm anlegte, eine Margarethenhymne, die wohl in St. Gallen in der zweiten Hälfte des 10. Jh.s für Waldkirch gedichtet worden war [575]. Margaretha gehört zu den meistpropagierten Heiligen des Eifelklosters. Im 10. und 11. Jh. entstehen etwa neun Kirchen im Umkreis des Klosters und innerhalb der klösterlichen Grundherrschaft, die ihr Patrozinium besitzen [576]. Einen Reichenauer Heiligen, Erasmus, gibt die Abtei auch der Hofkapelle des Klosters in Mötsch zum Schutzpatron [577]. In der Kapelle, die das Bodenseekloster diesem Heiligen und seinen Reliquien widmete, war Herzog Burkhard II., ein Hunfridinger und Verwandter der Konradiner begraben worden [578]. Wiederum sehen wir eine Adelsfamilie — die Konradiner — führend an der Ausweitung der kultischen und kulturellen Beziehungen Prüms zum alemannischen Süden beteiligt, die in beiden Landschaften Fuß gefaßt hatte. Der Prümer Einfluß im Südwesten gipfelt mit der Entsendung von Männern der lothringischen Reform in das altbenediktinische Kloster Reichenau [579]. Heinrich II., dessen Kontakt zu Prüm bekannt ist, nötigt der Reichenau 1006 als Abt Immo auf, der bereits Gorze und Prüm regierte. Sein Nachfolger wird 1008 bis 1049 der in Fleury gebildete, durch seine musiktheoretischen Schriften berühmte Prümer Mönch Berno [580].

---

[574] M. KIEM, Kloster Muri, S. 22. In den ‚Acta Fundationis‘ heißt es: *Reginboldus, cum esset vir providus et prepositus prudens, consilio habito destruxit ipsam ecclesiam et fecit eam dedicari nonas iulii in honore s. Goaris confessoris, ob nichil aliud, nisi ut populus illuc ad servitium Dei conveniens inquietudinem fratribus non faciat.* Der Tag der Kirchweihe (7. VII.) folgt — sicherlich mit Absicht — unmittelbar auf das Fest des Titelheiligen (6. VII.).

[575] W. v. d. STEINEN, Notker, Bd. II, S. 114, 181, Tabelle. Umgekehrt hat auch Waldkirch Kultanstöße von Prüm empfangen: In dem für Waldkirch in der ersten Hälfte des 10. Jh.s in St. Alban zu Mainz hergestellten Sakramentar Cod. Vind. 1888 liest sich nach der zusätzlichen Margarethenmesse von anderer Hand hinzugefügt (F. 222 r—v) *Missa ad sanctam Sophiam* (A. FRANZ, Messe, S. 279—82; M. ANDRIEU, Ordines, Bd. I, S. 419).

[576] Vgl. ANHANG II, Nr. 68.

[577] Vgl. ANHANG II, Nr. 35. Die auf der Reichenau verehrten Heiligen Januarius und Felix und Regula werden im 10. Jh. in die Prümer Litanei L^1 aufgenommen (vgl. o. S. 112).

[578] Vgl. W. HAUBRICHS, Hero Sancte Gorio, Abschnitt 4.2.3.2.

[579] Die Reform wird in Prüm erst unter Heinrich II. — etwa um 1003 — durchgeführt. Vgl. K. HALLINGER, Gorze, Bd. I, S. 88 ff.; G. ALTHOFF, Mönchsliste, S. 249.

[580] H. E. FEINE, Klosterreformen, S. 88; D. P. BLANCHARD, Oeuvres, S. 98 ff.

ANHANG

Der Prümer Heiligenkult

I. Das Prümer Kalendar[1]

JANUAR

1 Circumcisio *Domini*	W(3)	T¹	G	To	Tr	K^2K^3
Basilius ep.	W(1)				L¹	K^2
2 Octava s. *Stephani*		T³				K^2K^3
3 Octava s. *Iohannis*		T³				K^2K^3
Genovefa (Paris) [vgl. 11. I.]	W(1)	T¹			L¹	K^2
4 Octava *Innocentum*		T³				K^2K^3
5 Vigilia		T³				K^2K^3
6 Epiphania *Domini*	W(1)	T¹	G	HTo	Tr	K^2K^3
10 Paulus primus heremita	W(2)	T³			L¹	K^2K^3

---

[1] Dem Namen des Heiligen ist ein besonderer Kultort in Klammern hinzugesetzt. Prümer Reliquien- und Patrozinienheilige sind kursiv gesetzt. Über die Quellen vgl. o. S. 97 ff. Sie bedeuten im einzelnen:

W = Wandalbert-Martyrolog, Grundstock (in Klammern Anzahl der Verse)
W² = Proprium von W
W³ = Zusätze des 9. Jh.s
T¹ = Martyrologium Trevirense, Grundstock
T² = Prümer Sondergut in T
T³ = Frühe Nachträge (9. Jh.) in T
T⁴ = Spätere Nachträge (10./11. Jh.) in T
G = Grundstock von K¹
K¹ = Prümer Kalendar des 9. Jh.s
P = Prümer Chorbuch des 9. Jh.s
C = Prümer Kollektar des 9. Jh.s
H = Hymnar des 9. Jh.s
To = Tonar Reginos von Prüm
B = Prümer Brevier (um 900)
L = Litanei von Münstereifel
Tr = Tropar des 10. Jh.s (kursiv: Auszeichnung mit Miniatur)
L² = Prümer Litanei des 10. Jh.s
E = Grundstock des Prümer Lektionars des 11. Jh.s
E¹ = Proprium von E (kursiv: Auszeichnung mit Miniatur)
K² = Prümer Kalendar des 13. Jh.s (ausgezeichnete Feste kursiv)
K³ = Prümer Kalendar des 14. Jh.s (ausgezeichnete Feste kursiv)

	W	T¹	G		ToB	L¹		K
11 Genovefa [vgl. 3. I.]								K³
13 Octava Epiphaniae							Tr	K²K³
Hilarius ep. (Poitiers)	W(2)	T¹	T³G	B		L¹	L²	K²K³
Agricius mr. (Trier)			T³			L¹		K³
Remigius cf. (Reims)			T³			L¹		K³
14 Felix cf.	W(2)		T³			L¹	E	K²K³
15 Maurus abbas (Glanfeuil)						L¹		K²K³
16 Marcellus pp.	W(2)	T¹				L¹	E	K²K³
17 Antonius abbas	W(1)		G			L¹		K²K³
Sulpitius ep. (Limoges, Stablo)						L¹		K³
Tres Gemini (Langres)	W(2)	T¹	T³					K³
18 Prisca v. et mr.	W(1)		T³			L¹	E	K²K³
19 Haudmarus* (St. Gallen)	W(1)²					L¹		
20 Sebastianus et Fabianus	W(3)	T¹	G	PC	ToB	L¹	L²E	K²K³
Marius, Martha, Audifax et Habacuc		T¹			ToB	L¹		K³
21 Agnes v. et mr.	W(1)	T¹	G	P	ToB	L¹	TrL²E	K²K³
22 Vincentius mr.	W(1)	T¹				L¹	E	K²K³
Anastasius mr.	W(1)		G					
23 Macharius cf.			T³			L¹		K³
23 Emerentiana v.	W(1)	T¹				L¹		K³
24 Timotheus ap.								K²K³
25 Conversio s. *Pauli*	W(1)		T³					E¹K²K³
Preiectus mr. (Clermont)	W(1)	T¹				L¹		K²K³
26 Policarpus ep. et mr.	W(2)	T¹				L¹		K²K³
27 Balthildis (Chelles)	W(1)²							
Aldegundis (Maubeuge) [vgl. 30. I.]	W(1)²					L¹	L²	
Johannes Crysostomus ep.								K³
28 Octava Agnetis	W(1)		T³					K²K³
29 Valerius ep. (Trier)	W(1)	T¹				L¹		K²K³
30 Aldegundis [vgl. 27. I.]					T⁴			K

FEBRUAR

	W	T¹	G		ToB	L¹		K
1 Brigida v.	W(2)	T¹				L¹		K²K³
2 Purificatio s. *Marie*	W(3)	T¹	G	PC	ToB		Tr E	K²K³
3 *Blasius* ep. et mr.			T³					K²K³
Waldetrudis v. (Mons)								K³
5 Agatha v. et mr.	W(2)	T¹	G	P	ToB	L¹	L²E	K²K³

---

*) Das Datum ist exzeptionell (sonst stets 16. XI.). Vgl. J. Dubois, Martyrologe Wandalbert, S. 270. Evtl. ist jedoch an den Heiligen von St. Omer zu denken.

6 Amandus ep.	T^1					L^1			K^3
(St. Amand)									
Lubentius cf. (Trier)		T^3							
Vedastus ep. (Arras)	T^1					L^1			K^3
9 Victor mr.						L^1			K^3
10 Scolastica v.	$W(2)^2$	T^3				L^1			K^2K^3
Soter v. et mr.	$W(1)$					L^1			K^3
Zoticus mr.		T^1							K^3
Ereneus mr.	$W(1)$	T^1							K^3
Iacintus mr.		T^1							K^3
13 Castor pr. (Karden)						T^4L^1			K^3
14 Valentinus mr.	$W(1)$	T^1				L^1		E	K^2K^3
Vitalis mr.	$W(1)$	T^1							K^3
16 Juliana v. et mr.	$W(1)$	T^1				L^1			K^3
20 Eucherius ep. (Lyon)									K^3
21 Felix ep. (Metz)						L^1			K^3
22 Cathedra s. Petri	$W(2)$	T^1							$E^1K^2K^3$
Tecla v. et mr.		T^1				L^1			K^3
23 Vigilia		T^3							K^2K^3
Policarpus mr.	$W(3)$				To	L^1			
24 Mathias ap.	$W(3)$	T^3				L^1			$E^1K^2K^3$

MÄRZ

1 Albinus cf. (Angers)	$W(1)$	T^1	K^1			L^1			
Svvibertus ep.						L^1			K^2
(Kaiserswerth)									
4 Lucius pp.	$W(1)$	T^1							K^2
7 Perpetua et Felicitas	$W(2)$	T^1				L^1	L^2		$E^1K^2K^3$
12 Gregorius pp.	$W(2)$	T^1	G			L^1	L^2E		K^2K^3
Petrus et Dorothea						L^1			K^2
16 Heribertus ep. (Köln)									K^2
17 Gertrudis v. (Nivelles)	$W(1)$	T^3				L^1	L^2		K^2K^3
21 Benedictus mon.	$W(2)$	T^1	G	H		L^1	L^2		$E^1K^2K^3$
25 Adnuntiatio s. Mariae	$W(2)$	T^1	G	C H	Tr			E	K^2K^3
Crucifixio Domini	$W(1)$	T^1	G						K^3
Natale Iacobi ap.		T^1	G			L^1			
Tecla v. [vgl. 22. II.]		T^2				L^1	L^2		
26 Luthgerus ep. (Werden)									K^2
27 Resurrecti ᐧ Domini	$W(1)$	T^1	G	H					K^2K^3

APRIL

4 Ambrosius cf.	$W(2)$	T^1	G			L^1	L^2		K^2K^3
9 Maria egyptiaca									K^2K^3
11 Leo papa	$W(2)$	T^1	K^1			L^1			K^3
13 Eufemia		T^1				L^1			K^3
14 Tiburtius et Valerianus	$W(3)$	T^1	K^1			L^1		E	K^2K^3
Maximus	$W(1)$	T^1				L^1			K^3

Date		W	T	K		L		K
16	Nicetius pp.							K²
18	Ursmarus (Lobbes)			K¹		L¹		K³
20	Victor pp.		T¹					K²
22	Gaius pp.		T¹			L¹		K³
23	Adelbertus ep. et m.							K³
	Georgius mr.	W(2)	(T¹) T³		C B			
24	*Georgius* mr.			K¹		L¹	E	K²K³
25	Marcus ev.	W(2)	T³	K¹		L¹	L²	K²K³
	Letania maior		T³					K³
	Ermino cf. (Lobbes)			K¹		L¹		
26	Richarius (St. Riquier)	W(1)				L¹		K³
	Anacletus pp.							K²
28	Vitalis mr.	W(2)	T¹	K¹		L¹	E	K²K³

MAI

Date		W	T	K		L		K
1	Philippus et Iacobus ap.	W(2)	T¹		G PC ToB	L¹	L²E	K²K³
	Walburgis v. (Eichstätt)							K²K³
2	Athanasius ep.	W(2)	T³	K¹		L¹		K²K³
3	Inventio s. *crucis*	W(1)	T¹		G PC HToB		Tr	E¹K²K³
	Alexander pp.	W(1)	T¹	K¹ C		L¹	E	K²K³
	Eventius et Theodulus mr.	W(2)	T³			L¹		K²
4	Florianus mr.	W(2)	T¹			L¹		K²
5	Ascensio *Domini*	W(1)			G HTo		Tr	K²K³
6	Passio s. Iohannis ev.	W(2)						K²K³
7	Domitianus ep.							K³
10	*Gordianus et Epimachus*	W(3)	T³	K¹		L¹ Tr	E	K²K³
11	Mamertus (Vienne, Orléans)	W(3)	T¹			L¹		K³
12	Nereus et Achilleus et Pancratius mr.	W(4)	T¹			L¹	E	K²K³
31	Servatius ep. (Maestricht)	W(1)	T³			L¹		K²K³
	Gengulfus mr. (Trier)		T³					K²K³
	Maria ad martyres							K²
15	Pentecosten			K¹	H		Tr	K²
19	Potentiana v.	W(1)	T¹	K¹		L¹		K²
20	Potentiana v.							K³
23	Desiderius ep. et mr. (Langres oder Vienne)	W(2)	T¹			L¹		K³
25	Urbanus pp.	W(2)	T¹			L¹		K²K³
28	Germanus ep. (Paris)	W(1)	T¹	K¹		L¹		K³
29	*Maximinus* ep. (Trier)	W(1)	T¹	K¹		L¹	L²	K²K³
31	Petronilla v.	W(2)	T³	K¹		L¹	L²	K²K³

JUNI

	W	T	G	K	C/P	ToB	L	E/Tr	K²K³
1 Nicomedes mr.							L¹		K²K³
Symeon cf. (Trier)	W⁴								K²K³
2 *Marcellinus et Petrus*	W(2)	T¹		K¹		ToB	L¹	E	K²K³
3 Erasmus ep. et mr.									K³
4 Quirinus ep. et mr.	W(2)						L¹		K³
5 *Bonifacius* mr. (Fulda)	W(3)	T³		K¹			L¹		K²K³
8 Medardus ep. (Soissons)	W(2)	T¹T²		K¹		ToB	L¹		K²K³
Gildardus (Soissons)	W(1)²								K³
9 *Primus et Felicianus* mr.	W(1)	T³		K¹			L¹	E	K²K³
10 Maurinus mr.		T³							K²
11 Barnabas ap.	W(1)	T³					L¹		K²K³
12 Nazarius mr. (Lorsch)	W(2)	T¹		K¹			L¹	L²E	K²K³
Basilides mr.	W(2)	T¹					L¹	E	K²K³
Cyrinus mr.	W(2)						L¹	E	K²K³
Nabor mr. (St. Avold)	W(2)	T¹					L¹	E	K²K³
14 Valerius ep. et mr. (Trier)	W(1)						L¹		K³
Rufinus mr.	W(1)						L¹		K³
15 Vitus mr. (Corvey)*	W(1)	T¹		K¹			L¹		K²K³
Modestus et Crescentia mr.	W(1)	T³					L¹		K²K³
16 Ciricus et Julitta mr.	W(2)	T¹					L¹		K³
18 Marcus et Marcellianus	W(2)	T¹		K¹			L¹	E	K²K³
19 *Ippolitus* mr. [vgl. 13. VIII.]		T¹T²					L¹		
Protasius et Gervasius	W(1)	T¹	G				L¹	E	K²K³
21 Albanus mr. (Mainz)		T³							K²K³
22 Albanus mr.	W(1)	T¹		K¹			L¹		K²K³
Decem milia martyres									K³
23 Vigilia		T³							K²K³
24 *Johannes Baptista*	W(1)	T¹	G		PC	HToB	Tr	E	K²K³
26 *Johannes et Paulus*	W(3)	T¹		K¹	C	ToB	L¹	E	K²K³
28 Leo pp. [vgl. 11. IV.]	W(1)	T³					L¹	E	K²K³
Vigilia		T³			C				E¹K²K³
29 Petrus et Paulus app.	W(2)	T³G			PC	HToB	L¹	TrL²E	K²K³
30 Memoria s. Pauli ap.					P	ToB	T⁴L¹	L²E	K²K³

JULI

	W	T	G	K	C/P	ToB	L	E	K²K³
1 Salvius (Valenciennes)**	W(1)²						L¹		
Lupianus	W(1)³	T³		K¹			L¹		K³
Octava Iohannis bapt.									K²

---

* In K¹ wurde *sci. uiti* möglicherweise erst in Lüttich (nach 922) eingetragen (L. Boschen, Annales, S. 43).

** Wandalbert verzeichnet *Salvius* abweichend zum 26. VI. (J. Dubois, Martyrologe, S. 271).

	W	T	T	K		L / Tr	L²	E	K²K³
2 Processus et Martinianus	W(2)			K^1	C	T^{4}L^1		E	K^{2}K^3
4 Udalricus ep. (Augsburg)									E^{1}K^{2}K^3
Translatio s. Martini ep. (Tours)	W(1)								K^2
6 *Goar* cf.	W(1)^2	T^2		K^{1}PC		L^1 Tr			K^2
Octava apostolorum		T^1		K^1	C				E^{1}K^{2}K^3
7 Willibaldus ep. (Eichstätt)									K^2
8 Kylian mr. (Würzburg)	W(2)^2		T^3						K^{2}K^3
9 Translatio Agilolfi epi. et mr. (Stablo, Köln)									K^2
10 Septem Fratres	W(3)	T^1		K^1				E	K^{2}K^3
11 Translatio s. *Benedicti*	W(2)	T^1		K^{1}P	HToB	Tr			F^{1}K^2
12 Cletus pp. et mr.						L^1			K^2
13 *Margareta* v. et mr.	W(2)^3					T^{4}L^1 Tr			K^{2}K^3
15 Divisio apostolorum			T^3						K^{2}K^3
18 Octava s. Benedicti									K^2
20 Philibertus (Jumièges)*	W(1)^2					L^1			
21 Praxedis v.	W(1)			K^1		T^{4}L^1			K^{2}K^3
22 Maria Magdalena	W(3)		T^3			L^1			K^2K^3
Wandregisilus (Fontenelle)	W(1)^2								
23 Apollinaris mr.	W(1)	T^1		K^1		L^1		E	K^{2}K^3
24 Christina v. et mr.	W(1)		T^3			L^1			K^{2}K^3
Vigilia		T^2							K^{2}K^3
25 *Iacobus* ap.	W(3)	T^1		G	C	L^1	L^2		$E^1K^2K^3$
Christoforus mr.	W(1)		T^3			L^1	L^2		K^{2}K^3
26 *Dedicatio s. Salvatoris in prumia*	W(1)^3	T^2		K^1	C	Tr		E^1	K^3
27 Hermolaus pr. et mr.	W(1)								K^3
28 Pantaleon mr. (Köln)	W(1)		T^3			L^1			K^{2}K^3
Nazarius et Celsus mr.	W(1)	T^1				L^1			K^2
29 Felix, Simplicius et Faustina	W(1)	T^1	T^3	K^1				E	K^{2}K^3
Beatrix mr.						L^1			K^2
30 *Abdon et Sennes* mr.	W(2)	T^1		K^1		L^1		E	K^{2}K^3
31 *Germanus* ep. (Auxerre)		T^1		K^1		L^1			K^{2}K^3

---

* Wandalbert zum 20. Juli, sonst immer zum 20. August.

	W	T^1	T^3/G	K^1/C	To	L^1		K^2K^3
1 S. Petrus ad vincula	W(1)	T^1	T^3	K^1				K^2K^3
Machabei	W(3)	T^1		K^1				K^2K^3
2 Stephanus ep.	W(2)	T^1		K^1		L^1		K^2K^3
3 Inventio s. *Stephani*	W(2)	T^1	T^3	K^1				K^2K^3
4 Justinus pr. (Höchst)	W(3)		T^3					K^3
5 Oswaldus rex (Echternach)	$W(2)^2$							K^3
6 Sixtus mr.	W(3)	T^1		K^1		L^1	L^2E	K^2K^3
Felicissimus et Agapitus	W(1)	T^1				L^1	E	K^2
7 Afra mr. (Augsburg)	W(1)	T^1				L^1		K^2K^3
Donatus ep. et mr. (Besançon)	W(1)	T^1				L^1		K^2K^3
8 Cyriacus	W(1)	T^1	T^3	K^1 C		L^1	E	K^2K^3
9 Romanus mr.	W(1)		T^3		To	L^1		K^2K^3
Vigilia			T^3	C				$E^1K^2K^3$
10 *Laurentius* mr.	W(2)	T^1	G PC		ToB	L^1	TrL^2E	K^2K^3
11 *Tiburtius* mr.	W(1)	T^1		K^1	ToB	L^1	E	K^2K^3
Gaoricus ep. (Cambrai)	$W(1)^2$		T^3			L^1		
12 Euplus diac. et mr.	W(1)	T^1						K^3
13 *Ypolitus* mr.	W(2)	T^1	T^3	K^1	ToB	L^1	L^2E	K^2K^3
14 Eusebius cf.	W(2)		T^3	K^1		L^1	Tr E	K^2K^3
Vigilia								$E^1K^2K^3$
15 Adsumptio s. *Marie*	W(2)	T^1	G PC		ToB	L^1	TrL^2E	K^2K^3
16 Arnulfus ep. (Metz)	W(1)		T^3G			L^1	L^2	K^2K^3
17 Octava s. Laurentii		T^1		K^1				$E^1K^2K^3$
18 *Agapitus* mr.	W(1)	T^1		K^1		L^1	E	K^2K^3
Helena regina (Trier)			T^3			L^1		K^3
19 *Magnus* mr.	W(3)		T^3			L^1		$E^1K^2K^3$
Andreas mr.	W(3)					L^1		
22 Octava s. Marie	W(1)							K^2
Timotheus et Simphorianus mr. (Reims)	W(2)	T^1			ToB	L^1	E	K^2K^3
23 *Timotheus* mr. (Reims)		T^1						K^3
Vigilia			T^3					K^2K^3
Apollinaris		T^1				L^1		K^3
24 Bartholomeus ap.*	W(5)	T^1	G	C		L^1	L^2	$E^1K^2K^3$
Audoenus ep. (Rouen)	$W(1)^2$					L^1		
25 *Eusebius et Pontianus* mr.	$W(2)^3$			K^1		L^1		K^3
Genesius mr.	W(1)	T^1				L^1		K^2

---

* Vgl. zur Festentstehung L. BOSCHEN, Annales 46 f. Anm. Dort auch zur Wertung des Eintrags in G.

	W	T		L		K
26 Secundus mr.						K²
27 Rufus mr.	W(1)	T³		L¹		K²K³
28 Augustinus ep.	W(4)	T¹	G	L¹	L²	E¹K²K³
Hermes mr.	W(1)		T³ K¹	L¹	E	K²K³
29 Passio s. *Johannis Bapt.*	W(3)	T¹	G PC ToB	L¹	L²E	K²K³
Sabina mr.	W(1)	T¹		L¹		K²K³
30 Felix et Adauctus mr.	W(1)	T¹		L¹		K²K³
31 *Paulinus* ep. (Trier)	W(2)	T¹	K¹	L¹		K²K³

SEPTEMBER

	W	T		L		K
1 Priscus mr. (Capua)	W(1)	T¹	K¹			K²K³
Egidius cf.			T³			K²K³
Lupus ep. (Sens)	W(1)²	T¹	K¹	L¹		
2 Antoninus mr.						K²K³
3 Antoninus mr.	W(1)	T¹				
Ordinatio s. Gregorii pp.						K²
Remaclus cf. (Stablo)			T³ K¹	L¹		K²K³
Mansuetus ep. (Toul)			T³			K²
6 Magnus cf. (Füssen)						K²K³
7 Regina v. (Flavigny)		T¹		W⁴ L¹		K³
Evortius ep. (Orléans)	W(1)		K¹	L¹		K³
8 Nativitas s. *Mariae*	W(2)	T¹	G PC ToB		Tr	K²K³
Adrianus mr.	W(1)		K¹	T⁴L¹		K²K³
9 Gorgonius mr. (Gorze)	W(2)	T¹	T³ K¹	L¹		E¹K²K³
11 *Protus et Iacinctus* mr.	W(2)	T¹	T³ K¹	L¹	E	K²K³
12 Depositio s. Maximini ep. (Trier)			T³			K³
14 Exaltatio s. *crucis*	W(2)	T¹	G PC HToB		E	K²K³
Cornelius et Cyprianus	W(4)	T¹	G C	L¹	L²E	K²K³
15 Nichomedes mr.	W(2)	T¹	K¹	L¹	E	K²K³
16 Lucius et Geminianus mr.	W(2)	T¹	K¹	L¹	E	K²K³
Eufemia v.	W(1)	T¹		L¹	E	K²K³
17 Lambertus ep. et mr. (Lüttich)	W(2)	T¹	T³ C ToB	L¹	L²	K²K³
19 Eustachius mr.	W(2)²			L¹		
20 Vigilia			T³			E¹K²K³
21 Matheus ap.	W(1)	T¹	G C	L¹	L²	E¹K²K³
22 *Mauricius*	W(2)	T¹	G PC ToB	L¹	TrL²	E¹K²K³
23 Tecla v. et mr.	W(1)	T¹		L¹		K²K³
25 Firminus ep. (Amiens)	W(1)²			L¹		K³
26 Cyprianus ep. et mr.	W(1)			L¹		K³
Iustina v. et mr.	W(1)			L¹		K³

27 *Cosmas et* *Damianus* mr.	W(1)	T¹	K¹		ToB	L¹	E	K²K³
28 Wenezlaus mr. (Prag)								K²K³
Lioba v. (Fulda)								K³
29 Michael arch.	W(2)	T¹	G	P	HToB	L¹	TrL²	K²K³
30 *Hieronymus* pr.	W(3)	T¹	G			L¹	L²E	K²K³

OKTOBER

1 *Remigius* ep. (Reims)	W(2)	T¹T²	T³G	P	ToB	L¹		E¹K²K³
Germanus ep. (Auxerre)*	W(4)	T²	T³			L¹	L²	E¹K²K³
Vedastus ep. (Arras)			T³	P	ToB	L¹		K²K³
Amandus ep.** (St. Amand)			T³			L¹		K³
Bavo (Gent)	W(1)²					L¹		
2 Leudegarius mr. (Autun)	W(2)		T³G			L¹		E¹K²K³
3 Duo Euualdi mr. (Utrecht)	W(2)							K²K³
4 Tyrsus dux Treverensium (Trier)						L¹		K³
Franciscus cf.								K³
5 Palmatius proconsul Treverensium (Trier)								K³
6 Martyres Treverenses innumerabiles (Trier)								K³
Octava s. Michaelis								K²
7 Natale s. Marci ev.	W(1)	T¹	G					
Sergius et Bachus mr. (Weißenburg, Mainz)			T³				L²	K²K³
Marcellus pp.***	W(1)	T¹	T³			L¹		K²K³
Apuleius mr.								K³
8 *Dedicatio basilicae ss.* *Gordiani et epimachi*			K¹					
Demetrius mr.								K²K³
9 *Dionysius* mr. (Paris)	W(5)	T¹	T³G		ToB	L¹	L²	E¹K²K³
10 Gereon mr. (Köln)	W(2)		T³			L¹		E¹K²K³
14 *Calistus* pp. (Cysoing)	W(2)	T¹	K¹			L¹	E	K²K³
15 Mauri CCCLX (Köln)	W(3)							K²K³
16 *Gallus* cf. (St Gallen)	W(2)²		K¹			T¹L¹	Tr	E¹K²K³
Eliphius mr (Toul)								K²
17 Lucas ev.****	W(2)		T³G			L¹	L²	E¹K²K³

---

* T² schreibt zum 2. X. *Autisiodero Germani.*
** Das Fest *Amandi et Vedasti* bei Wandalbert zum 26. X., unmittelbar hinter dem Lokalfest der Märtyrer Chrysanthus und Daria.
*** In W, E¹ und K² die Namensform *Marcus.*
**** Bei W zum 18. X., so auch — gegen die Vorlage — T³.

154

	W	T	K¹/G/P	H	B	ToB	L¹	Tr/L²	E	K
19 Januarius mr. (Reichenau)							L¹			K⁸
21 Virgines Agrippinae urbis (Köln)	W(4)²	T³								K²K³
22 Severus ep. (Ravenna)		T¹								K³
23 Severinus cf. (Köln)	W(2)²	T³	K¹				L¹			K²K³
Translatio s. Materni ep. Treverens*										K³
24 XLVI Martyres Romae**	W(2)	T¹								
25 Crisantus et Daria mr. [vgl. 1. XII.]	W(4)	T³	K¹	H	B		L¹	Tr		K³
Crispinus et Crispinianus mr. (Soissons)	(2)	T¹	K¹			ToB	L¹			K³
Hilarius (Mende, Paris)	W(1)²									
27 Vigilia		T³								E¹K²K
28 Simon et Iudas app.	W(4)	T¹	G				L¹	L²		E¹K²K³
Faro ep. (Meaux)***	W(1)²						L¹			
31 Quintinus mr. (St. Quentin)	W(3)	T¹	K¹			ToB	L¹	L²		K²K³
Foillanus mr. (Nivelles)										K²
Vigilia omnium snctorum		T³								K³

NOVEMBER

	W	T	K¹/G/P	H	B	ToB	L¹	Tr/L²	E	K
1 Festivitas omnium sanctorum	W(3)	T³	P			ToB				E¹K²K³
Caesarius diac. mr.	W(2)	T³					L¹			K³
Benignus mr. (Siegburg)										K²
2 Benignus mr. (Dijon)	W(1)						L¹			
Eustachius mr.		T³					L¹			K²K³
3 Hubertus ep. (Lüttich, St. Hubert)****	W(1)²	T³					L¹			K³
Pirminius ep. (Hornbach)		T¹								K³
4 Modesta v. (Oeren)		T³								K³
5 Zacharias vates	W(3)									
6 Leonardus ep.										K³
7 Willlbrordus ep. Echternach)	W(2)²	T³	K¹				L¹			K²K³
8 Quatuor coronati	W(3)	T¹					L¹		E	K²K³

---

* Translation nach Trier 1037.
** In T¹ zum 25. X. (vgl. o. S. 115 f.).
*** L¹ schreibt irrtümlich *Maro*.
**** W hat das Fest zum Todestag (30. V. 727).

	W	T		To	L		K
9 *Theodor* mr.	W(1)		T³ K¹		L¹	E	K²K³
10 Martinus pp.							K³
11 *Martinus* ep. (Tours)	W(3)	T¹	G P	HToB	L¹	TrL²E	K²K³
Mennas mr.	W(1)	T¹	T³ K¹		L¹		K²K³
12 *Cunibertus* (Köln)	W(1)		T³				E¹K²K³
Leonius ep. (Melun)	W(1)²						
13 Briccius ep. (Tours)	W(2)	T¹	T³	PC ToB	L¹		E¹K²K³
14 Glorificatio sanctorum						Tr	K³
15 Eugenius ep. (Deuil)	W(1)²		T³		L¹		K³
16 Othmarus abb. cf. (St. Gallen)			T³				K³
17 *Anianus* ep. (Orléans)	W(4)	T¹	K¹		L¹		K³
18 Octava Martini ep.		T¹					K²K³
20 Pontianus pp.	W(2)						K²
21 Columbanus cf.	W(3)		T³		L¹		K²K³
22 *Cecilia* v.	W(3)	T¹	G P	ToB	L¹	L²E	K²K³
23 Clemens pp. et mr.	W(3)	T¹	T³G P	ToB	L¹	L²E	K²K³
Trudo cf. (St. Trond)	W(1)²		T³		L¹		K³
Felicitas mr.	W(2)		T³ K¹		L¹	E	K³
24 Chrisogonus mr.	W(1)	T¹	K¹		L¹	L²E	K²K³
25 Katherina v.							K³
26 Linus pp. et mr.	W(1)				L¹		K²K³
29 Saturninus mr.	W(1)	T¹			L¹	L²	K²K³
Sisinnius mr.	W(2)³						
Vigilia					T⁴		E¹K²K³
30 Andreas ap.	W(3)	T¹	G P	ToB	L¹	TrL²E	K²K³

DEZEMBER

	W	T		To	L		K
1 Agericus ep. (Verdun)			T³				K³
Eligius ep. (Noyon)	W(2)²		T³		L¹		K³
Chrisantus, Maurus et *Daria* mr.*							K²K³
3 Gabrihel archangelus			G		L¹		
4 *Barbara* v.		T¹			L¹		K²K³
Anno archiep.							K²
5 Dalmatius mr.	W(1)		T³		L¹		K³
6 Nikolaus ep.	W(1)				T⁴		K³
7 Octava Andree		T¹					K²K³
Ordinatio s. Ambrosii							K²
8 Eucharius ep. (Trier)			T² T³ K¹		L¹		K²K³
10 Abundus et Carpophorus mr.	W(1)		K¹		L¹		K³
11 Damasus pp.	W(1)	T¹			L¹		K²K³

---

* K³ zum 29. XI.

156

	W	T	T³/G	P	ToB	L	Tr	K
13 *Lucia* v. et mr.	W(4)	T^1		P	ToB	L^1		K^2K^3
Iudochus (Ferrières)	W(2)²		K^1					
Odilia v. (Hohenburg)						L^1		K^3
14 Nicasius ep. (Reims)	W(2)	T^1	T^3			L^1		K^3
15 Maximinus (Micy)	W(1)²	T^1	T^3					
Liaeus (Orléans)	W(1)²							
18 Wunnebaldus cf. (Eichstätt)								K^3
20 Vigilia								K^2K^3
21 *Thomas* ap.	W(3)	T^1				L^1	L^2	K^2K^3
24 Vigilia			T^3					K^2K^3
25 Nativitas *Domini*	W(3)	T^1	G		HTo	L^1	TrL^2	K^2K^3
Anastasia v. et mr.	W(2)	T^1				L^1		K^2K^3
26 *Stephanus* pthomr.	W(3)	T^1	G	P	ToB	L^1	TrL^2	K^2K^3
27 *Iohannes* ev.	W(1)	T^1		PC	ToB	L^1	TrL^2	K^2K^3
28 *Innocentes*	W(3)	T^1	G	PC	ToB		Tr	K^2K^3
31 *Silvester* pp.	W(4)	T^1	G			L^1	L^2E	K^2K^3
Columba v. (Sens)	W(5)	T^2				L^1		
Savinianus et Potentianus mr. (Sens)	W(1)²		T^3			L^1		

II. Die Prümer Heiligen[1]

1. *SALVATOR:* Patrozinium der Klosterkirche (P² P³ P⁴ P⁵) seit der Neustiftung der Abtei durch Pippin 752. Reliquien *(sandalia Domini)* seit 752/62 (R¹), 852 (R²) treten aus dem Schatz der karolingischen Könige durch Lothar I. hinzu *de sepulcro domini* (auch R⁷) *de loco calvarie, de presepio domni, sanimentum de lapide ubi oravit in monte oliveti, de sudario domni* (auch R⁷), *de spongia;* 1003 (R⁵) besitzt die Abtei auch *de columpna ad quam in passione dominus flagellatus est* (auch R⁷), 1098 (R⁷) noch *de pallio in quo Dominus natus involutus est.* Die Herrenfeste — *Nativitas* am 25. XII. (W (3) T H To L¹ Tr L² K²), Vigil am 24. (seit saec. IX/X = T³), *Circumcisio* am 1. I. (W(3) T To Tr K² K³), *Epiphania* am 6. I (W(1) T H To Tr K²), Vigil am 5. (seit saec. IX/X = T³), Oktav am 13. (seit saec. X ex. = Tr K³), *Resurrectio* am 27. III. (W(1) T K¹ H), *Ascensio* am 5. V. (W(1) K¹ H To Tr K²), *Crucifixio Domini* (W(1) T K⁴), — wurden in Prüm intensiv gefeiert, neben den Memorien natürlich auch die beweglichen Hochfeste. Regino erwähnt die Feier der *Epiphania Domini* zum 6. I. im J. 882 (R. RAU, Quellen III, S. 260). Seit 848 kennen die Prümer Quellen (W³ (1) T² K¹ C Tr E.) am 26. VII. die *Dedicatio s. Salvatoris in prumia,* die sich wahrscheinlich auf die Neuweihe der Klosterkirche durch Papst Leo IV. im J. 799 bezieht. Das Salvatorpatrozinium wurde von Prüm nur selten für die Kennzeichnung der Eigenkirchen herangezogen, so bei der 893 bezeugten, wohl im späten 9. Jh. erbauten Kirche von Duisburg, Diözese Köln, der Kirche von Vischel, die später ein Nikolauspatrozinium hat (W. LÖHR, Geschichte, S. 112), und der vielleicht für das 9. Jh. anzusetzenden Kapelle des Prümer Hofes in Holler (Filiale von Weiswampach), Diözese Lüttich. Der Ortsname Holler (*Hunlar*) bezeichnet den Ort als Hof des *huno,* des *centenarius* (Fiskalverwalters) der Krondomäne Binsfeld in der *centena* Beßlingen/Bellain westlich der Wiltz. Binsfeld kam aus dem Besitz des Pfalzgrafen Chrodoin, dem es Karls des Großen Bruder Karlmann 770 restituierte, an Prüm. Zu ihren Dependenzen gehörten die *villae* Weiswampach und Holler (E. EWIG, Trier, S. 310). Eine Salvator-Pertinenz zeigt der Ortsname Heilborn bei Neuenstein (um 1100 *heilandesbrunnon*) an (H. FORST, Fürstentum, S. 81 f.). J. MARX, St. Salvatorkirche; H. BÖRSTING, Geschichte, S. 204; N. CLASSEN, Archidiakonat, S. 30; H. BEYER, UB Mittelrhein, Bd. I, Nr. 97; D. GUILLEAUME, Archidiaconé, S. 57 f.

2. *ABDON et SENNES* (30. VII.): Reliquien der römischen Märtyrer 1003 (R⁵), 1098 (P⁶) Altarpatrozinium. Kult seit 848 (W(2) T K¹ L¹ K²). Reliquien in Fulda seit 819, auch im Fuldaer Nebenkloster Holzkirchen 838 vorhanden (MG Poetae, Bd. II, S. 207. 215); 828 Reliquienübertragung nach St. Médard in Soissons, bei welcher Gelegenheit wahrscheinlich Prüm Teile des Heiltums erhielt (vgl. o. S. 114).

3. *ADALBERTUS* von Gnesen (23. IV.): Altarpatrozinium (P⁶) und -reliquien (R⁷) 1098. Kein Kult in Prüm — Reliquien wahrscheinlich aus ottonischer oder salischer Schenkung.

---

[1] Die Quellen für die Ermittlung der Prümer Eigenkirchen und ihrer Patrozinien seien hier nur summarisch angegeben: H. BEYER, UB Mittelrhein, Bd. I; E. EWIG, Bistum Köln, S. 221 f.; DERS., Trier S. 305 ff. (Karte 5); J. FAAS, Abtei, S. 36—8; W. FABRICIUS, Erläuterungen; L. KORTH, Patrozinien; K. LAMPRECHT, Wirtschaftsleben, Bd. II, S. 126 ff.; W. LÖHR, Münstereifel, S. 41 f.; E. J. R. SCHMIDT, Bauten, Nr. 22.23.30; J. TORSY, Ergebnisse, S. 303 f.; BECh, Bd. 52 (1881), S. 577; F. PAULY, Siedlung, mehrere Bände, passim; Zu den im Text gebrauchten Abkürzungen für die liturgischen Quellen des Klosters vgl. S. 97 ff. K³ ist wegen des allzu eklektischen Charakters seines Sanctorale, obwohl es einen archaischen Prümer Kern besitzt, in der folgenden Übersicht selten berücksichtigt worden.

4. *AGAPITUS et SILVANUS* (18. VIII.): Reliquien 1003 (R[5]), Altarpatrozinium 1098 P[6]). Die Heiligen sind wohl identisch mit den Märtyrern von Lambesa (Prov. Africa), die am 6. V. gefeiert wurden, vielleicht aber auch mit den in einer Inschrift aus Cirta (Prov. Africa) bezeugten und am 2. IX. verehrten *martyres hortenses* (Bibl. Sanct., Bd. I, S. 308). Die Reliquien des karolingischen Königsklosters könnten auf die afrikanisch-arabischen Gesandtschaften Karls des Großen zurückgehen, die mehrfach Heiltümer afrikanischer Märtyrer ins Frankenreich übertrugen (vgl. S. 106). Agapit wurde jedenfalls in Prüm später mit dem Märtyrer von Praeneste identifiziert, dessen Leib angeblich c. 777 durch Herzog Tassilo nach Kremsmünster übertragen worden war. Agapit von Praeneste wird wohl in W(1) T E erwähnt, diese Zeugnisse auf traditioneller Basis beweisen jedoch angesichts des Schweigens von K[1] wenig für einen Kult der afrikanischen Märtyrer in Prüm im 9. Jh.; erst K[2] führt Agapit als Prümer Lokalfeier. W. HOTZELT, Translationen Bayern, S. 306—11.

5. *AGATHA* (5. II.): Reliquien 1003 (R[5]); Kult seit der Frühzeit (W (2) T P To B L[1] L[2] E K[2]). Reliquien der sizilianischen Märtyrerin, die im Kanon der römischen Messe angerufen und von Aldhelm († 709) bereits in seinem ,De laudibus virginitatis' gepriesen wird, befanden sich um 800 auch in Angilberts Gründung Centula (St. Riquier), die nachweislich (vgl. W. HAUBRICHS, Hero Sancte Gorio) mit Heiltümern des karolingischen Kronschatzes ausgestattet wurde (MG SS, Bd. XV, S. 174 ff.); auch die Prümer Reliquien könnten aus derselben Quelle stammen, sind auf jeden Fall aber früh anzusetzen. Im Kloster bestand eine den heiligen drei Jungfrauen Agatha, Cecilia und Lucia geweihte Kapelle (P. OSTER, Geschichte, S. 234). Ihre nächsten Verwandten besitzt diese Stiftung in der saec. VIII ex. in St. Vaast in Arras errichteten *ara sanctarum virginum* mit den Patrozinien Caecilia, Agatha, Agnes und Lucia (MG Poetae, Bd. I, S. 310); Altarpatronin ist sie saec. VIII ex. ebenfalls in Nouaillé (323 f.); die beiden *virgines*-Altäre eines Fuldaer Nebenklosters der Hrabanzeit (822—842) haben Maria, Agnes, Agatha und Lucia, Iuliana, Scholastica zu Patronen; der saec. IX med. geweihte *virgines*-Altar von St. Philipp in Zell vereinigt Maria, Agnes, Iuliana, Cecilia, Lioba, Agatha, der gleichzeitige von Münsterdreisen Maria, Cecilia, Agnes, Agatha, Lucia, Lioba, Iuliana (MG Poetae, Bd. II, S. 216.232). Hrabans Litanei ruft Agatha neben Anastasia an (MG Poetae, Bd. II, S. 218). Maria, Agatha und Caecilia sind 850 Patrone des Karolingerklosters Erstein im Elsaß. Ist dieser Kult durch die Rezeption des römischen Meßkanons bestimmt, so ist der Agathakult doch in den Landen an Maas und Mosel — wie die für 634 bezeugte Kirche St. Agatha in Longyon und andere Fälle erweisen (E. EWIG, Trier, S. 155; K. BÖHNER, Trierer Land, S. 332) — noch älter. Man wird daher auch die im Bannkreis der Prümer Pfarrkirche St. Maximin in Rommersheim entstandene Filialkapelle St. Agatha in Klein-Langenfeld ohne Bedenken ins 9. Jh. datieren dürfen (F. PAULY, Siedlung, Bd. III, S. 92). Ein Agathapatrozinium besaß auch die Kirche der *villa* Awans, Diözese Lüttich, einer Filiale von St. Pierre in Hollogne, die 854 — ohne *ecclesia* von Lothar I. an Prüm geschenkt wurde. 893 wird die Kirche erwähnt. Die Gründung der Agathenkirche ist also zwischen 854 und 893 anzusetzen (J. BRASSINNE, Paroisses Hozémont, S. 261). Der Agatha war auch das alte *oratorium* von Dasburg, eine Filiale der Prümer Eigenkirche Daleiden, geweiht (D. GUILLEAUME, Archidiaconé, S. 185).

6. *ALBINUS* (1. III.): Der Kult des heiligen *episcopus* von Angers, wo Prüm im 9. Jh. reich begütert war, ist bezeugt durch W (1) T K[1] L[1], schwindet jedoch seit dem 10. Jh. Als man in der zweiten Hälfte des 9. Jh.s für das Collectar der Abtei eine Oration zum Fest des heiligen Goar brauchte, entnahm man sie dem Formular des heiligen Albinus des in Prüm gebrauchten (vgl. S. 98 f.) Phillipps-Sakramentar (Gelasianum). Vgl. P. SIFFRIN, Collectar, S. 232. Legende war in Prüm vorhanden (vgl. S.

93). Die 893 erwähnte *basilica* von Wardin, Diözese Lüttich, eine Prümer Eigenkirche, war dem heiligen Albinus geweiht (D. GUILLEAUME, Archidiaconé, S. 70.569 f.). Albinus erscheint auch als Nebenpatron (zu Petrus) in Preischeid, einer Filiale der alten Prümer Eigenkirche Daleiden, Diözese Lüttich: da der Patron der Mutterkirche (Matthäus) nicht alt sein kann, ist vielleicht anzunehmen, daß der Nebenpatron der Filiale det ursprüngliche Patron der Mutterkirche ist, den man — etwa seit dem 11./12. Jh. — wegen seiner Fremdheit durch das Evangelistenpatrozinium ersetzte (D. GUILLEAUME, Archidiaconé. S. 185).

7. *AMANDUS* (6. II. und 1. X.): Reliquien des flandrischen Heiligen, des Patrons von St. Amand (Elnone) 1003 (R[5]), Altarpatrozinium 1098 (P[6]). Das Februar-Fest nur in T verzeichnet; zum ersten Tag im Oktober — neben die fränkischen Patrone Remigius, Germanus und Vedastus (s.d.) — stellen ihn W (3) und T[3]. 893 findet sich der Heiligenname als Personenname eines Angehörigen der Prümer *familia.* Da sich c. 800 auch Amandusreliquien in Centula befinden (MG SS, Bd. XV. S. 176), kann man mit Herkunft des Prümer Heiltums aus dem karolingischen Reliquienschatz rechnen (vgl. W. HAUBRICHS, Hero Sancte Gorio). Eine Prümer Eigenkirche mit Amanduspatrozinium war vielleicht Harzy, die Filiale von Bastogne (D. GUILLEAUME, Archidiaconé Ardennes, S. 70).

8. *ANASTASIA* (25. XII.): Reliquien *(brachium s. Anastasie virg.)* der Heiligen von Sirmium, die in Konstantinopel, in Rom und in der Kirchenprovinz Aquileja früh verehrt und im römischen Meßkanon angerufen wurde, befanden sich unter den Reliquien, die Lothar I. 852 (R[3]) der Abtei überließ. C. 800 Reliquien auch in Centula (MG SS, Bd. XV, S. 374 ff.). 813 brachte ein Legat Karls des Großen aus Konstantinopel Reliquien der Heiligen nach Split (vgl. S. 106). Prümer Kult (W (2) T L[1] K[2]) seit dem 9. Jh.

9. *ANDREAS apostolus* (30. XI.): Reliquien 1003 (R[5]), 1098 (R[7]) *de sandalio s. Andree apostoli;* Altarpatrozinium (P[6]); von Wandalbert bewegt gefeiert *(Andreas ... praecellet apostolus amplis/Virtutum fulgens radiis titulisque per orbem,/Qui indomitos verbo signisque subegit Achaeos!* MG Poetae, Bd. II, S. 600, V. 782 ff.), ist der Kult des fränkischen *protector exercitus* in Prüm früh und stark (W (3) T G P To B Tr L[1] L[2] E K[2]). Oktav in K[1]! 947/1003 Personenname eines Prümer Mönchs (D. GEUENICH, Prümer Personennammen, S. 36.80). Während die 1003 genannten Reliquien auf die fränkischen Könige zurückgehen könnten, ist die Sandalenreliquie von 1098 sicherlich von der berühmten Trierer Apostelreliquie herzuleiten. Die Feier der *festivitas s. Andreae* in Prüm am 30. XI. wird von Regino zum J. 896 berichtet (R. RAU, Quellen, Bd. III, S. 304).

10. *ANIANUS* (17. XI.): Reliquien 1003 (R[5]); Kult seit der 1. Hälfte des 9. Jh.s (W (4) T K[1] L[1] K[3]). Von Wandalbert (848) wird der Heilige von Orléans, wohin Prüm im 9. Jh. intensive Beziehungen unterhielt (vgl. S. 106 f.), ausgiebig gefeiert:... *antistes Ligeris per litora perque / Festivos populos Anianus laude coruscat / Aeterna, merito, signis, prece consilioque, / Urbem qui propriam hostili de clade redemit.* (MG Poetae, Bd. II, S. 599, V. 752 ff.). Legende war in Prüm vorhanden (vgl. S. 93).

11. *AUDOUUENUS* (24. VIII.): Reliquien 1003 (R[5]). Die Münstereifeler Litanei (L[1]) ruft *Sancte Audene* an. Eine Kultspur auch bei Wandalbert — W[2](1) — der Audoenus, den Bischof von Rouen, im Proprium verzeichnet. Da um 800 auch Reliquien in Centula bezeugt sind (MG SS, Bd. XV., S. 176), ist an Herkunft des Prümer Heiltums aus dem Schatz der *stirps regia* zu denken.

160

12. *BARBARA* (4. XII.): Die 1003 (R⁵), verzeichneten Reliquien der orientalischen Märtyrerin werden kaum über das 10. Jh. zurückreichen. Der Kult in Prüm (T L¹ K²) ist spärlich — entweder traditionell (T) oder spät. Barbarareliquien auch in der 974 gegründeten Abtei Mönchen-Gladbach. (MG SS, Bd. IV, S. 74.77). Ein Barbarapatrozinium besaß die Kirche von Foy, Filiale der Prümer Eigenkirche Noville (D. GUILLEAUME, Archidiaconé, S. 376).

13. *BARTHOLOMÄUS* (24. VIII.): Der Apostel war Patron von fünf Prümer Eigenkirchen — so der Münstereifel übertragenen, bereits 1080 erwähnten Pfarrkirche von Kirspenich, Diözese Köln (J. KATZFEY, Münstereifel, Bd. II, S. 32); der Kirche von Rockeskyll, einer Filiale von Sarresdorf, Diözese Köln; der Kirche von Föhren, Filiale von Mehring, Diözese Trier (F. PAULY, Siedlung, Bd. II, S. 107); der Kirche von Watzerath, Filiale von Pronsfeld, Diözese Trier (ebd. Bd. III, S. 120); der filiallosen Pfarrkirche Beyren-les-Sierck westlich Gandern, Diözese Trier (F. PAULY, Siedlung, Bd. VIII, S. 140 ff.). Um 800 befinden sich Reliquien in Centula (MG SS, Bd. XV, S. 176), die alte Kirche des *palatium* in Frankfurt war Bartholomäus geweiht. 835 bemühte sich Bischof Ercanbert von Freising um den Leib des Apostels (MG Epp., Bd. V, Nr. 23, S. 338). 983 ließ Otto III. die Kirche San Bartolomeo all Isola Tiberina in Rom erbauen. Der Prümer Kult ist lebhaft (W (5) T G C L¹ L² K²), Wandalbert preist: *Bartholomeus nonam* (Kal. Sept.) *exornat retinetque beatus, / India quo doctore dei cognovit honorem, Hercules et Bachi insanis vix emta sacris. / Nunc illum fama est varia pro sorte sepulchri. / Aeoliam Liparen Beneventi est templa tenere* (MG Poetae, Bd. II, S. 592, V. 501 ff.). Das auffällige Schweigen von K¹ läßt es jedoch angebracht erscheinen, die Prümer Bartholomäuskirchen (vielleicht außer Kirspenich) nicht vor das 10. Jh. zurückzudatieren, sondern in einen Zusammenhang mit dem Kult der ottonischen Könige zu setzen.

14. *BASILIUS* (1. I.): Reliquien 1.003 (R⁵); auch in Prüm wurde der Bischof von Caesarea und Verfasser einer Mönchsregel im 9. Jh. verehrt (W (1) L¹ K²), die Münstereifeler Litanei führt ihn bezeichnenderweise unter den heiligen Mönchen auf. *Basilius magnus*, der in der byzantinischen Liturgie als Patron der Schulen erscheint (H. ENGBERDING, Verehrung), wird im 9. Jh. auch in Centula gefeiert (MG Poetae, Bd. III, S. 295). Die metrische Litanei aus St. Gallen (saec. IX ex.) nennt ihn unter den *doctores ecclesiae* neben Hieronymus (MG Poetae, Bd. IV, S. 320). Die Mönchsregel des Basilius zitiert Regino in seinem kanonistischen Handbuch ‚De synodalibus causis' (W. HELLINGER, Pfarrvisitation, S. 88). Der Erwerb der Reliquien durch das Eifelkloster ist früh anzusetzen.

15. *BAVO* (1. X.): Der Heilige von Gent gehört zum Proprium von Wandalberts Martyrolog, die Münstereifeler Litanei ruft ihn an, 1098 ist er Altarpatron (P⁶) — von einem bedeutenderen Kult des Regionalheiligen in Prüm kann jedoch nicht gesprochen werden.

16. *BENEDICTUS* (21. III. und 11. VII.): Seit 852 (P⁴ P⁵) Konpatron des Prümer Klosters — vielleicht schon seit der Papstweihe von 799. Reliquien 1003 (R⁵). Im Kloster eine Kapelle St. Benedikt (P. OSTER, Geschichte, S. 231). Das Fest vom 21. März (W (2) T K¹ H L¹ L² E¹ K²) setzt sich nördlich der Alpen erst in der ersten Hälfte des 9. Jh.s durch. Es stand in K¹ unter den in Aachen ausgezeichneten Festen. Das ältere, gallikanische Fest der Translation am 11. VII. (W (2) T K¹ P H *Tr* To B E¹ K²) möchte auch in Prüm bodenständiger sein. Reliquien des Mönchsvaters und seiner Schwester Scholastica wurden c. 672 von Montecassino nach Fleury übertragen; im 8./9. Jh. scheint Benediktbeuren eine Reliquie römischer Herkunft besessen zu haben. Für das Prümer Heiltum kann man mit Übertragung aus dem Kloster an

der Loire rechnen. Die Abtei unterhielt im 8./9. Jh. (vgl. S. 106 f.) rege Beziehungen mit den Kultorten der Diözese Orléans.

17. *BLASIUS* (3. II.): 1098 (P⁶) Altarpatron. Reliquien des orientalischen Heiligen befanden sich seit dem 9. Jh. in Rheinau, von wo sie nach dem Filialkloster St. Blasien übertragen wurden. Der Prümer Kult ist erst seit dem 10. Jh. (T³ K²) nachzuweisen.

18. *BONIFACIUS* (5. VI.): Reliquien 1003 (R⁵); Altarpatron 1098 (P⁶). Prümer Kult im 9. Jh. (W (3) T³ K¹ L¹ K²). Wandalbert feiert B. als Friesenapostel: ... *antistes fulget Bonifacius Anglis / Editus, ad Christum Oceani qui traxit alumnos, / Fresonum puro submittens colla lavacro* (MG Poetae, Bd. II, S. 587, V. 323 ff.). Die Prümer Reliquien werden wohl auf auch sonst nachweisbare Kontakte mit Fulda zurückgehen.

19. *BRICTIUS* (13. XI.): Der Kult des *heres* Martins von Tours — wie ihn Wandalbert bezeichnet (MG Poetae, Bd. II, S. 599, V. 743 f.) — ist in Prüm mit der Verehrung des Klosterkonpatrons und fränkischen Königsheiligen gekoppelt (W (2) T¹⁻³ P To B L¹ E¹ K²). Ein Prümer Mönch trägt seinen Namen 860/65 (D. GEUENICH, Prümer Personennamen, S. 38. 84 f.). Die ihm geweihten Prümer Eigenkirchen in Olzheim, Filiale von Rommersheim, Diözese Trier (F. PAULY, Siedlung, Bd. III, S. 92 ff.) und in Bewingen, Filiale von Sarresdorf, Diözese Köln, reichen sicherlich ins 9. Jh. zurück.

20. *CAECILIA* (22. XI.): Reliquien 1003 (R⁵). Konpatronin einer den heiligen *virgines* Agatha (s.d.), Caecilia und Lucia geweihten Klosterkapelle. Die römische *virgo clarissima* und Märtyrerin genoß in Prüm einen frühen und starken Kult (W(3) T G P To B L¹ L² E K²). Wandalbert feiert sie mit den Versen: *Caecilia illustrat denam* (Kal. Dec.) *mox sancta nitore, / Perpetuo claris semper vulganda tropheis, / Virgo hinc cognato sanctoque hinc fulta marito* (MG Poetae, Bd. II, S. 599, V. 765 ff.). C. 800 befinden sich Reliquien in Centula (MG SS, Bd. XV, S. 174 ff.); 821 werden in Rom Reliquien erhoben; im Gefolge dieser *inventio*, vermittelt durch den Handel mit römischen Reliquien in der ersten Hälfte des 9. Jh.s, sind 838 auch Gebeine der Märtyrerin in Fulda (MG SS, Bd. XV, S. 336. 339). Wie die Agathareliquien könnte das Prümer Heiltum aus dem Schatz der Karolinger stammen (vgl. W. HAUBRICHS, Hero Sancte Gorio). C. war auch eine frühe Kirche in Köln geweiht.

21. *CALIXTUS* (14. X.): 1003 Reliquien (R⁵), 1098 (P⁶) Altarpatron. 836 befinden sich Reliquien in Fulda (MG SS, Bd. XV, S. 933), saec. IX med. ist der Märtyrerpapst Altarpatron in Klingenmünster, 850 in Hersfeld (MG Poetae, Bd. II, S. 227.229). 854 überträgt Markgraf Eberhard von Friaul die Gebeine des Heiligen in sein flandrisches Familienkloster Cysoing (MG SS, Bd. XV, S. 418). Der Prümer Kult (W(2) T K¹ L¹ E) weist auf Erwerb der Reliquie im 9. Jh. (Vgl. J. P. KIRSCH, Memorie, S. 82 f.).

22. *CHRISANTUS et DARIA* (25. X. und l. XII.): 844 übertrug Abt Markward die Körper *preciosorum martyrum Chrisanti et Darie* von Rom nach Prüm und setzte sie in der neuerrichteten Zelle Münstereifel bei (M. FLOSS, Romreise, S. 108 ff.). Wandalbert feiert 848 das Märtyrerpaar: *Gemmas martyrii geminas festo veneramur (eodem) / Chrisanthum Dariamque, novo quos munere Christi / Roma nunc vectos tumulis nova cella venustat, / Qua Rheni celsis succedunt aequora silvis* (MG Poetae, Bd. II, S. 597, V. 683 ff.). Um 850 schuf man in Prüm Hymnus und Reimoffizium (Analecta Hymnica 51, Nr. 149) für die beiden Heiligen

(J. SZÖVERFFY, Annalen, Bd. I, S. 250 ff.). In Prüm wird im 9. Jh. nur das Oktober-
fest gefeiert (W(4) T³ K¹ H B L¹ *Tr*), erst später (K²) scheint man zum Fest am 1.
Dezember übergegangen zu sein. 1098 erscheinen nochmals Altarreliquien *Crissancti
et Darie* (R⁷). Zwischen 844 und 848 übertrugen die Prümer Mönche auch Teile der
Reliquien in einen Altar der Zülpicher Peterskirche, an der sie wohl Rechte besaßen
(MG Poetae, Bd. II, S. 596, V. 647—49); P. HEUSGEN, Zülpich, S. 27). Die 943 vom
Edlen Rather erbaute und den Heiligen geweihte Kirche in Welcherath, Diözese
Trier, geht auf Beziehungen des Grundherrn zum Kloster zurück (F. PAULY, Siedlung,
Bd. II, S. 235). Um 950 weihte der Kölner Erzbischof Wigfrid Chrysanthus und
Daria die Haaner Kirche, die Algerus errichtet hatte (W. LÖHR, Geschichte, S. 65).
Auch hier werden wohl Beziehungen des Grundherrn zu Prüm bzw. Münstereifel
mitspielen. Die in Reichenau nach Ausweis einer Authentik saec. X/XI vorhandenen
Reliquien *ss. Chrysanthi et Dariae* entstammen der Abtszeit des Mainzer Erzbischofs
Hatto (888—913). Vgl. W. HAUBRICHS, Zeugnisse; vgl. o. S. 138 ff.

23. *CHRISTOPHORUS* (25. VII.): Reliquien 1003 (R⁵), Altarpatrozinium und
-reliquie 1098 (P⁶ R⁷). Kult in Prüm seit dem 9. Jh. (W(1) T³ L¹ L²), 860/75 trägt ein
Prümer Mönch den Namen des Heiligen (D. GEUENICH, Prümer Personennamen, S.
45.85). Der Kult ist im Frankenreich merowingisch: Kultzentren sind Tours (MG
Poetae, Bd. II, S. 342) und Reims, auch die dem orientalischen Märtyrer geweihte
Eigenkirche des Trierer Klosters St. Maximin dürfte ins 8. Jh. zurückreichen (vgl. H.
ROSENFELD, Christophorus). Da K¹ das Fest des Heiligen nicht verzeichnet, muß man
jedoch Bedenken tragen, die Prümer Reliquien vor das Ende des 9. Jh.s zurückzudatieren. Im 10. Jh. übertrug Erzbischof Brun von Köln (953—965) Christophorus-
reliquien in die rheinische Metropole (H. SCHRÖRS, Lebensgeschichte, S. 67).

24. *COLUMBA* (31. XII.): 1098 Altarpatrozinium und -reliquie (P⁶ R⁷). Es unter-
liegt keinem Zweifel, daß die Prümer Reliquien auf die besonderen Beziehungen der
Abtei zu Sens (vgl. S. 21 f) zurückgehen, als dessen Schutzpatron sie Wandalbert
preist: *Virgo Columba, simul palmam virtute perennem / Percipis effuso Christum
comitata cruore / Cumque Potentiano Sabinianus eodem / Occurit festo, aequales ara
atque triumpho / Urbem qui Senonum primi docuere patroni.* (MG Poetae, Bd. II, S.
602, V. 866 ff.). Die Prümer Reliquien müssen daher alt sein. Schon im 11. Jh.
schwindet der Kult (W (5) T L¹). W² und T³ tragen auch die Namen der Märtyrer
von Sens, Savinianus und Potentianus, nach.

25. *CORNELIUS* (14. IX.): Reliquien 1003 (R⁵), Altarpatrozinium 1098 (P⁶). Der
Kult des Märtyrerpapstes und des am gleichen Tage gefeierten Bischofs von Karthago, Cyprian (s. d.), ist in Prüm alt und ausgeprägt (W(4) T K¹ C L¹ L² E K²). In K¹
ist das Fest unter den Aachener Einträgen verzeichnet. Wandalbert preist das Märt-
rerpaar: *Cornelius . . . suam virtute et sanguine Romam / Antistes fulcit. Cypriano
laeta coruscat / Carthago, insigni doctore et martyre, totum / Ecclesiae scribunt
cuius sacra dicta per orbem* (MG Poetae, Bd. II S. 594, V. 560 ff.). Cornelius und
Cyprian sind Patrone des Klosters Buchau am Federsee, das 770 durch Warin, einen
aus dem in der Trierer Gegend begüterten Reichsadelsgeschlecht der Widonen
stammenden *procer,* und seine Gattin Adallinde gegründet wurde. Reliquien wird
man wohl aus Rom bezogen haben (F. PRINZ, Märtyrerreliquien, S. 15). C. 800 befinden sich Reliquien in Centula (MG SS, Bd. XV, S. 176). Cornelius ist auch Patron
des 815 für den Reformer Benedikt von Aniane in der Nähe von Aachen durch
Ludwig den Frommen gegründeten Klosters Inden/Kornelimünster. 836 sind Reliquien in Fulda (MG SS, Bd. XV, S. 333; MG Poetae, Bd. II, S. 206); das Heiligenpaar wird in der Litanei Hrabans angerufen (MG Poetae, Bd. II, S. 218) und ist Altarpatron in der vor 831 vollendeten Fuldaer *ecclesia Uodilhohi* (ebd., S. 211)

ebenso wie um die Jahrhundertmitte in Klingenmünster (ebd., S. 227). Ohne Cyprian ist C. Altarpatron 850 in Hersfeld und Saec. IX med. in dem wohl von einem Verwandten der Widonen gegründeten pfälzischen Kloster Münsterdreisen (ebd., S. 229. 233). 876 entnimmt Karl der Kahle Reliquien der Heiligen aus dem Aachener Münsterschatz und überträgt sie in das im *palatium* von Compiègne neu gegründete Kloster, dessen Patrone sie werden. Bei dieser Sachlage ist anzunehmen, daß das Prümer Heiltum entweder aus dem karolingischen Reliquienschatz oder aus dem benachbarten Kornelimünster stammt. Vgl. auch o. Anm. 407.

26. COSMAS et DAMIANUS (27. IX.): Durch Schenkung Kaiser Lothars I. erhielt Prüm 852 *caput s. Cosme* (R³): 1098 sind *Cosmas et Damianus* Altarheilige (P⁶). C. 800 finden sich Reliquien der orientalischen Heiligen in Centula (MG SS. Bd. XV, S. 176). In St. Vaast, Arras ist ihnen saec. VIII ex. ein Altar geweiht, ebenso in St. Peter, Salzburg (MG Poetae, Bd. I, S. 310. 338), was unmittelbar auf Alcuin und mittelbar auf den karolingischen Königshof zurückweist. Altarpatrozinien auch im 9. Jh. in Fulda, Hersfeld und Münsterdreisen (MG Poetae, Bd. II, S. 206. 230. 233). Der Prümer Kult (W(2) T K¹ To B L¹ E) setzt mit Zusätzen bei Wandalbert bereits vor der Reliquienübertragung ein (vgl. S. 117). M. L. DAVID-DANEL, Lieux; DERS., Culte; DERS., Répertoire; D. A. W. KONING, Cosmas; L. ELAUT, Kosmas; A. WITTMANN, Kosmas.

27. CRISPINUS et CRISPINIANUS (25. X.): Reliquien 1003 (R⁵). Bereits im 7. Jh. soll Wandregisil Reliquien der Heiligen von Soissons nach Fontenelle (St. Wandrille) übertragen haben (W. HOTZELT, Translationen Frankenreich, S. 2 f.). Reliquien befinden sich um 800 auch in Centula (MG SS, Bd. XV, S. 176). 850 sind die Märtyrer Altarpatrone in Hersfeld (MG Poetae, Bd. II, S. 230). 880 ersteht Erzbischof Dietmar von Salzburg Reliquien der Heiligen Vincentius, Crispinus und Crispinianus (MG SS, Bd. IX, S. 770). Der Prümer Kult scheint im 9. Jh. schon im Verklingen (W(2) T K¹ To B L¹ K²), — er wurde von dem auf dem gleichen Datum liegenden Fest der Lokalheiligen Chrisantus und Daria verdrängt. Der Erwerb der Reliquien — vielleicht aus dem karolingischen Schatz — muß daher vor 844 angesetzt werden.

28. CRUX (3. V. und 14. IX.): *De ligno s. crucis* erhielt die Abtei 852 durch Schenkung Lothars I. (R³). Sowohl die *Inventio s. crucis* am 3. Mai (W(1) T K¹ P C H To B Tr E¹ K²) als auch die *Exaltatio s. crucis* am 14. September (W(2) T K¹ P C H To B E K²) wurden in Prüm intensiv gefeiert. Auch in Trier gab es eine frühe Kreuzkirche mit Traditionen, die an Helena, die Mutter Kaiser Konstantins, anknüpften (E. EWIG, Trierer Land, S. 279). Das Kreuz findet sich als *titulus* der Prümer (später Münstereifeler) Kirche in Weingarten, Diözese Köln, deren Gründung wohl ins 9./10. Jh. hinabreicht, und in der Kirche von Lieler, Filiale von Weiswampach, Diözese Lüttich (D. GUILLEAUME, Archidiaconé, S. 579).

29. CUNIBERTUS (12. XI.): Reliquien 1003 (R⁵); Kult (W(1) T³ E¹ K²) des Kölner Bischofs seit dem 9. Jh. In W gehört das Fest zu den dort reich vertretenen Kölner Proprien. Die Prümer Reliquien dürften aus den engen Beziehungen zwischen Eifelkloster und Bischofsstadt in der ersten Hälfte des 9. Jh.s stammen (vgl. S. 105). Die Kapelle St. Cunibert in Bizory, Filiale der Prümer Eigenkirche von Bastogne, Diözese Lüttich, sollte noch im 9./10. Jh. entstanden sein (D. GUILLEAUME, Archidiaconé, S. 71).

30. CYPRIANUS (14. IX.): 1098 Altarpatrozinium und -reliquie (P⁶ R⁷). Cornelius (s. d.) und Ciprianus sind Saec. VIII ex. Altarheilige in Tours (MG Poetae, Bd. II, S.

342). Zur Zeit Karls des Großen brachten orientalische Legaten des Kaisers aus Karthago Reliquien des heiligen Bischofs mit. Ein Teil von ihnen erwarb Leidrad, Erzbischof von Lyon, wie Florus (+ c. 860) erzählt, für seine Kirche, ein anderer Teil wanderte in den Reliquienschatz der karolingischen Könige. Aus ihm werden wie die Corneliusreliquien die Cyprianusreliquien des fränkischen Königsklosters stammen. Vgl. Nr. 25.

31. *CYRIACUS* (8. VIII.): Der römische Märtyrer, der in Prüm seit dem 9. Jh. einen gewissen Kult besaß (W(1) T^{1-3} K^1 C L^1 E K^2), ist Patron der Kirche von Billig, einer Filiale der Prümer Eigenkirche Weingarten, Diözese Köln (Bau frühromanisch).

32. *DEMETRIUS* (8. X.): 1098 wird das Altarpatrozinium *Demetrii ducis Thessalonicenis* genannt (P^6). Vgl. den für das 11. Jh. in Echternach nachweisbaren Kult des Heiligen von Saloniki (W. HAUBRICHS, Georgslied, Abschnitt 5.4.3.).

33. *DIONYSIUS* (9. X.): Konpatron des Klosters seit 762 (P^3 P^5); seit 752/62 auch Reliquien aus dem Schatz der Karolinger (R^1); 1098 Altarreliquie (R^7). Bedeutender Kult im Eifelkloster (W(5) T^1 ^{3} K^1 To B L^1 L^2 E^1 K^2) seit der Frühzeit. In K^1 gehört das Fest .zu den bereits in Aachen getätigten Einträgen. Prüm müssen besondere Bande mit Paris und vor allem St. Denis verbunden haben (vgl. S. 104 f.). Wandalbert verzeichnet zusätzlich die Translatio des Märtyrerbischofs und seiner *socii* zum 22. 4. (wobei im Codex A der Heiligenname mit Majuskelbuchstaben ausgezeichnet ist) und die Weihe der Klosterkirche 754 durch Papst Stephan am 28. 7. (MG Poetae, Bd. II, S. 584, V. 220 ff. 437 ff. 590). Den Märtyrer preist der Prümer Mönch: *His quoque martyrii insigni trinoque coruscant / Orbem templa suo lustrantia lumine cunctum; / Dionisius, aethereo qui splendet honore, / Gallia doctorem Paulo instituente beatum / Quem meruit, gemino comptum iunctumque ministro* (MG Poetae, Bd. II, S. 596, V. 643 ff.). Wandalbert spielt hier bereits auf die Kirchen an, die dem vermeintlichen Apostelschüler im fränkischen *orbis* gebaut wurden. An der Vermehrung seiner Patrozinien war Prüm nicht unbeteiligt: Vor 844 war der fränkische Königsheilige Konpatron der Peterskirche im *castrum* Zülpich, an der Prüm Rechte hatte (MG Poetae, Bd. II, S. 596, V. 647—49); geweiht waren ihm die 893 genannte Eigenkirche von Montigny-sur-Chiers (H. MÜLLER, Dekanate, S. 228 f.), die Filialen der ebenfalls 893 bestehenden Eigenkirche St. Pancre in Ruette und Ville-Houdlémont (ebd. 235—40), die Kirche von Gondenbrett in der Prümer Großpfarrei Rommersheim (P. OSTER, Geschichte, S. 328 f.; F. PAULY, Siedlung, Bd. II, S. 93) und die Kirche von Winterspelt innerhalb der Prümer Pfarrei Bleialf, Diözese Lüttich (D. GUILLEAUME, Archidiaconé, S. 106 f.). Alle diese Gründungen werden kaum nach dem 9. Jh. entstanden sein.

34. *ELIGIUS* (1. XII.): Das Fest des Heiligen von Noyon wurde in Prüm nur im 8./9. Jh. gefeiert (W (2) T^3 L^1); 893 ist ein Angehöriger der Prümer *familia* nach ihm benannt. Die Prümer Eigenkirchen, die dem Heiligen geweiht sind — Urb, Filiale von Bleialf, Diözese Lüttich (D. GUILLEAUME, Archidiaconé S. 109), Longen, Filiale von Mehring, Diözese Trier (F. PAULY, Siedlung, Bd. II, S. 107) und Kopp, Filiale von Büdesheim, Diözese Trier (ebd., Bd. III, S. 103) — dürften daher allesamt noch im 9. Jh. gegründet worden sein. Eine Eligiuskapelle findet sich auch in Neuerburg bei Bitburg. Der Ort (Burg) ist wahrscheinlich von Prüm aus im Zusammenhang mit den Normannenkriegen des späten 9. Jh.s angelegt worden (M. ZENDER, Heiligennamen, S. 76).

35. *ERASMUS* (3. VI.): In der Prümer Liturgie nur in K^3; Patron der Kapelle des Prümer Zentralhofes in Mötsch (*Martiacum*), der 762 von König Pippin seiner

Gründung geschenkt wurde. Mutterkirche war St. Peter bei Bitburg. Eine Kapelle des heiligen Erasmus wurde im 10. Jh. auf der mit Prüm verbrüderten Reichenau errichtet (vgl. S. 145): auch die Kapelle in Mötsch wird kaum älter sein. Vgl. G. KENTENICH, Königshof; F. PAULY, Siedlung, Bd. III, S. 167.

36. *EUCHARIUS* (8. XII.): Altarpatron 1098 (P⁶). Der Trierer Bischof hat einen Kult in Prüm wohl erst seit dem 10. Jh. (K¹ T²⁻³ L¹ K²). In dem in Prüm benutzten Phillipps-Sakramentar wird er im Martyrologium (Labbeanum) nachgetragen.

37. *EUSEBIUS et PONTIANUS* (25. VIII.): Reliquien 1003 (R⁵). Offenbar seit dem 10. Jh. glaubte man in Prüm — Opfer einer Verwechslung (vgl. S. 124) —, daß Abt Markward die Leiber der römischen Märtyrer 844 aus Rom mitgebracht habe. Erzbischof Hetti v. Trier (814—847), Abt von Mettlach, übertrug Reliquien der beiden Heiligen nach Centula (MG Poetae, Bd. III, S. 343, Nr. CXVIII, V. 770). Um 865 übertrug Graf Gerhard von Vienne die Gebeine der römischen Märtyrer zuerst nach Vienne und dann in seine Stiftungen Vézelay und Pothières in der Kirchenprovinz Sens (Analecta Bollandiana, Bd. 2, S. 368—77). Da Wandalbert 848 die Heiligen noch nicht kennt, scheidet eine Anknüpfung der Prümer Reliquien an die Übertragungen von Erzbischof Hetti bzw. Abt Markward aus. Der Erwerb wird vielmehr mit dem Prümer Mönch Ado in Verbindung zu bringen sein, der auf Betreiben Graf Gerhards seit 860 den erzbischöflichen Stuhl von Vienne innehatte, und mit dem ehemaligen Prümer Abt Eigil, der 860—65 das Erzbistum von Sens verwaltete, befreundet war. So erklärt sich, daß das Fest der römischen Märtyrer erst in K¹ und in einem Nachtrag des späten 9. Jh.s *(Hacque die colitur Eusebius ac celebratur / Poncianus sanctus, Vincentius et Peregrinus)* zu Wandalbert (W³ (2)) erscheint. Nur noch in L¹ angerufen, schwindet der Kult der Heiligen schon wieder seit dem 10./11. Jh. Vgl. J. P. KIRSCH, Memorie, S. 99.

38. <u>*FIDES, SPES et CARITAS*</u> (6. 10.): Papst Paul I. übertrug 757/61 in die von ihm gegründete Kirche St. Silvester in Rom Gebeine der Heiligen Sofia, Pistis, Helpis und Agape. Ihr Fest wurde am 30. IX. gefeiert (J. P. KIRSCH, Memorie, S. 69 ff.). Vor 778 erhielt Bischof Remigius von Straßburg von Papst Hadrian (772—95) den Leib der heiligen Sophia, den er in seiner Gründung Eschau beisetzte. Ihre heiligen Töchter werden in dem elsässischen Kloster erst seit dem 10. Jh. genannt. Ihr Fest wurde am 1. VII. gefeiert (W. HOTZELT, Translationen Frankenreich, S. 35 ff.; L. PFLEGER, Kult Sophia). Wandalbert nennt 848 das Fest der *virgo* Fides v. Agen zum 6. X. (MG Poetae, Bd. II, S. 596, V. 625). Auffällig ist, daß *Sancta Sapientia, Sancta Fides, Sancta Spes, Sancta Karitas* in der Münstereifeler Litanei des 10. Jh.s (L¹) am Schluß der *Virgines*-Reihe angerufen werden. Das Patrozinium der heiligen drei Jungfrauen (wahrscheinlich auch Reliquien) besaß die Kirche von Gondelsheim bei Prüm, einer Filiale der Prümer Gründung St. Laurentius in Fleringen (P. OSTER, Geschichte S. 242. 492 f.; M. ZENDER, Matronen, S. 161; F. PAULY, Siedlung, Bd. III, S. 100). Die Kirche ist auf römischen Fundamenten errichtet. Fides, Spes und Caritas sind auch die Patrone der Kirche in Lauperath, Filiale von Waxweiler, innerhalb der Grundherrschaft des Ravengarius (vgl. S. 142) gelegen, die 943 an Prüm gelangte (F. PAULY, Siedlung, Bd. III, S. 125). Das Alter des Kultes der drei Jungfrauen steht, da sie bereits auf einem Bleisiegel des Erzbischofs Piligrim von Köln saec. X ex. erscheinen, am Mittelrhein außer Frage. Zwei Ballungsräume des Kultes lassen sich erkennen: 1) im Gebiet des alten Matronenkultes um Köln und 2) im Gebiet zwischen Trier und Prüm. Es ist also sowohl wahrscheinlich, daß der Kult der Jungfrauen missionarisch gegen Reste des agrarisch-paganen Matronenkultes eingesetzt wurde, als auch, daß Prüm seit dem 10. Jh. eines der Zentren der Kultpropaganda war. (Vgl. R. DRINKUTH, Frauen, Bd. II, S. 23; H. SCHUNK, Matronenkult; M. ZENDER, Matronen; Dr. KESSEL, Jungfernpfad; H. G. HORN, Gottheiten, S. 76 ff.).

39. *GALLUS* (16. X.): Reliquien 1003 (R⁵). Der Kult und die Reliquien des seit dem 9. Jh. zunehmend verehrten Mönchsheiligen (W (2) K¹ T⁴ L¹ Tr¹ E¹ K²) wurzelt in der Verbrüderung, welche die Reichsabteien Prüm und St. Gallen im 9. Jh. eingegangen waren (vgl. S. 52, Anm. 116).

40. *GANGOLFUS* (13. V.): In Prümer Quellen nur in T³ verzeichnet. Die Kapelle St. Gangolf, Filiale der Prümer Eigenkirche in Bleialf, Diözese Lüttich (D. GUILLEAUME, Archidiaconé, S. 109), dürfte daher kaum über das 11. Jh. zurückreichen. Bei der Patrozinienwahl werden Rechte eines laikalen Grundherren mitgespielt haben.

41. *GEORGIUS* (23. und 24. IV.): Zum Prümer Kult vgl. KV 27012501 ff. Durch Schenkung Lothars I. besaß die Abtei seit 852 *brachium s. Georgii mart.* Das Fest wurde seit dem 9. Jh. im Kloster intensiv gefeiert (W (2) T¹⁻³ K¹ C B L¹ E K²). Das alte gallikanische Festdatum wird langsam durch das römisch-gregorianische ersetzt (vgl. S. 135 ff.). Die Prümer Eigenkirche in Fumay an der Maas war dem orientalischen Heiligen geweiht, ebenso die Kapelle der *villa* Schönberg, Filiale der Prümer Eigenkirche St. Maria in Bleialf, Diözese Lüttich (D. GUILLEAUME, Archidiacone, S. 106 f. 108). Mit Prüm in enger Verbindung (vgl. S. 139) stand der Gründer der Kirche St. Georg (10. Jh.) in Polch, Diözese Trier.

42. *GERMANUS* (31. VII. und I. X.): Konpatron des Klosters seit 762 (P³ P⁵); Altarpatrozinium 1098 (P⁶). Reliquien erhielt Prüm 752/62 aus dem Schatz der Karolinger (R¹). Das Fest am 31. Juli (T K¹ L¹ K²) ist bei Wandalbert erst später nachgetragen worden, die Translatio der heiligen Bischöfe Remigius von Reims und Germanus von Auxerre am 1. Oktober (W (4) T²⁻³ L¹ L² E¹) preist der Prümer Mönch bereits 848 in zahlreichen Versen (vgl. Nr. 91). Germanus heißt 893 ein Angehöriger der Prümer *familia.* Ihm war in Trier eine frühe Kirche geweiht.

43. *GERTRUDIS* (17. III.): Altarpatrozinium und -reliquie 1098 (P⁶ R⁷). Der Kult der Heiligen von Nivelles aus der karolingischen *stirps regia* scheint im Königskloster Prüm nicht über das 10. Jh. zurückzureichen (W (1) T³ L¹ L² K²). So wird auch die der Heiligen geweihte Kirche von Bouderath, Filiale der Prümer Zelle Münstereifel, Diözese Köln, kaum vor dem 11. Jh. entstanden sein.

44. *GOAR* (6. VII.): 1003 besitzt die Abtei *dentes duo s. Goaris* (R⁵); Altarpatrozinium 1098 (P⁶). Kult: W (1)² T² K¹ P C L¹ Tr K². Dem Heiligen der Prümer Zelle St. Goar, die das Kloster seit 762 besaß (J. FAAS, Abtei, S. 36 ff.; F. PAULY, Siedlung, Bd. II, S. 173 ff.), waren auch die Eigenkirchen in Schönau (J. BECKER, Münstereifel, S. 285 ff.) und beim Hof *Salmana,* d. i. Hetzerath, Filiale der Prümer Großpfarrei Mehring, Diözese Trier (F. PAULY, Siedlung, Bd. II, S. 40) geweiht. Auffällig ist im 11. Jh. das Patronat im fernen schweizerischen Oberkilch, der Laienkirche des Klosters Muri, das nur auf eine Reliquienschenkung Prüms an den Stifter Reginboldus zurückgeführt werden kann (vgl. S. 145).

45. *GORDIANUS et EPIMACHUS* (10. V.): 1003 Reliquien (R⁵). Intensiver Kult in Prüm seit dem 9. Jh. (W (3) T³ K¹ L¹ Tr E K²). Wandalbert stellt sie Hiob an die Seite: ...*Gordianus et Epimachus ob unam / Caeduntur Christi pariter laudemque fidemque, / Has quoque Iob patiendi exemplo sanctus honorat* (MG Poetae, Bd. II, S. 585, V. 265 ff.). Unter Papst Hadrian (772—95) wurden von Königin Hildegard Reliquien der römischen Heiligen in das c. 775 von ihr gegründete Kloster Kempten übertragen (F. PRINZ, Märtyrerreliquien, S. 18; W. HOTZELT, Gordian; DERS., Translationen Bayern, S. 311—16; W. PÖTZL, Gordianus). Zwischen 832 und 839 sind sie als Konpatrone des Klosters im Allgäu belegt. 819 ist Gordian allein Altarpatron in

Fulda; 850 beide zusammen in Hersfeld (MG Poetae, Bd. II, S. 207, 230). Es ist wahrscheinlich, daß die Prümer Reliquien aus dem Schatz der karolingischen Könige stammen. 1190 bestand bei dem Hof Niederprüm, den Pippin 762 dem Kloster geschenkt hatte, eine Kapelle, die Abt Gerhard dem von ihm gestifteten Nonnenkloster in Niederprüm überwies. Die Kapelle, die spätere Pfarrkirche St. Gordian und Epimachus, muß, da K¹ (vor 879) die *ded. basilicae s. Gord. epi.* zum 8. X. verzeichnet (in K³ Hochfest), bereits in der zweiten Hälfte des 9. Jh.s bestanden haben. Vgl. E. WACKENRODER, Kunstdenkmäler Prüm, S. 115 ff.; P. OSTER, Geschichte, S. 261; F. PAULY, Siedlung, Bd. III, S. 89 ff.; L. BOSCHEN, Annales, S. 64 f.

46. *HELENA* (18. VIII.): Die in Trier verehrte Mutter Konstantins besaß in Prüm keinen eigentlichen Kult (liturgisch erwähnt in T³ K³), wurde aber in der Kreuzauffindungslegende (z. B. in Reginos Tonar) namentlich erwähnt. In der Münstereifeler Litanei des 10. Jh.s (L¹) wird *Sancta Elena* angerufen. Ihr Patrozinium in Mutscheid, einer Prümer Besitzung in der Diözese Köln (E. EWIG, Trier, S. 308) wird nicht nur durch Prümer Einflüsse zu erklären sein. Der Trierer Helenakult fand bereits im Kalender Willibrords von Echternach (+ 739) seinen Niederschlag (E. EWIG, Trierer Land, S. 279).

47. *HERMES* (28. VIII.): Altarreliquie 1098 (R⁷). Einhard übertrug 826 neben den Reliquien der Heiligen Marcellinus et Petrus (s. d.) auch solche des Märtyrers Hermes aus Rom nach Seligenstadt (MG SS, Bd. XV, S. 329). Hierhergehörige ,Versus de S. Hermete' sind erhalten (MG Poetae, Bd. II, S. 135 f.). Der Heilige ist Altarpatron 819 in der Klosterkirche von Fulda, bald danach auch in der Fuldaer Laienkirche St. Maria (MG Poetae, Bd. II, S. 207. 210). 851 erhält Erzbischof Liupram von Salzburg von Papst Leo IV. den Leib eines heiligen Hermes (MG SS, Bd. XV, S. 410). Im selben Jahr gelangen *reliquiae s. Hermetis* durch Lothar I. und Abt Airric nach Inden bei Aachen, im J. 860 nach *Rothnacum* bei Cambrai (MG SS, Bd. VI, S. 340; Bd. VII, S. 429; Bd. XV, S. 436; AA SS, Bd. August VI, S. 149). Da der Kult in Prüm (W(1) T³ K¹ L¹ E K²) verhältnismäßig spät einsetzt, ist nicht vollständig gesichert — wie bei anderen römischen Reliquien — daß das sicherlich nur geringfügige Heiltum des Hermes mit den Translationen der Zwanziger- und Dreißigerjahre des 9. Jh.s nach Prüm kam.

48. *HIERONYMUS* (30. IX.): 852 erhielt Prüm durch Lothar I. *pes s. Ihieronimi presb.* (R³). Da Reliquien um 800 sich auch in Centula befinden (MG SS, Bd. XV, S. 176), bestätigt sich die Herkunft aus dem Reliquienschatz der Karolinger in Aachen. Früher Kult (W(3) T K¹ L¹ L² E K²) in Prüm, wahrscheinlich auf gallikanischer Grundlage (in K¹ gehört das Fest dem Aachener Grundstock an). Wandalbert preist H. als *Interpres legis veterisque novaeque probatus, / Instructor doctrinae, heresis damnator iniquae . . .* (MG Poetae, Bd. II, S. 595, V. 605 ff.).

49. *HIPPOLYTUS* (13. VIII.): Reliquien 1003 (R⁵). In Tours ist saec. VIII ex. ein Altar dem Andreas, dem fränkischen *protector exercitus,* dem Laurentius *victor ignis* und Hippolytus *gladio qui colla subegit* (MG Poetae, Bd. II, S. 340) geweiht. Im 8. Jh. befanden sich Reliquien des römischen Märtyrers auch in Tegernsee. Er war Patron der Tegernseer Außenzelle St. Pölten. Fulrad übertrug Reliquien in seine Abtei St. Denis (c. 756); vor 774 wurde ihm das elsässische Filialkloster St. Pilt geweiht (W. HOTZELT, Translationen Frankenreich, S. 7 ff. 15 ff.; F. PRINZ, Märtyrerreliquien, S. 13. 16 f.). H. ist 818 in der Fuldaer Klosterkirche Altarpatron, 836 in der dortigen Peterskirche, 838 im Nebenkloster Holzkirchen (MG Poetae, Bd. II, S. 208. 211. 215). 838 befinden sich Reliquien in Fulda (MG SS, Bd. XV, S. 334), um 800 allerdings auch schon in Centula (MG SS, Bd. XV, S. 176). 814/40 sollen *ossa*

beatorum martyrum Hippoliti et Tiburtii ab Urbe deportata nach St. Denis übertragen worden sein. (MG SS, Bd. II, S. 321). Es ist wahrscheinlich, daß in diesem Zusammenhang (vgl. S. 114) auch Reliquien beider Heiligen nach Prüm gelangten. In Prüm wurde der *miles* und *vicarius* des Kaisers Valerian vor allem als *comes Laurentii* (MG Poetae Bd. II, S. 591, V. 479) verehrt (W(2) T¹⁻³ K¹ To B L¹ L² E K²). Die Prümer Eigenkirche in Herschbach, Diözese Köln, war ihm geweiht.

50. *HUCBERTUS* (3. XI.): Reliquien 1003 (R⁵). Der Bischof von Lüttich besaß im 9. Jh. in Prüm kaum eigenen Kult (T³ L¹), was erstaunlich ist. Die Reliquien könnten anläßlich der Translatio s. Huberti nach Andagium/St. Hubert 825 erworben worden sein (MG SS, Bd. XV, S. 235). Das Patrozinium des Schutzpatrons der Eifel in Brandscheid, Filiale der Prümer Eigenkirche in Bleialf, Diözese Lüttich (D. GUIL-LEAUME, Archidiaconé, S. 108 f.) und in Michamps, Filiale der Eigenkirche in Noville, Diözese Lüttich, (D. GUILLEAUME, Archidiaconé, S. 376) braucht nicht auf Prümer Einfluß zurückgeführt zu werden.

51. *JACOBUS MAIOR* (25. VII.): 852 erhält Prüm durch Lothar I. *manum s. Iacobi fratris domni cum parte brachii* (R⁵). Reliquien befanden sich um 800 auch in Centula (MG SS, Bd. XV, S. 176). Der Prümer Kult ist seit dem 9. Jh. intensiv (W(3) T K¹ C L¹ L² E¹ K²), ruht wohl auf gallikanischer Grundlage (in K¹ gehört das Fest zum Aachener Grundstock). Dem Apostel war die Prümer Eigenkirche in Jüchen, Diözese Köln geweiht. Man kann erwägen, ob nicht auch die Patrozinien der beiden bei fränkischen Gräbern und *curtes* errichteten Jakobuskapellen in Niederhersdorf und Niederstedem, Diözese Trier, wo Prüm jeweils begütert war, auf geistliche Einflüsse der Abtei auf die stiftenden Grundherren zurückzuführen ist (K. BÖHNER, Altertümer, Bd. II, S. 92 f.).

52. *INNOCENTES* (28. XII.): 852 erhält Prüm durch Lothar I. *ossa innocentum* (R³). Intensiver Kult seit dem 9. Jh. (W(3) T P C To B Tr K²); Wandalbert gedenkt dieser frühesten Märtyrer der Sache Christi: *Uberibus matrum rapuit quos dura cupido / Regnandique sitis, Christum dum perdere natum / Herodes cupit, infantes . . . veneramur* (MG Poetae, Bd. II, S. 602, V. 855 ff.).

53. *JODOCUS* (13. XII.): Aus Ferrières und seiner Filiale St. Josse-sur-Mer wanderte der Kult des bretonischen Heiligen über Prüm, das zahlreiche seiner Mönche und Äbte aus dem Kloster im Gâtinais bezog, nach Deutschland ein. Florentius widmete seine ,Vita S. Judoci' den *confratribus S. Judoci per Francorum et Teutonicorum regna constitutis.* Wandalbert, der den Heiligen in seinem Proprium verzeichnet *(. . . Judoch pariter coeterisque sacerdos / Egregiae, Oceani cedunt cui saepe procellae),* kennt das lokale Sturmpatronat des Heiligen (MG Poetae, Bd. II, S. 601, V. 814 f.). In K¹ als *Eutici* (?). Die spätere Wallfahrtskapelle St. Jost in der Eifel kann ihre Reliquien wohl vom nahen Prüm oder durch dessen Vermittlung erhalten haben. Vgl. J. TRIER, Jodocus, S. 162 f. 231; P. SCHUG, Mayen, S. 211.

54. *JOHANNES BAPTISTA* (24. VI. und 30. VIII.): Konpatron des Klosters seit 720 (P¹ P³ P⁴ P⁵); 1098 Hauptpatron eines Altars in der Klosterkirche (P⁷). Spätestens seit 752/62 besaß Prüm Reliquien des Täufers (R¹). Sowohl das Fest der *Nativitas* am 24. Juni (W(1) T K¹ P C H To B Tr E K²) als auch das der *Passio* am 29./30. August (W(3) T K¹ P C To B L¹ L² K²) gehörten in Prüm zu den Hochfesten. Regino erwähnt das Fest der *nativitas sancti Iohannis baptistae* z. J. 891 (P. RAU, Quellen, Bd. III, S. 292). Wandalbert preist den Vorläufer Christi: *Praeco dei, verbi vox et baptista Iohannes, / Quem effera saltanti tribuerunt iussa puellae, / Insignit quartam (diem) meritorum laude perenni* (MG Poetae, Bd. II, S. 593, V. 517 ff.).

Drei Mönche des 9.—10. Jh.s tragen den Namen des Täufers (D. GEUENICH, Prümer Personennamen, S. 44—79 f.); 860/86 heißt nach ihm ein Angehöriger der Prümer *familia* in Mehring (H. BEYER, UB Mittelrhein, Bd. I, Nr. 98), 893 ein anderes Mitglied der klösterlichen Grundherrschaft (ebd., S. 156). Dem Täufer sind zahlreiche Prümer Eigenkirchen geweiht: so in der Münstereifeler Patronatspfarrei Wichterich, Diözese Köln; in Mettendorf, Diözese Trier (F. PAULY, Siedlung, Bd. III, S. 221 f.); in Schleich, Filiale von Mehring, Diözese Trier (F. PAULY, Siedlung, Bd. II, S. 109); in Sefferweich, Filiale von Seffern (ebd., Bd. III, S. 111); in Loncin, Filiale von Awans, mit dem es 854 an das Kloster kam, in der Diözese Lüttich (J. BRASSINNE, Paroisses Hozémont, S. 251); in Neunkirchen bei Remich, Diözese Trier (F. PAULY, Siedlung, Bd. IX, S. 61 ff.); in Roth links der Our, Diözese Trier (vgl. o. Anm. 72). Vielleicht war auch die später dem Evangelisten geweihte Kapelle von Bourcy, der *Villa Burcido,* Filiale der Prümer Eigenkirche in Noville, Diözese Lüttich, ursprünglich dem Täufer gewidmet. (D. GUILLEAUME, Archidiaconé, S. 375). 835 schenkte Ludwig der Fromme die Kirche von Albisheim in der Pfalz zusammen mit ihrer Kapelle St. Johannes Baptista in Gauersheim an Prüm (M. FREY, Versuch, Bd. III, S. 277 f.). 842 gelangte an Prüm der Fiskus Villance (Belgien, Prov. Luxembourg). Die Kirche trug das Patrozinium des Täufers (A. JOURDAIN/L. van STALLE, Dictionnaire, Bd. II, S. 514 f.). 866 übergab die Abtei ihren Hof Hambuch im Mayengau an die Edle Hiedilda/Gerhildis, behielt sich aber die Kirche, die dem Täufer geweiht war, vor (F. PAULY, Siedlung, Bd. II, S. 274 f. 278). 943 überweist der aus einer mit dem Kloster eng verbundenen Familie stammende (vgl. S. 142) *fidelis* der Abtei und *vir illuster* Ravengar seinen Besitz mit Kirche in Waxweiler an Prüm. Die Kirche war dem Täufer geweiht (F. PAULY, Siedlung, Bd. III, S. 122 ff.). Eine Johanneskapelle gab es darüberhinaus im Bezirk des Klosters Münstereifel (W. LÖHR, Geschichte, S. 38 f.); ebenso beim Prümer Hof in Arnheim (A. J. MARIS, Sint Jansbeek, S. 179 ff.). In Auswertung dieser Zeugnisse kann man behaupten, daß Prüm im 9./10. Jh. zu den Propagandazentren des Täuferkultes im Land zwischen Maas und Rhein gerechnet werden muß.

55. JOHANNES ET PAULUS (26. VI.): Reliquien 1003 (R[5]). Reliquien der römischen Soldatenmärtyrer befanden sich im 9. Jh. — wie ein Gedicht des Florus († c. 860) ausweist (MG Poetae, Bd. II, S. 54 ff.) — auch in Lyon. Zu der *civitas* an der Rhône unterhielt das Eifelkloster im 9. Jh. gewisse Beziehungen: Wandalbert kennt und schätzt Florus, den er für sein Martyrolog ausgiebig benutzt; Ado, Prümer Mönch, war einige Zeit Priester an der Romanuskirche in Lyon. Das Heiltum der römischen Märtyrer, die in Prüm einen intensiven Kult (W(3) T K[1] C To B L[1] E K[2]) genossen, mag auf diesem Weg in die Eifelabtei gekommen sein. Vgl. o. S. 114.

56. JUSTINA (7. X.): Die Märtyrerin von Padua besitzt in Prüm keinen Kult (vielleicht L[1]; vgl. zum 26. IX.). Die Kirche St. Justina in Güsten (patrozinischer Ortsname), die seit 871 dem Kloster gehörte, ist eine fiskale Gründung.

57. LAMBERTUS (17. IX.): Altarreliquie 1047 (R[6]); obwohl in K[1] offenbar erst nach 922 in Lüttich (in Majuskeln!) nachgetragen, besaß der Heilige des Maaslandes in Prüm seit dem 9. Jh. einen intensiven Kult (W (2) T[1-3] C To B L[1] L[2] K[2]). Seine Legende war im Kloster vorhanden (vgl. S. 93). Geweiht waren ihm die Kirchen von Bedburg (893 *Bedbure = oratorium*); Tondorf, Diözese Köln; Sellerich, einer Filiale von Bleialf, Diözese Lüttich; Recogne, Filiale von Noville, Diözese Lüttich; und Wilwerdange, Filiale von Holler/Weiswampach, Diözese Lüttich (D. GUILLEAUME, Archidiaconé, S. 108. 375. 579; L. BOSCHEN, Annales, S. 74).

58. *LAURENTIUS* (10. VIII.): Reliquien 1003 (R⁵); Altarpatrozinium 1098 (P⁶). Der Laurentiuskult ist im Frankenreich merowingisch, teilweise spätantik. In Trier gab es eine frühe Laurentiuskirche. In Centula war um 800 *de craticula s. Laurenti* vorhanden (MG SS, Bd. XV, S. 176). Auch die Prümer Reliquien werden wohl aus dem Schatz der karolingischen Könige stammen. 870 erhielt Prüm die Fiskalkirche auf dem Laurensberg bei Aachen (E. J. R. SCHMIDT, Bauten, Nr. 22). Laurentius war der Patron der Eigenkirche des Klosters in Iversheim, die 893 genannt wird (J. BECKER, Münstereifel, S. 144 ff.); in Seffern, Diözese Trier, dessen Pfarrbezirk 1063 umschrieben wird (F. PAULY, Siedlung, Bd. III, S. 111 ff.); in Ahrweiler, dessen Kirche c. 1000 erwähnt wird (P. SCHUG, Köln-Adenau, S. 10); in Fleringen, Diözese Trier (F. PAULY, Siedlung, Bd. III, S. 99 f.); und Groß-Langenfeld, einer Filiale von Bleialf, Diözese Lüttich (D. GUILLEAUME, Archidiaconé, S. 108). Zu St. Laurentius in Geichlingen vgl. o. Anm. 72. Der frühe und intensive Kult in Prüm (W (2) T¹ K¹ P C To B L¹ *Tr* L² E *K²*) zwingt dazu, auch die Patrozinien vor der ottonischen Kultwelle des Heiligen anzusetzen.Vgl. F. PRINZ, Märtyrerreliquien, S. 8.

59. *LEO* (28. VI.): Altarpatrozinium 1098 (P⁶). Reliquien des römischen Papstes befinden sich um 800 in Centula (MG SS, Bd. XV, S. 176). 818 erscheint L. zusammen mit Silvester als Altarpatron in der Fuldaer Klosterkirche, saec. IX¹ auch in St. Michael in Fulda (MG Poetae, Bd. II, S. 208. 217 f.). Kein früher Kult (W (1) T³ L¹ E K²) in Prüm.

60. *LEUDEGARIUS* (2. X.): Der fränkisch-gallikanische Heilige, dessen Fest in K¹ zum Aachener Grundstock gehört, wird in Prüm früh gefeiert (W (2) T³ K¹ L¹ E¹ K²). Die Prümer Eigenkirche in Wetteldorf, dessen Hof 762 durch König Pippin an das Kloster kam, und jene in Düppach b. Dahlem, beide Diözese Trier, waren dem Märtyrerbischof von Autun geweiht. Vgl. E. WACKENRODER, Kunstdenkmäler Prüm, S. 205; F. PAULY, Siedlung, Bd. III, S. 94 ff.; H. MÜLLER, Dekanate, S. 356 ff.

61. *LIOBA* (28. IX.): Altarpatrozinium und Altarreliquie 1098 (P⁶ R⁷). Kein besonderer Kult in Prüm (liturgisch erwähnt nur in K³).

62. *LUCIA* (13. XII.): Reliquien 1003 (R⁵). Reliquien der im Kanon der Messe zusammen mit Agatha, Felicitas und Anastasia genannten Märtyrerin von Syrakus befinden sich c. 800 auch in Centula (MG SS, Bd. XV, S. 174 ff.). Wandalbert feiert sie: *Idus, Siracusa, tibi Lucia dicavit, / Paschasium Christi pro nomine passa tyrannum / Spiritus immobilem quam fecit sanctus iniquis / Esse viris: . . .* (MG Poetae, Bd. II, S. 601, V. 811 ff.). Die *virgo*, der zusammen mit Agatha (vgl. Nr. 5) und Caecilia eine Kapelle im Kloster geweiht war, genoß in Prüm einen intensiven Kult (W (4) T P To B L¹ K²) seit dem 9. Jh. Das Heiltum der Märtyrerin könnte aus dem Reliquienschatz der Karolinger stammen.

63. *LUPIANUS* (1. VII.): 1003 besaß man in Prüm *de corpore s. Lupiani confessoris* (R⁵). Die Wundertaten des *confessor* im *pays de Retz* im Poitou an der Grenze zur *civitas* von Nantes werden bereits von Gregor von Tours (De gloria conf., c. 54) erzählt. Kult in Prüm erst seit dem späten 9. Jh. — zuerst in K¹, dann nachgetragen zu Wandalbert und zum ‚Martyrologium Trevirense'. Die Münstereifeler Litanei des 10. Jh.s ruft *Sancte Lupiane* an. Danach verlieren sich die Kultspuren des aquitanischen Heiligen. Man muß mit einer Translatio während der Kämpfe gegen Bretonen oder Normannen an der unteren Loire, wo Prüm besitzmäßig stark engagiert war, in den 50er Jahren des 9. Jh.s rechnen. Vgl. J. EVENOU, Bibl. SS, Bd. VIII (1966), S. 378; AA SS Julii, Bd. I (Paris 1867), S. 29 f.; o. S. 123 f.

Lupianus

64. *LUPUS* (1. IX.): Altarpatrozinium 1098 (P[6]). Der Prümer Kult des Bischofs von Sens (W[2] (1) T K[1] L[1]), der sich seit dem 10. Jh. verliert, wurzelt in den engen Beziehungen, die das Eifelkloster im 9. Jh. zur *civitas Senonum* unterhielt (vgl. S. 104).

65. *MAGNUS et ANDREAS* (19. VIII.): Reliquien 1003 *(Magni et Andree necnon et de reliquiis sociorum eorum duorum millium: .XC. VII.* = R[5]); Altarpatrozinium 1098 (P[6]). Der Eintrag des Synaxar von Byzanz zum 19. August über den Märtyrer Andreas von Caesarea (Ἄθλησις τοῦ ἁγίου μεγαλομάρτυρος Ἀνδρέου τοῦ στρατηλάτου) war im lateinischen Westen durch Unverständnis des Titels *megalomartyr* zu einem Fest zweier Heiliger aufgelöst worden. Beda verzeichnet *natale s. Magni seu Andreae martyris cum sociis suis milibus DXC et VII.* Wandalbert dichtet: *Magnus et Andreas quarta denaque coruscant, / Septem nonaginta et quingenti comitantur, / Quos pariter sancti simul hos bis mille secuntur.* (MG Poetae, Bd. II, S. 592, V. 491 ff.). Um 800 befinden sich Reliquien in Centula (MG SS, Bd. XV, S. 176). 867 trafen als Geschenk Nikolaus I. die Reliquien des Märtyrers Magnus in Münster ein (MG SS, Bd. II, S. 232). Da Wandalbert die Ziffer der Märtyrergenossen gegen seine Quelle Beda mit dem Prümer Reliquienverzeichnis (wo es wohl *DXC.* heißen müßte), teilt, wiegt das Schweigen von K[1] unter den Prümer Kultzeugnissen (W[1] (3) T[3] L[1] E[1] K[2]) nicht so schwer: das Prümer Heiltum muß vor 848 im Kloster vorhanden gewesen sein — wahrscheinlich kam es aus dem Aachener Reliquienschatz der karolingischen Könige. Vgl.Bibl.Sanct.,Bd.I, S. 1127 f.; o.S.106.

66. *MANSUETUS* (3. IX.): Altarpatrozinium 1098 (P[6]). Kein besonderer Kult in Prüm — nur in T[3] K[2] wird der Bischof von Toul genannt.

67. *MARCELLINUS et PETRUS* (2. VI.): Reliquien 1003 (R[5]); Altarpatrozinium 1098 (P[6]). Reliquien der beiden römischen Märtyrer wurden 826 von Einhard nach Seligenstadt (MG SS, Bd. XV., S. 239) transferiert. Reliquien erhielt nicht nur die Abtei St. Médard in Soissons, sondern auch St. Saulve bei Valenciennes, St. Bavo in Gent, St. Servatius in Maestricht und Fulda (vgl. o. S. 114). Auch Prüm wird auf diesem Wege in den Besitz seines Heiltums gelangt sein: 844/53 ersucht der Nachfolger Einhards als Abt in Seligenstadt, Ratleic, der Kanzler Ludwigs des Deutschen, Abt Markward von Prüm, ihm die Tafeln, welche der Maler Hilperich den heiligen Märtyrern — Marcellinus und Petrus — gelobte, in der zweiten Woche nach Ostern zu übersenden (J. v. SCHLOSSER, Beiträge, S. 73 f.). Die Reliquien begleitete in Prüm ein früher Kult (W (2) T K[1] To B L[1] E K[2]).

68. *MARGARETA* (13. VII.): 1003 war Prüm im Besitze der *costa s. Margarete* (R[5]); 1047 Altarreliquie (R[6]); 1098 Hauptpatronin des Virgines-Altars (R[7]). Der Kult der Märtyrerin von Antiochien ist in Prüm nicht alt (W[3] (2) T[4] L[1] Tr[1] K[2]). Erst saec. X in. zu Wandalbert nachgetragen (*Martyr et intacta pro virginitate decora, / Margareta sacram suscepit sacra coronam.* (MG Poetae, Bd. II, S. 589) ersetzt M. wohl in der 1. Hälfte des 10. Jh.s allmählich die alten *virgines* Agatha, Lucia und Caecilia. Der Kultanstoß wird aus Süddeutschland gekommen sein (vgl. S. 145), woher man auch für das Tropar saec. X ex. eine Margarethenhymne bezog. M. erscheint als Patronin zahlreicher Filialen Prümer Eigenkirchen, vor allem im Umkreis von Prüm (F. PAULY, Siedlung, Bd. III, S. 62 f.), so in Eschfeld (ebd. Bd. III, S. 121 f.), Schwirzheim, Filiale von Büdesheim (K. BÖHNER, Altertümer, Bd. II, S. 141; F. PAULY, Siedlung, Bd. III, S. 104), Lissingen, ebenfalls Tochter von Büdesheim (ebd., S. 109), Burbach, Filiale von St. Laurentius in Seffern (S. 111 ff.) und Lünebach, Filiale von Pronsfeld (S. 120). Die Hofkapelle des Prümer Hofes in Trimport (S. 216 f.) und die des Fronhofes in Mettendorf waren ihr geweiht (S. 224); dazu in der

Diözese Köln die Kirchen von Eschweiler, Filiale von Münstereifel, von Hoven (P. HEUSGEN, Zülpich, S. 29; K. BÖHNER, Siedlungen, S. 129) und — vielleicht unter Prümer Einfluß — die später Trier gehörige Kirche von Adendorf (P. HEUSGEN, Meckenheim, S. 53). Prüm darf im 10./11. Jh. als eines der Propagandazentren des im Rheinland sich entfaltenden Margarethenkultes gelten.

69. *MARIA:* Seit 720 Hauptpatronin des ersten in Prüm gegründeten Klosters (P[1]), ist sie seit 752 ständig Konpatronin (P[2] P[3] P[4] P[5]). 1098 ist sie die Hauptpatronin des Altars in der Krypta der Klosterkirche (P[6]). Reliquien besaß man seit 720 (R[1]), 852 schenkte Lothar I. der Abtei *de uestimento s. Mariae* (R[3]). 1047 Altarreliquie (R[6]), 1098 zusätzlich *de pallio et sandaliis et sepulchro sancte Dei genetricis Marie* (R[7]). Maria war faktisch die zweite Hauptpatronin des Kloster (man beachte auch, daß in den vermutlich aus Prüm stammenden Pariser Gesprächen Maria als *domina* angerufen wird! Vgl. W. HAUBRICHS, Herkunft, S. 97 f.). Alle Marienfeste wurden in Prüm als Hochfeste begangen — *Purificatio* (W[1] (2) T P C To B Tr E K[2]), *Adnuntatio* am 25. III. (W[1] (2) T K[1] C H Tr E K[2]), *Adsumptio* am 15. VIII. (W[1] (2) T C To B L[1] *Tr L[2]* E K[2]) mit Vigil (E[1] K[2]) und Oktav (W[1] (1) K[2]), *Nativitas* am 8. IX. (W[1] (2) T K[1] P C To B Tr K[2]). Das Fest der *purificatio s. Mariae* wird von Regino zweimal erwähnt (R. RAU, Quellen, Bd. III, S. 206. 300). 1026/28 widmete Abt Ruotpert das Prümer Evangeliar (E) der *virgo* Maria. 1016 wurde an der alten Marienkirche in Prüm ein Kollegiatstift B. M. V. gegründet (J. FAAS, Abtei, S. 36 ff.; P. OSTER, Geschichte, S. 195). Seit 762 besaß Prüm das der Gottesmutter geweihte *monasteriolum* Révin an der Maas (J. FAAS, Abtei, S. 36 ff.). Zahlreiche Eigenkirchen des Klosters besaßen ihr Patrozinium: so in der Diözese Lüttich Bleialf mit seiner Filiale Winterspelt (D. GUILLEAUME, Archidiaconé, S. 106. 108), Weiswampach (ebd., S. 577 f.; J. PAQUAY, Pouillé, S. 252), Ste. Marie-Chevigny (D. GUILLEAUME, Archidiaconé, S. 463 f.) und Harspelt, Filiale von Ouren/Daleiden (ebd., S. 410); in der Diözese Köln Sarresdorf (K. BÖHNER, Altertümer, Bd. II, S. 36), Houverath, Filiale von Kirchsahr (P. HEUSGEN, Meckenheim, S. 214 ff.), Bottenbroich, das 893 mit Kirche bezeugte Wanlo und Ober-Bachem, dessen Kirche 871 aus Fiskalbesitz an Prüm kam; in der Diözese Trier Oos und Mürlenbach, Filialen von Büdesheim (F. PAULY, Siedlung, Bd. II, S. 104, 106 ff.). 866/7 schenkte die *illustris femina* Hiedildis/Gerhildis die von ihren Eltern gegründete Kirche St. Maria in Bachem (R. W. ROSELLEN, Brühl, S. 26), 971 erwarb die Abtei den Hof Wachfort samt der Hofkapelle St. Maria von Berland und dessen Frau Hiltwich (F. PAULY, Siedlung, Bd. III, S. 129. 187).

70. *MARIA AEGYPTIACA* (9. IV.): Altarpatrozinium und -reliquie 1098 (P[6]). Kult erst in K[2]. Im Graduale von Münstereifel (1456) findet sich eine Sequenz ‚De Maria Aegyptiaca', die nur in diesem Filialkloster von Prüm überliefert ist (W. LÖHR, Geschichte, S. 56).

71. *MARIA MAGDALENA* (22. VII.): 1098 Altarpatrozinium und -reliquie (P[6] R[7]). Kult in Vézelay nach 855/68, in der Diözese Auxerre saec. IX/X, in Cluny seit dem 10. Jh.; Wandalbert feiert sie im Anschluß an Beda bereits 848 mit drei Versen. Der sonstige Kult in Prüm datiert erst aus dem 10. Jh. (W (3) T[3] L[1] K[2]), wohl im Anschluß an die Propaganda der Reformer von Cluny. Später Hochfest. (Vgl. V. SAXER, Culte, passim). Die vielleicht auf Prümer Gründungen des 11. Jh.s zurückgehenden Kapellen von Winterscheid, Filiale von Bleialf (D. GUILLEAUME, Archidiaconé, S. 109) und Arzscheid, Filiale von Daleiden (ebd., S. 185), beide in der Diözese Lüttich, sind der Heiligen von Ephesus geweiht.

72. *MARIUS, MARTHA, AUDIFAX ET ABACUC* (20. I.): Reliquien 1003 (R[5]); Altarreliquie 1047 (R[6]). Reliquien überführte Einhard 828 aus Rom nach Seligen-

stadt. 818 sind die Altarpatrone in Fulda (MG Poetae, Bd. II, S. 208). Obwohl der Erwerb der Prümer Reliquien der römischen Märtyrer in den gleichen Zusammenhängen zu sehen ist wie bei Marcellinus und Petrus u. a. (vgl. S. 112), sind die heiligen ‚Ärzte' erst spät ins Sanctorale von Prüm eingegangen, werden jedoch merkwürdigerweise im Tonar Reginos als kultisch verehrt bezeugt (T¹ To B L¹). Der Kult der ‚Ärzte', die später als die ‚Prümer Heiligen' kat exochen gelten, muß daher früh populär gewesen sein (vgl. P. OSTER, Geschichte, S. 243; G. D. GORDINI, Bibl. Sanct., Bd. VIII. (1966), S. 1186—88; J. P. KIRSCH, Memorie, S. 96—99; M. ZENDER, Heiligennamen, S. 76).

73. MARTINUS (11. XI.): Konpatron des Klosters seit 720 (P¹ P³ P⁴); Altarpatrozinium 1098 (P⁶). Reliquien seit spätestens 762 (R¹). Sein Kult wurde in Prüm seit der Frühzeit intensiv gefeiert (W (3) T G P H To B L¹ Tr L² K² K³) — mit Oktav (T K² K³). Wandalbert (MG Poetae, Bd. II, S. 598 f.) nennt ihn *officio et sermone sacerdos, atque fidei martyr, lato famosus in orbe.* Regino erwähnt z. J. 887 die Festfeier des *transitus s. Martini* (R. RAU, Quellen, Bd. III, S. 276). Die Martinslegende war in Prüm vorhanden (vgl. S. 93). Seinen Namen trägt 860/75 ein Prümer Mönch (D. GEUENICH, Prümer Personennamen, S. 46. 84 f.) und 893 ein Angehöriger der klösterlichen *familia*. Dem fränkischen Reichspatron waren 16 Eigenkirchen (oder Filialen von Eigenkirchen) des Königsklosters geweiht: die 893 erwähnte Kirche in Schweich, Filiale von Mehring (K. BÖHNER, Altertümer, Bd. II, S. 140 f.; F. PAULY, Siedlung, Bd. II, S. 106 ff.), die Kirche der Mehringer Filiale Ensch (F. PAULY, Siedlung, Bd. II, S. 109 f.), die später im Besitz der Prümer Vögte, der Grafen von Vianden, befindlichen Kirchen von Biersdorf und Wissmannsdorf, ehemalige Filialen von Mettendorf (F. PAULY, Siedlung, Bd. III, S. 190 f. 193). Prümer Besitz war wohl auch ursprünglich die in karolingischer Zeit oberhalb des Hofes Schönecken bei fränkischen Gräbern errichtete Kapelle St. Martin, die später als Lehen der Grafen von Vianden erscheint (K. BÖHNER, Altertümer, Bd. II, S. 139 f.). In der Diözese Köln lagen die Prümer Martinskirchen von Rheinbach (P. HEUSGEN, Meckenheim, S. 358 f.; K. FLINK, Geschichte, S. 36 f. 287 f.), die 943 erwähnt wird (der Hof kam jedoch schon 762 durch König Pippin an Prüm), Wissersheim und Kirchsahr, den beiden Münstereifeler Patronatskirchen (J. TORSY, Entwicklung, S. 37), von Villip, wo die Kirche 882 genannt wird (G. H. C. MAASSEN, Bonn, S. 363 ff.), von Ipplendorf. Bis 864 gehörte die Martinskirche von Hergarten dem Eifelkloster (H. BEYER, UB Mittelrhein, Bd. I, Nr. 100). 893 existierte die Kirche von Barmen a. d. Roer, in Linnich wird gleichzeitig ein Priester erwähnt. In der Diözese Lüttich waren die 893 genannte *capella* von Bedeleid bei Mabonpré (D. GUILLEAUME, Archidiaconé, Bd. II, S. 331 f.), die ebenfalls 893 erwähnte *capella* von Transinnes, Filiale von Villance, (J. BRASSINNE, Analecta, S. 162), die Kirche von Arloncourt, Filiale von Noville (D. GUILLEAUME, Archidiaconé, S. 376) und die Kirche von Lützkampen, Filiale von Ouren/Daleiden (D. GUILLEAUME, Archidiaconé, S. 410 f.), dem Heiligen von Tours geweiht. 893 ist die Martinskirche von Arnheim in der Diözese Utrecht genannt (S. MULLER, Bisdom Utrecht, S. 439).

74. MARTYRES XLVI ROMAE (24. X.): 844 brachte Abt Markward aus Rom Reliquien *XLVI martyrum* mit; 1098 werden unter den Altarreliquien auch solche von *XL martyres* genannt (R⁷). Die römischen Märtyrer kennt von den Prümer Festkalendern nur Wandalbert, der ihnen zwei Verse widmet. Infolge früher Fehlinterpretation der Translationsnachricht (vgl. S. 115 f.) ist die Erinnerung an diese Reliquien in Prüm bald geschwunden.

75. MATERNUS (14. IX.): 1098 Altarpatrozinium (P⁶). Kein Kult des Kölner Bischofs, den auch Trier in Anspruch nahm, im Eifelkloster Prüm. K³ verzeichnet die *Translatio S. Materni ep. Treverenis* um 1037 zum 23. X.

76. *MAURITIUS* (22. IX.): Konpatron des Klosters seit 762 (P³ P⁵); 1098 Hauptpatron eines Altars in der Klosterkirche (P⁶). Reliquien seit 762 (R¹); 1003 befinden sich in Prüm *Mauritii et sociorum eius multimode reliquie* (R⁵). Da um 800 Mauritiusreliquien auch in Centula nachzuweisen sind, ist Herkunft der Prümer Reliquien aus dem Schatz der Karolinger anzunehmen. Die Prümer Kirche in Heimersheim war dem *dux sanctorum* und fränkischen Königspatron geweiht (P. LEHFELDT, Baukunstdenkmäler, Coblenz, S. 54). Die grundherrliche Kirche St. Maria in Bachem bei Bergheim, Diözese Köln, die erst 867 an Prüm gelangte, hat später den Patron Mauritius (R. W. ROSELLEN, Brühl, S. 26). Der Kult des Heiligen ist in Prüm seit der Frühzeit intensiv (W (2) T G P C To B L¹ *Tr* L² E¹ K² K³). Die Patronate der Eigenkirchen mögen jedoch erst der zweiten, ottonischen Kultwelle des Heiligen angehören.

77. *MAXIMINUS* (29. V.): Reliquien 1003 (R⁵); Altarpatrozinium 1098 (P⁶). Da das Fest des Trierer Bischofs in Prüm seit dem frühen 9. Jh. gefeiert wird (W (1) T K¹ L¹ L² K² K³), werden auch die Reliquien früh erworben worden sein. Die späte Quelle K³ nennt sogar noch das Fest der *depositio* des Heiligen zum 12. IX. Prüm besaß seit seiner Gründung zwei Mutterkirchen — in Rommersheim (Pfarreibezirk des Klosters) und Kyllburg —, die dem Heiligen geweiht waren. Vermutlich sind sie kirchliche Zentren von Krongut gewesen, die Karl Martell, dessen Maximinverehrung bekannt ist, in der ersten Hälfte des 8. Jh.s gründen ließ (F. PAULY, Siedlung, Bd. III, S. 125 ff. 87 ff.).

78. *MEDARDUS* (8. VI.): Dem heiligen Bischof von Noyon war das Prümer Filialkloster Altrip geweiht, ebenso die Eigenkirche in Mehring, die 893 erwähnt wird. Kloster Altrip, eine Gründung mosel-maasländischen Hochadels, und die *villa* Mehring waren 762 durch Schenkung Pippins an Prüm gekommen. Der fränkische Königsheilige, dem in Soissons ein Kloster und im nahen Trier bereits früh eine Kirche geweiht war, besaß zusammen mit seinem Bruder Gildardus in Prüm einen gewissen Kult (W¹ (2) T K¹ To B L¹ K² K³). Vgl. J. FAAS, Abtei, S. 36 ff.; K. BÖHNER, Altertümer, Bd. II, S. 74—6; F. PAULY, Siedlung, Bd. III, S. 40. 106 ff.

79. *MERCURIUS* (25./26. XI.): Altarpatrozinium 1098 (P⁶). Kein Kult in Prüm.

80. *MICHAEL* (29. IX.): Dem *princeps supernae militiae* (Wandalbert, V. 603 f. MG Poetae, Bd. II, S. 595) ist 1098 in Prüm der Altar in der Krypta der Klosterkirche geweiht (P⁶). Der Erzengel genoß im Kloster seit der Frühzeit einen intensiven Kult (W (2) T G P H To B L¹ *Tr* L² K² K³). Geweiht waren ihm die beiden in der Kölner Diözese gelegenen Prümer Kirchen in Großbüllesheim (J. BECKER, Münstereifel, S. 120 ff.) und auf dem Michelsberg bei Schönau (Mahlberg), der ursprünglichen Gerichtsstätte des Hochgerichts Münstereifel (J. BECKER, Münstereifel, S. 292 ff.). Auch im Klosterbezirk von Münstereifel selbst gab es eine wahrscheinlich dem 10. Jh. angehörige Michaelskapelle (W. LÖHR, Geschichte, S. 38); ebenso eine Grabkapelle in Duisburg, 10. Jh., (G. BINDING, Bericht II, S. 20; vgl. o. S. 79 f., 138 ff.).

81. *NAZARIUS* (12. VI.): 1016 übergab der Abt Urold von Prüm der Kirche des Kollegiatstifts zu Prüm Nazariusreliquien. Sie sind im Verzeichnis von 1003 (R⁵) nicht aufgeführt. Da der Patron des Klosters Lorsch einerseits in Prüm seit dem 9. Jh. einen Kult besaß (W (2) T K¹ L¹ L² E K² K³), andererseits sich um 800 Nazariusreliquien — wohl auf dem Wege über Aachen aus der Erwerbung B. Chrodegangs von Metz stammend — in Centula befinden, kann auch in Prüm mit frühen Nazariusreliquien gerechnet werden. Vgl. C. WILLEMS, Prüm S. 47.

82. *NICETIUS* (1. X.): Altarpatrozinium 1098 (P⁶). Kein Kult des Trierer Bischofs in Prüm.

83. *NIKOLAUS* (6. XII.): Der Kult des Bischofs von Myra setzt im Abendland wie auch in Prüm erst spät ein (W (1) T⁴ K² K³). In Prüm scheint man an die ottonische Kultinitiative (Patrozinium der Abtei Burtscheid bei Aachen) anzuknüpfen. Ein weiteres Kultzentrum in den Rheinlanden war St. Nikolaus in Brauweiler; als die Abtei 1024/25 durch den Pfalzgrafen Ezzo gegründet wird, kommen die ersten Mönche aus Stablo unter Abt Poppo, der eine Zeit lang auch Prüm geleitet hatte (I. HERWEGEN, Pfalzgrafen, S. 49). Immerhin sind 10 Eigenkirchen (oder Filialen von Eigenkirchen) dem orientalischen Heiligen geweiht: so die vor 1086 bestehende Kirche von Vischel, Diözese Köln, Mittelpunkt einer Münstereifeler Patronatspfarrei; in der Diözese Trier die Kirchen von Lörsch und Bekond, Filialen von Mehring (F. PAULY, Siedlung, Bd. II, S. 107), 1190 unter dem Patronat von Niederprüm erwähnt, von Birresborn, Filiale von Büdesheim (ebd., S. 109), von Oberhabscheid, Filiale von Pronsfeld (ebd., S. 120), von Wilsecker, Filiale von Kyllburg, wo bereits 893 eine Prümer Kirche bezeugt ist (ebd., S. 129), vom benachbarten Malbergweich (ebd., S. 129). Eine Nikolauskirche war auch die Kirche von Neuerburg, das wahrscheinlich identisch ist mit der 882 gegen die Normannen angelegten neuen Schutzburg bei Prüm: sie könnte eine Prümer Gründung aus der zweiten Hälfte des 11. Jh.s sein (ebd., S. 228 ff.). Die bei fränkischen Gräbern errichtete Kapelle St. Nikolaus in Wallersheim, Filiale v. Büdesheim, wo die *curtis* erst gegen Ende des 11. Jh.s in die Hand der Abtei gelangte, könnte den Wechsel des Patroziniums Prüm verdanken (K. BÖHNER, Altertümer, Bd. II, S. 165 f.). In der Diözese Lüttich war die Kirche von Cobru, Filiale von Novillé, dem heiligen Bischof geweiht (D. GUILLEAUME, Archidiaconé, S. 376).

Haukvatius

84. *PANCRATIUS* (12. V.): Der römische Märtyrer besaß in Prüm im 9. Jh. einen gewissen Kult (W (4) T K¹ E K² K³). Wandalbert feiert ihn und die am gleichen Tag verehrten Märtyrer Domitilla, Nereus und Achilleus mit vier Zeilen: *Virgo tuos colimus comites, Domitilla, quaternis / Nerea, Pancratium, cum quis et Achillea sanctum, / Primus apostolico docuit tinxitque lavacro / Quos Petrus egregia Romae cum virgine iunctos* (MG Poetae, Bd. II, S. 585, V. 271 ff.). Der Kult ist bereits fränkisch (F. PRINZ, Märtyrerreliquien, S. 8 f.). Frühkult vor allem in Rätien (I. MÜLLER, Reliquien-Anschrift, S. 55—57), gelegentlich auch bereits im 8. Jh. in Bayern (W. STÖRMER, Adel, S. 141). Einen besonderen Aufschwung erhielt die Pankratiusverehrung durch König Arnulf: 888 schenkte er den Fiskus Konzen an das Aachener Marienstift; die dortige Friedhofskirche St. Pankraz ist ein karolingischer Bau. Er weihte dem römischen Märtyrer auch die königlichen Kapellen in Roding und Ranshofen. 896 brachte er Reliquien aus Rom mit. Diesem Heiligen glaubte er seinen Sieg vor Rom zu verdanken. Die Kirche von St. Pancre, Diözese Trier, erscheint 893 als Prümer Eigenkirche und ist später Zentrum einer ausgedehnten Pfarrei. Vgl. H. MÜLLER, Dekanate, S. 397, 235—40; H. NOBEL, Königtum, S. 14. 51. 248 f.; W. HAUBRICHS, Zeugnisse, passim.

85. *PAULINUS* (31. VIII.): Reliquien *(vestimenta)* 1003 (R⁵). Der heilige Bischof von Trier besaß in Prüm seit dem frühen 9. Jh. einen gewissen Kult (W (2) T K¹ L¹ K² K³). Auch seine Legende war im Kloster vorhanden (vgl. S. 93).

86. *PETRUS et PAULUS* (29. VI.): Konpatrone des Klosters seit 720 (P¹ P³ P⁴ P⁵); 852 ergänzt durch ein Patrozinium *omnium apostolorum* (P⁴). Reliquien seit 762 (R¹); Altarreliquien 1047 (R⁶). Dem Apostelfürsten Petrus war in Prüm eine Kapelle geweiht (P. OSTER, Geschichte, S. 234). Das Apostelfest am 29. Juni wurde in Prüm seit der Frühzeit als Hochfest (W (2) T³ G P C H To B L¹ Tr L² E K² K³) mit Vigil

(T³ C E¹ K² K³) und Oktav (T K¹ C E¹ K² K³) gefeiert. Von den Petrusfesten reichen sowohl die *Cathedra* am 22. II. (W (2) T E¹ *K² K³*) als auch die Kettenfeier *(S. Petri ad vincula)* am 1. VIII. (W (1) T¹⁻³ K¹ *K² K³*) ins 9. Jh. zurück. Von den Paulusfesten wurde in der Frühzeit nur die *Conversio* am 25. I. gefeiert (W (1) T³ E¹ *K² K³*); die dem Apostelfest benachbarte *Memoria s. Pauli* am 30. VI. taucht erst seit dem beginnenden 10. Jh. auf (T⁴ P To B E L¹ L² K² *K³*). Spät erscheint ebenfalls das Fest der *Divisio Apostolorum* (T³ K² *K³*). Seit 762 besaß Prüm durch Schenkung Pippins das Kloster St. Peter in Kesseling (J. Faas, Abtei, S. 36 ff.); die um 800 errichtete erste Kirche der späteren *nova cella* in Münstereifel erhielt ebenfalls zunächst den Apostelfürsten als Patron (M. Floss, Romreise, S. 152); noch im 12. Jh. ist der Hauptaltar der Klosterkirche an erster Stelle Petrus und Paulus geweiht (W. Löhr, Geschichte, S. 9. 64). 893 und 963 wird die bei einem fränkischen Gräberfeld gelegene Prümer Eigenkirche St. Peter und Paul in Büdesheim erwähnt (K. Böhner, Altertümer, Bd. II, S. 11; F. Pauly, Siedlung, Bd. III, S. 103 ff.). Das gleiche Patrozinium besaß die Kirche von Heilenbach, Filiale von Seffern (F. Pauly, Siedlung, Bd. III, S. 111); in der Diözese Lüttich die alte Fiskal- und Mutterkirche von Bastogne, 893 erwähnt (D. Guilleaume, Archidiaconé, S. 68; H. Müller-Kehlen, Ardennen, S. 130 f.), die Kirchen von Oubourcy, Filiale von Noville (ebd. S. 376), Ouren und Preischeid, Filialen von Daleiden (ebd., S. 410). Zur spätrömischen und fränkischen Verbreitung des Apostelkultes vgl. E. Ewig, Petruskult, S. 215—51.

87. *PRIMUS et FELICIANUS* (9. VI.): Reliquien 1003 (R⁵). Da der Kult der beiden römischen Märtyrer in Prüm bereits früh einsetzt (W (1) T³ K¹ L¹ E K² *K³*) — auffallend vor allem die Auszeichnung in K³ — muß auch der Erwerb der Reliquien noch ins 9. Jh. gesetzt werden. Reliquien beider Heiligen kann ich für die karolingische Zeit nördlich der Alpen sonst nicht nachweisen. Vgl. aber S. 114 u. Anm. 537.

88. *PROTUS et IACINCTUS* (11. IX.): Reliquien 1003 (R⁵); Altarpatrozinium 1098 (P⁶). Rudolf von Fulda erwähnt (MG SS, Bd. XV, S. 329), daß Einhard 826 auch Reliquien dieser römischen Märtyrer nach Seligenstadt übertragen ließ. 819 sind sie zusammen mit *Abdon et Sennes* Altarpatrone in der Fuldaer Klosterkirche, 836 zusammen mit *Abdo et Sennes* sowie *Hyppolitus* im Fuldaer Nebenkloster Holzkirchen, 850 in Hersfeld (MG Poetae, Bd. II, S. 207. 215. 230). Die Zusammenstellungen der Heiligen lassen wiederum — trotz der Chronologie — an die Translationen Einhards und Hilduins von St. Denis (vgl. S. 114) denken, in die wohl auch der Erwerb von Reliquien durch Prüm einzuordnen ist. Dem entspricht auch der frühe Kult (W (2) T¹⁻³ K¹ L¹ E K² *K³*) im Eifelkloster.

89. *QUINTINUS* (31. X.): Der nordfranzösische Märtyrer besaß in Prüm früh einen gewissen Kult (W (3) T K¹ To B L¹ L² *K³*). 893 trug ein Angehöriger der Prümer *familia* in Trancin bei Villance den Personennamen Quintinus (H. Beyer, UB Mittelrhein, Bd. I, S. 169).

90. *REMACLUS* (3. IX.): Reliquien *(vestimenta)* 1003 (R⁵). Der Gründer und Heilige des Nachbarklosters Stablo besaß in Prüm einen frühen Kult (T³ K¹ L¹ K² *K³*). Da sein Fest jedoch bei Wandalbert noch verschwiegen wird, ist der Erwerb der Reliquien erst nach der Mitte des 9. Jh.s anzusetzen.

91. *REMIGIUS* (1. X.): Reliquien 1003 (R⁵); 1098 Hauptpatron des Confessores-Altars der Klosterkirche (P⁶). Früher und intensiver Kult des fränkischen Reichspatrons in Prüm (W(2) T¹⁻³ G P To B L¹ E¹ K² *K³*). Wandalbert widmet ihm zusammen mit dem Bekehrer der Briten, Germanus von Auxerre, als Frankenmissionar mehrere Zeilen: *Francos qui primus docuit domuitque feroces, / Remigius proprio*

Octimbrem praesignat honore, / Germanusque simul, doctrina insignis et actu, / Tum propriam munit meritis Autisiodurum, / Qui Oceano fidei refugas et dogma nefandum / Reppulit et signis te, picta Britannia, texit (MG Poetae, Bd. II, S. 595, V. 610 ff.). In späteren Quellen des Klosters kommen noch Vedastus und Amandus hinzu (T³ K² K³). Da sich um 800 Reliquien des Reimser Bischofs auch in Centula befinden, kann an Herkunft der Prümer Reliquien aus dem karolingischen Reliquienschatz gedacht werden (MG SS, Bd. XV, S. 176). Ein Angehöriger der klösterlichen *familia* trägt 893 den Personennamen Remigius. Dem Heiligen, der im benachbarten Trier bereits früh eine Kirche besaß, waren die Kirchen in Oberweis (fränkischer Friedhof des 7. Jh.s bei der Kirche), wo der Hof um die Mitte des 9. Jh.s mit 14 *mansi* durch Madalwinus, einen Großen aus der Umgebung Lothars I., an Prüm kam (F. PAULY, Siedlung, Bd. III, S. 193 ff.), in Pronsfeld, einer Ausbausiedlung des 9. Jh.s (ebd., S. 117 ff.), in Dohm, Filiale von Sarresdorf, Diözese Köln, und im 893 mit *ecclesia* erwähnten Tavigny, Diözese Lüttich (D. GUILLEAUME, Archidiaconé, S. 514 f.; H. MÜLLER-KEHLEN, Ardennen, S. 76 f.) geweiht.

92. *SCOLASTICA* (10. II.): Reliquien 1003 (R⁵); Altarpatrozinium und -reliquien 1098 (P⁶ R⁷). In St. Vaast, Arras befindet sich saec. VIII ex. eine *ara ss. Benedicti et Scolasticae*, ebenso in St. Peter, Salzburg (MG Poetae, Bd. II, S. 310. 338). Wie im ähnlich gelagerten Fall des Kultes der heiligen Cosmas et Damianus möchte man den Kult des monastischen Geschwisterpaares in Arras und Salzburg auf den Einfluß Alcuins zurückführen. Geht der Kult so vom Königshof aus, wird man auch die Reliquien Benedikts und seiner Schwester im Königskloster Prüm hieran anknüpfen. Kult seit dem frühen 9. Jh. (W² (2) T³ L¹ K² K³). In T ist das Fest von erster Hand saec. IX² eingetragen.

93. *SEBASTIANUS* (20. I.): Früher und intensiver Kult in Prüm (W (3) T G P C To B L¹ L² E K² K³), der erklärlich wird, wenn man die Aufmerksamkeit registriert, mit der Wandalbert 848 die Translatio des römischen Märtyrers nach Soissons durch Abt Hilduin, den Erzkanzler Lothars I., im J. 826 an zwei Stellen — zum Heiligenfest (MG Poetae, Bd. II, S. 579) und zur Translationsfeier am 9. XII. (ebd., S. 600) bedenkt. Er wird ihm nahezu zum Patron Galliens, innerhalb dessen Grenzen ja auch Prüm lag (vgl. S. 51). Reliquien scheint Prüm zwar nicht erhalten zu haben, es hat dem gefeierten Heiligen jedoch zwei Kirchen geweiht, in Niederhersdorf, Filiale von Wetteldorf, wo *Erlino curtis* 771 an das Kloster gelangte (F. PAULY, Siedlung, Bd. III, S. 94 ff.), und in Würselen bei Aachen, wo Besitz 870 an Prüm kam (E. J. R. SCHMIDT, Bauten, Nr. 30).

94. *SERVATIUS* (13. V.): Der heilige Bischof von Maestricht besaß in Prüm keinen frühen Kult (W¹ (1) T³ L¹ K² K³). Das Servatiuspatrozinium der Kirche von Dahnen, einer Filiale von Daleiden, Diözese Lüttich (D. GUILLEAUME, Archidiaconé, S. 185) ist daher nicht früh anzusetzen und wohl auch nicht auf Prümer Einfluß zurückzuführen.

95. *SILVESTER* (31. XII.): Reliquien 1003 (R⁵). Im 8. Jh. wurden Reliquien des heiligen Papstes nach Nonantula übertragen (W. HOTZELT, Translationen Bayern, S. 288; DERS., Translationen Frankenreich, S. 6 f.), wo es spätestens 813 eine *ecclesia s. Silvestri* gab (MG Poetae, Bd. II, S. 428). In Rom stiftete Papst Paul I. 757/61 eine Kirche St. Silvester. In der Fuldaer Klosterkirche ist er 818 zusammen mit *Leo papa* Altarpatron, 850 in Hersfeld zusammen mit anderen heiligen Päpsten (MG Poetae, Bd. II, S. 208. 219). Reliquien befanden sich um 800 auch in Centula, so daß man die Herkunft auch der Prümer Reliquien aus dem Schatz der karolingischen Könige erwägen kann (MG SS, Bd. XV, S. 176). Silvester genoß in Prüm seit dem 9. Jh.

einen beachtlichen Kult (W¹ (4) T¹ G L¹ L² E K² K³). Wandalbert preist ihn: *Silvester pridie Romam papa per urbem / Laetantes populos votis sibi subdidit amicis, / Pontificum primus tranquillam cernere pacem / Qui meruit dominosque orbis purgare lavacro* (MG Poetae, Bd. II, S. 602, V. 862 ff.). Die Kirche in Troine, Diözese Lüttich, die vor 1136 dem Kollegiatstift Prüm vom Abt übertragen worden war, war dem heiligen Papst geweiht (D. GUILLEAUME, Archidiaconé, S. 536 f.).

96. *SIMEON* (8. X.): Reliquien des heiligen Greises *(pes s. Simeonis qui domnum suscepit in templo)* gelangten 852 durch Lothar I. in den Besitz der Abtei. Bezeichnenderweise besaß Centula um 800 *reliquie beati Symeonis qui Dominum in ulnas suscepit* (MG SS, Bd. XV, S. 176). Im 6. Jh. gab es in Byzanz Reliquien Simeons. J. BLINZLER, LThK², Bd. IX (1964), S. 761.

97. *SISINNIUS* (29. XI.): *Caput s. Sisinnii mart.* gelangte 852 durch Lothar I. in den Besitz des Klosters (R³). Auch Centula besaß um 800 Reliquien des Märtyrergenossen des heiligen Saturnin von Rom (MG SS, Bd. XV, S. 176). Während Saturnin in Prüm liturgisch erwähnt wird (W (1) T¹ L¹ L² K² K³), ist Sisinnius nur in einem Nachtrag zu Wandalbert (W³ (2)) notiert. Vgl. B. M. MARGARUCCI ITALIANI, Bibl. Sanct. Bd. XI (1968), S. 688—95.

98. *STEPHANA* (?): Altarpatrozinium und -reliquie 1098 (P⁶ R⁷). Unbekannte Heilige.

99. *STEPHANUS* (26. XII. und 3. VIII.): Konpatron des Klosters seit 762 (P³ P⁴ P⁵); Altarpatrozinium 1098 (P⁶). Reliquien waren seit 762 vorhanden (R¹); 852 gelangte durch Schenkung Lothars I. *brachium s. Stephani prothomart.* an die Abtei. 1047 Altarreliquie (R⁶). 1477 erfährt man bei einer Neuweihe von einem *altare sancti Stephani in sacristia* in der Klosterkirche. Früher Kult zeichnet sowohl die Passio am 26. XII. (W¹ (3) T¹ G P To B L¹ Tr L² K² K³) als auch die Feier der Inventio am 3. VIII. (W¹ (2) T¹⁻³ K¹ K² K³) aus. Das Fest des Martyriums wurde mit Oktav (T³ K² K³) seit dem späten 9. Jh. gefeiert. Seinen Namen tragen 893 ein Angehöriger der klösterlichen *familia*, im 10. Jh. vier Prümer Mönche (D. GEUENICH, Prümer Personennamen, S. 80 f.). Geweiht waren ihm die 893 erwähnte *capella* von Noville-lès-Bastogne, ursprünglich wohl Filiale von Bastogne, Diözese Lüttich (D. GUILLEAUME, Archidiaconé, S. 374 f.) und die zum Prümer Zentralhof Effelsberg *(effelesbure)* gehörige Kapelle, Filiale von Kirchsahr, Diözese Köln, (J. BECKER, Münstereifel, S. 58 ff.).

100. *THEODORUS* (9. XI.): Durch Schenkung Lothars I. besaß Prüm seit 852 (R³) *brachium s. Theodori mart. absque manu;* 1098 Altarpatrozinium und -reliquie (P⁶ R⁷). 828 brachte die Gesandtschaft des Bischofs Halitgar von Cambrai aus Byzanz Gebeine der Heiligen Stephan, Cosmas, Theodor und Antinius von Nicomedien mit (Gesta epp. Cambr. II, 42; MG SS, Bd. VII, S. 415), die vielleicht den Kern (vgl. Nr. 26.98) des später teilweise an Prüm gelangten Reliquienschatzes Lothars ausmachten (H. NOBEL, Königtum, S. 126). Der byzantinische Militärheilige besaß in Prüm — wohl seit der Mitte des 9. Jh.s — einen gewissen Kult (W¹ (1) T³ L¹ E K² K³).

101. *THOMAS* (21. XII.): Seit 852 besaß Prüm durch Schenkung Lothars I. *os s. Thome ap.* (R³). Reliquien des Apostels befanden sich um 800 auch in Centula (MG SS, Bd. XV, S. 176). In Prüm besaß er — freilich wie alle Apostel — seit dem 9. Jh. einen gewissen Kult (W¹ (3) T¹ L¹ L² K² K³). Wandalbert feiert ihn vor allem als Bekehrer Indiens (MG Poetae, Bd. II, S. 601, V. 833 ff.). In K² und K³ tritt zum Translationsfest noch die Feier der Vigil.

102. *TIBURCIUS* (11. VIII.): Reliquien 1003 (R⁵). Kult: W (1) T¹ K¹ To B L¹ E K²
K³. Der römische Märtyrer ist 818 zusammen mit Fortunatus und Felix Altarpatron
in der Fuldaer Klosterkirche (MG Poetae, Bd. II, S. 208). 826 übertrug Einhard
zusammen mit Reliquien der Heiligen Marcellinus und Petrus (vgl. S. 112 f.) auch
Heiltum des Tiburtius nach Seligenstadt (MG Poetae, Bd. II, S. 134). Bei der gleichen
Gelegenheit erwarb anscheinend auch St. Médard in Soissons durch Abt Hilduin
Reliquien des Römers (A. AMORE, Bibl. Sanct., Bd. XII, 1969, S. 465 f.); Hilduin
wird auch die von Ado erwähnte Übertragung von Reliquien der Heiligen Hippolytus und Tiburtius nach St. Denis zuzuschreiben sein (vgl. Nr. 49). Der Erwerb der
Prümer Reliquien ist wohl in die gleichen Zusammenhänge zu stellen.

103. *TIMOTHEUS* (22. oder 23. VIII.): Reliquien 1003 (R⁵). Ein heiliger Timotheus ist 819 Altarpatron in der Fuldaer Klosterkirche (MG Poetae, Bd. II, S. 207).
Es ist fraglich, wessen Reliquien Prüm besaß: ob des am 22. verehrten, im Zusammenhang mit Papst Silvester von den ‚Actus Silvestri‘ genannten Märtyrergenossen
des Symphorianus, oder des am 23. verehrten Reimser Heiligen und Genossen des
heiligen Apollinaris. Beide werden von K¹ nicht erwähnt; aber im Tonar Reginos
(To) wird ein Timotheus genannt. Timotheus von Rom wird früher gefeiert (W¹ (2)
T¹ E K² K³) als der Reimser (K³). Wem die Anrufung der Litanei von Münstereifel
gilt, ist unklar. Jedenfalls ist der Erwerb der Reliquien nicht vor dem ausgehenden 9.
Jh. anzusetzen.

104. *TYRSUS* (4. X.): Altarpatrozinium 1098 (P⁶). Das Fest des späten *dux martyrum Treverensium* ist nur in K³ und L¹ (?) vermerkt. Vgl. Anm. 395.

105. *VALERIUS* (29. I.): Altarpatrozinium 1098 (P⁶). Der heilige Bischof von
Trier wird in Prüm seit dem 9. Jh. liturgisch erwähnt (W (1) T¹ L¹ K² K³).

106. *VEDASTUS* (1. X.): Konpatron des Klosters seit 762 (P³ P⁴). Altarpatrozinium 1098 (P⁶). Reliquien seit 762 (R¹. R⁶). Reliquien befanden sich um 800 auch in
Centula (MG SS, Bd. XV, S. 176). Es muß also an Herkunft der Prümer Reliquien
aus dem Schatz der Karolinger gedacht werden. 1047 gab es in Prüm eine sicherlich
weit ältere Kapelle St. Vedastus *(renovata est dedicatio altaris ecclesie s. Vedasti)* (P.
OSTER, Geschichte, S. 233). Wandalbert feiert sein Fest zum 26. 10. zusammen mit
dem des Amandus (MG Poetae, Bd. II, S. 597, V. 688 ff.) — der Kult des Klosters
verlagert sich jedoch später (T³ P To B L¹ E¹ K² K³) auf das Datum des 1. Oktobers,
an welchem Tag er zusammen mit den anderen großen fränkischen Heiligen, Remigius, Germanus und Amandus gefeiert wurde. Seine Legende war im Kloster vorhanden (vgl. S. 93).

107. *VINCENTIUS* (22. I.): Altarpatrozinium und -reliquie 1098 (R⁷ P⁶). Der seit
der Merowingerzeit im Frankenreich verehrte Märtyrer von Saragossa besaß auch in
Prüm einen gewissen Kult (W (1) T¹ L¹ E K² K³).

108. *VIRGINES XI MILIA COLONIENSES* (21. X.): Altarreliquien 1047 (R⁶).
Altarpatrozinium und -reliquien 1098 (P⁶ P⁷). Schon Wandalbert preist 848 die *virgines: Tunc numerosa simul Rheni per litora fulgent / Christo virgineis erecta tro-
phea maniplis / Aggripinae urbi, quarum furor impius olim / Milia mactavit ductri-
cibus inclita sanctis* (MG Poetae, Bd. II, S. 597, V. 671 ff.). Der erstaunlich frühe
Prümer Kult (W² (4) T³ K² K³) kann nur auf die engen Verbindungen der Eifelabtei
mit der ripuarischen Metropole im 9. Jh. zurückgeführt werden. (Vgl. W. LEVISON,
Werden, passim).

109. *WALPURGIS* (1. V.): Altarpatrozinium und -reliquie 1098 (P[6] R[7]). Die Heilige des Eichstätter Bistums wird erst in K[2] und K[3] erwähnt (vgl. H. HOLZBAUER, Heiligenverehrung, S. 354 f.).

110. *WILLIBRORDUS* (7. XI.): Reliquien 1003 (R[5]), Altarreliquien 1047 (R[6]); Altarpatrozinium 1098 (R[6]). Die bis ins 10./11. Jh. seltenen Willibrordusreliquien (G. KIESEL, Kult, S. 28) müssen in Prüm bis in die erste Hälfte des 9. Jh.s zurückreichen, möglicherweise noch bis ins 8. Jh. Der Heilige wird wie Eucharius von Trier in dem wahrscheinlich saec. VIII ex. in Prüm benutzten Martyrologium Labbeanum nachgetragen. Der Prümer Kult setzt also früh ein (W[2] (2) T[3] K[1] L[1] K[2] K[3]). Die Frage ist jedoch, ob der Patron der benachbarten Abtei Echternach auch als Patrozinium Prümer Kirchengründungen verwandt wurde. Die dem heiligen Angelsachsen geweihte Kirche von Elcherath, Filiale von Bleialf, Diözese Lüttich (D. GUILLEAUME, Archidiaconé, S. 106 f.) kam 846 auf dem Tauschwege von Trier an Prüm. So wird man vielleicht auch die Willibrorduskirche von Nöthen, Filiale von Münstereifel auf andere Einflüsse zurückführen können.

111. *ZACHARIAS* (5. XI.): Seit 852 besaß die Abtei durch Schenkung Lothars I. *os s. Zacharie filii Barachie* (R[3]). Eine Kirche war dem aus Luc. 1,6 und Mt. 23,35 bekannten biblischen Heiligen in Byzanz geweiht. Eine wichtige Reliquie befand sich in der Lateranbasilika zu Rom (B. MARIANI, Bibl. Sanct., Bd. XII, 1969, S. 1443—45). Verehrung genoß der neutestamentliche Heilige auch in der Provence: St. Zacharie bei Arles und die 1033 erwähnte Kirche von Auriol (Kirchenpatron: Zacharias und Johannes Baptista) waren ihm geweiht. Auch in Centula befanden sich charakteristischerweise um 800 *de ossibus Zacharie, patris Iohannis baptistae* (MG SS, Bd. XV, S. 176). Wandalbert feiert 848 den Vater des Täufers: *Nonis Zacharias vates templique sacerdos / Eminet, ablatam nati qui munere vocem / Vatis et officium prisco de more recepit* (MG Poetae, Bd. II, S. 598, V. 720 ff.). Im Zusammenhang mit den Prümer Zachariasreliquien muß auch die Elfenbeintafel des Trierer Domschatzes gesehen werden: sie kam aus Byzanz spätestens im 8. Jh. nach Trier, wo sie für den Einband des hier entstandenen Thomas-Evangeliars mit der auffallenden Zacharias-Perikope verwandt wurde. Wahrscheinlich gelangte dieses als Geschenk Bischof Thietgauds an Kaiser Lothar I., der es 852/5 nach Prüm brachte. Im 11./12. Jh. befand sich das Evangeliar in der Abtei Steinfeld i. d. Eifel. Vgl. B. FISCHER, Die Elfenbeintafel des Trierer Domschatzes, Kurtrierisches Jahrbuch 9 (1969), S. 5.—19; A. KURZEJA, Liber Ordinarius, S. 8 ff., A. 31.

Aaron, M. in Prüm 51
Abacuc, hl. s. Habacuc
Abbo, Abt v. St. Germain d'Auxerre 64
Abdon et Sennes, hle. 114, 119, 129, 151, 158, 177
Abraham 107
Abraham, M. in Prüm 51
Abraham, B. v. Freising 75
Abundus, hl. 143
Abundus et Carpophorus, hle. 103, 104, 119, 123, 130 156
‚Actus Silvestri' 180
Adalbero, B. v. Augsburg 70
Adalbert, Eb. v. Magdeburg 74
Adalbert, Gf. v. Metz 50
Adalbert, M. in Prüm 51
Adalbertus, B. von Prag 149, 158
Adalhard, M. in Prüm 51
Adalhard, Gf. von Metz 50
Adalhard(us), Gf. v. Trier 50
Adallinde, Gemahlin des Warin 163
Adam 51
Adauctus, hl. 61
Adela, Ä. v. Pfalzel 31
Adelgarda 142
Adelphus, B.v. Metz, hl. 100, 102, 110, 122
Ado, Eb. v. Vienne 48, 50, 51, 52, 55, 67, 71, 92, 109, 112, 120, 125, 126, 136, 166, 170, 180
Adrianus, hl. 103, 119, 129, 153
Aegidius, hl. 51
Aemilius et Castus, hle. 99
Afra, hle. 110, 152
Agape, hle. 166
Agapitus, hl. 115, 121, 152
Agapitus v. Praeneste, hl. 159
Agapitus et Silvanus, hle. 106, 119, 152, 159
Agatha, hle. 43, 45, 102, 105, 122, 127, 128, 147, 159, 162, 171, 172
Agentius, hl. 99
Agericus, B. v. Verdun, hl. 103, 109, 156
Agilolfus, B. v. Köln, hl. 151
Agnes, hle. 102, 105, 127, 128, 147, 159
Agritius, B. v. Trier, hl. 100, 110, 147
Airric, Abt. v. Konelimüster (Inden) 168
Alanus, Hzg. d. Bretagne 73
Albanus, hl. 110, 112, 118, 129, 150
Alberich, B. v. Utrecht 31
Albericus 37

Albinus v. Angers, hl. 45, 93, 99, 105, 111, 118, 120, 124, 128, 138, 148, 159, 160
Albrich (Bruder v. Hererich) 50
Albrich (Vater v. Hererich) 50
Alcuin 63, 64, 68, 82, 91, 164, 178
Aldegund v. Maubeuge, hle. 102, 107, 110, 147
Aldhelm v. Malmesbury, B. v. Sherborne 92, 115, 159
Aldrich, Eb. v. Sens 62, 63, 108
Aldrich, B. v. Le Mans 113
Alexander, hl. 117, 118, 121, 127, 128, 149
Alexandria (Elessandria), hle. 134, 135
Algerus 139, 163
‚Altdeutsche (Pariser) Gespräche' 66, 173
Amalar v. Metz 65
Amandus, hl. 45, 94, 105, 108, 110, 129, 148, 154, 160, 178, 180
Amator, hl. 62, 110
Amatus, hl. 110
Ambrosius, Eb. v. Mailand, hl. 60, 69, 91, 102, 111, 128, 148, 156
Anacletus, hl. 149
Anastasia, hle. 31, 106, 125, 130, 157, 159, 160, 171
Anastasius, hl. 111, 147
Andeolus, hl. 62
Andreas, ap. 89, 97, 102, 105, 119, 127, 129, 156, 160, 168
Andreas v. Caesarea, hl. 172
Andreas, A. v. Palazzuolo 93
Angilberga, Gemahlin Ludwigs II. 121
Angilbert, A. v. St. Riquier 159
Angilbert II., Eb. v. Mailand 140
Anianus, B. v. Orléans, hl. 93, 99, 103, 108, 110, 119, 120, 123, 129, 156, 160
‚Annales S. Amandi' 75, 94
‚Annales Bertiniani' 33
‚Annales Fuldenses' 33
‚Annales Laubacenses' 75
‚Annales Laurissenses Maiores' 94
‚Annales S. Medardi' 112
‚Annales Prumienses' 31, 74, 75, 90, 93
‚Ältere Prümer Annalen' 74, 94
Anno, Eb. v. Köln, hl. 103, 156
Ansbald, A. v. Prüm 48, 51, 52, 67, 98, 117, 126
Ansegis, B. v. Laon 69, 95
Ansgar, B. v. Bremen 121
Anso, A. v. Lobbes 75, 93

Gordianus et Epimachus, hle. 43, 87, 106, 116, 117, 118, 119, 128, 129, 149, 154, 167
Gorgonius, hl. 106, 109, 119, 120, 129, 153
‚Gormond et Isembard‘ 73
Gotfried, Pfalzgraf 139
Gotfried, Gf. im Auelgau 140
Gottschalk, M. in Fulda 64, 65
Gozbald, A. v. Niederaltaich 114, 115
Gozelinus 47
Gregor d. Große, Papst 31, 33, 60, 69, 91, 95, 102, 122, 123, 128, 148
Gregor, B. v. Tours 57, 58, 93, 115, 171
Gregor, A. in Utrecht 31
Gregoria, hle. 109
Grimald, A. v. St. Gallen 61
Guago 48
Gundland, M. in St. Riquier 65
Gunthar, Eb. v. Köln 50
Gurwand, Gf. v. Vannes 73

(H)abacuc, hl. 109, 113, 114, 116, 128, 142, 147
Hadebaldus 48
Hadrian, Papst 166, 167
Halitgar, B. v. Cambrai 69, 95, 179
Hartmann 44
Hatto, Eb. v. Mainz 68–70, 137, 138, 144, 163
Haudmarus (Otmar), hl. 107
Heimramnus, B. v. Regensburg, hl. 111
Heinrich I., Kg. 140
Heinrich II., Ks. 34, 145
Heinrich III., Ks. 34, 62
Heinrich IV., Ks. 34
Heinrich, ostfränkischer *dux* 139
Heinrich (Bruder d. B. Hunfrid v. Thérouanne) 50
Heito, M. in Reichenau 61, 92
Helena (Elena), hle. 44, 103, 110, 152, 164, 168
Helpis, hle. 166
Helpradus 47
Herchenraus, B. v. Chalons 121
Heribert, Eb. v. Köln, hl. 103, 148
Heribold, B.v. Auxerre 64
Heririch 49, 50, 115
Heriricus, M. in Prüm 50
Heriwinus, Gf. 47
Hermann I., Eb.v. Köln 140, 141
Hermann II., Eb. v. Köln 140
Hermes (Ermes), hl. 103, 109, 113, 119, 153, 168
Herminigild, Kg., hl. 136
Hermolaus, hl. 103, 151
Herodes 169
Hetti, Eb. v. Trier 113, 124, 166

Hibernicus Exsul 56
Hieronymus, hl. 60, 91, 102, 107, 123, 125, 129, 154, 161, 168
Hilaria, hle. 116
Hilarius, B. v. Mende, hl. 107, 110, 155
Hilarius, B. v. Poitiers, hl. 46, 60, 99, 102, 108, 111, 127, 128, 147
Hildegar 64
Hildegard, Gemahlin Karls d. Großen 106, 167
Hilduin, A. v. St. Denis 50, 57, 62–64, 78, 93, 94, 108, 112–115, 138, 177, 178, 180
Hilperich (Helpericus), M. in Prüm 89, 113, 172
Hiltwich, Gemahlin des Berland 173
Hincmar, Eb. v. Reims 52, 62, 64, 69, 95
Hiob 71, 167
Hippolytus, hl. 44, 102, 108, 113, 119, 127, 129, 138, 141, 143, 150, 152, 168, 169, 177, 180
Hitto, B. v. Freising 121
Homer 95
Honoratus, hl. 111
Horaz 95
Horduinus 48
Hraban, A. v. Fulda, Eb. v. Mainz 52, 55, 56, 62, 64–66, 69, 70, 91, 113, 114, 159, 163
Hrotsvith, N. in Gandersheim 109, 112, 143
Hucbald, M. in St. Amand 68
Hucbertus, B. v. Lüttich, hl. 45, 103, 105, 107, 108, 110, 129, 155, 169
Hugbert, Pfalzgraf 31
Hugo, Sohn Lothars II. 34
Humbertus, hl. 110
Huna, Gemahlin d. Albrich 50
Hunfried, B. v. Thérouanne 50, 52, 115
Hunfridinger 50, 141, 145

Immo, A. d. Reichenau 145
Ingram, A. v. Prüm 139
Innocentes, hle. 103, 105, 107, 127, 130, 146, 157, 169
Innocentius, hl. 102
Iovitta, hle. 61
Ireneus s. Ereneus. hl.
Irmina, Ä. v. Oeren, hle. 31, 50
Irmingard, Gemahlin Lothars I. 121
Irmino s. Ermino, hl.
Isanhardus 48
Isidor, B. v. Sevilla 61, 69, 91
Iustinus, hl. 107
Iuvencus 60, 95

Jacintus, hl. 104, 113, 148

Notker Balbulus, M. in St. Gallen 47, 87, 102

Oda, Schwester Heinrichs I. 140
Odacrus, A. v. Cormery 64
Odilia, hle. 110, 112, 157
Odo, Kg. 74
Orsmar, Eb. v. Tours 64
Oswald, hl. 103, 108, 109, 152
Otbert 49
Otfrid, M. in Weißenburg 56, 144
Otgar, Eb. v. Mainz 115
Othmar, A. v. St. Gallen, hl. 61, 103, 107, 109, 110, 112, 123, 147, 156
Otricus (Otrih), Kleriker in Köln 60, 61
Otto der Große, Ks. 140
Otto III., Ks. 47, 161
Ottonen 34, 75
Ovid 95

Palmatius, hl. 154
Pancratius, hl. 43, 117, 118, 121, 128, 137, 138, 140, 149, 176
Pantaleon, hl. 103, 106, 151
Paphnutius, hl. 109, 110, 112, 143
‚Pariser Gespräche' vgl. ‚Altdeutsche Gespräche'
Paschalis, Papst 122
Paschasius Radbertus, A. v. Corbie 52, 61, 65
Paskwithan, Gf. v. Rennes 73
‚Passio ss. Chrysanthi et Dariae' 57, 58, 87, 116
‚Passio s. Hermetis' 112
‚Passio Thebaeorum Trevirensium' 104
Pastor, hl. 109, 112
Paternus, B. v. Avranches, hl. 93, 111
Paul I., Papst 166, 178
Paula, hle. 62
Paulinus, B. v. Trier, hl. 93, 105, 110, 111, 119, 129, 153, 176
Paulus, hl. s. Johannes et Paulus
Paulus, ap. 42, 43, 46, 47, 77, 89, 97, 102, 104, 121, 127–129, 147, 150, 176, 177
Paulus Diaconus 94
Paulus heremita, hl. 103, 105, 146
Pelagia, hle. 111
Pelagius, hl. 61
Peregrinus, hl. 62, 124
Peregrinus v. Auxerre, hl. 102, 109, 110
Perpetua et Felicitas, hle. 102, 117, 148
Petronilla, hle. 102, 118, 122, 128, 149
Petrus, ap. 42–47, 77, 89, 97, 102, 104, 105, 113, 119–122, 127–129, 144, 148, 150, 152, 160, 176, 177
Petrus, hl. s. Marcellinus

Petrus et Dorothea, hle. 148
Philibert v. Jumièges, hl. 62, 107, 111, 151
Philipp I., Kg. 34
Philippus et Jacobus, app. 102, 127, 149
Piatus, hl. 110
Piligrim, Eb. v. Köln 166
Pippin I., Kg. v. Aquitanien 63
Pippin der Jüngere, Kg. 31, 32, 34–36, 43–45, 65, 71, 72, 75, 82, 94, 100, 104, 106, 107, 122, 138, 158, 165, 168, 171, 174, 175, 177
Pippin der Mittlere 31
Pippiniden 31, 32, 71
Pirminius, hl. 32, 100, 103, 108, 110, 155
Pistis, hle. 166
Plato 62
Plektrud, Gemahlin Pippins d. Mittleren 31
Policarpus ep., hl. 147, 148
Policarpus presb., hl. 117
Pompeius Trogus 71, 94
Pontianus, hl. s. Eusebius et Pontianus
Pontianus, Papst, hl. 104, 156
Poppo, Eb. v. Trier 62, 176
Potentiana (Pudentiana), hle. 113, 118, 121, 128, 149
Potentianus, hl. s. Savinianus et Potentianus
Praiectus, B. v. Clermont, hl. 111, 147
Praxedis, hle. 113, 119, 129, 151
Primus et Felicianus, hle. 89, 114, 116, 118, 129, 140, 141, 143, 150, 177
Prisca, hle. 55, 117, 147
Priscus v. Capua, hl. 110, 118–120, 129, 153
Processus et Martinianus, hle. 119, 122, 126, 127, 129, 137, 151
Protasius et Gervasius, hle. 102, 150
Protus et Iacinctus, hle. 113, 114, 119, 129, 153, 177
Prudentius 60, 78, 95
Pseudo-Alcuin: ‚Liber de divinis officiis' 65
Pseudo-Isidor 69, 95

Quintinus 46, 102, 105, 110, 119, 127, 129, 138, 155, 177
Quiriacus presb., hl. 100 (vgl. Cyriacus)
Quirinus, hl. 150
Quirinus v. Neuss, hl. 108, 110, 138

Rabanger s. Ravengarius
Radegundis, hle. 111
Ragambertus, Eb. v. Sens 104
Ragambertus, Eb. v. Tours 104
Raphael, hl. 102

Ratbod, Kg. d. Friesen 31, 75
Ratbodo, Eb. v. Trier 68, 70
Rather 138, 142, 163
Ratleic, A. v. Seligenstadt 89, 113, 172
Ratramnus, M. in Corbie 52
Ravengarius (Rabanger) 44, 142, 144, 166, 170
Regina, hle. 62, 63, 99, 103, 104, 108, 111, 153
Reginaldus 113
Reginarius 47
Reginbald, Chorbschf. 113
Reginbert, M. in Reichenau 54
Reginboldus, Probst in Muri 144, 145, 167
Regino, A. v. Prüm 33–35, 49, 50–52, 54, 59, 67–75, 90–96, 98, 99, 102, 112, 120, 126, 127, 136, 144, 146, 158, 160, 161, 168, 169, 173, 174, 180
Regula, hle. s. Felix et Regula
Remaclus, hl. 93, 103, 106, 110, 119, 129, 153, 177
Remigius, B. v. Reims, hl. 43–47, 97, 99, 105, 107, 108, 110, 127, 129, 139, 147, 154, 160, 167, 177, 178, 180
Remigius, B. v. Straßburg 166
Remigius, M. in Auxerre 64
‚Revelatio facta sancto Stephano papae‘ 71, 94
‚Rhythmimachia‘ 94
Richarius v. Centula, hl. 107, 110, 149
Richarius, A. v. Prüm, B. v. Lüttich 35, 50, 52, 67, 74, 95, 101, 139, 140
Richardis, Gemahlin Karls III. 73
Richardus, kgl. *ostiarius* 49
Robert der Tapfere, Gf. 49, 74
Robertiner 31, 47, 49, 72, 74, 106, 113
Rodulf 47
Romanus, hl. 103, 152
Romanus, B. v. Meaux 32, 100
Romaricus, hl. 110
Rothgarius, M. in Prüm 98
Rottrud, Tochter Lothars I. 121
Rudolf, M. in Fulda 74, 112, 113, 121, 177
Rufinus 103, 150
Rufus, hl. 103, 153
Rumhild 70
Ruotpert, A. v. Prüm 89, 90, 173
Rupert v. Bingen, hl. 74
Rusticus, hl. 102
Rusticus et Firminus, hle. 62

Sabina, hle. 153
‚Sacramentarium Gelasianum‘ 136
‚Sacramentarium Hadrianum‘ 118, 121
Salomo III., B. v. Konstanz 70, 144
Salomon (bibl.) 82
Salomon, Hzg. d. Bretagne 51, 73

Salvator 33–35, 43–45, 65, 75, 77–80, 83, 97, 104, 105, 119, 120, 122, 124, 125, 129, 139, 151, 158
Salvius, hl. 62, 107, 109, 110, 150
Samuel, B. v. Worms 115
Sandregisil 94
Sapientia, hle. 109, 143, 166
Saturninus, hl. 49, 102, 111, 125, 156, 179
Savinianus, hl. 49, 102, 111, 125, 156, 179
Savinianus et Potentianus v. Sens, hle. 107, 108, 110, 157, 163
Savinus, hl. 62
Scolastica, hle. 105, 107, 128, 148, 159, 161, 178
Sebastianus, hl. 43, 45, 102, 107, 109, 114, 115, 117, 121, 126–128, 137, 147, 178
Secundianus, hl. 111, 122
Secundus, hl. 153
Sedulius 78, 95
Senesius, hl. 61
Sergius III., Papst 57, 115, 124, 140
Sergius et Bachus, hle. 102, 103, 110, 115, 123, 154
Servatius, B. v. Maestricht, hl. 45, 110, 149, 178
Severin, B. v. Köln, hl. 93, 105–108, 110, 119, 129, 155
Severus, B. v. Ravenna, hl. 103, 155
Sichardus, M. in Prüm 67
Sicharia, hle. 110
Sigebert v. Gembloux 63
Sigibert, Kg. 94
Sigihard (Sigardus), Gf. 49
Sigismund, hl. 109, 110
Sivester, Papst, hl. 45, 102, 105, 107, 130, 157, 171, 178–180
Simeon (bibl. Hl.) 125, 179
Simeon v. Trier, hl. 62, 150
Simon, ap. 102, 103, 129, 155
Sinicius, hl. 62
Sisinnius, hl. 62, 125, 129, 156, 179
Sixtus, Papst, hl. 62, 102, 119, 121, 122, 129, 152
Sixtus II., Papst 121
Smaragdus, hl. 109
Sophia, hle. 143, 145, 166
Soter, hl. 104, 148
Speratus, hl. 106
Spes, hle. 106
Stephan II., Papst 122, 165
Stephana, hle. 179
Stephanus prothomartyr, hl. 44, 45, 78, 97, 102–105, 119, 122, 125, 127, 129, 130, 146, 152, 157, 179
Stephanus ep., hl. 119, 129, 152
Stephanus, B. v. Lüttich 50, 68
Sueton 94

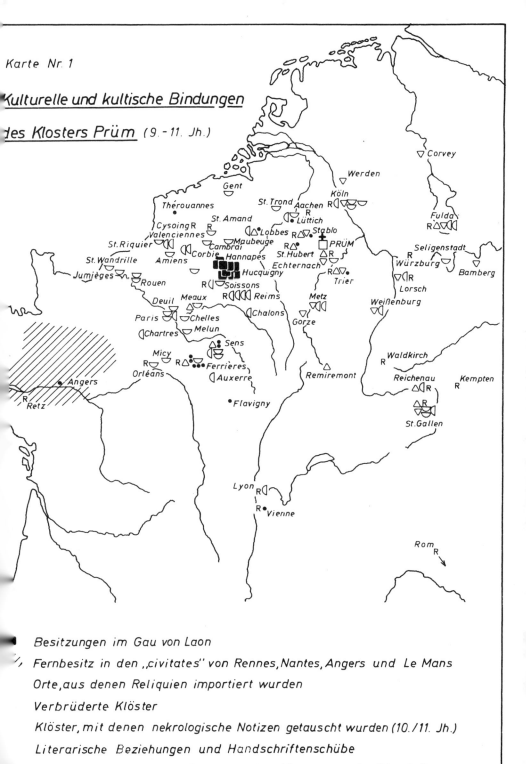

Karte Nr. 1

Kulturelle und kultische Bindungen

des Klosters Prüm (9. - 11. Jh.)

Besitzungen im Gau von Laon

Fernbesitz in den „civitates" von Rennes, Nantes, Angers und Le Mans

Orte, aus denen Reliquien importiert wurden

Verbrüderte Klöster

Klöster, mit denen nekrologische Notizen getauscht wurden (10./11. Jh.)

Literarische Beziehungen und Handschriftenschübe

Herkunft der Heiligen im Proprium des Martyrologs des Wandalbert von Prüm

Persönliche Beziehungen Prümer Mönche im 9./10. Jh.

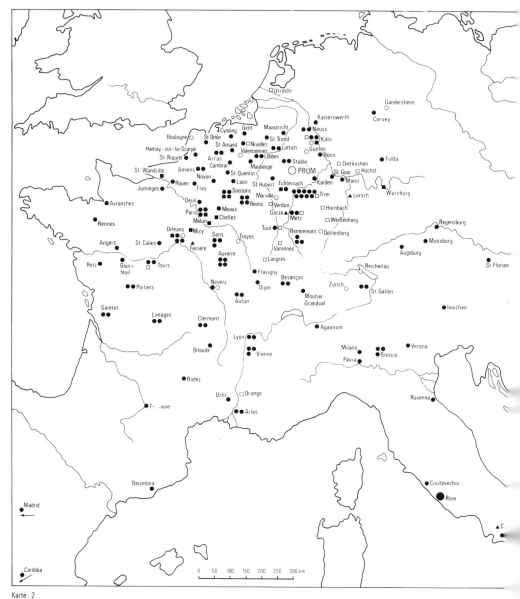

Karte : 2

Geographie des Prümer Heiligenkults

- ● Kultorte von Heiligen, die in der Prümer Litanei (L¹) erwähnt werden
  (für Rom wird die Anzahl der Heiligen pauschal durch ● angezeigt)

- ○ Kultorte von Heiligen, die in den Nachträgen der Prümer Litanei erwähnt werden

- ▲ Kultorte von Heiligen, die nur im Prümer Kalendar (K¹) erwähnt werden

- ■ Kultorte von Heiligen, die nur im Proprium von Wandalberts Martyrolog (W²)
  erwähnt werden

- □ Kultorte von Heiligen, die in anderen frühen liturgischen Quellen aus Prüm
  erwähnt werden

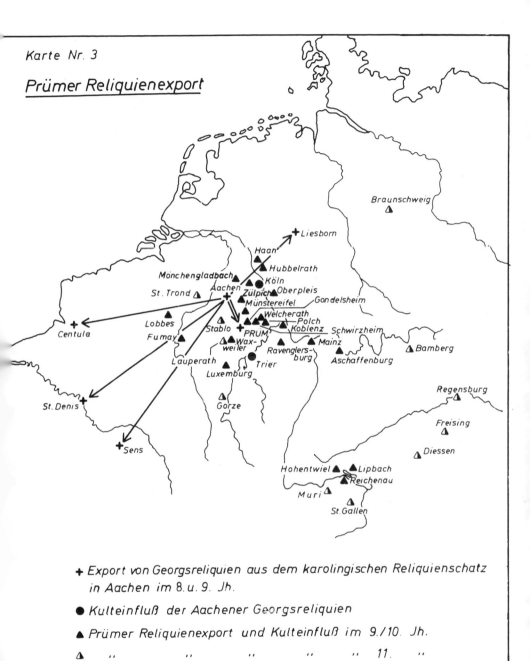

Karte Nr. 3

Prümer Reliquienexport

+ *Export von Georgsreliquien aus dem karolingischen Reliquienschatz in Aachen im 8. u. 9. Jh.*

● *Kulteinfluß der Aachener Georgsreliquien*

▲ *Prümer Reliquienexport und Kulteinfluß im 9./10. Jh.*

△   ,,   ,,   ,,   ,,   ,, 11.   ,,

RHEINISCHES ARCHIV

LUDWIG RÖHRSCHEID VERLAG · BONN